权威·前沿·原创

皮书系列为
"十二五""十三五""十四五"时期国家重点出版物出版专项规划项目

BLUE BOOK

智库成果出版与传播平台

重庆蓝皮书

BLUE BOOK OF CHONGQING

重庆经济社会发展报告
（2024）

ANNUAL REPORT ON ECONOMIC AND SOCIAL DEVELOPMENT
OF CHONGQING (2024)

重庆社会科学院
重庆市人民政府发展研究中心
主　编／刘嗣方
副主编／蒋朋桥　吴昌凡　朱高云

社会科学文献出版社
SOCIAL SCIENCES ACADEMIC PRESS (CHINA)

图书在版编目（CIP）数据

重庆经济社会发展报告.2024 / 刘嗣方主编；蒋朋桥，吴昌凡，朱高云副主编.--北京：社会科学文献出版社，2024.1
（重庆蓝皮书）
ISBN 978-7-5228-2988-3

Ⅰ.①重…　Ⅱ.①刘…　②蒋…　③吴…　④朱…　Ⅲ.
①区域经济发展-研究报告-重庆-2024　Ⅳ.
①F127.719

中国国家版本馆 CIP 数据核字（2023）第 253441 号

重庆蓝皮书

重庆经济社会发展报告（2024）

主　　编 / 刘嗣方
副 主 编 / 蒋朋桥　吴昌凡　朱高云

出 版 人 / 冀祥德
责任编辑 / 张　媛
责任印制 / 王京美

出　　版 / 社会科学文献出版社·皮书出版分社（010）59367127
　　　　　　地址：北京市北三环中路甲 29 号院华龙大厦　邮编：100029
　　　　　　网址：www.ssap.com.cn
发　　行 / 社会科学文献出版社（010）59367028
印　　装 / 三河市东方印刷有限公司

规　　格 / 开　本：787mm×1092mm　1/16
　　　　　　印　张：31.75　字　数：480 千字
版　　次 / 2024 年 1 月第 1 版　2024 年 1 月第 1 次印刷
书　　号 / ISBN 978-7-5228-2988-3
定　　价 / 249.00 元

读者服务电话：4008918866

序

心怀国之大者　围绕中心大局
为建设现代化新重庆积极建言献策

刘嗣方

重庆社会科学院党组书记、院长

　　积极为党和人民述学立论、建言献策，是习近平总书记对哲学社会科学工作者提出的重要要求，也是新时代赋予广大哲学社会科学工作者的神圣使命。以中国式现代化全面推进中华民族伟大复兴，使命光荣，责任重大。新时代开启新征程，新使命成就新作为。深刻变化的国内外形势，生动鲜活的创造性探索，摆在我们面前有许多重大时代课题，需要去深入探究、作出回答。全市党政干部、智库机构、科研部门、高校等都应自觉肩负起责任和使命、振奋精神、唯实争先、献智出力。必须牢记为党献策的崇高使命，秉持以人民为中心的研究导向，针对重大理论和现实问题，深入开展调查研究，探索大成集智机制，围绕市委、市政府中心工作任务出主意、建净言、献良策，产出更多有重庆辨识度和全国影响力的高质量研究成果，为谱写现代化新重庆新篇章贡献智慧和力量。

一　牢牢把握为党献策的崇高使命

　　2023 年 3 月 1 日，习近平总书记在中央党校建校 90 周年庆祝大会暨

2023 年春季学期开学典礼上强调要积极为党献策，明确要求"做好理论研究、对策研究这个探索规律、经世致用的大学问，在党的创新理论研究阐释、推进党的理论创新、为党和政府建言献策等方面推出高质量成果"。为党献策、为国担当、为民造福，是中国特色新型智库的独特价值，也是开展理论研究和咨政建言要坚持的政治原则。我们要切实提高政治站位、强化政治担当，把党的全面领导落实到理论研究与咨政服务各领域全过程，坚定拥护"两个确立"、坚决做到"两个维护"，坚持以马克思主义为指导，深学笃用新时代党的创新理论，对标对表落实党的二十大精神，把全面贯彻落实习近平总书记对重庆作出的重要指示要求作为首要政治任务，认真贯彻党中央决策部署，聚焦国家重大战略需求，注重从全局谋划一域、以一域服务全局，坚决做到"总书记有号令、党中央有部署，重庆见行动"。要紧紧围绕习近平新时代中国特色社会主义思想在重庆的生动实践，分领域分专题建模式梳理、系统化掌握习近平总书记最新重要论述要求，学思用贯通、知信行统一，重点加强对原创性贡献、原理性成果的研究阐释，统筹推动党的创新理论研究阐释、基础研究和应用研究，促进基础理论研究与应用对策研究深度融合，着力建构中国自主的知识体系、学科体系、价值体系、美学体系，对中国之问、人民之问、时代之问、世界之问作出深刻回答。要全面落实意识形态工作责任制，准确把握政治原则问题、思想认识问题和学术观点问题，做到"学术探索无禁区，社科理论研究有纪律"，以风清气正的政治生态引领诚信良序的理论研究和学术生态。

二 秉持以人民为中心的研究导向

人民性是马克思主义最鲜明的品格。习近平总书记强调要"树立为人民做学问的理想"。无论是学术研究还是建言咨政，都具有鲜明的价值导向和时代特征，需要解决好为什么人的问题。从人民群众根本利益出发还是受某些特殊利益集团支配，价值取向和阶级立场不同，得到的结论也将完全不同。坚持以人民为中心的研究导向，就是要坚守人民立场，紧扣民心这个最大的政治，这是唯物史观的本质要求。开展咨政建言研究，服务党政科学决策，必须始终把人民利益放在首位、一切为了人民、一切依靠人民，顺应社会主要矛盾变化，积极回应人民群众的诉求，努力做到民有所呼、我有所应、应有所为，不断满足人民群众对美好生活的向往。要坚持走好党的群众路线，自觉向群众学习、向实践学习，从人民群众的创造性实践中获得正确认识，把造福人民作为评价研究成果价值、检验咨政建言效果的标尺，多出经得起人民检验的高质量研究成果。

三　紧扣中心工作任务出谋献策

习近平总书记强调，哲学社会科学工作者要在研究解决事关党和国家全局性、根本性、关键性的重大问题上拿出真本事、取得好成果。"不谋万世者，不足谋一时；不谋全局者，不足谋一域。"要始终把握正确政治方向，在服务中心大局上彰显社科界的责任担当，着眼历史大方位、时代大背景、社会大变革、发展大趋势和国家大战略，把咨政建言放到实践中去谋划，把研究工作放到大局中去定位。要全面贯彻落实习近平总书记对重庆所作重要讲话和系列重要指示批示精神，推动党中央重大决策部署和国家区域重大战略落地落实，立足建设现代化新重庆新场景新征程建言咨政。要紧紧围绕全市经济建设、政治建设、文化建设、社会建设、生态文明建设和党的建设中的重大战略课题，组织力量深入开展全局性、综合性、前瞻性、战略性研究，助力参与共建"一带一路"、推动西部大开发形成新格局、推动长江经济带高质量发展，助力实施推动成渝地区双城经济圈建设走深走实"一号工程"、推动西部陆海新通道建设、中新战略性互联互通项目等国家重大战略，助力推动高质量发展、创造高品质生活、实现高效能治理，助力构建"33618"现代制造业集群体系、实现科技自立自强、增强产业链供应链稳定性竞争力、深化国资国企改革、建设内陆开放高地、促进城乡区域协调发展、推动山区库区强县富民和现代化、深化重点领域关键环节改革、发展全过程人民民主、高水平建设美丽重庆、扎实推进共同富裕、建设文化强市、建设中华民族现代文明、推进地方治理体系和治理能力现代化、打造新时代"红岩先锋"变革型组织、推动构建人类命运共同体，以及创新党建统领"885"工作体系、建设数字重庆等，努力在服务中心大局中作出更大贡献。

四　聚焦重大现实问题开展研究

习近平总书记指出："坚持问题导向是马克思主义的鲜明特点。"在经济社会领域专家座谈会上指出，"新时代改革开放和社会主义现代化建设的丰富实践是理论和政策研究的'富矿'，我国经济社会领域理论工作者大有可为"。强调"要坚持需求导向和问题导向，从党和国家急迫需要和战略需求出发，上接天线、下铺地线，围绕党的二十大提出的重大战略和党中央重大决策部署，聚焦实践遇到的新问题、改革发展稳定存在的深层次问题、人民群众急难愁盼问题、国际变局中的重大问题、党的建设面临的突出问题，积极开展前瞻性、政策性、应用性研究"。这些重要论述为我们开展咨政研究指明了方向、提供了遵循。文以载道，以用为贵。咨政建言，决策服务，归根到底就是要看能否有助于解决实际问题。要在研究过程中发现并把握发展中存在的各种问题，搞清楚问题存在的原因，揭示现实生活中各种经济现象的本质及其内在机理，研究真问题、真研究问题，拿出务实管用的解决办法和政策措施。不能解决实际问题，所谓的有学问也只是"假把式"。强国建设、民族复兴新征程上，建设社会主义现代化新重庆，我们正面临深刻复杂变化的国内外形势和艰巨繁重的改革发展任务，前进道路上有不少风险和挑战。这也给我们咨政研究提供了广阔空间和无限机会。必须树牢问题意识，坚持问题导向，正视和发现问题，研究和解决问题。注重针对人民群众反映强烈的热点难点问题和全市经济社会发展以及经济运行过程中的现实紧迫问题，比如，产业转型升级任务较重，新兴产业尚未形成有效支撑；需求结构性矛盾较为突出，市场主体特别是中小微企业经营比较困难，营商环境还有较大提升空间，经济金融领域存在一些风险隐患；科技创新能力不够强，高等教育实力不足，高层次人才缺乏；城乡区域发展差距仍然较大，民生保障依然存在不少短板，超大城市治理面临不少挑战，少数工作人员能力作风与现代化建设要求还不适应，等等。要坚持理论联系实际，既要注重综合性问题也要留意细分领域问题研究，既要注重局部问题也要注重全局性问题研究，既要注重短期突出问题也要注意长远战略问题研究，尤其要注重加强原创性和超前性研究，不断开辟研究新赛道，产出研究新成果。咨政服务与学术研究是紧密相连、密不可分的。学术研究、学科建设是咨政研究的基础支撑，在精湛扎实的学术研究和科学严谨的学科建设基础上，咨政建言才有学理性支撑，才更具说服力和生命力。要防止把两者完全割裂开来，或闭门造车、孤芳自赏，或亦步亦趋、盲目附和，理论研究上不去，决策建议不管用。要在回答并指导解决问题中推动理论创新，运用创新理论更好指导实践，充分发挥学术和决策交互引领作用。

五 深入实际扎实搞好调查研究

习近平总书记强调，"调查研究是谋事之基、成事之道，没有调查就没有发言权，没有调查就没有决策权"，"正确的决策离不开调查研究，正确的贯彻落实同样也离不开调查研究"，"调查研究是获得真知灼见的源头活水，是做好工作的基本功"。习近平总书记这些重要指示要求，深刻阐明了调查研究的极端重要性，为全党大兴调查研究、做好各项工作提供了根本遵循。"上之为政，得下之情则治，不得下之情则乱。"重视调查研究既是我党的优良传统，也是解决问题的根本途径。调查研究越深入，调研的价值就越突出，对工作的指导性就越强、决策的参考度就越高。越是面对困难，越是在关键时刻，越要善于运用调查研究的手段解决问题。推动现代化新重庆建设开题破局，确保理论研究和咨政建言实效，必须走出"办公室""避风港""舒适区"。要坚持实事求是的原则，发扬求真务实的作风，在求深、求实、求细、求准、求效上下功夫。每一环节都要充分准备，调查研究既要身入更要心入。调研前，要有针对性地确定选题，吃透有关政策规定，细化调研方案，对调查的对象、重点、难点、方法等做到心中有数、有的放矢。

调研中，要坚持到群众中去、到实践中去，把脉问诊、解剖麻雀，倾听群众所期所盼，兼听各种不同意见，了解和掌握客观真实情况。调研后，要对调研得来的大量材料和情况进行认真研究分析，去粗取精、去伪存真，由此及彼、由表及里，真正实现由现象到本质的提升。其间还有一个不断"交换、比较、反复"的过程。对于调查研究工作而言，调查是基础，研究是手段，成果的形成和运用才是目的。衡量调查研究搞得好不好，关键要看调查研究的实际效果，看调研成果的转化，看能不能把问题研究透解决好。要精心撰写调研报告，提交务实管用的对策建议，真正把发展面临的问题发现出来，把群众的意见反映出来，把群众创造的经验总结出来，把破解难题的实招硬招谋划出来，转化为决策部署、政策措施和应用场景，形成工作实绩、发展实效、群众实感，对效果还要及时跟踪评估，视情况调整优化政策措施。为保证调研活动常态化长效化进行，需要完善相关制度、机制和政策。要高度重视大数据智能化手段的创新运用，采取科学有效的新方法，提升分析论证的精准性和可靠性，提出切实可行的解决办法。

六　探索创新大成集智机制

从新时代哲学社会科学发展趋势可以看出，任何重大经济社会问题都需要综合利用多学科知识，学科交叉融合和跨学科研究特征越来越突出。从自然科学发展来看更为清晰，几乎所有"国之重器"都是众多科研机构、高校与企业合作攻关的结果。在当前知识爆炸时代，科学研究很难靠一己之力完成，必须依靠众力、汇聚众智。某种程度上，学科设置封闭与专业分割过细、研究问题碎片化已成为综合性问题研究的制约因素，创新咨政服务机制和科研组织方式，整合不同学科和研究领域的智库机构、科研平台、人才资源、创新团队等优势和特长，加强综合性全局性战略性重大问题研究、加强交叉学科领域的协作研究，显得越来越重要而紧迫。集智攻关、团结协作是理论研究和学术研究的趋势与内在要求，集思广益助力科学民主决策是党政机构、高校、市内外智库等紧密合作的必然选择。在理论研究与咨政建言过程中，要强化重大决策咨询课题的纽带作用，党委政府要为哲学社会科学专家多出题目交任务，研究队伍也必须打破单打独斗的工作模式，积极探索大成集智工作机制，最大限度汇聚咨政合力，提高咨政服务质效。要强化"联"的作用，努力推进大智库联盟建设。大智库联盟要打破专业和属地边界，突破沟通壁垒，组建全国甚至全球范围的智库联盟专家库，形成重大决策咨询研究快速响应机制，加大智库机构与党委政府人才交流、管理机制对接力度。国际方面，邀请具有国际影响力的顶尖专家学者牵头搭建国际一流高端智库，打造面向全球、服务全国、立足重庆的国际化智库平台和学术思想重镇；国内方面，邀请中国社会科学院等国家层面专家团队搭建高端智库平台，借鉴市外先进智库经验做法，聚焦重大理论和现实问题，深入开展课题合作；市内方面，把各方面研究力量集成起来，搭建数字化、多领域、矩阵式智库平台；企业方面，把知名企业家和企业研究团队组织起来搭建新型企业智库平台，广泛调动全社会智力资源。要推进体制机制创新，进一步搭建咨政平台、拓宽咨政渠道、创新咨政方式、完善咨政政策，健全智库服务决策的长效机制，建立健全智库专家列席各级党政有关会议，参与重大决策座谈会、论证会、听证会等机制，推动市情数据库、咨政成果库等服务平台建设，建立和完善智库及人才的综合评价体系，拓宽智库成果认定渠道，探索将领导批示、实践运用、长效检验等纳入综合智库和人才评估范围。要完善高端智库人才选拔培养机制，全方位引进、培养、用好高层次人才，加大"上挂""下派""外炼"力度，为党委政府决策服务提供有力的智力支持和人才支撑。

摘　要

《重庆经济社会发展报告（2024）》坚持以习近平新时代中国特色社会主义思想为指引，以贯彻落实党的二十大精神和习近平总书记对重庆作出的重要讲话和系列重要指示批示精神以及市委六届二次、三次、四次全会精神要求为重点，以奋力书写重庆全面建设社会主义现代化新篇章为统领，紧扣新时代新征程开好局起好步，围绕三项重大任务和六大目标，组织专家学者进行研究和探讨。采取总分的篇章结构安排，总报告对 2023 年重庆经济运行态势及特点进行分析，对 2024 年面临的问题和挑战进行研判，提出针对性政策建议。分报告主要围绕推动高质量发展、创造高品质生活、建设内陆开放高地、建设山清水秀美丽之地、推动成渝地区双城经济圈建设等进行分析研判和建言咨政。

2023 年，重庆全面落实习近平总书记对重庆作出的重要讲话和系列重要指示批示精神，全面贯彻党的二十大精神和中央经济工作会议精神，有效实施持续提振信心、持续深化供给侧结构性改革、持续扩大内需一揽子政策措施，有力应对需求结构性矛盾突出、供给受制、引领性强的龙头企业缺乏、企业经济效益下滑等不利因素影响，经济运行总体呈现回升趋稳态势。2024 年，重庆将加快建设现代化产业体系、推动经济发展提质增效，推动成渝地区双城经济圈建设、促进区域协作互动发展，强化科技创新体系建设、加快新旧动能转换，积极扩大有效需求、筑牢稳中求进基础，推进城乡融合发展、创造高品质生活，努力跑出经济社会发展的新速度，积累支撑长远发展、整体跃升的加速度，以现代化新重庆建设成效迎接新中国成立 75 周年。

关键词： 经济运行　社会建设　成渝地区双城经济圈　重庆

目　录 ⟋⟍

Ⅰ　总报告

Ⅱ　高质量发展篇

V　山清水秀美丽之地篇

VI　成渝地区双城经济圈建设篇

皮书数据库阅读**使用指南**

总 报 告

B.1

2023年重庆经济运行态势分析
与2024年发展形势展望

重庆社会科学院　重庆市人民政府发展研究中心*

摘　要： 2023年，重庆全面落实习近平总书记对重庆作出的重要讲话和系列重要指示批示精神，全面贯彻党的二十大精神和中央经济工作会议精神，有效实施持续提振信心、持续深化供给侧结构性改革、持续扩大内需一揽子政策措施，有力应对需求结构性矛盾突出、供给受制、引领性强的龙头企业缺乏、企业经济效益下滑等不利因素影响，经济运行总体呈现回升趋稳态势。2024年，重庆将加快建设现代化产业体系、推动经济发展提质增效，推动成渝地区双城经济圈建设、促进区域协作互动发展，强化科技创新体系建设、加快新旧动能转换，积极扩大有效需求、筑牢稳中求进基础，推进城乡融合发展、创造高品质生活，确保新时代新征程全面建设社会主义现代化

---

* 执笔人：刘嗣方，重庆社会科学院党组书记、院长；吴安，重庆社会科学院研究员，主要研究方向为产业经济、区域经济；江薇薇，重庆社会科学院研究员，主要研究方向为产业经济；詹懿，博士，重庆社会科学院副研究员，主要研究方向为产业经济；程凯，博士，重庆社会科学院副研究员，主要研究方向为产业经济、国际贸易。

新重庆开好局、起好步。

关键词： 经济运行　社会建设　成渝地区双城经济圈　城乡融合发展

2023 年，重庆全面落实习近平总书记对重庆作出的重要讲话和系列重要指示批示精神，全面贯彻党的二十大精神和中央经济工作会议精神，坚持稳中求进工作总基调，完整、准确、全面贯彻新发展理念，积极服务和融入新发展格局，将成渝地区双城经济圈建设列为市委"一号工程"，加快建设西部陆海新通道，大力推进数字重庆建设，打造"33618"现代制造业集群体系，构建科技创新"1458"工作体系，深化央地合作、全方位推进同国内各区域和海外的合作，促进民营经济高质量发展，开展赛马比拼，经济运行总体呈现回升向好态势，一季度实现良好开局，二季度延续恢复态势，三季度持续向好。

一　2023年重庆经济运行态势

2023 年前三季度，全市实现地区生产总值 22243.88 亿元①，居全国第 16 位；同比增长 5.6%，比上年同期增速提升 2.5 个百分点、比上半年增速提升 1 个百分点，增速居全国第 15 位，比上年同期提高 2 位、比上半年提高 9 位。分产业看，第一产业实现增加值 1429.67 亿元，同比增长 4.3%，比上年同期增速提高 0.6 个百分点；第二产业实现增加值 8830.19 亿元，同比增长 6.1%，比上年同期增速提高 2.3 个百分点；第三产业实现增加值 11984 亿元，同比增长 5.4%，比上年同期增速提高 2.9 个百分点，名义增速 8.03%，占地区生产总值比重提高 0.68 个百分点，恢复性

---

① 本报告未经注明的数据，主要来源于国家统计局、重庆市统计局、重庆海关等公布的数据以及学习强国转载的数据。

增长态势明显。民营经济对经济增长贡献大，实现增加值 13162.84 亿元，同比增长 5.5%，拉动全市 GDP 增长 3.3 个百分点；国有经济焕发活力，实现增加值 7448.93 亿元，同比增长 6.9%，占全市地区生产总值比重提高 0.49 个百分点。

（一）产业经济恢复向好

1.农业生产稳定增长，农村居民收入持续增长

坚持农业农村优先发展，全力抓好粮食和重要农产品稳产保供，加强耕地保护和用途管控，大力实施"四千行动"，着力提升"三化"水平，坚持科技和改革"双轮驱动"，大力推动数字乡村建设，粮食安全保障有力，"菜篮子"产品生产稳定，特色产业、农文旅融合发展势头良好。前三季度，农林牧渔业总产值 2169.69 亿元，同比增长 4.6%。农林牧渔产品结构不断调整，粮食稳定增长，蔬菜保供能力持续增强，农业产值比重比上年同期提高 0.77 个百分点，夏粮播种面积 563.3 万亩、同比增长 0.6%，夏粮产量 124 万吨、同比增长 1.3%，水稻优质率达 77%、较上一年度提高 7 个百分点，秋粮产量恢复性增长；蔬菜种植面积 940.67 万亩，产量 1814.03 万吨，同比分别增长 2.9%、4.5%。特色经济作物增势良好，园林水果、中草药材、香料产量分别同比增长 6.5%、6.7%、5.2%。畜牧产品较快增长，出栏生猪、牛数量分别增长 4%、4.5%，猪牛羊禽肉产量同比增长 5%。农文旅融合发展势头良好，南川、奉节被列为全国首批文化产业赋能乡村振兴试点。

城乡居民收入差距进一步缩小。前三季度，全市农村常住居民可支配收入 15768 元，同比增长 7.1%，比城镇居民可支配收入增速高 3.1 个百分点。工资性收入 6498 元，是农民增收主渠道，同比增长 7.9%，占可支配收入的 41.21%，工资性收入增量占可支配收入增量的 45.61%；经营净收入 4275 元，同比增长 7.2%，增量占可支配收入增量的 27.67%，超过转移净收入占比。常住居民城乡收入比由上年同期的 2.44 进一步缩小到 2.37。农村居民人均生活消费支出 12203 元，同比增长 8%，教育文化娱乐、交通通信、生活用品及服务支出均增长 9% 以上。农村居民消费倾向明显提升。

2.工业经济稳中趋进，传统制造业改造提升明显

坚持把制造业高质量发展放到更加突出的位置，聚焦"一号工程"、"33618"集群、科技创新、数字化变革、主体培育、产业布局六大工程，推动亩均论英雄改革，迭代升级制造业结构，工业经济发展动能不断增强。前三季度，规模以上工业增加值同比增长5.7%（见图1），比上年同期增速提高1.7个百分点，自4月达低谷以来，增速呈回升态势，比1~4月高3.8个百分点，比上半年高2.2个百分点，比全国平均水平高1.2个百分点。

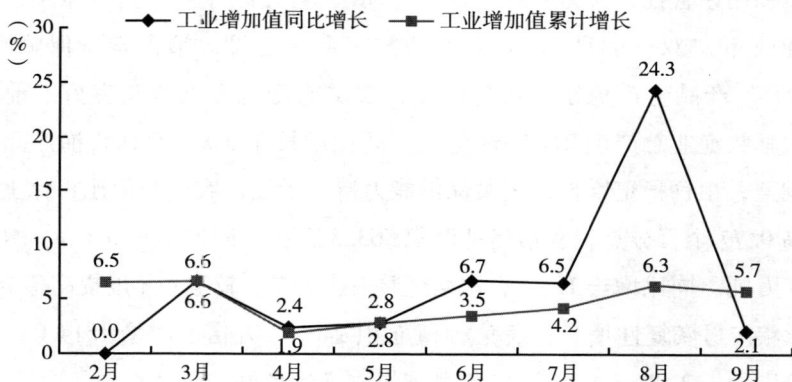

图1 2023年重庆市规模以上工业分月增速

资料来源：重庆市统计局公布的月度数据。

传统产业通过高新技术改造提升焕发发展活力。前三季度，材料、汽摩、消费品产业引领增长，对规上工业增长的贡献率高达86%。在全市39个大类行业中，有25个行业同比增长；在八大类产业中，摩托车、材料、能源、消费品、汽车等五大类产业呈现6%以上较高速度的增长，摩托车、消费品、装备三大产业比上年同期增速有较大幅度提升。以电动化、智能化推动汽车制造业结构优化，阿维塔12量产下线、问界新M7等中高端新能源车型精彩亮相，零部件提质发展，推动重庆汽车产业向价值高端化迈进，前三季度汽车产量同比下降4.3%，汽车产业增加值同比增长5.9%，分别

比 1~4 月、上半年提高 3.7 个、1.2 个百分点；汽车出口均价同比提升 19.9%，电动载人汽车出口均价同比提升 48.83%，插电式混合动力乘用车、纯电动乘用车出口均价分别高达 16.99 万元、15.29 万元。积极开拓国内市场，海外市场恢复增长，摩托车产业增加值同比增速高达 12.6%，比上年同期提高 16.5 个百分点，比上半年提高 4 个百分点。材料产业持续从新材料化中拓展发展空间，增加值同比增长 10.3%，比上年同期提高 7.3 个百分点，比上半年提高 1.6 个百分点，对规上工业增长的贡献率高达 41.8%，其中黑色金属冶炼和压延加工业、有色金属冶炼和压延加工业增加值同比分别增长 17.2%、14.7%，比全国平均增速分别高 9.4 个、6.9 个百分点，持续创新拓展了材料产业应用领域和提高了产品层次，西南铝持续为"长征"系列火箭、"神舟"系列飞船、"嫦娥"系列探月卫星、"天宫"系列空间站、国产大飞机提供高端铝材，2023 年为天舟六号货运飞船提供了 80% 的铝材。消费品产业增加值同比增长 6.8%，比上年同期提高 4.4 个百分点，比上半年提高 1.6 个百分点，其中轻工业同比增长 13.7%。装备产业增加值同比增长 4%，比上年同期提高 4.1 个百分点，比上半年回升 4.4 个百分点，恢复增长态势良好，其中通用设备制造业增加值同比增长 7.1%，比全国平均增速高 5 个百分点，比上半年快 3.2 个百分点；兼具装备、消费品属性的电气机械和器材制造业增加值同比增长 9.5%，比上半年加快 3.1 个百分点。能源保障有力，能源工业增加值同比增长 8.8%。

高技术产业出现下滑，新动能持续培育、释放。前三季度，高技术产业增加值同比下降 3.5%，主要是在新冠疫情中释放潜能的医药产业、电子产业下降所致。医药产业增加值同比下降 8.1%；电子产业增加值同比下降 0.8%，在重庆市电子产业价值产出中高占比的微型计算机产量同比下降 15%（低于全国的 21.1%），但受益于"芯屏端核网"全产业链持续发力，电子产业增加值下滑幅度趋小、回稳势头明显，前三季度增加值降幅分别比 1~4 月、上半年回升 8.1 个、3.1 个百分点，其中计算机、通信和其他设备制造业增加值同比下降 3.6%，分别比 1~4 月、上半年回升 8.6 个、3.5 个百分点。新兴产品、新兴产业提供工业经济增长新动能。前三季度，服务机器人、工业机器人产量同比分别增长94.8%、18.6%，智能手表增长37.0%，智能手机同比增长16.9%；新能源汽车产业增加值同比增长10.2%；战略性新兴产业增加值占规模以上工业增加值比重提高到31.9%。大力推动制造业数字化、绿色化改造，积极培育创新企业。据10月"贯彻二十大 建设新重庆"系列主题新闻发布会发布的数据，累计实施智能化改造项目6080个，建成智能工厂144个、数字化车间958个，比2022年底分别增加502个、17个、224个，示范项目建成后生产效率平均提升56.8%，运营成本平均降低22.1%以上，实施智能化改造的规上企业对全市工业产值增长的贡献率超过70%，有力推动产业向价值链和创新链中高端跃升；加强科技型中小企业培育，新培育市级专精特新企业1366家，累计3850家，累计创建国家专精特新"小巨人"企业288家、国家单项冠军企业13家，在专精特新中小企业中，民营企业占比为87.7%，工业"六基"领域的占比为68%，在产业链关键领域"补短板""填空白"的占比为62.6%；率先创建西南地区首家国家级制造业创新中心，累计培育市级制造业创新中心10家，新助推创建国家级企业技术中心4家、累计48家，新培育市级企业技术中心100家、累计1157家；新增科技型企业11642家，其中重庆孵化器共孵化了738家、培育提升10841家、引进63家。积极推动工业企业绿色化改造，大力推行绿色制造综合服务平台培育，累计创建国家绿色工厂81家、绿色园区8个、绿色供应链8条。

3. 服务业恢复向好，提质增效显著

深化服务业扩大开放试点，11项创新举措入选2023年国家服务业扩大开放试点示范最佳实践案例；加快建设国际消费中心城市，大力实施软件和信息服务业"满天星"行动计划，加速培育西部金融中心，系统构建国际物流枢纽，大力推进科技服务业发展。服务业恢复性增长态势良好，效益显著改善。前三季度，第三产业同比增长5.4%，占地区生产总值比重比上年同期提高0.68个百分点；1~8月规上服务业营业收入同比增长7.1%（见图2）、比上年同期增速加快5.5个百分点，营业利润同比增长28.5%、比上年同期增速加快36.4个百分点，经济效益显著提升。

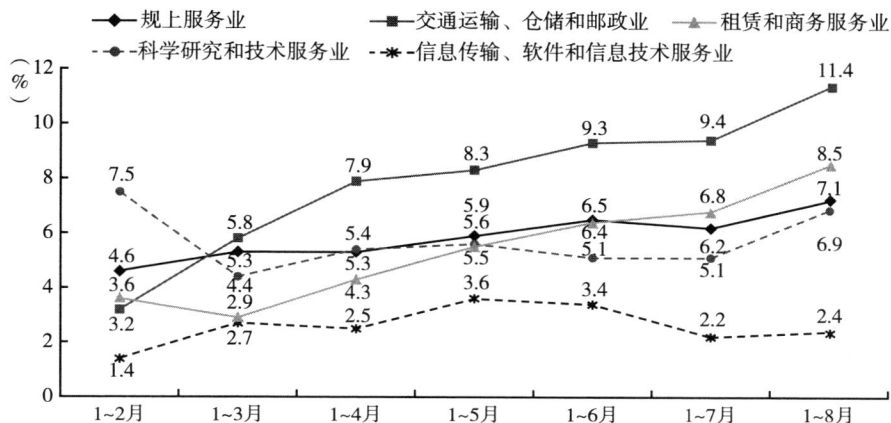

图2　2023年重庆市规模以上服务业营业收入分月累计增速

资料来源：重庆市统计局公布的月度数据。

传统服务业增长显著。前三季度，批发和零售业实现增加值2220.23亿元，同比增长8.8%，比上年同期增速加快6.2个百分点，分别比第一季度、上半年提高2.6个、1个百分点；批发业、零售业销售额同比分别增长12.7%、8.4%，分别比上年同期增速加快2.1个、2.4个百分点。交通运输、仓储和邮政业实现增加值885.93亿元，同比增长8.4%，比上年同期增速加快8.5个百分点，分别比第一季度、上半年提高5.4个、2个百分点；规上企业1~8月实现营业收入986.23亿元，同比增长11.4%，比上年同期增速加快13个百分点，呈现逐月较大幅度攀升态势。住宿和餐饮业实现增加值451.51亿元，同比增长9.1%，比上年同期增速加快7.8个百分点，分别比第一季度、上半年提高0.8个、1.2个百分点，年内始终保持较高增速；住宿业、餐饮业营业额同比分别增长16.3%、11.7%，分别比上年同期增速加快14.2个、6.8个百分点。

新兴服务业发展态势良好，发展新动能不断夯实。前三季度，以新兴产业为主的其他服务业增加值同比增长5.5%，比上年同期增速快1个百分点，其中信息传输、软件和信息技术服务业，租赁和商务服务业增加值同比分别增长7.8%、7.7%。数字经济基础设施不断夯实，全市每万人5G基站数保持西部第 1 位，1~8 月电信业业务总量达 253.09 亿元，同比增长 14.8%，全年高速平稳增长。1~8 月，规上租赁和商务服务业营业收入同比增长 8.5%，比规上服务业增速高 1.4 个百分点，比上年同期增速快 3 个百分点，呈现稳步攀升态势；规上科学研究和技术服务业营业收入同比增长 6.9%，比上半年提高 1.8 个百分点；规上信息传输、软件和信息技术服务业实现营业收入 826.17 亿元，同比增长 2.4%，比上年同期增速回落 2 个百分点，但全市全部软件业务收入达 2086 亿元，同比增长 14.5%。网上零售、跨境电商等新业态继续保持高速发展势头。前三季度，限额以上单位网上零售交易额 669.34 亿元，同比增长 25%；1~8 月互联网和相关服务业营业收入 162.64 亿元，同比增长 17.5%。文旅市场复苏，初步统计，前三季度全市文化及相关产业实现增加值 851.07 亿元，同比增长 6.6%；旅游及相关产业实现增加值 856.05 亿元，同比增长 11.4%，全市接待过夜游客 7832.35 万人次，同比增长 82%。[①]

（二）内需持续回升

1. 投资稳定回升，重点领域牵引有力

围绕扩大有效投资，深入开展抓项目促投资引外资行动，持续迭代优化营商环境，强化产业链精准招商，积极承接东部产业转移，深化央地合作，提升智博会、西洽会、中新金融峰会等重大展会招商实效，谋划、引进、实施一批带动性好的"大而强"项目和关键环节"小而美"项目，基础设施和第一、第二产业投资持续发力，大项目投资牵引作用凸显，民生领域投资显著增长。前三季度，全市新签订招商引资项目正式合同金额 14546 亿元，到位资金 3709 亿元[②]；重庆沿江承接产业转移示范区承接东部产业转移项目 292 个，协议总投资 3259.7 亿元[③]。全市固定资产投资同比增长 3.6%（见图 3），比上半年回升 2.2 个百分点，其中 8 月同比增长 16.3%，回升势头良好。

---

① 《重庆日报》2023 年 11 月 13 日。
② 《重庆日报》2023 年 10 月 27 日。
③ 《重庆日报》2023 年 11 月 13 日。

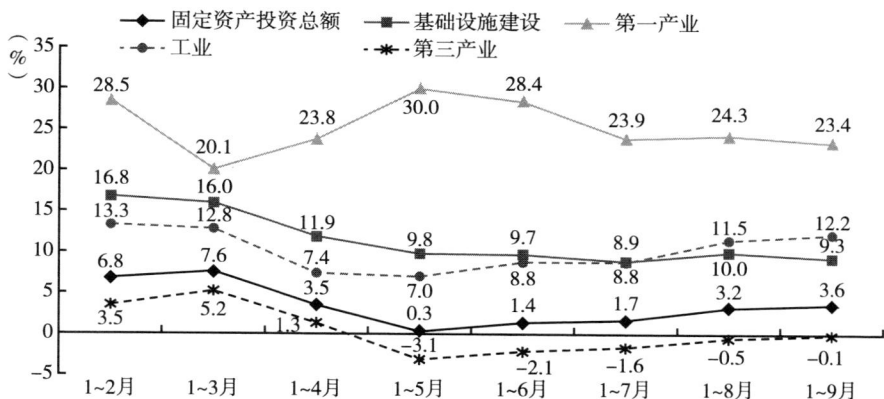

图3　2023年重庆市固定资产投资分月累计增速

资料来源：重庆市统计局公布的月度数据。

基础设施建设继续保持强力拉动作用。前三季度，基础设施建设投资同比增长9.3%，比投资平均增速快5.7个百分点，比上年同期增速加快1.3个百分点。交通基础设施完成投资883亿元，同比增长26%。共建成渝地区双城经济圈基础设施建设投资1719.7亿元，占共建成渝地区双城经济圈重大项目总投资的60.27%。第一产业投资保持高速增长；工业投资贡献大，汽车、能源、装备投资持续加力。乡村振兴重大市级项目拉动第一产业投资继续保持较快增速，前三季度同比增长23.4%，比投资平均增速快19.8个百分点，增速一直保持在20%以上。工业投资同比增长12.2%，比平均增速快8.6个百分点，比上年同期增速提高2.7个百分点，自5月低点后呈现明显上扬态势，比上半年高3.4个百分点。汽车产业投资持续攀高，同比增长34.3%，比上年同期增速提升3.2个百分点，拉动制造业投资增长4.9个百分点；医药产业投资发力，同比增长13.9%，比上半年增速提高13.8个百分点；能源工业、装备产业投资同比分别增长27.7%、16.1%，比上年同期增速分别加快17个、15.8个百分点，分别从1月、2月的9.3%、3.3%逐月强势攀升；材料工业中化学原料和化学制品制造业、兼具装备和消费品属性的电气机械和器材制造业投资分别增长31.8%、34.5%，分别拉动制造业投资增长 1.0 个、2.5 个百分点。第三产业投资同比下降 0.1%，比上半年回升 2 个百分点，其中房地产开发业投资下降 15.7%，是导致第三产业投资下降的主要原因，大大拉低了全市固定资产投资增速。

重点项目牵引有力。前三季度，共建成渝地区双城经济圈重大项目完成投资 2853.5 亿元，完成年度计划的 84%，超时序进度 9 个百分点，其中现代产业、科技创新、文化旅游项目完成投资 962.2 亿元，投资进度达 92.6%。1~10 月，市级重点项目累计完成投资 4028.5 亿元[①]，同比增长近 20%，完成年度计划的 93.2%，较时序进度快 9.9 个百分点，其中产业优化升级领域重点项目完成投资 943 亿元，投资进度为 97.8%；科技创新领域完成投资 79.8 亿元，投资进度达 103.3%；乡村振兴领域重点项目完成投资 132.4 亿元，其中农业优势特色产业项目完成投资 23 亿元；民生领域重点项目完成投资 223.2 亿元，同比增长 51.2%，投资进度达 94.8%。

2. 消费恢复性增长态势明显

以培育建设国际消费中心城市为引领，深入实施"巴渝新消费"八大行动，全面促进消费提质扩容。住宿餐饮反弹强劲，新消费引领作用强，基本消费品支撑作用大。前三季度，全市社会消费品零售总额 1.12 万亿元，同比增长 7.4%，从 1~4 月的 4.4% 开始逐月上扬，比全国平均增速快 0.6 个百分点，比上年同期增速快 5.9 个百分点。从城乡看，乡村增速大大快于城镇，乡村社会消费品零售额 1687.68 亿元，同比增长 12.2%，比城镇增速快 5.6 个百分点；从消费类型看，餐饮收入 1702.02 亿元，同比增长 18.9%，比商品零售额增速快 13.4 个百分点，比上年同期增速快 18.3 个百分点。

新型消费凸显引领作用，品牌集聚成效显著。前三季度，限额以上单位网上零售额 669.34 亿元，同比增长 25.0%（见图 4），比社会消费品零售总额平均增速快 17.6 个百分点。绿色化、智能化消费成为时尚，新能源汽车零售额同比增长 69.8%，拉动全市限额以上单位商品零售额增长 3.8 个百分点，占全市汽车类零售额的比重达 29.6%，比上半年提高 1.8 个百分点，9

---

① 华龙网，2023 年 11 月 17 日。

月占比超过 33%；智能手机零售额同比增长 5.9%，比上半年提高 3.8 个百分点。大力发展首店经济、积极培育渝货精品，促进优质消费供给，前三季度全市累计引进品牌首店 341 家、同比增长 216%，其中第三季度引进 192 家；截至 2023 年 6 月，已培育中华老字号 18 个、重庆老字号 291 个。

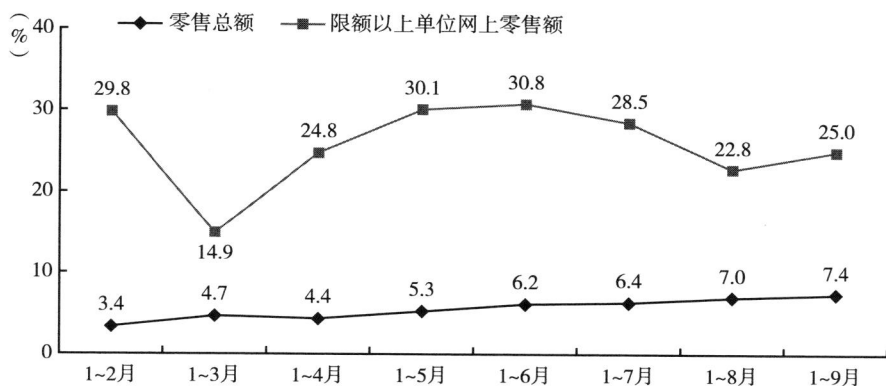

图 4　2023 年重庆市社会消费品零售总额分月累计增速

资料来源：重庆市统计局公布的月度数据。

基本消费品支撑作用大，前三季度，限额以上单位粮油食品类零售额 590.72 亿元，同比增长 9.4%，比商品零售额增速快 3.9 个百分点，拉动全市限额以上单位商品零售额增长 1.6 个百分点；中西药品类零售额 122.32 亿元，同比增长 11.1%，比商品零售额增速快 5.6 个百分点。文化办公用品类零售额增速最快，实现零售额 128.66 亿元，同比增长 36.4%，比上年同期增速提升 28 个百分点，拉动全市限额以上单位商品零售额增长 1.1 个百分点。

3. 进出口回落，贸易结构加速完善①

紧扣"大通道+大平台+大物流+大产业"融合发展，着力推动开放型经济规模持续扩张，重庆—东盟国际公路物流通道、中老中越班列"铁路快通"模式双向贯通、实施精细化货物进出区监管等多项创新举措入选 2023 年国家服务业扩大开放试点示范最佳实践案例，朋友圈越来越大，对外贸易

① 数据来源于重庆海关公布数据。

结构加速完善。

受复杂国际形势及电子产品市场萎缩影响，2023 年以来，全市进出口出现较大幅度下滑。前三季度，进出口总值 5416.35 亿元，同比下降 12.5%（见图 5），1~3 月下降幅度最低，1~7 月下降幅度最大，1~9 月收窄至接近 1~3 月的下降水平，9 月转降为微增 0.03%。出口 3638.60 亿元，同比下降 9.5%，下降幅度从 5 月后逐月累计收窄至最低，8 月转降为升，9 月同比增长 6.3%；外资企业、高新技术产品冲击最大，累计分别同比下降 14.4%、19.2%。进口 1777.75 亿元，同比下降 18.2%，下降幅度从 1~2 月的最低点逐步扩大到 1~7 月的最高点，8 月、9 月单月下降幅度明显收窄；国有企业、高新技术产品受影响最大，累计分别同比下降 33.4%、26.5%。

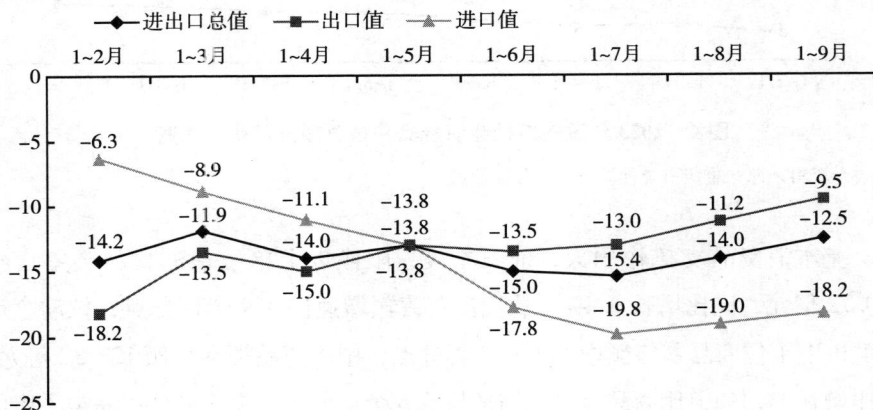

图 5　2023 年重庆市进出口分月累计增速

资料来源：重庆海关公布数据。

高新技术产品进出口大幅下滑是全市进出口减少的主要原因，前三季度进出口同比减少 900.04 亿元，为全部进出口减少值的 106.74%。高新技术产品出口减少 510.3 亿元，为全部出口减少值的 117.05%，其中笔记本电脑、平板电脑、集成电路出口减少 391 亿元，为全部出口减少值的 89.69%；高新技术产品进口减少 389.74 亿元，为全部进口减少值的 95.7%，其中电子元件、自动数据处理设备及其零部件、半导体制造设备进口减少 263.94

亿元,为全部进口减少值的64.81%,电子元件中的集成电路、自动数据处理设备及其零部件中的存储部件进口减少202.4亿元,为全部进口减少值的49.7%。9月这种情况有一定缓解。

出口结构多元化且趋高价值化,有效缓解了笔记本电脑等电子产品出口下滑的冲击。汽车类、电气机械类、轻工类产品出口值有较快增长,且多快于出口实物量的增长。前三季度,汽车出口236.59亿元,同比增长50.3%,是出口量增速的2倍,净增出口78.89亿元,其中乘用车出口178.68亿元,同比增长73.5%,远高于出口量47.7%的增速,净增出口75.72亿元;汽车零配件出口75.23亿元,同比增长22.3%,远高于出口量2.9%的增速;摩托车出口122.31亿元,同比增长13.3%,高于出口量10.9%的增速;纯电动乘用车出口15.52亿元,同比增长211.9%,高于出口量132%的增速。电工器材出口96.99亿元,同比增长31.7%,而其出口量同比下降20.4%,其中锂离子电池出口38.38亿元,同比增长150.2%,远高于出口量1.8%的增速。玩具出口65.85亿元,同比增长23%,而出口量同比下降8.3%;服装出口35.3亿元,同比增长28%。

区域格局稳中有变。亚洲仍占据重庆对外贸易的半壁江山,前三季度,重庆对亚洲进出口总值2868.25亿元,占全市进出口总值的52.96%,同比下降12.9%,其中出口下降7%,进口下降19.2%,出口降幅低于平均水平;非洲是唯一保持增长的大洲,进出口总值214.2亿元,同比增长17.5%,其中出口增速为18.7%,进口增速为14.3%;与拉美的贸易下降幅度较小,进出口值422.07亿元,同比下降0.3%,其中进口同比增长7%;与大洋洲的贸易下降幅度最大,进出口总值120.49亿元,同比下降34.9%,其中进口下降51.2%;与欧洲、北美的进出口总值分别为1061.58亿元、727.69亿元,同比分别下降9.1%、22.6%。在十大贸易对象中,分别居第4、第1位的中国台湾、美国下降幅度最大,分别同比下降31.9%、22.4%,减少额分别达到161.12亿元、199.29亿元,占全市进出口减少额的42.74%;居第9位的俄罗斯是唯一保持增长的国家,进出口总值从上年同期的101.34亿元提高到161.54亿元,其中出口增速高达149.2%;居第2、第8位的韩国、印度下降幅度较小，同比分别下降 7.1%、3%。

西部陆海新通道影响力不断增强。已形成铁海联运班列、国际铁路、公路班车三种主要物流组织方式。前三季度，共运输货物 12.6 万标箱，同比增长 19%，货值 193.3 亿元，去回货量货值基本实现双向平衡。辐射力不断扩大，截至 9 月，对内已可辐射 18 个省份的 69 个城市、138 个铁路站点，比 2022 年底增加 9 个城市、22 个站点；对外通达 120 个国家和地区的 473 个港口，比 2022 年底增加 1 个国家和地区、80 个港口。加快数字陆海新通道建设，"一单制"应用场景从单一的铁海联运班列延伸到中越、中老国际铁路联运班列，由重庆扩大至湖南、甘肃、宁夏、新疆等省份。

（三）财政恢复增收，金融稳定增长

财政收入恢复性增长，财政赤字缩小。前三季度，全市一般公共预算收入 1681.9 亿元，同比增长 13.9%，扭转上年下降局面。增长主要来自税收收入，为 1080.3 亿元，同比增长 18.8%，其中增值税 457.6 亿元，同比大涨 71.6%；企业所得税、契税有不同程度下降，同比分别下降 14.8%、4.8%。一般公共预算支出微增，支出 3550.6 亿元，同比增长 2.2%，农林水、卫生健康、社保和就业支出增幅较大，同比分别增长 6.4%、9.6%、4.9%；城乡社区、一般公共服务支出下降，同比分别减少 4.4%、0.8%。财政赤字同比减少 6.4%。

加速建设培育西部金融中心，持续深化中新金融合作，金融业对外开放水平大幅提升，首笔碳排放权收益理财等 3 项金融创新举措入选 2023 年国家服务业扩大开放试点示范最佳实践案例。前三季度，金融业增加值突破 2000 亿元，同比增长 5.2%。金融机构人民币存贷款稳步增长，截至 9 月末人民币存款余额 5.25 万亿元，同比增长 8.8%，比上年同期增速下降 0.7 个百分点；贷款余额 5.49 万亿元，同比增长 8.6%，比上年同期增速提高 0.9 个百分点。在人民币存款余额中，住户存款增速最快，同比增长 15.3%，比上年同期增速提高 2.8 个百分点，占全部人民币存款增量的 87.65%；非金融企业存款同比增长 5.6%，比上年同期增速下降 6.4 个百分点；政府存

款转降，同比减少 3.2%；非银行业金融机构存款同比微增 0.5%。在人民币贷款余额中，短期贷款急剧增加，同比增长 18.4%，比上年同期增速提高 15.3 个百分点，比中长期贷款高 12.5 个百分点；个人贷款及透支同比增长 5.8%，比上年同期增速提高 3.7 个百分点。金融加大了对重点领域、产业创新发展的支持力度，截至 6 月末，为共建成渝地区双城经济圈 2023 年重大项目授信 7673.73 亿元、投放贷款 659.15 亿元、提供风险保障 473.7 亿元[1]，全市科技型企业贷款余额 4879.5 亿元、同比增长 21.9%[2]；截至 8 月末，全市专精特新企业融资余额达 1085.68 亿元，同比增长 19.55%[3]。积极发挥创投在助推产业转型升级中的作用，截至 8 月末，全市登记的私募基金管理人 164 家、基金 653 只，总规模 1825.68 亿元，在投企业 1104 家，金额 1070.56 亿元，基金管理人数量及规模均处于西部前列[4]；加速推动企业到资本市场发展壮大，前三季度全市新增 7 家上市企业，居西部第 1 位；首发融资 100.73 亿元，占西部地区的 35.75%[5]。

保险业继续呈现赔付支出增长远高于保险保费收入的局面。前三季度，保险保费收入 896.5 亿元，同比增长 8.1%，比上年同期增速提高 5 个百分点，其中财产险收入 186.76 亿元，同比增长 10.1%，比上年同期提高 4.4 个百分点，比人身险收入增速快 2.6 个百分点。保险赔付支出 321.97 亿元，同比增长 24%，比上年同期增速提高 9.5 个百分点，其中人身险赔付支出 198.58 亿元，同比增长 32.4%，，比上年同期增速提高 8.2 个百分点，比财产险赔付支出增速快 19.9 个百分点。

（四）市场价格回落

1. 工业生产者价格持续走低

工业生产者价格延续 2022 年底同比下降势头，购进价格与出厂价格同

---

[1] 《重庆日报》2023 年 8 月 15 日。
[2] 《重庆日报》2023 年 8 月 16 日。
[3] 《重庆日报》2023 年 9 月 27 日。
[4] 重庆政府网，2023 年 10 月 19 日。
[5] 江北嘴财经，2023 年 10 月 30 日。

步下降，购进价格下降幅度略大于出厂价格，单月和累计下降趋势见图6。

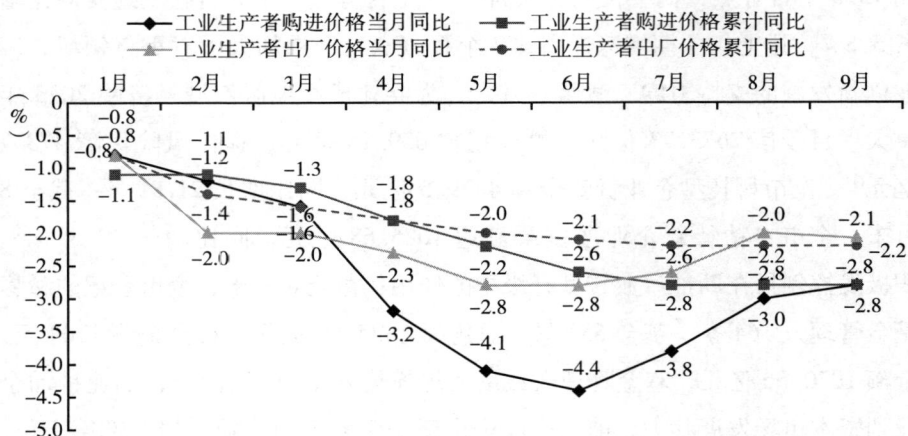

图6　2023年重庆市工业生产者价格分月同比变动

资料来源：重庆市统计局公布的月度数据。

工业生产者出厂价格2月起降幅扩大、7月始降幅收窄，前三季度同比下降2.2%，比全国少降0.9个百分点。生产资料出厂价格降幅5月、6月为单月最高，累计降幅7月、8月最高，前三季度同比下降3.2%，比全国少降0.9个百分点，9月同比下降3.1%，比6月收窄1个百分点，其中原料同比下降2.5%，9月同比上涨0.5%，比6月回升4.7个百分点；生活资料价格平稳，同比上涨0.5%，比全国高0.2个百分点，当月同比上涨0.4%，与6月持平，其中耐用消费品价格同比上涨1.1%，比全国高1.9个百分点，9月同比上涨1.5%，与6月持平。

工业生产者购进价格年中5月、6月、7月三月单月降幅最大，其中6月降幅达4.4%，前三季度同比下降2.8%，比全国平均少降0.8个百分点。燃料动力类、纺织原料类仍保持上涨势头，前三季度分别同比上涨4.6%、1.3%，9月分别同比上涨1.7%、0.9%，相对6月，前者价格回升，后者涨幅回落；农副产品类累计保持上涨，同比上涨0.5%，单月5月开始下降，9

月同比下降1.7%；化工原料类、建筑材料及非金属矿类价格跌幅最大，累计同比分别下降9%、7.7%，9月同比分别下降4.8%、9.5%，单月跌幅前者收窄，后者扩大（见表1）。

表1　2022年和2023年1~9月重庆市工业生产者价格指数全国比较（上年同期=100）

类目	2023年1~9月		2022年1~9月	
	重庆	全国	重庆	全国
工业生产者出厂价格指数	97.8	96.9	103.4	105.9
生产资料	96.8	95.9	104.1	107.4
采掘	100.1	92.0	102.6	124.9
原料	97.5	95.1	107.1	113.8
加工	96.6	96.6	103.7	103.1
生活资料	100.5	100.3	101.4	101.3
食品	100.2	100.7	101.5	102.3
衣着	98.0	101.5	100.7	101.6
一般日用品	99.7	100.6	102.4	101.6
耐用消费品	101.1	99.2	101.1	99.9
工业生产者购进价格指数	97.2	96.4	106.2	108.3
燃料动力类	104.6	95.4	119.6	126.7
黑色金属材料类	94.2	92.1	103.6	98.9
有色金属材料及电线类	94.7	98.2	110.5	108.7
化工原料类	91.0	91.0	109.4	110.5
木材及纸浆类	97.3	98.1	106.2	104.5
建筑材料及非金属矿类	92.3	94.7	105.5	106.4
其他工业原材料及半成品类	97.2	98.8	102.4	102.8
农副产品类	100.5	99.4	102.7	103.8
纺织原料类	101.3	96.2	103.2	107.2

资料来源：国家统计局、重庆市统计局公布的月度数据。

2. 居民消费品价格基本平稳

居民消费品价格同比涨幅逐月累计趋低、1~9月累计由涨转平，单月自5月呈下降并小幅扩大态势。前三季度，居民消费价格与上年同期持平，涨幅比全国低0.4个百分点，9月同比下降0.9%，与全国持平。食品烟酒类价格累计同比微降，累计同比由1月上涨5.3%、6月上涨1.7%、8月上涨0.5%转为9月下降0.1%，单月同比7月开始呈现较大幅度下降，9月同比下降4.5%。居住类价格累计同比小幅下降但降幅收窄，累计同比由1月下降1.2%收窄到9月下降0.1%，单月同比5月始进入上涨通道，9月同比上涨0.9%（见图7）。其他用品和服务类价格涨幅最大，前三季度累计同比上涨2.5%，9月同比上涨3.5%，月度同比涨幅在1.7%~3.5%区间不断起伏。教育文化和娱乐类价格同比上涨1.6%，9月同比上涨1.2%，单月涨幅起伏不定。

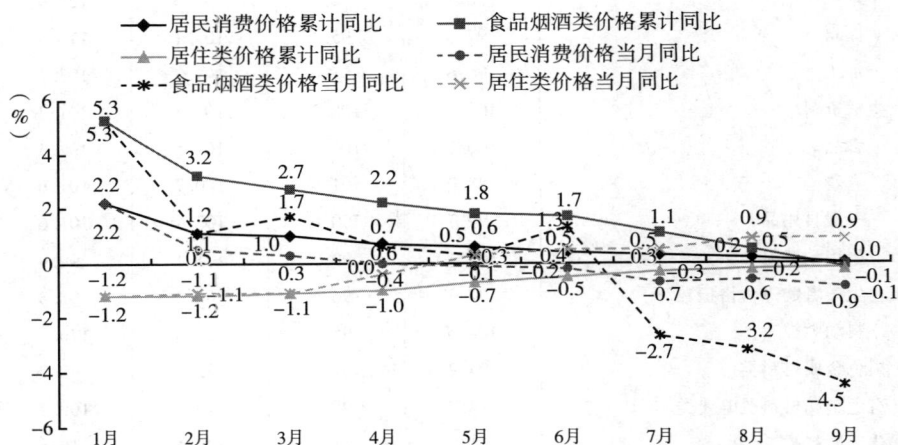

图7　2023年重庆市居民消费价格分月同比变动

资料来源：重庆市统计局公布的月度数据。

二　当前重庆经济运行中存在的问题

（一）需求结构性矛盾突出

1.消费需求不足

居民消费意愿不强，升级型消费乏力。2023年以来，重庆消费市场呈现较好的恢复性增长态势，但居民消费意愿仍然不强，消费倾向下降。前三季度，全市居民消费倾向为66.04%，居全国第19位，边际消费倾向为67.92%，居全国倒数第3位，其中城镇居民消费倾向为63.18%，居全国第12位，边际消费倾向为61.88%，同样居全国倒数第3位。部分升级型消费增长乏力，生存资料消费如餐饮、粮油食品消费增速较快，而体育娱乐用品类、金银珠宝类、家用电器和音像器材类、化妆品类、通信器材类等发展和享受资料类消费不振，前三季度其限额以上单位零售额分别下降24.9%、9.1%、0.7%，上涨0.3%、1.2%。产业升级的消费动力有待提升。

外需不足，挤压国内市场。由于复杂的国际形势及市场变化，2023年我国出口承压，5月开始出现下跌，重庆市因产业结构因素出口出现大幅下跌，外需不足将传导到国内，使国内市场竞争更加激烈。从支出法国内生产总值看，净出口是一国GDP的重要组成部分，但对国内地区来说，净流出（包括国内国外）才是构成地区生产总值的重要组成部分。而重庆市较长时期以来，在进出口呈现较大规模的净流出情况下，货物和服务是净流入，说明重庆市产品在国内市场的竞争力还不强，由此带来的市场压力更大。

2. 民间投资信心有待提升

民间投资继续延续上年下滑态势。前三季度，重庆市民间投资同比下降4%，比全国下滑幅度大3.4个百分点，影响了全市投资增速。全年仅第一季度下滑幅度处于低位，9月以前月份累计下滑幅度均在5%以上，其中1~7月下滑幅度高达8.8%。信心是投资的动力，信心来源于投资回报率，受需求不足等因素影响，各行业投资回报率低迷，对行业的市场前景不看好或把握不住，民间投资者想投不敢投、想投不能投问题比较突出。

投资信心不足，突出体现在房地产业上，其是民间资本投资的重要领域，市场需求不足，导致投资大幅下滑。前三季度，重庆市房地产销售面积同比下降19%，销售额同比下降20.4%，导致房地产开发投资同比下降15.7%，远远大于全国7.5%、4.6%、9.1%的跌幅，一定程度上拉低了全市投资增长速度，还严重影响财政收入，如2022年因房地产市场不振，重庆土地成交价款同比减少59.2%，比全国多跌10.8个百分点。不容乐观的是，竣工面积同比增长 34.6%，施工面积同比下滑 9%，大大低于销售面积的降幅，会带来巨大的房产存量，在需求未能有效提升的情况下，将制约房地产投资。

（二）供给受制

笔记本电脑等移动终端市场萎缩且面临产业移出压力，电子产业结构调整压力大。在重庆电子产业中，计算机占比非常高，据普查 2018 年重庆计算机制造业营业收入占计算机、通信和其他电子设备制造业的 57.83%，其中整机占 45.04%，比全国平均水平高 40.48 个、30.71 个百分点；按当年出口价格计算，2021 年、2022 年笔记本电脑、平板电脑产值分别可达 2654 亿元、2587 亿元，分别为 2021 年、2022 年计算机、通信和其他电子设备制造业产值的 42.07%、43.5%。因此，计算机市场的兴衰，对重庆电子产业影响极大。近年来，全球计算机市场需求不振，我国受到的冲击更大。前三季度，微型计算机产量同比下滑 21.1%，减少 6296.9 万台，出口笔记本电脑、平板电脑分别同比下滑 19.0%、11.8%，合计减少出口量 3638 万台，为微型计算机减少产量的 57.77%。重庆由出口带来的冲击更大，前三季度，微型计算机产量同比下滑 15.0%，减少 1011.97 万台，出口笔记本电脑、平板电脑分别同比下滑 10.7%、63.5%，合计减少出口量 960.4 万台，为笔记本电脑、平板电脑减少产量的 98.15%，为微型计算机减少产量的 94.9%，仅 9 个月出口减少值就为 2022 年计算机、通信和其他电子设备制造业产值的 5.22% 以上。外销不畅，计算机市场的激烈竞争将转移到国内市场。同时，重庆市笔记本、平板电脑劳动密集型产业特征明显，研发强度仅为全国一半左右，具有产业移出的风险，实际上广达、和硕、英业达等正加速向越南等东南亚国家布局。重庆市正大力构建完善"芯屏端核网"全产业链，以规避单一电子产业结构带来的风险。

燃油汽车增长乏力，汽车产业向智能网联新能源汽车转型面临激烈竞争，品牌建设等不足制约重庆市企业的市场拓展。经过多年高速增长，我国汽车的家庭普及率已超过 40%，其中城镇家庭普及率超过 50%，进入增长的平稳期。前三季度，我国汽车产量同比增长4.6%，传统燃油车增长停滞，增量主要来源于新能源汽车，其增速为26.7%。新能源汽车是汽车智能网联的主要载体，是汽车产业转型升级的主战场，2023年以来我国自主品牌新能源汽车价格下沉，竞争激烈，重庆市处于不利地位，前三季度汽车产量同比下滑4.3%，新能源汽车产量同比增速也仅为4.9%，部分品牌有较大幅度的下降；新能源汽车产量仅居全国第7位，分别为前三位的14.09%、27.3%、34.53%，占全国的比重由上年全年的4.89%下降到4.1%；从企业看，前三季度长安新能源汽车产量（包括市外制造）排第8位，分别为前三位企业的14.33%、43.86%、48.19%。

（三）本土化有国际影响力的市场主体缺乏

重庆市缺乏具有国际影响力、规模优势、品牌影响力的龙头企业。尽管重庆入选中国企业500强、制造业500强的企业数量不少，但规模都偏小。2023年重庆市入选中国企业500强11家，仅1家名次在200名内（排第109名），7家排名在400名后；而四川15家企业中，排前100名的1家，第100~200名的5家，第200~300名的6家。重庆市入选中国制造业500强11家，仅1家排名200名内，有3家排第300~400名、3家排第400~500名；四川有13家，4家排在100名内，4家排第100~200名。2023年中国战略性新兴产业领军企业中重庆市仅1家入选，四川3家。在各行业内，重庆市少有排名居前的龙头企业。据GYbrand公布的"中国最具价值品牌500强"，重庆市仅6家企业入选，1家企业排名100名以内；Asiabrand公布的中国品牌500强名单，重庆市仅5家企业入选，1家企业排名100名以内。龙头企业的规模优势、品牌优势不明显，影响其在构建完整、安全可控产业链中的引领力。

（四）企业经济效益下滑

2023年前三季度，重庆市规模以上工业企业实现利润929.1亿元，同比减少7.9%；亏损企业亏损总额214.8亿元，同比增长17.4%。企业成本率升高、利润率下降，营业收入成本率 86.75%，比规上企业上年同期水平提高 0.16 个百分点，比上年同期全部规上企业提高 0.62 个百分点；营业收入利润率 4.8%，比规上企业上年同期水平降低 0.43 个百分点，比上年同期全部规上企业降低 0.88 个百分点，而投资收益同比增长 41.3%，主营业务利润水平滑坡更大；应收账款增幅比营业收入高 6.6 个百分点，负债增幅比所有者权益增幅高 3.6 个百分点，销售费用增幅比营业收入高 3.1 个百分点；产品销售率下降，前三季度为 96.4%，比上年同期降低 1.3 个百分点。

三　2024年重庆经济面临的形势及预测

（一）面临的发展机遇

1. 开放型经济多维蓄力

党的十八大以来，习近平总书记对重庆作出系列重要指示批示，要求重庆营造良好政治生态，坚持"两点"定位，实现"两地""两高"目标，发挥"三个作用"，从战略和全局高度为新时代新重庆发展导航定向，赋予重庆重大历史使命。在全国新的区域发展格局和开放格局中，重庆有望成为我国东中西协调发展的重要引擎和动力，以及我国向西、向南开放的陆路大通道和主要口岸，面临由内陆后方跃升为开放前沿的重大发展机遇。作为"一带一路"和长江经济带连接点、西部陆海新通道物流和运营组织中心，陆海内外联动、东西双向互济，有机衔接国内国际两个市场，资源要素集聚和产成品输出具有天然便利条件，为承接更大规模、更高水平产业转移提供了可能；重庆积极打造国际化一流营商环境，扩大市场准入，对接国际高标准的经贸规则；大力发展民营经济，有效激活各类生产要素；大力推进机场、高铁、高速公路和轨道交通建设，构建国际物流枢纽，实现产业、开放、基础设施和营商环境等多维度协同并同步发力。

2. 新区域格局奠定城市引领地位

成渝地区双城经济圈建设是国家区域重大战略，重庆、成都"双核"

是引领成渝地区双城经济圈高质量建设的核心引擎，突出的区位优势和体制优势需要重庆在区域格局中发挥更强的引领作用。2023年重庆把成渝地区双城经济圈建设作为市委"一号工程"，与四川紧密协作、相向而行，召开推动成渝地区双城经济圈建设重庆四川党政联席会议第七次会议座谈会，按下了"快进键"、跑出了"加速度"，在发展态势、创新动能、开放能级、融合融通等方面取得突破性进展，促进了川渝两大制造业基地产业链、创新链和供应链深度融合：大力发展新经济、培育新动能，推动新赛道、新场景、新基建的布局，携手打造创新创业与新兴产业发展共同体，开展立体式、全方位的跨区域协同创新试验。区域整体发展势能和区域竞争力的提升也将给重庆发展带来更强的区域产业优势和市场优势。

3. 现代化产业体系构建为经济高质量发展提供有力支撑

重庆作为我国六大工业基地之一，拥有全部31个制造业大类行业门类，目前，正加快建设以先进制造业为骨干的现代化产业体系，着力打造"33618"现代制造业集群体系，加快制造业数字化转型，推动制造业提质增效，大力提升企业创新能力和竞争力，全力提升产业发展能级，积极引进更多链主企业、链长企业，加快推动短板产业补链、优势产业延链、传统产业升链、新兴产业建链，不断推动产业链现代化。已形成智能网联新能源汽车、新一代电子信息制造业、先进材料三大五千亿级产业集群，智能装备及智能制造、食品及农产品加工、软件信息服务产业集群创新发展态势较好。国家有力引导沿海地区制造业向中西部地区转移，为西部地区制造业在做大规模、提升层次方面提供支持，西部地区制造业在承接沿海产业转移中积极拓展价值链，并通过向西（中欧班列）、向东（长江经济带）、向南（西部陆海新通道）、向北（中蒙俄经济走廊）等通道，高水平"引进来"高质量"走出去"，世界级产业集群正沿着国际化大通道有序布局。重庆正大力发展数字经济，将数字重庆建设作为"一把手"工程来抓，努力实现"一朵云、一张网、一本账、一组库"，聚焦交互、数字化、智能决策、区块链、3D打印技术应用等领域，推动产业高端化、智能化、绿色化发展，给重庆经济带来了新的增长动力。

（二）面临的挑战

1. 外部环境不确定性风险明显上升

全球经济增速延续下行，需求、投资持续低迷，IMF 总裁格奥尔基耶娃指出，目前的全球经济增长速度仍然"相当疲弱"，远低于疫情前 3.8% 的平均水平，通胀将在一些国家保持高于目标水平，直到 2025 年。从需求来看，无论是发达经济体还是新兴市场、发展中经济体，需求明显偏低且还没有找到扩大需求、提振消费信心的良好路径。发达经济体受制于高通胀、能源供应紧张、就业严重不足以及国内局势不稳等因素，需求提振困难重重。与全球需求萎缩相对应的是投资低迷，企业投资信心不强，生产性投资尚未步入正常轨道，加之贸易保护和单边主义，也使得企业投资"权利"不足。在此背景下，中国出口增长和投资信心受高通胀、高利率、俄乌冲突等的负面影响将持续，与之相应的是重庆对发达国家的直接出口以及通过东盟再加工后对发达国家的间接出口增长均受到影响。

2. 创新驱动模式面临内动力不足的挑战

随着传统数量型发展动力的消失，我国经济发展模式调整为创新驱动型。但是，目前重庆面临基础创新能力不足，顶尖人才、优秀人才相对匮乏等问题，特别是世界级科学技术专家和战略科学家太少，创新驱动模式面临内生性动力不足。加之近百年来，全球信息、生物、纳米及空间等所有新兴产业的发展由美国主导，其在科技资源、人力资源等知识经济发展方面奠定了雄厚基础，国家整体上的技术发展仍以跟踪为主，自主创新不足，创造世界级新产品的能力较弱，产业结构升级和扩大内需目标尚待时日。同时，重庆的创新环境还不够健全，公共服务以及公平的市场竞争环境有待完善，抑制高端创新资源的集聚。

3. 碳达峰碳中和面临多重挑战

碳达峰碳中和是我国"十四五"时期必须着手推进的一项重点工作。中央"十四五"规划建议在 2035 年目标中提出"广泛形成绿色生产生活方式，碳排放达峰后稳中有降"。习近平总书记提出 2030 年前中国二氧化碳排放达到峰值、努力在 2060 年之前实现碳中和的两个阶段奋斗目标。"十四五"时期，我国要努力趋向碳达峰碳中和愿景，推动经济结构、能源结构、产业结构转型升级，构建绿色低碳循环发展的经济体系迫在眉睫。重庆要实现碳达峰碳中和目标，踏上经济高质量发展和生态环境高水平保护的发展道路，面临能源结构偏煤、产业结构偏重等问题，风电、光伏发电等可再生能源资源禀赋弱，规模以上火电、钢铁、水泥、有色、化工等高耗能产业碳排放占工业排放总量的 80% 以上。同时，重庆制造业在产业价值链中仍处于中低端，产品能耗物耗高，产业增加值率低，经济结构调整和产业升级任务艰巨，建立绿色低碳经济体系的任务还面临诸多挑战。

（三）趋态势判断及主要指标预测

2023 年是贯彻落实党的二十大精神的开局之年，是新时代新征程全面建设社会主义现代化新重庆的起步之年，做好各项工作意义重大。要坚持稳中求进工作总基调，完整、准确、全面贯彻新发展理念，积极服务和融入新发展格局，着力推动高质量发展，更好统筹发展和安全，持续提振信心，持续扩大内需，持续深化供给侧结构性改革，努力实现稳进增效、除险清患、改革求变、惠民有感，确保新时代新征程全面建设社会主义现代化新重庆开好局、起好步。

在对 2024 年重庆市经济发展进行预测时，选取地区生产总值、三次产业结构、全社会固定资产投资总额、社会消费品零售总额、进出口总值五大指标作为分析预测的核心指标，时间跨度为党的十八大以来的年份，在此基础上，利用 FNN 神经网络分析方法进行实证研究。FNN 模型是基于误差反向传播算法对参数进行训练的一种神经网络，而反向传播算法则是基于梯度下降法使全局误差最小（LMS）的一种修正学习算法。

考虑到 2023 年的数据尚未完全公布，本报告以 2023 年前 8 个月的数据为基准，预测 2023 年的全年结果，进而采用党的十八大以来的年度数据预测 2024 年的经济增长预期值。具体预测结果如表 2 所示。

表2　2024年重庆经济增长与产业发展指标预测

| 年份 | 地区生产总值 | | 三次产业结构（%） | | | 全社会固定资产投资总额（亿元） | 社会消费品零售总额（亿元） | 进出口总值（亿美元） |
	总量（亿元）	增幅（%）	第一产业	第二产业	第三产业			
2013	13027	12.3	7.2	46.0	46.8	11205	5946	687
2014	14623	10.9	6.8	46.3	46.9	13224	6763	954
2015	16040	11.0	6.7	44.9	48.4	15480	7668	745
2016	18023	10.7	6.9	43.1	50.0	17361	8728	628
2017	20066	9.3	6.4	42.1	51.5	17441	9769	666
2018	21588	6.0	6.4	41.0	52.6	18662	10705	790
2019	23605	6.3	6.6	39.8	53.6	19726	11632	840
2020	25041	3.9	7.2	39.8	53.0	20495	11787	942
2021	28077	8.4	6.8	40.0	53.2	21745	13968	1238
2022	29129	2.6	6.9	40.1	53.0	21897	13926	1228
2023（预测）	31168	5.7	6.7	40.2	53.1	24087	14930	1050
2024（预测）	33038	6.0	6.5	40.3	53.2	26977	15980	1218

资料来源：《重庆统计年鉴》及国民经济和社会发展统计公报；2017年后全社会固定资产投资总额根据历年增速计算。

　　预测显示，2023年重庆市经济将稳步保持增长，地区生产总值将成功登上3万亿元台阶，重庆经济总量稳定提升，经济发展速度高于国内平均水平；在产业结构方面，第一产业占比会持续下降，而第二、第三产业占比将有所增加，产业结构进一步优化；全社会固定资产投资适度扩张，达到24087亿元，为经济增长添加动力；社会消费品零售总额实现恢复性增长，进出口贸易下跌，总体经济发展回升向好。

　　展望2024年经济发展态势，主要动力来自以下方面。

　　努力抓好扩内需稳增长，推动经济平稳运行、高质量发展。把恢复和扩大消费摆在优先位置，通过政府投资和政策激励带动全社会投资，激发市场主体活力，保持经济运行在合理区间。深入开展抓项目促投资专项行动，编制实施市级政府投资项目三年滚动计划，做好项目前期工作，优化审批服务和要素保障，推动投资规模合理增长、结构不断优化。加快培育建设国际消费中心城市，推动消费恢复回暖。瞄准跨国公司、头部企业、产业链关键企业、专精特新企业，大力"走出去""请进来"，开展以商招商、精准招商、产业链招商。优化企业服务，落实助企纾困政策和新的减负清单，建好用好"渝快融""企业吹哨·部门报到""一库四联盟"等助企平台，帮助企业解决实际困难。

努力抓好以制造业为重点的产业转型升级，加快构建现代化产业体系。谋划实施制造业提质增效行动，深化制造强市、质量强市、网络强市、数字重庆建设，推进产业体系全面升级发展。推动制造业高质量发展，持续巩固传统产业优势地位，壮大战略性新兴产业，前瞻性布局未来产业。开展先进制造业和现代服务业融合发展试点，培育融合发展新业态新模式。加快推进智能制造，实施智能制造诊断评估"回头看"专项行动，发挥龙头骨干企业引领示范作用，加快中小企业数字化转型，推动数字化绿色化协同发展，提升产业链数字化水平。

努力抓好重点领域改革，激发各类市场主体活力。以数字政府建设为牵引，构建多跨协同工作机制，完善高速泛在网络和公共数据资源管理平台、数字重庆云算力平台、数字重庆算法平台，迭代升级"城市大脑"，构建协同高效的数字化履职能力体系。实施服务民营经济高质量发展行动计划，开展民营企业"龙头引领"行动，大力培育创新型民营企业。实施国企改革提效增能行动，推动国有企业聚焦主责主业、国有资本向重要行业和关键领域集中。扎实推进营商环境创新试点城市建设，抓好世界银行新一轮营商环境评估和中国营商环境评价，推出更多利企便民改革举措。积极融入全国统一大市场，落实"非禁即入"要求和公平竞争审查制度，加强反垄断和反不正当竞争。

努力抓好科技创新，促进科技、产业、金融、人才良性循环。强化企业科技创新主体地位，启动实施高新技术企业和科技型企业"双倍增"行动计划，打造未来产业科创园，推动校区、园区、厂区联通联动，支持高校师生和社会力量创新创业，支持环大学创新生态圈示范建设，创建国家综合类技术创新中心。培育核心科技力量，争取国家实验室重庆基地落地，组建明月湖实验室，支持重庆卓越工程师学院产教融合发展，打造重庆脑与智能科学中心、智能网联新能源汽车基础设施示范区。开展全面创新改革试验，深入推进市属科研院所改革，深化科技评价、科技激励、青年科研人员减负等改革。强化科技金融支撑，推广知识价值、商业价值信用贷款，促进专精特新、科创培育等基金市场化运作，健全科技企业上市服务机制。优化人才发展环境，实施高水平人才集聚计划，支持高校、科研机构和企业联合培养人才，靶向引进高精尖缺科技人才和海外优秀人才。

努力抓好双核引领、区域联动，推动成渝地区双城经济圈建设取得更大突破性进展。增强中心城区极核功能，加快重点功能片区开发，谋划建设现代都市功能新场景，强化产业引领、科技创新、门户枢纽、综合服务等核心功能。提升主城新区综合承载能力，提速建设两江新区至长寿等快速通道，完善同城化体制机制，梯次推动主城新区与中心城区功能互补、同城化发展。制定实施新一轮各片区建设政策举措，提高全市发展的协同性、整体性。加强双城合作、双核联建，加快推进成渝中线高铁、渝西高铁等标志性工程，共建成渝跨境公路运输联盟、内陆无水港、重点实验室和新型研发机构，共同培育智能网联新能源汽车、软件信息等产业集群，争取中欧班列（成渝）、成渝综合性科学中心等支持政策落地，完善政策协同和利益共享机制，提升双核发展能级。

努力抓好高水平对外开放，更好融入国内国际双循环。发挥重庆通道物流和运营组织中心作用，启动实施西部陆海新通道建设三年行动计划，加密铁海联运班列，拓展国际联运班列覆盖范围，提升跨境公路班车运输效率。深化中新互联互通项目合作，推动重庆自贸试验区开展首创性差异化探索，加快建设高质量实施《区域全面经济伙伴关系协定》（RCEP）示范区。推动货物贸易优化升级，建设国家加工贸易产业园、国家外贸转型升级示范基地和国家进口贸易促进创新示范区。促进服务贸易创新发展，深入开展服务业扩大开放综合试点和服务贸易创新发展试点，培育壮大研发设计、检验检测、专业服务、保税维修等新兴服务贸易。高标准办好智博会、西洽会、中新金融峰会、川渝地区—湄公河国家地方合作论坛、陆海新通道国际合作论坛，务实开展国际友城合作，发展民间外交，推动实际使用外资量质齐升。

结合重庆未来发展的重要目标进行分析，到2024年重庆经济发展指标在全国的排名将保持稳定，在经济总量指标方面，预计重庆会继续名列全国31个省级地区的第15位，同时列西部12个省级地区的第3位。在人均指标方面，重庆长期位居全国中上游和西部前列，预计2024年重庆市人均地区生产总值将居全国第8位和西部第1位（见表3）。

表3　2024年重庆经济发展指标在全国及西部的排位预测

单位：亿元，元

年份	经济总量			经济发展水平		
	GDP	全国排位	西部排位	人均GDP	全国排位	西部排位
2011	10161	21	5	34864	12	2
2012	11595	21	5	39178	11	2
2013	13027	21	5	43528	11	2
2014	14623	20	5	48307	11	2
2015	16040	20	5	52476	10	2
2016	18023	19	4	58327	10	2
2017	20066	18	4	64176	10	2
2018	21588	17	3	68464	11	2
2019	23605	17	3	74337	9	1
2020	25041	17	3	78294	8	1
2021	28077	16	3	87450	8	1
2022	29129	16	3	90663	10	2
2023（预测）	31168	16	3	96600	9	1
2024（预测）	33038	15	3	102000	8	1

资料来源：《重庆统计年鉴》及国民经济和社会发展统计公报。

四　2024年重庆经济发展的对策建议

（一）加快建设现代化产业体系，推动经济发展提质增效

着力构建转换能力强的现代产业结构体系。把高端产业"做高"，围绕

高质量推动"33618"现代制造业集群发展，加强与四川和国内发达省份合作，着力引进行业优势头部企业和关键核心零部件企业，重点突破电池、电机、电控、集成电路、智能座舱、车载芯片、先进合金材料等制约全市先进制造业发展的关键核心技术和核心零部件，全面提升产业价值链水平。把产业高端"做强"，聚焦服务"33618"现代制造业集群壮大升级，着力引进国内外知名服务业企业，提升科技金融、研发与设计、工业设计、检验检测等生产性服务业发展水平和市场竞争力，壮大精密制造、整车（机）组装等产业链高端环节发展规模。支持长安汽车、三一重工、赛力斯、广域铭岛等龙头企业发展工业诊断、工业物联网等制造服务业。把数字经济"做实"，紧紧围绕"以数促实"，推动数字要素和技术与重庆制造业深度融合，促进全市制造业由1.0和2.0向3.0和4.0转型升级。聚焦数字产业链高端环节，着力攻克数字产业发展关键核心技术，不断做大电子信息制造业、智能终端、软件服务等数字经济产业集群。把未来产业"做大"，以智能网联新能源汽车和新一代电子信息制造业的新产品为牵引，瞄准卫星互联网、生命科学、元宇宙、前沿性材料等未来产业链的关键环节，画出产业地图、技术图谱和专利地图，按图引进和培育行业专精特新企业和产业生态主导型企业，尽快形成产业链生态，成为推动重庆产业结构优化升级的接续性产业。

着力构建产业技术自主可控能力强的现代产业技术体系。加强传统产业关键核心技术攻关，聚焦提升燃油汽车、装备制造等传统产业核心竞争力，由长安汽车、铁马工业、青山工业、西南铝业等国有企业牵头，以军民融合的方式联合行业内优势企业开展联合攻关，着力攻克超高热效率发动机总成、AT变速器总成、高性能合金材料等制约产业升级的关键核心技术和核心零部件。强化战略性新兴产业关键核心技术攻关，对"33618"现代制造业集群发展急需的关键技术，采用"揭榜挂帅"等方式纳入全市科技重大专项和重大产业技术创新专项给予重点支持。支持长安汽车、京东方等市内重点龙头企业牵头组建产业技术创新联合体，加强对氢能储能、汽车芯片、先进传感器等制约全市先进制造业发展的关键核心技术和零部件的协同攻关，尽快实现国产化替代。加强未来产业等前沿技术储备，支持重庆大学、中国汽研院、中国科学院重庆绿色智能研究院等高校和科研院所开展更多前沿性和颠覆性技术研究，加强卫星互联网等未来产业发展所需的应用场景仿真、6G技术、量子通信、石墨烯等前沿技术研究和专利布局，做到"改造提升一批、攻克一批、预研一批、储备一批"。

着力构建分工协作程度高的现代产业布局体系。建立健全主城新区和"两群"地区与中心城区之间的产业合作对接机制，通过共建园区、飞地经济、联合招商等合作模式，打破区县行政壁垒，引领带动主城新区和"两群"地区主动"建链、延链、补链、强链"，形成研发、头部、融资在中心城区，制造、链条、投资在主城新区和"两群"地区的产业分工协作发展格局。做大做强中心城区高端制造业和以生产性服务业为核心的现代服务业，提升中心城区高端功能的集聚度和首位度。大力推进软件和信息服务、科技服务、金融服务、检验检测、工业诊断、科技成果转化、工业物联网等生产性服务业集聚化、集群化、品牌化发展，着力培育一批国家知名企业和品牌。推动集成电路、高精度传感器、固态电池等核心零部件和整车整机组装等高端制造环节集聚发展，成为引领全市产业链式发展的"根"和产业集群化发展的"动力源"。加快推动"33618"现代制造业集群体系发展，以产业集群为引领，逐步形成以中心城区或主城都市区为核心，辐射带动"两群"地区和成渝地区双城经济圈腹地产业发展的产业分工协作布局体系。围绕"整机（车）+总成+零部件"的产业链上下游配套协作方式，形成以两江新区、重庆高新区和重庆经开区为核心，其他相关区县为配套的智能网联新能源汽车、新一代电子信息制造和先进材料产业集群。围绕集成电路、智能装备、生物医药等重点产品的研发生产，培育形成一批以主城都市区为核心的产业集群。

着力构建市场掌控力强的现代产业组织体系。大力培育在产业链、创新链、供应链等领域具有国际掌控力的顶级制造业龙头企业，支持长安汽车成为世界级汽车制造企业，支持重庆青山工业成长为与日本爱信精机和德国采埃孚等世界知名汽车零配件供应商媲美的汽车动力传动系统研发生产企业，支持市内其他大型龙头企业发展成为综合性跨区域或跨国企业集团。引育一批行业领军企业和"链主"企业，围绕"33618"现代制造业产业链"建链延链补链强链稳链"需要，引进和培育一批主业突出、核心竞争力强、辐射带动作用大的"链主"企业或行业领军企业。支持长安、京东方等龙头企业整合上下游企业入驻或建设特色产业园，推动产业生态圈建设，构筑产业链竞争优势。支持龙头企业成为工业互联网"链主"企业，搭建行业性工业互联网平台，引领全产业链数字化转型升级。积极打造专精特新企业发展"梯队"，健全大中小企业融通发展、梯次培育的体制机制，建立全市专精特新企业数据库，梳理每个企业的核心产品、主要优势、创新之处、面临的困难和建议等信息，在企业被纳入培养名单后，有针对性地提供服务，使其尽快成长为制造业单项冠军企业和专精特新"小巨人"企业。

（二）推动成渝地区双城经济圈建设，促进区域协作互动发展

健全完善成渝地区双城经济圈协作互动机制。建立健全重点领域合作机制，加强成渝两地地方立法、政务服务等领域的合作，形成有效的合作体制机制，全面提升合作水平。建立两地地方立法和执法工作协同常态化机制，推动重点区域、重点领域跨区域立法研究，共同制定行为准则，为成渝地区双城经济圈一体化发展提供法规支撑和保障。共同推进数字政府建设，强化公共数据交换共享，构建跨区域政务服务网，加快实现民生保障和企业登记等事项"一地受理、一次办理"。建立各类市场主体协同联动机制。建立健全两地国资国企协同发展机制，积极稳妥推进成渝两地国有企业协同协作，通过交叉持股、兼并重组、混合所有制改革等方式，加强两地国资运营平台跨区域合作，提升两地国企整体运营效率。支持川渝毗邻地区进一步开展跨区域发展政策协同试验，为各类市场主体参与成渝地区双城经济圈一体化发展探索路径。建立区域间成本共担利益共享机制。探索建立成渝两地区县之间产业转移、重大基础设施建设、园区合作的成本分担和利益共享机制，完善重大经济指标协调划分的内部考核制度。

提升主城都市区发展能级。优化提升中心城区城市功能，实施中心城区"产业再造"工程，坚持"亩均论英雄"，着力提升经济密度和经济发展首

位度。大力发展总部经济和品牌经济，着力引进国内外制造业企业和服务业企业来渝设立区域总部、功能型总部，培育一批品质过硬的具有全国影响力或国际影响力的知名品牌。聚焦科技创新、先进制造、现代服务、国际交往等高端功能，着力发展高端制造、研发设计、供应链管理、现代物流，以及软件和信息技术服务业、金融业、商务服务业等高端产业与价值链高端环节，提升中心城区的高端要素集聚整合能力和产业辐射带动能力，成为引领全市产业升级发展的"大脑"和产业链延伸布局的"核心"。加强主城新区基础设施和公共服务配套设施建设，在永川、合川和涪陵等区县着力培育一批产业和要素承载能力强的3000亿级卫星城市，成为全市产业链延伸拓展和产业集群发展的核心载体。

推进"一区两群"协调发展。加快渝西地区产业发展，全面融入成渝地区双城经济圈先进制造业集群体系，主动承接中心城区、成都市和东部沿海地区产业转移，着力发展重庆中心城区和成都市主导产业与支柱产业的产业链供应链"次"核心环节，打造成为世界级智能网联新能源汽车零部件产业基地和全市智能装备及智能制造、轻纺、新能源及新型储能、高端摩托车等先进制造业集群重要承载区。推动其他区县特色连片成块发展。着力推动区位相近、产业相关的区县以产业链为纽带深化分工协作，形成以产业群和产业带为特征的产业集聚发展板块，培育形成以涪陵区—长寿区为中心的先进材料、新能源及新型储能、化学原料药及制剂等产业集群，以綦江—万盛—南川为中心的绿色化工和轻合金材料产业集群，以"长涪垫梁""万开云"等为载体的区域产业合作板块。立足"两群"地区生态优势和资源特色，大力发展绿色经济和特色经济，着力发展以食品及农产品加工为支撑，以特色装备、清洁能源、绿色建材、轻纺等为补充的产业体系。

（三）强化科技创新体系建设，加快新旧动能转换

搭建高能级创新平台。聚力建设具有全国影响力的科技创新中心，以及加快形成西部人才中心和创新高地，搭建具有高承载力和高集聚力的科技创新平台。重点加强以西部（重庆）科学城为引领的科创核心承载区建设，

加快推进两江协同创新区、广阳湾智创生态城建设，不断完善西部（重庆）科学城、两江协同创新区、广阳湾智创生态城的科技基础设施建设、交通基础设施建设、公共服务设施建设，提升高端创新人才集聚能力。积极争取国家实验室（基地）和国家重大科技基础设施落地重庆，采取"一事一议"的方式予以支持。大力推动中国科学院重庆科学中心、大数据智能计算、长江上游健康土壤与绿色农业、山地城镇建设安全与智能化、绿色航空能源动力等国家重点实验室建设。整合全市高校院所资源、行业龙头企业等优势力量创建全国重点实验室，争取更多的高能级创新平台进入全国重点实验室重组序列。围绕打造数智科技、生命健康、新材料、绿色低碳四大科创高地，高标准推进金凤实验室等重庆实验室体系建设。

培育高质量创新主体。围绕"33618"现代制造业集群体系发展需要，聚焦智能网联新能源汽车、集成电路、轻金属材料、生物医药、绿色智能环保、原创新药与高端医疗装备、精准医疗、大数据及云计算等重点技术领域，建设一批国家级或市级制造业创新中心、产业创新中心、技术创新中心。围绕生命科学、高端装备、新材料等战略性新兴产业和未来产业发展需要，筹备组建一批智能感知、精密检测技术与智能装备、工业CT等国家级或市级工程研究中心。争取符合相关定位和条件的国家工程技术研究中心转建国家技术创新中心。加快推进北京大学重庆大数据研究院、中国电科联合微电子中心、中国航天科工新一代通信技术研究院、量子通信器件联合实验室等一批新型高端研发机构建设。依托长安工业、中电科、重庆铁马工业、川东船舶、西南铝等军工产业基础，围绕高性能轻金属合金等军民两用关键基础材料、关键核心零部件和重要产品，联合"国防七子、军工六校、兵工七子"中相关院校，组建重庆市军民融合研究院。

构建高效率创新生态。完善全链条科技成果孵化转化服务体系，加强西部（重庆）科学城环大学创新生态圈建设，完善"众创空间—孵化器—加速器—产业园"全链条孵化体系，引进各类科技中试、科技成果转化应用平台和科技服务机构，形成由研究开发、检验检测认证、科技信息与咨询、科技中介、知识产权、科技成果转化等组成的科技成果转化服务链。构建全链条科技金融服务体系，搭建"政—银—园—企"合作服务平台，发挥好重庆产业投资母基金、重庆市产业投资基金、两江新区高质量发展产业投资基金和数字经济产业投资基金等的杠杆作用，引进国内外知名创投基金和基金管理机构，引导更多银行来渝设立科技银行，探索构建"募、投、贷、管、退"各环节紧密衔接的科技金融服务生态体系。

建设高素质科技创新人才队伍。坚持"人才是第一资源"，以创建国家高水平人才集聚平台为总抓手，建立健全汇聚全球创新资源的人才引进和使用机制。强化战略科学家人才建设，发挥西部人才中心和创新高地"引力场"效应，制定战略科学家专项培养计划，大力培育视野开阔且前瞻性判断能力、跨学科理解能力、大兵团作战组织领导能力强的科学家。加强产业创新人才队伍建设，扎实推动产教融合发展，围绕"33618"现代制造业集群体系发展需要，在重庆大学、重庆邮电大学、重庆理工大学等理工类高校开设相关前沿学科、基础学科及相关专业，加强重庆卓越工程师学院建设，强化重点高职院校职业技能培训，着力培养由高校院所科研人员、基础研发人员、工程师、高级技师等组成的产业创新人才队伍。

（四）积极扩大有效需求，筑牢稳中求进基础

持续优化投资结构。加大制造业投资力度，保障重点企业、重点项目投资，支持长安、赛力斯品牌高端化建设，引导和支持华晨鑫源、庆铃、上汽红岩等重点企业加快新能源转型；加快康宁大猩猩盖板玻璃熔炉、海辰50GWh 新一代储能锂电池等重大项目投资放量；推动佳都科技轨道交通装备产业园项目落地；持续推进建峰三聚氰胺节能改造、万凯 PET 三期等项目建设。加大基础设施投资力度，加速推进轨道交通 27 号线、15 号线、24号线（一期）、4 号线西延伸段建设，提速建设轨道交通 7 号线（一期）、17 号线（一期），加速推进重庆江北国际机场 T3B 航站楼及第四跑道工程等民航项目建设，加速推进渝湘高速复线、渝湘高铁重庆至黔江段、成渝中线高铁重庆段建设。开工合川双槐三期煤电和江津、潼南燃机等项目，加快川渝特高压交流工程建设，开工哈密—重庆特高压直流工程。聚焦智慧城市

建设，统筹推进城市基础设施智能化改造、智能网联汽车、智能建造与建筑工业化等重点任务和重大项目建设。创新政府资金投入机制，以政府财政资金为杠杆，撬动更多社会资本参与重大工程和补短板项目建设，深化与大型央企、民营头部企业和外企合作，争取更多优质项目落户重庆。持续推动国家和重庆市各项惠企政策落实到位，针对困难行业、企业特别是中小企业和个体工商户所需所盼，及时优化调整实施一批助企纾困的增量政策，稳定市场主体投资信心。

稳定和扩大消费需求。把恢复和扩大消费摆在优先位置，增强消费信心、优化消费环境。大力推进国际消费中心城市建设，着力打造国际消费资源集聚地、国际消费创新引领地、国际特色消费目的地、国际消费环境标杆地。完善消费场景，统筹推进寸滩国际新城建设，提档升级解放碑—朝天门、观音桥等知名商圈，加快打造陆海国际中心、中环万象城等消费新地标，培育创建一批国际消费中心、区域消费中心、商文旅体融合发展试点示范城市、夜间经济示范区。丰富消费种类和消费方式，支持住房改善、新能源汽车、绿色智能家电等大宗消费，加大餐饮、文旅等服务消费促进力度，培育养老托育、家政服务、医疗健康、健身休闲等消费新热点，鼓励发展定制式、体验式、参与式、沉浸式、智能化、时尚化等消费新模式，发展免税经济、"四首"经济、共享经济、低空经济。完善消费信贷等支持政策，营造便利消费的环境条件。

推进高水平对外开放。加快推进西部陆海新通道建设，加快实施建设西部陆海新通道五年行动方案，深化通关便利化改革，着力提升通道规则制度标准"软联通"水平，推动陆上贸易规则创新，完善通道规则标准体系，提升通道便利化水平。加强与西部陆海新通道沿线省市和国家之间的贸易和产业合作，实施企业"走出去"战略，大力对接泰国、老挝等通道沿线国家的资源和市场，延伸产业链，提升通道产业能级，推进外贸转型发展。完善开放平台功能，深化中新互联互通项目合作，推动重庆自贸试验区开展首创性差异化探索，加快建设高质量实施《区域全面经济伙伴关系协定》（RCEP）示范区。深入推进《川渝自贸试验区协同开放示范区深化改革创新行动方案（2023—2025年）》，扩大金融、科技、医疗、贸易和数字经济等领域开放，着力打造内陆开放示范窗口。加大全市优势产品出口力度，通过提升全市汽车品牌影响力、强化整车产品质量控制、加强关键核心技术攻关、丰富海外营销手段等方式，进一步扩大全市汽车产品出口。优化营商环境，实施新版外资准入前国民待遇加负面清单管理制度，全面落实利用外资25条等政策措施，坚定外商投资信心。大力招商引资，依托两江新区、重庆高新区、重庆自贸试验区及西洽会等各类开放平台和展会，通过产业链精准招商、场景靶向招商、产业转移招商、产业基金招商等方式，加大"33618"现代制造业集群体系重要企业的招商引资力度。

（五）推进城乡融合发展，创造高品质生活

推进城乡融合发展。深度挖掘乡村特色农产品资源、自然资源、生态资源潜力，推动休闲观光、乡村旅游等乡村特色产业和农产品加工发展，推动农业接二连三、延伸产业链、提升价值链、完善供应链，促进镇域经济整体升级发展。全面深化国家城乡融合发展试验区重庆西部片区改革探索，建立城乡统一的建设用地市场，深化农村宅基地、土地征收、集体经营性建设用地改革，加快开展城乡建设用地规划及评估工作，完善集体建设用地入市交易制度，探索建立统一的集体土地入市标准，推动农村宅基地制度改革、农村集体经营性建设用地入市等重大改革任务尽快突破。以"三变"改革和"三社"融合发展为抓手，激活乡村土地潜力、资源潜力、发展潜力。着力推进农村集体经济发展与产业振兴、乡村建设、农民增收等有机衔接。推动城乡基础设施统一规划、统一建设、统一管护，促进向村覆盖、往农户延伸。加快数字基础设施建设，弥合城乡之间的数字鸿沟，建设城乡一体化的数字基础设施。

创造高品质生活。做"靓""两江四岸"主轴，系统开展"两江四岸"城市风貌和自然生态环境质量提升行动，全面提升城市生态品质。推进中心城区交通"缓堵促畅"行动，打造15分钟便民生活圈，全面提升生活品质。提升城市治理能力，以数字重庆建设为基础，持续提升数字化城市运行

和治理能力。加强巴渝特色文化和历史文脉挖掘传承，完善公共文化服务体系和文化产业体系，不断推出高品质文化产品和服务。促进高质量充分就业，完善重点群体就业创业支持政策，不断扩大中等收入群体比例。统筹推进城乡公共服务设施建设，完善公共服务资源配置机制，加快推动实现"幼有所育、学有所教、劳有所得、病有所医、老有所养、住有所居、弱有所扶"。持续加强食品安全监管，守好市民"舌尖上的安全"。加大社会保障投入力度，着力构建多层次、可持续的社会保障体系。加强社会治安综合治理，完善立体化、信息化社会治安防控体系，提升市民安全感。推进更高水平平安重庆建设，着力防范化解社会矛盾纠纷，营造安全稳定的社会环境。加快整体智治现代化法治政府建设，全面推进严格规范公正文明执法和公正司法，让公平正义得到充分彰显。

参考文献

白雪洁、宋培、艾阳、李琳：《中国构建自主可控现代产业体系的理论逻辑与实践路径》，《经济学家》2022 年第 6 期。

杜传忠、疏爽：《我国提升科技创新能力的机制与路径分析——基于创新生态系统视角》，《社会科学辑刊》2023 年第 1 期。

科学技术部编写组：《深入学习习近平关于科技创新的重要论述》，人民出版社，2023。

姚树洁、汪锋：《高质量发展、高品质生活与中国式现代化：理论逻辑与实现路径》，《改革》2023 年第 7 期。

高质量发展篇

B.2
2023~2024年重庆高质量发展报告

王渝东　赖朝梅*

摘　要： 2023年，重庆深入贯彻习近平总书记重要指示要求和党中央决策部署，全面落实党的二十大精神，牢牢把握高质量发展这个首要任务，坚持党建统领，坚持稳进增效、除险清患、改革求变、惠民有感的工作导向，推动高质量发展迈出坚实步伐。2024年，重庆深入学习贯彻党的二十大精神，完整、准确、全面贯彻新发展理念，积极融入和服务新发展格局，着力稳增长、推改革、强主体、保民生、防风险，推动经济运行整体好转、内生动力持续增强、社会预期持续改善、风险隐患持续化解，实现经济质的有效提升和量的合理增长，确保现代化新重庆建设取得新进展新成效。

关键词： 高质量发展　现代化产业体系　重庆

---

* 王渝东，中共重庆市委研究室经济二处副处长；赖朝梅，中共重庆市委研究室干部。

一 2023年重庆高质量发展新成效新亮点

2023年是全面贯彻党的二十大精神的开局之年，是党和国家事业发展进程中极为重要的一年。在以习近平同志为核心的党中央的坚强领导下，重庆深入贯彻习近平总书记重要指示要求和党中央决策部署，全面落实党的二十大精神，牢牢把握高质量发展这个首要任务，坚持党建统领，坚持稳进增效、除险清患、改革求变、惠民有感的工作导向，自觉在中国式现代化宏大场景中谋划推进自身发展，推动全市各方面工作取得重大进展，交出了高质量发展高分报表。

（一）成渝地区双城经济圈建设"一号工程"深入实施

市委召开成渝地区双城经济圈工作推进大会，明确提出把成渝地区双城经济圈建设作为市委"一号工程"和全市工作总抓手总牵引，印发《重庆市推动成渝地区双城经济圈建设行动方案（2023—2027年）》，全面部署推进双城经济圈建设十项行动。突出双核联动，深化重庆成都双核联动联建引领带动成渝地区双城经济圈建设工作机制，建立工作专班协调开展常态化对接工作。推动双圈互动，实施重庆都市圈、成都都市圈发展规划，推动重庆都市圈中心城区组团式发展，促进广安与重庆中心城区同城化发展。加快成渝中部崛起，优化成渝中部地区交通布局、产业布局，提升城市功能和生态功能。强化两翼协同，加快川渝毗邻地区合作功能平台特色化发展，推动万达开地区统筹发展、川南渝西地区融合发展。截至9月底，248个川渝共建重大项目年度完成投资超过2800亿元、占年度投资计划的84%，成渝中线、成达万高铁等重大标志性工程加快建设，推出两批43项便捷生活行动举措，实施三批川渝通办事项311项。

（二）以西部陆海新通道为牵引的内陆开放高地加快建设

组织召开建设西部陆海新通道工作推进大会、内陆开放高地领导小组会议等进行系统部署，深入实施建设西部陆海新通道五年行动方案，一体打造大通道、大枢纽、大口岸、大物流、大平台，全面提升西部陆海新通道在全国开放战略中的地位和竞争力，全面提升重庆在西部陆海新通道建设中的战略地位和影响力。目前，重庆已牵头会同西部地区12省（区、市）、海南省以及广东省湛江市、湖南省怀化市建立"13+2"省际协商合作机制，制定高质量实施《区域全面经济伙伴关系协定》（RCEP）行动计划，经西部陆海新通道联通全球120个国家和地区的465个港口，累计运输货物超过50万标箱。2023年前三季度，重庆经西部陆海新通道运输货物12.6万标箱、增长19%，重庆市经通道运量货值占沿线省（区、市）总量的30%以上。

（三）现代化产业体系积极构建

2023年前三季度，材料、汽车、摩托车、消费品产业增加值分别增长10.3%、5.9%、12.6%、6.8%，比上半年分别提高1.6个、1.2个、4个、1.6个百分点，三大万亿级主导产业预计全年营业收入分别达到6000亿元、7500亿元、6000亿元。着力打造优质高效的服务业新体系，推动现代服务业与先进制造业深度融合，做优做强工业设计、科技服务、现代金融等现代服务业，加快建设西部金融中心，培育建设国际消费中心城市。前三季度全市服务业增加值增长5.4%，社会消费品零售总额增长7.4%、比上半年提高1.2个百分点。积极发展高效生态现代农业，加强粮食安全和耕地保护，实施千亿级优势特色产业培育行动，加快培育壮大火锅食材、柑橘、榨菜、茶叶等优势特色产业集群。大力发展数字经济，实施软件信息服务业"满天星"行动计划，打造"芯屏端核网"数字产业集群，加快建设数字经济创新发展试验区。2023年智博会集中签约重点项目84个、合同投资金额超过2100亿元，新认定智能工厂17个、数字化车间224个。

（四）以数字重庆建设引领全面深化改革纵深推进

把数字化作为现代化新重庆建设的关键变量，召开数字重庆建设大会，研究提出以一体化智能化公共数据平台为基础的"1361"数字重庆建设整体框架，制定《数字重庆建设的实施意见》和系列数字化建设方案，统筹构建"一本账""一朵云""一张网"，引领推动全市各领域各层级治理模式变革、工作体系重塑、业务流程再造。截至9月底，数字重庆建设已初步完成60多个市级单位核心业务梳理，运行了"八张问题清单""突发事件直响快报""危岩地灾风险应用"等一批典型应用，累计建成"互联网小镇"186个、"互联网村"2212个，共享数据超1.2万类，开放数据突破5600类，基层智治体系一体化智治平台在全市897个镇街试运行。同时，加大重点领域改革攻坚力度，按照"加快实施一批、准备启动一批、谋划储备一批"的思路，深化财税金融、国资国企、开发区（园区）改革等重点领域和关键环节改革，并取得阶段性成效。

（五）科技创新和人才强市首位战略全面起势

聚焦建设数智科技、生命健康、新材料、绿色低碳四大科创高地，系统重塑市域科技创新体系，推动具有全国影响力的科技创新中心建设取得新突破，综合科技创新水平指数连续四年保持全国第7位，全球城市创新集群百强榜排名升至第49位，科技进步贡献率超过60%。创新成果不断涌现，超声医学、家蚕基因组生物学等领域在国际上处于领跑或并跑水平，智能驾驶、车规级芯片取得重大进展。科创平台提质发展，西部（重庆）科学城、两江协同创新区、广阳湾智创生态城3个核心承载区加快建设，累计重组形成全国重点实验室10个。人才引育成果显著，目前全市人才资源总量600万人左右，累计引进国外高端人才近1500人次，高技能人才总量超过160万人、占全市技能人才总量比重居西部第一。创新生态不断优化，全面创新改革试验区加快建设，多主体全链条的创新联合体机制等4项改革被纳入国家试点任务清单。

（六）城乡区域协调发展扎实开展

深入推动渝西地区一体化高质量发展，牢牢把握交通、产业、城市功能、生态等核心要素，促进产业集聚联动、基础设施互联互通、现代农业高效发展、生态环境联防联治、公共服务共建共享。"一县一策"推进山区库区强县富民，实施千万亩高标准农田改造提升行动、千亿级优势特色产业培育行动、千万农民增收致富促进行动、千个宜居宜业和美乡村示范创建行动，积极发展县域富民产业，做足"土特产"文章，支持打造特色农业产业集群，探索生态产品价值实现机制，发展壮大新型集体经济，加快走生态优先、绿色发展新路。实施城市品质提升工程，推进城市有机更新，优化城区空间布局，织密生态空间网络，打造山城夜景等"山城品牌"，建设一批整体风貌协调、地域文化突出、空间体验丰富、功能活力十足的城市风貌提升示范区。加快建设巴渝和美乡村，深入推广浙江"千万工程"经验，实施巴渝和美乡村创建达标行动，扎实开展传统村落保护，预计全年示范创建宜居宜业和美乡村 100 个。

（七）美丽重庆建设亮点纷呈

加快推进污染防治，前三季度长江干流重庆段水质保持为优，74 个国控断面水质优良比例达 100%、高于国家考核目标 2.7 个百分点，空气优良天数达 245 天，土壤质量保持总体稳定。生态保护修复取得实质性进展，全市森林覆盖率达到 55%、跻身全国前十，水土流失面积和强度持续下降，消落区植物覆盖率达到 75% 以上。城乡人居环境显著改善，城市建成区绿地率达 39.2%，农村生活垃圾收运处置实现行政村全覆盖，生活污水治理率达 39.7%、位居中西部第二。绿色低碳转型步伐加快，全市共建成绿色园区 20 个、绿色工厂 250 个，城镇新建绿色建筑占新建建筑比例超过 85%，可再生能源占电力消费比重超过一半，全国唯一的省级全域绿色金融改革创新试验区建设扎实推进，绿色金融规模余额近 6000 亿元。

（八）保障和改善民生坚定有力

实施高品质生活富民惠民行动，积极发展教育、医疗、社保、住房、托幼、养老等各项民生事业，加快补齐城乡基础设施和公共服务短板，学前教育普惠率、义务教育巩固率分别达到93.2%、95.7%,城乡养老保险参保率巩固在95%以上。就业形势总体平稳,前三季度新增就业59.56万人,完成全年目标任务的99.3%。脱贫攻坚成果持续巩固,实施脱贫村产业提质增效工程,开展防止返贫就业攻坚行动,"一户一策"落实帮扶举措,不断增强脱贫地区内生发展动力。推进惠民暖心优服行动,完善为民办实事长效机制,开展"一件事一次办"集成服务,扎实做好"保交楼"工作,前三季度新增交房完成年度计划的约90%,城镇老旧小区改造和社区服务提升等13件重点民生实事提前完成全年目标任务。多渠道增加城乡居民收入,实施中等收入群体倍增计划,持续提升群众收入水平,前三季度全体居民人均可支配收入同比增长5%。

二 重庆高质量发展的形势研判

推动经济高质量发展,既要看到积极的一面,更要深入分析梳理存在的突出矛盾和问题挑战。当前,国内外经济环境依然错综复杂,全市经济发展面临很多不确定因素,经济社会发展还存在不少问题挑战。必须全面认识形势的复杂性、严峻性,切实以工作的确定性应对形势的不确定性。

(一)主要困难挑战

一是经济增长动力不强。从投资看,2023年前三季度固定资产投资增速仅为3.6%、低于全年增长10%的目标,其中房地产投资降幅超过15%,基建投资增长也存在很大不确定性。从外贸外资看,外贸进出口下降12.5%,其中出口下降9.5%、进口下降18.2%,全市实际使用外资3.9亿美元、下降68%,传统优势产品进出口持续下滑,外贸新产品出口支撑不足。从消费看,商品消费表现疲弱,全市16类主要商品销售额中,有4类负增长、3类增速回落,其中金银珠宝、建筑装潢材料、体育娱乐用品类零售额降幅较大。文旅经济游客"流量"大但消费"留量"低的问题依然突出,过夜游客占比仅为20.9%,购物消费、景区游览消费、文化娱乐消费占比分别仅为18.1%、6.7%、3.3%，"中秋""国庆"期间全市接待游客3552万人次、位居全国第一，但人均消费低于全国720元的水平，旅游收入仅有185亿元，低于武汉、成都、上海等城市同期旅游收入。

二是工业经济缺乏后劲。从重点行业看，前三季度汽车产业提质发展偏慢，新能源汽车产量占比仅为15.5%，售价30万元以上产品产销量占比仅为13%，均不到全国平均水平的一半；电子制造业增加值连续6个季度负增长；医药产业仍未走出下行通道，规上增加值下降8.1%；装备产业延续低位增长，规上增加值仅增长4%。从新兴产业看，前三季度新引进的20亿元以上"33618"产业项目中，18个战略性"新星"产业项目数量占比不足20%，正式合同额占比不足25%。从工业项目看，前三季度投达产的工业项目只完成年度计划的65.8%，新入库项目数量仅增长3.8%。从产业链看，薄弱环节不少，自主创新能力依然不强，电子信息、汽车产业核心零部件对外依存度分别超过60%、80%。

三是部分企业经营困难。主要表现在以下方面：销售难，由于市场需求持续疲软，全市工业产品销售率96.4%、下降1.3个百分点，商贸100强企业有27家负增长、半数企业增速较上年有所回落。成本高，规上工业企业每百元营业收入成本86.7元、高于全国平均水平1.6元，社平工资调整及社保缴费下限提高，企业人工成本负担加大，中小微企业融资难、融资贵问题依然存在。利润低，2023年1~8月工业利润下降11.6%，连续11个月负增长，企业亏损面较上年同期扩大2.4个百分点，小微企业利润总额和增速分别下降21.7%、10.3个百分点。

四是重点领域风险较大。安全隐患较多，部分领域事故多发，化工、冶金机械等行业事故数有所上升，交通安全、旅游安全、人员密集场所安全、食品药品安全等风险较高，秋冬季雨水增多易引发地质灾害。稳定风险凸显，信访矛盾仍较突出，房地产、集资融资、征地拆迁等领域到市集访多发，互联网金融领域信访量偏大，电信网络诈骗等领域违法犯罪高企。

（二）重大发展机遇

一是战略机遇。党的二十大对全面建设社会主义现代化国家作出战略部署，提出推动西部大开发形成新格局、长江经济带发展、成渝地区双城经济圈建设、建设西部陆海新通道等紧密关系重庆的重大战略举措。这些重大国家战略的叠加，将为重庆市经济持续健康发展注入强劲动能。同时，党中央先后赋予重庆市国际消费中心城市、西部金融中心等试点示范和重要定位，在项目、政策、资金等方面给予重庆大力支持，都将进一步激发重庆高质量发展的活力潜力。

二是政策机遇。中央明确提出财政、货币、产业、科技、社会等五大宏观政策，国务院及相关国家部门也根据实际需要推出一揽子新政策新举措，相继出台《关于进一步优化外商投资环境　加大吸引外商投资力度的意见》《关于释放旅游消费潜力推动旅游业高质量发展的若干措施》等系列政策文件。这些政策涉及减税降费、助企纾困、稳外资外贸、稳投资促消费、产业链供应链稳定、推动长江经济带高质量发展、科技创新等诸多方面，含金量很高、惠及面很广，将为重庆市有效应对风险挑战、推动经济高质量发展提供重大支撑。

三是市场机遇。党中央、国务院印发《扩大内需战略规划纲要（2022—2035年）》，在全面促进消费、优化投资结构、提高供给质量等方面推出一批硬核举措。纲要的落地实施，不仅将激发重庆市投资消费需求，还将促进重庆在更大空间、更深层次、更高水平参与和服务构建新发展格局。成渝地区双城经济圈建设的热度越来越高、态势越来越好，吸引了更多的产业、人口和创新要素流入重庆，进一步拓展了市场空间、带来了更多发展机会。西部陆海新通道建设的加快推进，也为重庆企业积极"走出去"抢占市场和订单提供了有利条件。

三　2024年重庆推动高质量发展的
总体思路及政策举措

2024年是深入学习贯彻党的二十大精神的关键之年，是实现"十四五"

发展目标的攻坚之年，也是社会主义现代化新重庆建设起势见效之年。推动高质量发展要坚持以习近平新时代中国特色社会主义思想为指导，深入学习贯彻党的二十大精神，坚持稳中求进工作总基调，完整、准确、全面贯彻新发展理念，积极服务和融入新发展格局，突出稳进增效、除险清患、改革求变、惠民有感工作导向，统筹发展和安全，着力推动高质量发展、创造高品质生活、创新高效能治理，为现代化新重庆建设夯实基础。

2024年重庆经济社会发展的主要预期目标是：地区生产总值增长6%以上、争取实现更好的结果，城乡居民收入增长快于经济增长，经济活力创造力和质量效益进一步提升。为实现上述目标，重点要抓好以下7项任务。

（一）要在落实国家重大战略上迈出新步伐

坚持"总书记有号令、党中央有部署，重庆见行动"，自觉从全局谋划一域，以一域服务全局，在深入推进国家重大战略中展现更大担当。深入推进成渝地区双城经济圈建设。完善"一体两核多点"新格局，下大力气推进重庆成都双核联动联建，增强中心城区发展能级和综合竞争力，提速打造万达开川渝统筹发展示范区、川渝高竹新区等10个区域发展功能平台。加快渝西地区一体化高质量发展步伐，加快打造全市现代化产业、人才、科创新高地和西部陆海新通道南向开放高效枢纽体系、现代化城市群新样板、西部地区农业农村现代化发展示范区。完善工作机制，健全专班协同、闭环落实等机制，推动各领域各区县打造工作切入点和突破口，形成市区县贯通、部门联动工作格局。

加快建设内陆开放高地。推进开放通道扩容提质，加快建设南向开放新枢纽，加强西部陆海新通道、长江黄金水道、中欧班列、渝满俄国际铁路班列、江北国际机场等各类通道的对接。提升开放平台能级，发挥重庆自贸试验区制度创新先行先试作用，高标准实施中新互联互通项目，推动两江新区高水平开发开放，提档升级高新区、经开区、综合保税区等各类平台。做大做强开放型经济，稳住外贸外资基本盘，加大外贸转型发展力度，着力营造市场化、法治化、国际化一流营商环境。

（二）要在构建现代化产业体系上汇聚新动能

坚持把发展经济的着力点放在实体经济上，把制造业高质量发展放到更加突出的位置，大力发展高效生态现代农业，培育壮大现代服务业，夯实实体经济发展根基。提质"33618"现代制造业集群体系。聚焦智能网联新能源汽车、新一代电子信息制造业、先进材料，完善"一集群一机构"治理机制，加快培育世界级产业集群。加快推动智能装备及智能制造、食品及农产品加工、软件信息服务等产业集群创新发展，增强产业集群核心竞争力，提升全产业链水平。加快链主型企业和关键企业招引，创新打造新型显示、高端摩托车、轻合金材料等六大千亿级特色优势产业集群。围绕"四大"科创高地建设，完善产业生态，培育壮大卫星互联网、生物制造等 18 个战略性"新星"产业集群。建设数字经济发展新高地。做强做优数字经济核心产业，加快"芯屏端核网"全产业链强链补链，推进"满天星"行动计划，打造具有国际竞争力的数字产业集群。以数字经济带动产业转型升级，大力推动智能工厂和数字化车间建设，持续推进企业"上云用数赋智"，加快培育数字经济新业态、新模式。迭代升级信息基础设施，深化人工智能、大数据、物联网等新一代信息技术和传统基础设施的融合应用。加快打造现代服务业高地。推动现代服务业与先进制造业深度融合，做大做强研发设计、检验检测、工业设计等生产性服务业。加快建设西部金融中心，深入实施"智融惠畅"工程，构建完善金融机构组织、金融市场、现代金融服务、金融创新、内陆开放金融、金融生态体系。加快建设国际消费中心城市，打造国际消费资源集聚地、消费创新引领地、特色消费目的地、消费环境标杆地。

（三）要在全面深化改革上结出新硕果

坚持以数字化引领现代化，突出精准谋划、精准施工、闭环管理，迭代升级全面深化改革工作，努力交出改革高分报表。加快推进数字重庆建设。提升一体化智能化公共数据平台支撑能力，加快升级上线"渝快办""渝快政"。推进数字化城市运行和治理中心全面部署、三级贯通，夯实区县和镇街中心建设，形成更多城市运行治理"一件事"典型应用。着力推动重点领域改革攻坚。实施国企改革提效增能行动，推动国企战略性重组专业化整合，巩固国有资产集中统一监管成果，强化数字赋能提升国企改革质效。全面铺开开发区（园区）改革，分级分类整合开发区平台，打造高质量发展示范园区。持续推进制造业"亩均论英雄"改革，完善亩均效益评价体系，推动土地节约集约利用，提高亩均效益产出。深入实施惠民有感改革。全面推进企业和个人全生命周期"一件事一次办"改革，推出更多"一站式"便民服务。健全常态化"三服务"工作机制，完善全覆盖、全过程、全天候的工作体系，建立健全服务需求动态监测和信息采集机制。总结提炼最佳改革实践，尊重群众首创精神，积极探索首创性、差异化改革，加强典型案例复制推广。

（四）要在建设西部人才中心和创新高地上迈上新台阶

坚持创新制胜，强化人才引领，全面实施科技创新和人才强市首位战略，系统重塑市域科技创新体系，推动具有全国影响力的科技创新中心建设实现新突破，加快形成西部人才中心和创新高地。加快构建"416"科技创新战略布局。加快汇聚高校、科研院所、实验室等优势科研力量，聚力打造数智科技、生命健康、新材料、绿色低碳"四大"科创高地。聚焦人工智能、区块链、云计算、大数据等16个领域，细化主攻方向，排出重大项目，明确重大平台、重大团队、支撑引领产业和领军企业。深入实施战略科技力量提质强能行动。建强以西部（重庆）科学城为引领的科创核心承载区，一体推进两江协同创新区、广阳湾智创生态城提质。完善具有重庆特色的实验室体系，加快国家实验室重庆基地落地建设，做强金凤、明月湖等重庆实验室，优化提升市级重点实验室。壮大高水平研发平台，争创成渝综合类国家技术创新中心，深入推进"双一流"和特色高水平大学建设，支持科研机构与科技领军企业融合发展。建强战略科技创新人才队伍。深入实施全球顶尖人才引进"渝跃行动"，加快引进一批领军人物和"灵魂人物"。升级实施卓越工程师培养集聚专项，构建工程师学院+实践基地+协同创新中心的培养体系。大力激发人才创新活力，推行用人单位自主评价、薪酬贡献评价等市场化评价方式，完善高校、科研院所绩效工资动态调整机制，支持国企实施股权奖励、项目收益分红等多种激励方式，让人才"名利双收"。

（五）要在推动美丽重庆建设上展现新气象

深入践行"绿水青山就是金山银山"理念，一体推进治水、治气、治土、治废、治塑、治山、治岸、治城、治乡，全面筑牢长江上游重要生态屏障，高水平建设山清水秀美丽之地，高质效建设美丽中国先行区。坚决打好长江经济带污染治理和生态保护重点任务攻坚战。深化打好蓝天碧水净土保卫战，全力建设美丽幸福河湖，打好重污染天气消除、臭氧污染防治、柴油货车污染治理等标志性战役，加快构建土壤和地下水污染"防控治理"体系。着力实施限塑减废协同治理攻坚战，高标准建设全域"无废城市"，全面推行垃圾革命，全链条推进塑料污染治理。精心塑造最美岸线，严控岸线空间土地开发，高水平推进"两江四岸"治理提升。加强生物多样性保护，推进自然保护地体系建设，实施濒危野生动植物保护工程，强化生物安全管理。提升城乡风貌整体大美。建设山地特色生态之城，巩固海绵城市建设成果，开展美丽县城、美丽城镇、美丽乡村一体化示范建设。提质建设"两岸青山·千里林带"，加快推进重要生态空间管控工程，深入推进中心城区"四山"保护提升，持续开展国土绿化行动。梯次规范有序推进巴渝和美乡村创建，全力推进农村厕所、垃圾、污水"三大革命"。传承弘扬巴山渝水生态文化，高质量建设长江国家文化公园（重庆段），加强沿长江流域名城名镇名村保护，用活长江文物和文化遗产。打造绿色低碳发展高地。大力发展绿色产业，加快建设长江上游制造业绿色低碳发展示范区，壮大发展高效生态现代农业，培育生态服务业。抓好重点领域降碳，加快推动园区循环化和节能降碳改造，大力发展绿色建筑，发展多式联运。加快构建绿色低碳安全高效能源体系，有序开发水电，扩大天然气、页岩气勘探利用，因地制宜发展风能、太阳能和生物质能，加快布局氢能产业，全面发展清洁能源。加快形成绿色生活方式，实施节能、节水、节地、节材、节矿"五项工程"，深入开展绿色生活创建，引导和鼓励绿色低碳产品消费。

（六）要在促进城乡区域融合发展上开创新局面

强化以工带农、以城带乡，建立健全城乡一体融合发展的体制机制和政策体系，绘就城乡共美新画卷。着力建设现代化国际大都市。着力提升主城都市区发展能级，加快打造创新之城、开放之城、便捷之城、宜居之城、生态之城、智慧之城、人文之城。深入推进城市更新提升，系统重塑"两江四岸"国际化山水都市风貌，有序推进老旧小区改造，打造"山水之城·美丽之地"城市品牌典范。增强城市核心功能，集成集聚产业引领、科技创新、门户枢纽、综合服务等核心功能，加强历史文化保护传承。全面推进乡村振兴。落实好粮食安全责任制，提高重要农产品供给能力。接续实施千万亩高标准农田改造提升、千亿级优势特色产业培育、千万农民城乡融合共富促进、千个宜居宜业和美乡村示范创建"四千行动"，加快建设成渝现代高效特色农业带。深化农村承包地、宅基地和集体经营性建设用地改革，健全村级集体经济收入增长长效机制。"一县一策"推动山区库区强县富民。加快发展县域富民产业，实施"农产品精深加工"重大专项，打造"大三峡、大武陵"旅游升级版，促进县域富民产业通过"强村"带动"富民"。深化强村富民集成改革，探索"村企联合"、"村村联合"、跨县域"飞地"等新模式和乡村旅游、民宿经济等新业态，增强村集体经济实力。

（七）要在加强保障和改善民生上取得新突破

牢牢守住民生底线，深入推进惠民暖心优服行动，全面提升人民群众的获得感、幸福感、安全感和认同感。巩固拓展脱贫攻坚成果。推动各类资源、帮扶措施向促进产业发展和扩大就业聚焦聚力，持续支持全市4个国家乡村振兴重点帮扶县发展，增强脱贫地区和脱贫群众内生发展动力。建立完善低收入脱贫人口"一户一策"精准帮扶机制，健全防范化解因病返贫长效机制，持续巩固拓展脱贫攻坚成果。促进就业增收。拓宽就业渠道，支持企业积极稳岗扩岗，实施高校毕业生等青年就业创业推进计划，健全城镇困难人员就业援助机制。实施中等收入群体倍增计划，推动更多群体跨进中等收入群体行列。制定促进低收入脱贫人口稳定增收的具体措施，推动低收入群体收入增长快于居民收入平均增长。提升公共服务供给水平。办好人民满意的教育，高水平推进西部职教基地建设，实施一流专业和一流课程"双万计划"，加快建设教育强市。实施健康中国重庆行动，加快建设 4 个国家区域医疗中心，推动区县创建三级医院。织密织牢社会保障网，实施社保扩面提质专项行动。繁荣发展文化事业，实施社会主义核心价值观融入工程，开展文明新风满巴渝行动，推行全民科学素质行动计划，建设"书香重庆"。加强和创新社会治理。打好社会矛盾纠纷化解处置攻坚战，深化"枫桥经验"重庆实践，加强各级社会治理中心标准化建设，持续开展平安区县、平安乡镇（街道）、平安村（社区）示范创建活动。强化防灾减灾体系和能力建设，健全安全生产责任体系和联动长效机制，打造更高水平平安中国建设西部先行区。

参考文献

《习近平著作选读》（第一、二卷），人民出版社，2023。

中共中央党史和文献研究院等编《习近平新时代中国特色社会主义思想专题摘编》，党建读物出版社，2023。

《市委六届三次全会举行　深入学习贯彻习近平新时代中国特色社会主义思想 加强党建统领持续修复净化政治生态 加快建设新时代市域党建新高地》，《重庆日报》2023年7月8日。

中共重庆市委：《在新时代新征程全面建设现代化新重庆》，《求是》2023年第20期。

《重庆市人民政府工作报告——2023年1月13日在重庆市第六届人民代表大会第一次会议上》，《重庆日报》2023年1月20日。

B.3
重庆建设国家重要先进
制造业中心研究

摘　要：　《成渝地区双城经济圈建设规划纲要》赋予重庆打造国家重要先进制造业中心新的历史使命，经过三年的努力，全市制造业高质量发展取得积极成效，国家重要先进制造业中心建设取得新进展。2023 年 1~10 月，全市规模以上工业增加值、制造业投资同比增长 5.5%、12%，分别高于同期全国平均水平 1.4 个和 5.8 个百分点。重庆将提速打造"33618"现代制造业集群体系，持续提升制造业创新能力，加快推动制造业高端化智能化绿色化升级发展，奋力交出制造强市高分报表，为现代化新重庆建设提供坚实基础。

关键词：　国家重要先进制造业中心　现代制造业　重庆

　　《成渝地区双城经济圈建设规划纲要》赋予重庆打造国家重要先进制造业中心、川渝共建全国重要的先进制造业基地的新的历史使命，经过三年的努力，全市制造业高质量发展取得积极成效，国家重要先进制造业中心建设取得新进展。

---

*　执笔人：徐露，重庆市经济信息委规划与投资处一级主任科员。本文数据来自《重庆统计年鉴》、中华人民共和国工业和信息化部官网、重庆市经济和信息化委员会官网、重庆市统计局官网。

一 重庆建设国家重要先进制造业中心进展情况

（一）产业规模持续壮大

2022年，全市完成工业增加值8276亿元、占地区生产总值的28.4%（制造业增加值占比25.4%）；规模工业增加值两年年均增长8.2%，营业收入从2020年的2.25万亿元增长到2.82万亿元。一是新兴产业加快培育。新一代信息技术、高端装备、新材料、生物技术、智能网联新能源汽车、绿色环保等战略性新兴产业发展态势良好，全市规模工业战略性新兴产业增加值两年年均增长12%，占比由2020年的28%提高至31.1%。二是支柱产业巩固发展。汽摩、电子、材料、消费品、装备等多点支撑的产业格局初步形成，2022年产值占全市规模工业比重分别达19.5%、26.8%、20.7%、14.1%、9.1%，成渝地区电子信息先进制造集群入围45个国家先进制造业集群名单。三是工业投资持续增长。工业重大项目加快建设，先进制造领域招商引资不断加强，2021~2022年全市工业投资两年年均增长9.7%。

（二）市场主体活力持续迸发

一是各类所有制企业竞相发展。央企来渝发展力度加大，截至2022年末，国务院国资委监管的98家央企中有54家在渝设有分支机构或有合作项目；市属国有制造业企业改革持续深化，截至2022年末，市属国有制造业企业营业收入626.5亿元，利润总额41.55亿元；民营制造企业加快发展，贡献了全市83.8%的规模工业企业数量、58.7%的工业增加值、41.5%的工业税收。二是龙头企业不断壮大。截至2022年末，全市规模以上工业企业数量超过7454家，其中千亿级2家（按企业法人口径计，下同）、百亿级28家，制造业上市企业49家，涌现出长安、广达、华峰、赛力斯等一批领军企业。三是优质中小企业持续培育。大力推动中小企业专精特新发展，截至2022年末，全市国家级专精特新"小巨人"企业255家；加快发展科技型企业，截至 2022 年末，全市科技型企业、高新技术企业分别达到 4.3 万家、6348 家。

（三）动能转换步伐加快

一是产业技术创新能力不断增强。2022 年全市规模工业研发投入 479.3 亿元，研发投入强度 1.76%（较上年提升 0.22 个百分点）、高于全国平均水平 0.37 个百分点，累计建成国家级企业技术中心 44 家（包括 2 家国家级技术分中心）、工业设计中心 10 家。二是智能制造深入推进。2022 年，全市两化融合发展指数达 105.4、居全国第 8 位，累计建成智能工厂 127 个、数字化车间 734 个，工业互联网标识解析国家顶级节点（重庆）连接 10 个省市、39 个二级节点、2 万家企业。三是节能减排有力有效。2022 年，全市规模工业单位增加值能耗降至 0.681 吨标准煤/万元、较 2017 年累计下降 17.6%，累计建成国家绿色工厂 52 家、绿色园区 5 个、绿色供应链 5 条、绿色设计产品 48 种。

2023 年以来，全市制造业高质量发展态势持续巩固，1~10 月，规模工业增加值增长 5.5%，高于全国平均水平 1.4 个百分点；制造业投资增长 12%，高于全国平均水平 5.8 个百分点；新建 17 个智能工厂和 224 个数字化车间；新创建国家绿色工厂 54 家、绿色园区 4 个、绿色供应链 10 条。

二 重庆建设国家重要先进制造业中心面临的问题

（一）发展动能不足

2018~2022 年，规模工业增加值、利润年均增速分别为 5.2%、5.8%，分别低于全国同期平均水平 0.4 个、1.6 个百分点。2022 年全市工业增加值、制造业增加值占 GDP 比重低于全国平均水平 4.8 个、2.3 个百分点，营业收入利润率低于全国平均水平 0.12 个百分点。

（二）创新能力偏弱

研发结构不优，研发投入强度虽高于全国平均水平，但基础研究与应用研究合计占比仅为 2.5%。高能级创新平台建设滞后，制造业领域尚无国家级技术创新中心、产业创新中心，26 家国家级制造业创新中心重庆仅 1 家。

（三）优质企业偏少

现有知名企业大多为市外招引的生产基地，本地优质企业生成能力较弱，首批 70 家领军"链主"企业中总部在渝企业仅 31 家；制造业单项冠军、专精特新"小巨人"企业分别仅占全国的 1.1% 和 2.8%。

（四）数字化转型偏慢

行业数字化水平差异较大，汽车、电子等优势行业数字化转型进展较快，消费品、医药等行业整体上仍处于以自动化为基础的数字化局部改进阶段。中小企业数字化转型支撑服务能力较弱，数字化改造多以单项应用和关键重点设备更新改造为主，仍有 50% 以上的主要工序尚未实现自动化。

（五）空间布局不优

中心城区土地利用效率不高，制造业亩均税收仅 26 万元，比浙江省平均水平低 8.8 万元。主城新区制造业高质量发展"主战场"作用发挥不足，规模工业营业收入占全市的 45%，其中渝西八区占比 28.7%，占比较 5 年前仅分别提高 1.8 个、0.3 个百分点。

三　重庆建设国家重要先进制造业中心前景展望

（一）制造业发展迎来新机遇

党的二十大擘画了全面建成社会主义现代化强国的宏伟蓝图，到 2035

年基本实现社会主义现代化，到 21 世纪中叶把我国建成富强民主文明和谐美丽的社会主义现代化强国。要实现建设现代化强国的奋斗目标，必须加快推进新型工业化，加快建设制造强国，做强做优做大实体经济，为全面建成社会主义现代化强国提供强大物质基础、技术支撑和精神动力。2023 年 9 月召开的全国新型工业化推进大会进一步提出坚持走中国特色新型工业化道路，加快建设制造强国，更好服务构建新发展格局、推动高质量发展、实现中国式现代化。

市委六届二次全会提出全面建设社会主义现代化新重庆，在构建现代化产业体系上实现新突破，把制造业高质量发展放到更加突出的位置，提升主导产业能级，培育具有强大竞争力的优势企业，大力发展数字经济。全市推动制造业高质量发展大会提出唯实争先、埋头苦干，加快推进制造业质量变革、效率变革、动力变革，谱写新时代制造强市建设新篇章。建设高质量发展的国家重要先进制造业中心，既是促进重庆市经济质的有效提升和量的合理增长，更好支撑新时代新征程新重庆建设，为一域增光的关键支撑，更是服从服务国家战略，更好维护我国产业链供应链安全稳定，为全局添彩的历史使命。我国以更大决心更大力度提升产业链供应链韧性和安全水平，为重庆承接国家重大生产力布局和沿海地区产业转移提供了新的重大战略机遇。

党的二十大、全国新型工业化推进大会对推进新型工业化、推动制造业高质量发展作出了新部署，市委六届二次全会、全市推动制造业高质量发展大会对重庆市制造业发展提出了新要求。制造业发展被提到了前所未有的高度，党中央、国务院高度重视，重庆作为我国制造重镇，具备实现更高质量发展的产业基础和条件，制造业发展迎来新机遇。《成渝地区双城经济圈建设规划纲要》的深入实施，有效促进国内两大制造业基地生产要素资源合理流动、高效聚集、优化配置，实现两地产业链协同、产业政策协同、公共平台协同，不断增强区域制造业整体竞争力和影响力。

（二）制造业发展面临新挑战

当前，全球产业链重组、供应链重塑、价值链重构不断深化。跨国企业供应链布局由传统的成本和效率导向，转向更加重视韧性和安全，呈现本地化、区域化、多元化等新特征新趋势，推动全球制造业发展格局深刻调整。与此同时，先进制造业领域国际竞争日趋激烈，发达国家纷纷推进"再工业化"，推动高端制造业回流，新兴经济体凭借成本优势积极承接国际产业转移。得益于我国的制度优势、市场优势、产业体系优势，全国产业链供应链实现总体稳定运行。但国内部分行业产能过剩严重，供需错位情况较为突出，劳动力等生产要素成本不断上升，资源和环境约束不断加强。重庆市重要矿产资源较为"匮乏"，能源方面"缺煤少气无油弱风光"，资源环境约束趋紧。

未来五年，是新一轮科技革命和产业变革由蓄势待发转向群体迸发的五年，是全球产业链供应链深度调整基本完成的五年，是重庆推动现代化建设开局起步、迎接重庆直辖 30 周年的关键时期，也是重庆制造业跨越新关口、培植新优势、迈上新台阶的关键时期。制造业作为重庆的家底，未来五年的发展成效将直接影响今后相当长一段时间内重庆市的整体位势。总体来看，重庆市制造业发展机遇与挑战并存，必须深刻认识并牢牢把握当前全球制造业发展新趋势和我国制造业发展新形势，化挑战为机遇，唯实争先、真抓实干，加快推动制造业质量变革、效率变革、动力变革，奋力交出制造强市高分报表，加快将重庆市建设成为国家重要先进制造业中心，为现代化新重庆建设提供坚实基础，为建设制造强国作出新的更大贡献。

四 政策建议

（一）加快构建具有竞争力的现代制造业集群

集群发展既是产业结构转型升级的必由之路，也是构建现代化产业体系的必然选择。全市推动制造业高质量发展大会提出打造"33618"现代制造业集群体系，既是重庆市贯彻落实国家建设先进制造业集群的重要举措，又是重庆市推动全市制造业高质量发展的必然之举，需进一步提速。一是加快打造主导产业集群。智能网联新能源汽车领域深入推进产品品牌"向上"发展，以渝西地区为重点加速"三电""三智"等零部件企业聚集，持续推动充换电、车路协同等设施体系建设。新一代电子信息制造业领域全力确保电子终端订单规模总体稳定，加快功率半导体、下一代显示等重大项目推进，培育壮大能源电子等新兴领域。先进材料领域着力加快现有优势产品上下游延展，以产业发展和城市建设需求撬动电子专用材料、新能源材料等集聚。二是升级打造支柱产业集群。智能装备及智能制造领域重点抓好工业机器人、数控机床、农机装备等优势品种提挡升级，积极谋划实施"机器人+"行动。食品及农产品加工领域广泛推进数字化改造，加速培育"爆款"产品。软件信息服务领域深入实施软件和信息服务业"满天星"行动，厚植工业软件、汽车软件、信息安全等领域优势。三是创新打造特色优势产业集群。强化重大项目牵引，更好促进企业集聚、项目集合、产业集群、要素集约和创新集成。四是加快培育"新星"产业集群。依托龙头企业，搭建应用场景，构建创新创业生态，快速形成产业发展动力源泉。

（二）系统推进国家重要产业备份基地建设

构建产业备份基地既是从全局谋划一域、加快打造国家重要先进制造业中心的战略路径选择，又是以一域服务全局、更好助力我国提升产业链供应链韧性和安全稳定水平的使命担当。一是深化央地合作。深化拓展央地合作广度深度，建立健全长效工作机制，积极承接工业母机、大型成套装备、集成电路等领域重大项目落地布局。二是承接产业转移。高水平举办中国产业转移发展对接活动（重庆），有力有效承接东中部地区产业转移，打造西部地区承接产业转移新高地。深化川渝地区产业协同，共建全国重要的先进制造业基地。

（三）持续提升制造业创新能力

创新是引领发展的第一动力，是规律之所循、大势之所趋、形势之所迫。一是围绕创新链布局产业链。推动领军"链主"等龙头企业"一条龙"

推进原创性突破、应用性转化和规模化量产，支持龙头企业将专利技术嵌入行业标准。提挡升级重庆高新技术产业研究院等高能级科技成果转化平台，源源不断地生成新的产业。二是围绕产业链部署创新链。聚焦"33618"现代制造业集群体系技术需求，健全完善"揭榜挂帅""赛马"等制度，加快突破一批关键核心技术。三是围绕产业链配置资金链。发挥重庆产业投资母基金、专精特新基金等引导作用，建立完善股权投资基金支持体系。深入实施企业上市"千里马"行动，促进更多企业通过多层次资本市场融资。四是围绕产业链补齐人才链。定期发布制造业人才需求目录，引导高等院校和职业院校布局契合产业发展趋势的新专业与交叉专业，支持企业与高等院校、职业院校等开展合作办学。

（四）健全落实企业梯度培育机制

企业是推动创新创造的主体，更是推进新型工业化的生力军。一是引育领军"链主"企业。制定实施制造业领军企业跨越发展计划，迭代升级"一企一策"推进工作机制，扩大领军"链主"企业培育范围，推动领军"链主"企业加速向世界一流企业迈进。二是推动中小企业梯度成长。深化中小企业梯队培育机制改革，推动中小企业沿创新型、专精特新、"小巨人"、单项冠军路径发展壮大，狠抓企业上市，培育形成更多优质市场主体。制定实施"独角兽企业""瞪羚企业"培育工作方案，加快形成一批支撑全市制造业长期可持续发展的战略后备力量。三是促进企业融通发展。升级上线"渝企零距离"供需对接平台，开展"百场万企"供需对接活动，实施产业链供应链合作伙伴计划，促进大中小企业协同发展。实施市属国企改革提效增能行动，大力发展民营经济，进一步扩大先进制造业领域开放合作，促进各类所有制企业共同发展。

（五）加快推动制造业高端化智能化绿色化升级发展

"数转智改绿提"是制造业发展的必然趋势，也是推进新型工业化、推动制造业高质量发展的重要手段。一是推动高端化升级。深入推进增品种提品质创品牌，强化标准供给，深化质量攻关，加快新产品研发上市，培育形成一批大众品牌、优质品牌和高端品牌。深化先进制造业与现代服务业融合发展，大力发展服务型制造和工业设计、检验检测等生产性服务业。二是推动数字化变革。统筹打造"芯屏端核网"全产业链，培育具有强大竞争力的数字产业集群。加快建设产业大脑能力中心重大应用，实施"万企技改"带动"万企转型"，深入推进"一链一网一平台"试点示范，加快形成"产业大脑+未来工厂"制造业组织形态。三是推动绿色化转型。加快绿色园区、绿色工厂等建设，健全绿色制造体系。以绿色化转型重大项目为牵引，推动企业循环式生产和产业循环式组合，发展壮大循环经济和绿色产业。

（六）加快推动产业布局优化调整

通过产业分工协作，促进区域特色协同发展，是推动市域制造业高质量发展的重要途径。一是加快渝西地区先进制造业跨越发展。引导渝西地区围绕川渝地区先进制造业集群建设方向，深化与"双核"整零配套，建设世界级智能网联新能源汽车零部件产业基地和全市智能装备及智能制造、轻纺、新能源及新型储能、高端摩托车等先进制造业集群重要承载区，打造全市制造业高质量发展新高地和成渝地区制造业协同发展示范区。二是优化中心城区制造业功能。提高中心城区产业准入门槛，逐步疏解现有劳动密集型制造业、一般性装备制造基地等功能和设施，盘活存量土地厂房资源发展高端产业与价值链高端环节，在确保制造业规模总体稳定的基础上显著提高发展质量和效益。三是推动市内其他区县特色联动发展。推动涪陵、长寿、綦江—万盛、南川等找准比较优势，强化产业特色，增强产业竞争力。推动"两群"地区构建以食品及农产品加工为支撑，以特色装备、清洁能源、绿色建材、轻纺等为补充的产业体系，提升绿色化发展水平。

B.4
2023~2024年重庆市农业农村经济形势分析与预测

重庆市农业农村委员会*

摘 要： 2023年，重庆市农业农村委系统坚持稳进增效、除险清患、改革求变、惠民有感工作导向，坚决守住"三条底线"，大力实施"四千行动"，稳步提升"三化"水平，持续强化"双轮驱动"，全力稳住农业基本盘，全市农业农村形势稳中有进、持续向好。2024年，重庆将深入学习贯彻习近平总书记关于"三农"工作的重要论述，紧扣探索一条具有重庆特色的城乡融合推动山区库区现代化和"三农"高质量发展的新路子，持续深入推进"四千行动"，突出抓好粮食及重要农产品稳产保供、巩固拓展脱贫攻坚成果、巴渝和美乡村建设和数字乡村发展、扩大农业对外合作"五个重点"，扎实抓好渝西八区和三峡库区农业农村一体化高质量发展"两大示范"，在建设农业强国中贡献重庆力量。

关键词： 农业农村经济 "三农"问题 高质量发展 重庆

2023年，重庆市农业农村委系统深入学习贯彻习近平总书记关于"三农"工作重要论述特别是2022年底在中央农村工作会议上的重要讲话精神，坚持稳进增效、除险清患、改革求变、惠民有感工作导向，坚决守住不发生规模性返贫、保障粮食安全、加强耕地保护"三条底线"，大力实施千万亩高标准农田改造提升、千亿级生态特色产业培育、千万农民增收致富促进、

---

* 执笔人：马善运，重庆市农业农村委员会研究室，一级主任科员。

千个巴渝和美乡村示范创建"四千行动",稳步提升农村数字化、农业机械化、农民组织化"三化"水平,持续强化农业科技创新和农村改革"双轮驱动",坚持指标性工作"精准抓"、重点工作"重点抓"、赛马比拼"比着抓",全力稳住农业基本盘,全市农业农村形势稳中有进、持续向好。2023年前三季度,全市第一产业实现增加值1429.67亿元、同比增长4.3%,农村常住居民人均可支配收入15768元、同比增长7.1%。①

一 2023年重庆市农业农村经济发展情况

(一)全年粮食和重要农产品再夺丰收

一是粮油产量再创新高。压实粮食安全党政同责,出台稳粮扩油保障有效供给10条硬措施,开展亩产最优赛马比拼,充分调动农民种粮积极性,全力防汛抗旱夺丰收,夏粮面积、总产、单产分别增长0.6%、1.3%、0.7%,秋粮丰收在握,预计全年粮食播种面积3038万亩、产量1095万吨,超额完成国家下达的任务,产量有望创近15年新高。实施大豆和油料产能提升工程,推进大豆玉米带状复合种植,完成大豆播种171.2万亩、油菜扩种42.1万亩,分别超国家下达任务1.2万亩、2.1万亩,油菜籽产量60.7万吨、实现"16连增"。二是"菜篮子"产品全面增产。提速发展设施蔬菜,前三季度全市蔬菜产量1814.03万吨、同比增长4.5%。加强生猪产能调控,巩固基础产能,前三季度生猪出栏1419.8万头、同比增长4%。稳步扩大牛羊等草食牲畜生产,牛、羊分别出栏30.7万头、233万只,同比分别增长4.5%、0.8%。②扩面推广稻渔综合种养等模式,水产品产量45.7万

---

① 重庆市统计局、国家统计局重庆调查总队:《2023年前三季度重庆市经济运行情况》,http://tjj.cq.gov.cn/zwgk_233/fdzdgknr/tjxx/sjjd_55469/202310/t20231020_12449737.html,2023年10月20日。

② 重庆市统计局、国家统计局重庆调查总队:《2023年前三季度重庆市经济运行情况》,http://tjj.cq.gov.cn/zwgk_233/fdzdgknr/tjxx/sjjd_55469/202310/t20231020_12449737.html,2023年10月20日。

吨、同比增长 4.7%。① 三是防灾救灾取得实效。农业农村部门建立农业防灾减灾工作专班和委领导带班、24 小时应急值守工作制度，组建 19 个市级指导组下沉一线，指导各地完成农作物灾后田间管理 655.4 万亩次，补栽补种 6.2 万亩，复产畜禽养殖户 1034 户，渔业养殖面积 4.1 万亩，最大限度降低灾害损失。

（二）脱贫攻坚成果持续巩固提升

一是帮扶体系全面构建。建立"市领导+市级帮扶集团+协同区县+驻乡工作队+产业指导组+农村工作指导员"帮扶矩阵，实行"两不愁三保障"及饮水安全问题月调度、月通报、动态清零，全市共排查发现问题 1258 个，已解决 1231 个。二是监测帮扶更加精准。迭代升级"防止返贫大数据监测平台+万名监测信息员队伍+渝防贫 App"立体监测网络，"一户一策"精准监测帮扶对象 3.5 万户、10.5 万人，户均享受相关帮扶措施 4.2 个。② 三是发展动力日益增强。将 62% 的衔接资金用于产业发展，建成产业帮扶基地 5.6 万个，特色产业覆盖 90% 以上的脱贫户和监测户。出台支持务工、培训等 20 项举措，脱贫人口就业规模稳定在 80 万人左右、就业率居全国前列。四是协作帮扶持续深化。推动鲁渝协作迭代升级，两地共建产业合作园区 80 个，落户优势企业 310 余家。持续对接落实中央单位定点帮扶，9 家中央单位直接投入和协调引进帮扶资金 2.8 亿元。深入实施"万企兴万村"行动，7864 家企业结对帮扶 4884 个村，落实投资 561 亿元。

（三）农业高质量发展扎实推进

一是生态特色产业加快培育。立足"土特产"资源，培育区县"一主两辅"特色产业，新获批创建全国农业现代化示范区 3 个、国家现代农业产业园 2 个、优势特色产业集群 2 个。二是食品及农产品加工业发展驶入

---

① 重庆市农业农村委员会调度数据。
② 重庆市乡村振兴局监测数据。

快车道。把食品及农产品加工业纳入全市"33618"现代制造业集群体系一体打造，组建由市长任第一召集人的食品及农产品加工产业高质量发展工作专班，出台"黄金十条"支持政策，成功举办食品及农产品加工高质量发展产业生态大会，签约投资项目86个、金额459.33亿元，设立百亿级产业生态基金，1~9月食品及农产品加工业产值同比增长4.3%，达到1377.2亿元。① 三是农产品网络销售势头强劲。策划打造长假游、清凉一夏、邮乐购直播等活动，举办渝北区放牛坪梨产品推荐会、巫山脆李品牌产销对接推荐会等，促进预制产品、夏日水饮等销量攀升，1~9月全市农产品网络零售额158亿元、同比增长18.1%。② 四是农业会展全面起势。先后举办第十届中国畜牧科技论坛、第十四届中国奶业大会、第二十一届中国国际肉类工业展览会、第二十一届西部农交会等多场全国性论坛展会活动，其中西部农交会签订农产品购销订单126.7亿元，签订乡村振兴招商引资重大项目投资协议311亿元。作为主宾省身份，精心组织参加2023全球高端食品及优质农产品（深圳）博览会，招引一批重大项目。

（四）农业科技创新多点发力

一是创新体系逐步完善。优化设置水稻、玉米、薯类等16个农业产业技术体系创新团队。潼南区、荣昌区成功入选首批全国农业科技现代化先行县。二是创新平台加速培育。国家生猪技术创新中心、长江上游种质创制大科学中心、中国（重庆）花椒产业研发中心等14个"国字号""区域性""特色化"平台加快建设。三是关键核心技术攻关扎实推进。研究出台全市农业关键核心技术攻关实施方案。推动市政府与中国农业科学院开展农业科技创新战略合作，汇聚院士专家285人，实施13个项目联合攻关。四是创新成果推广有力有效。成功向农业农村部推荐农业主导品种3个、主推技术3项。用好21家科技小院，累计开展技术培训、现场指导等430余次。庆

---

① 重庆市统计局统计数据。
② 重庆市农业农村委委托第三方监测数据。

油 3 号、庆油 8 号两个品种入选全国冬油菜推广面积前十大品种,推广面积分别达到 201 万亩、100 万亩。

(五)现代农业发展基础进一步夯实

一是耕地质量稳步提升。坚决遏制耕地"非农化""非粮化",补充耕地 10.21 万亩,复耕复种撂荒地 8.9 万亩。大力实施高标准农田改造提升示范项目,完成一期改造提升任务、启动二期改造提升项目。建成耕地质量提升综合示范区 6 个,完成酸化耕地治理示范 3 万亩。二是农业机械化水平不断提高。开展水稻机械化直播技术示范,实施大豆玉米带状复合种植机械化生产,完成机械播种 3.2 万亩、机械收获 2.4 万亩。全市农作物耕种收综合机械化率达 55.2%,居西南地区省份前列。三是智慧农业发展步伐加快。先后获批荣昌区生猪、合川区蛋鸡、云阳县柑橘、南岸区渔业等 4 个国家数字农业创新应用基地,创建市级智慧农业试验示范基地 270 个。全市数字乡村发展总体水平达到 43%,位居西部地区第一。

(六)巴渝和美乡村建设扎实推进

一是示范创建启动实施。深入学习运用浙江"千万工程"经验,以乡村治理为牵引融合推进乡村建设,率先在省级层面出台宜居宜业和美乡村示范创建标准,启动创建巴渝和美乡村示范村 107 个。二是农村人居环境整治接续推进。扎实抓好厕所、垃圾、污水"三革命",累计改造卫生户厕超过 437 万户,积极开展垃圾分类和资源化利用示范村创建,梯次推进污水治理设施和配套管网建设,农村卫生厕所普及率、生活垃圾分类覆盖率、黑臭水体治理综合推进率分别达到 85.9%、53.6%、37%。三是农村基础设施和公共服务持续改善。统筹实施路、水、电、通信、物流"五网"和农村基本公共服务建设,新改建"四好农村路"3000 公里、农村电网 1929 公里,改善 1759 所农村义务教育学校办学条件,安排 994 名"县聘乡用"人员充实基层医疗卫生服务机构。

（七）乡村治理水平有效提升

一是乡村治理体系更趋完善。实施以党建为引领的自治、法治、德治、智治"四治融合"乡村治理工程，"一支一策"集中整顿软弱涣散村党组织659个，深入开展"法律进乡村"活动，持续推进移风易俗，搭建智慧村务管理和服务平台，全面提升治理效能。二是乡村治理品牌加快打造。新入选全国乡村治理示范村镇22个，评选推介市级乡村治理示范村107个、示范镇33个，探索形成渝北区"四张清单"、沙坪坝区"和顺茶馆"、荣昌区"新风小院"等一批可借鉴、可复制的治理样板。三是乡村治理方式持续改进。深化推广积分制、清单制、院落制、数字化"三制一化"，丰富完善乡村治理有效抓手，全市积分制、清单制、院落制、数字化覆盖率持续提升。

（八）农村改革持续深化

一是农村土地制度改革稳妥推进。完成农村土地二轮承包到期再延长30年村级试点任务，有序推进整镇试点。引导农村土地有序流转发展农业适度规模经营，全市土地流转率达39.6%。深化永川、大足、梁平宅基地制度改革试点，探索形成《永川区农村宅基地所有权行使指导意见》《梁平区农村居民房屋抵押登记实施细则》等制度成果。二是农村集体产权制度改革成果巩固提升。初步建成集资产管理、流转交易、合同网签、银农直联等功能于一体的"渝农经管"数智平台。全面推行"政经分离"。积极探索新型农村集体经济发展路径，全市经营性收入超过5万元的村占比达95%、超过10万元的村占比达70%。[①] 三是全市统一的农村产权流转交易市场加快构建。市级以重庆土交所为依托，区县建立服务公司，乡镇建立服务站，村建立服务点，形成横向到边、纵向到底、相互融通的全市统一农村产权流转交易市场体系。指导推荐巴南、南川、忠县、梁平、潼南等5个区县申报开展农村产权流转交易规范化整区县试点，全市交易额达6.48亿元。

---

① 重庆市农业农村委员会调度数据。

（九）农民增收态势稳定向好

一是稳岗就业促增收。培育"重庆火锅师傅""云阳面工"等地方劳务品牌120余个，保障农民工出行返岗267万人次，建成就业帮扶车间542个，农民工就业规模总体保持稳定。二是提质经营促增收。发展壮大新型农业经营主体，推动农业适度规模经营，新注册农民合作社及联合社808户、家庭农场1376户，累计培育高素质农民28万人、家庭农场3.48万个、农民专业合作社3.7万家，农业生产社会化服务覆盖23%的小农户。① 三是强村富民促增收。制定《重庆市推进强村富民综合改革实施方案》，部署农业"标准地""强村公司"等"一统七改"综合改革措施，健全股份收益分配机制，保障集体经济组织成员权益，分红金额4亿元，同比增长90%。②

二 重庆市农业农村经济发展中需要关注的几个问题

（一）粮食和重要农产品保供压力增大

全市粮食自给率67%左右，比全国低20个百分点，在西部12个省（区、市）中仅高于广西、青海。粮食单产能力亟须提升，据测算，重庆粮食亩产360.9公斤，较全国平均水平低23.7公斤，在全国排名第22位，比四川省低13.2公斤。农田水利基础设施仍然薄弱，中下等耕地占比高达64.9%，63%的耕地无灌溉设施。种粮农民收益低，据调查，在政策补贴扶持下，重庆市水稻、玉米亩均收益仅400～500元。撂荒耕地复垦利用难度越来越大，重庆市剩余的撂荒耕地大多处于25度以上陡坡区、地质灾害区或森林边缘带，地块细碎、土层贫瘠、配套设施损毁、种植效益低。

---

① 重庆市农业农村委员会调度数据。
② 重庆市农业农村委员会调度数据。

（二）脱贫地区和脱贫群众内生发展动力还不强

防止返贫动态监测信息壁垒未完全打通，市级部门的信息平台和相关数据还未完全实现共享，多部门数据分析比对、联动风险预警、研判和处置成效不明显，农村低收入人口风险点发现效率还有待提升。脱贫对象人均纯收入在全国居上游水平，但收入来源相对单一、结构不均衡，工资性收入占比78%，过度依赖工资性收入的"瓶颈"尚未突破。脱贫地区发展相对滞后，特别是山区库区17个区县，经济总量不到全市的1/4，存在经济发展底子薄、困难多、产业培育成本高的问题。脱贫群众内生动力还需持续激发，农村低收入人口分类管理机制还未建立，部分脱贫群众存在依赖思想，农民参与乡村建设、乡村发展机制还不健全，主体作用未充分发挥。

（三）农业质量效益和市场竞争力还有待提升

特色农产品品种较多，但单一品种规模总量不大，难以形成加工规模效应，比如柑橘商品化处理率仅为10%左右。农业产业链条较短，研发、生产、加工、储运、销售、品牌、服务等环节尚未形成有效衔接，一二三产业融合发展还停留在浅层次。农产品加工业发展相对滞后，加工业总产值与农业总产值比偏低，沪深上市、产值50亿元以上的农产品加工企业均只有5家，渝东北、渝东南地区农产品加工业产值仅占全市的20%左右。新型农业经营主体市场综合竞争力不强，全市95%以上的农业产业化龙头企业年营业收入不足1亿元。新型农业经营主体与小农户利益联结机制不够紧密，尚未完全建立合作共赢、抱团发展的关系。

（四）农业科技支撑能力不强

良种对粮食增产贡献率仅45%左右、低于全国平均水平，种源对外依存度高，水稻、玉米等良种主要靠外调，猪、牛及禽类地方种源分别占全市种源的10%、10%、20%。重大突破性、具有自主知识产权的农业科技成果少，跟跑型、一般性成果多，农产品加工设备和技术对外依存度高，高端加工设备基本依赖进口。农作物耕种收综合机械化率低于全国平均水平18.8个百分点。农业科技人才总量不足、结构不优，尤其是农业科技高层次人才匮乏，仅占全市高层次人才总量的10%左右；51家国家重点农业产业化龙头企业中，户均研发人员仅12名，4006家入库农业科技企业中，户均研发人员仅3名。农业科研体制机制不活，科研立项评价机制不完善，考核评价机制、激励约束机制不能适应发展需求，专技人员职称晋升困难，一定程度影响科研人员工作积极性。

（五）农业农村绿色发展仍然任重道远

化肥农药持续减量压力大，重庆市化肥使用量从2015年开始、农药使用量从2009年开始已持续下降，再持续大幅下降空间已十分有限，特别是在当前粮食保供、撂荒地整治、高标准农田建设等背景下，农业生产发展对肥料的需求仍然较大，持续实现化肥农药使用大幅减量难度很大。绿色生产技术推广应用成本高，受地块面积小、耕地宜机化水平低等因素影响，有机肥使用亩增成本200元以上，生物农药较化学农药亩均成本普遍高2倍以上。农业面源污染防治资金投入大、效益低，地方财政压力大，防治工作投入强度明显不足。耕地酸化明显，全市酸性耕地（pH4.5~5.5）1000万亩左右，占比31.2%。

（六）农民收入追赶全国平均水平有压力

2023年前三季度，全市农民收入增速比全国平均水平低0.5个百分点，赶上全国平均水平还需加力。生猪价格持续低迷影响农民收入，生猪产业占农林牧渔业总产值比重达到14%，2023年以来生猪养殖持续亏损，给养殖农户造成较大损失。工资性收入是农村居民收入的主要稳定器，但受宏观经济影响较大，农民务工收入增速放缓，前三季度全市农民工资性收入增长7.9%、比全国平均水平低0.4个百分点。财产净收入方面还需发力，农村资源资产盘活利用难度大，集体经济发展还处于起步阶段，农村居民财产净收入占比仅2.5%左右，对增收的促进作用难以发挥。转移净收入增长空间有限，受地方财政资金压力影响，支农资金总量增长明显放缓。

（七）城乡融合发展还需加速提效

行政村人居环境连片集中整治不够，农村生活污水治理率不到40%，黑臭水体点多面广。城乡基础设施和公共服务欠账较多，乡镇通三级公路比例低于全国平均水平，农村小型集中供水工程日常运维专业化水平较低，部分农村文化阵地与群众需求匹配度不够、利用率不高，乡村义务教育"城镇挤、乡村空"现象突出，拥有医师执业资格的乡村医生占比低。农村新型基础设施建设相对滞后，行政村5G网络覆盖率低，缺乏功能强大的"三农"综合信息服务和应用的基础平台，数字场景应用不够丰富。城乡融合发展体制机制仍不健全，城乡资源要素双向流动、平等交换的局面还没有形成，农村人才资源匮乏，乡村新产业新业态等用地指标紧张，农村融资难、融资贵的困局还没有根本破解。

三　2024年重庆市农业农村经济发展重点任务

深入学习贯彻习近平总书记关于"三农"工作的重要论述，突出稳进增效、除险清患、改革求变、惠民有感工作导向，紧扣探索一条具有重庆特色的城乡融合推动山区库区现代化和"三农"高质量发展的新路子，持续深入推进"四千行动"，突出抓好粮食和重要农产品稳产保供、巩固拓展脱贫攻坚成果、巴渝和美乡村建设、数字乡村发展、扩大农业对外合作"五个重点"，扎实抓好渝西八区和三峡库区农业农村一体化高质量发展"两大示范"，在建设农业强国中贡献重庆力量。力争全年粮食播种面积和产量继续保持总体稳定，第一产业增加值增速保持在4%左右、农村常住居民人均可支配收入增长7%以上。

（一）以实施稳粮扩油工程为重点，全力保障粮食和重要农产品有效供给

一是全力稳定粮油生产。压实粮食安全党政同责，深入实施"稳粮扩

油"工程、优质粮食工程、大豆和油料产能提升工程，开展粮油高产示范和单产攻关行动。持续加大粮食生产扶持力度，引导农户发展粮食适度规模经营，持续深化撂荒地盘活利用，不折不扣落实4万亩油菜扩种任务，确保粮油面积和产量稳中有增。二是切实保障"菜篮子"产品供给。严格落实"菜篮子"区县长负责制考核，加强标准化蔬菜种植基地改造，大力发展以蔬菜生产为重点的设施农业，稳步提升蔬菜保供水平。持续做好以能繁母猪为重点的生猪产能调控，年出栏量保持在1800万头左右；稳步推进禽、兔、蜂等特色畜禽发展，促进肉类供给多元化。深入实施水产品绿色健康养殖"五大行动"，提速扩面推广鱼菜共生、稻渔综合种养等模式，稳步提高水产品自给水平。三是深入实施种业振兴行动。强化种源等关键核心技术攻关，加快选育突破性品种。发挥市农科院等高校院所作用，加强制种基地和良种繁育体系建设，不断提升供种能力。继续实施重大品种研发和推广后补助政策，深入开展新品种展示示范，让更多优质品种出现在百姓餐桌上。

（二）以增强脱贫地区和脱贫群众内生发展动力为核心，持续巩固拓展脱贫攻坚成果

一是精准做好监测帮扶。健全"线上监测+线下走访"的动态监测机制，紧盯最低收入户，落实"一户一策一责任人"，确保应纳尽纳、应扶快扶。二是推动脱贫产业提质增效。深化落实支持脱贫地区特色产业发展"十条措施"，大力发展生态特色农业，做大做强产业帮扶基地，扩大脱贫产业覆盖面。抓实产销对接，推动农产品流通市场主体与脱贫地区特色产业精准对接，拓宽脱贫地区农产品销售渠道。三是实施防止返贫就业攻坚行动。坚持动员脱贫人口外出务工与就近就业双向发力，强化脱贫劳动力技能提升，在农业农村基础设施建设领域大力推广以工代赈，扶持发展就业帮扶车间，规范乡村公益性岗位设置和管理，确保脱贫劳动力就业规模稳定在75万人以上。四是健全完善帮扶政策和措施。加大对帮扶项目的金融支持力度，推进"富民贷""渝快助农贷"等扩面上量。提早谋划过渡期后的具体制度安排，推动防止返贫帮扶政策和农村低收入人口常态化帮扶政策衔接并轨。推动鲁渝协作迭代升级，拓展提升合作空间层次。深入实施"万企兴万村"行动。

（三）以提高耕地质量和产出水平为目标，扎实推进千万亩高标准农田改造提升行动

一是统筹推进高标准农田建设和改造提升。在全面完成国家下达的高标准农田建设任务基础上，整合涉农资金和发行地方政府专项债，实施改大、改水、改路、改土和全面机械化"四改一化"，全面完成第二批高标准农田改造提升项目建设。积极争取国家支持，谋划启动新申报的高标准农田专项项目建设。二是大力开展农田水利基础设施建设。落实农田灌溉发展规划，扎实推进重大水利工程建设，持续推进大中型灌区建设和现代化改造。推动灌溉渠系与田间灌溉设施互联互通，加强高效节水设施配套改造，健全农田水利设施运行管护机制，提高水源稳定性和灌溉效率。三是加强耕地质量保护和提升。强化耕地质量监测评价，推进耕地质量提升综合示范区建设，实施酸化土壤改良示范，提升耕地地力。开展受污染耕地安全利用示范建设，因地制宜推广安全利用技术，稳步提高受污染耕地安全利用率。

（四）以壮大食品及农产品加工业为突破，稳步推进千亿级生态特色产业培育行动

一是大力推进主导产业集群化发展。以粮油、肉蛋奶、火锅食材等主导产业为重点，实施食品安全、种养基地建设、品牌建设、平台建设、园区建设、"头羊计划"六大专项行动，一体推进标准化原料基地建设改造以及农产品初加工、精深加工和综合利用加工，推动科研、生产、加工、储运、销售等全链条融合发展，打造食品及农产品加工产业集中区和产业带。二是打造一批设施配套完备的农产品加工园区。优化布局园区研发、生产、加工、物流、服务等功能板块，完善仓储物流、标准厂房、供能供水、废污处理等配套设施，健全科技研发、融资担保、检验检测、电商营销等公共服务平台，创建一批50亿元级、100亿元级食品及农产品加工产业示范园区。三

是着力培育壮大一批龙头和头部企业。实施"小巨人"企业培育工程，壮大亿元级企业群体，培育一批专精特新企业、龙头企业、头部企业和品牌企业。实施"头羊计划"，重点打造 100 家领军企业、100 家高成长性企业、100 家综合服务保障企业和 50 家上市后备企业，智能化绿色化改造 100 家企业。四是加强科技创新支撑。探索"产业技术研究院+产业园区+产业投资基金"模式，引导企业与高校、科研院所组建产学研联合体。支持有条件的企业建立开放式创新平台或协同创新中心，开展关键核心技术攻关。鼓励科研人员参与企业项目合作，或以科技成果入股企业。五是持续扩大农业对外合作。依托西部陆海新通道和中国南亚国家减贫与发展合作中心，加快扩大生态特色农产品出口，提升农产品对外贸易规模，着力打造三峡柑橘、涪陵榨菜、潼南柠檬等具有国际影响力的优势品牌，深化落实国际减贫等交流合作。

（五）以强村富民综合改革为牵引，加快推进千万农民增收致富促进行动

一是多渠道增加财产净收入。实施强村富民综合改革试点，盘活农村闲置资源资产，探索资源发包、物业出租、居间服务等多途径发展新型农村集体经济。支持村集体经济组织通过投资、参股等方式创办专业合作社、公司。建立分红收益再分配和使用机制，鼓励有条件的集体经济组织开展收益分红。加快推进农村产权交易市场建设，扩大农村资源资产交易实物量。二是全方位挖掘经营增收潜力。以培育家庭农场和农民合作社为抓手发展适度规模经营，健全农业社会化服务体系，把小农户服务好、带动好，促进农民节本增效。做好"土特产"文章，大力发展乡村产业融合、休闲旅游、康养休闲、生产生活服务等新产业新业态，扩大农民经营净收入。三是大力度开发乡村就业岗位。加强农民职业教育培训，拓宽农民工外出就业渠道，稳步提升农民工工资水平。积极扩大本地就业，大力发展就业帮扶车间，开发公益性就业岗位。推动农产品加工、销售等向产地布局，创新乡村建设项目实施机制，支持集体经济组织和农民深度参与乡村建设项目。四是稳步扩大农业农村有

效投资。指导区县围绕设施农业、食品及农产品加工等招引一批重大项目，推动签约项目落地实施。加快推动财政预算内投资项目、高标准农田改造提升项目建设。及时兑付财政直补、贴息贴费、救灾、保险赔付等资金。

（六）以学习运用"千万工程"经验为引领，纵深推进千个巴渝和美乡村示范创建行动

一是持续深化农村人居环境整治。以农村厕所、垃圾、污水"三大革命"为重点，大力实施农村人居环境整治提升五年行动，健全农村人居环境设施监管长效机制，统筹改厕与供水保障、污水治理同步，加强粪污无害化处理和资源化利用。完善农村生活垃圾收运处置设施建设，探索就地就近处理和资源化利用新模式。二是加快农村基础设施"五网"建设。完善农村路网、水网、电网、通信网、物流网，构建城乡互联互通的基础设施网络体系。深入实施数字乡村发展行动，打造"1+4+3+N"的"智慧农业·数字乡村"，推动农村数字基础设施建设和信息化应用发展，拓展农业农村数字化应用场景。三是大力推进县、乡、村公共服务一体化建设。改善农村办学条件，办好乡镇寄宿制学校和乡村小规模学校，实施学前教育和县域高中发展提升行动计划。健全乡村医疗卫生服务体系，强化县域内医疗卫生资源统筹和布局优化，加强疾病预防控制能力建设。大力发展农村养老事业，探索实施居家养老等养老服务新机制。四是强化乡村治理"四治融合"。以乡村治理为牵引融合推进乡村建设，完善党建统领的"四治融合"乡村治理体系，把农民组织起来建设"和美家园"。大力推行"三制一化"等有效做法，创建一批全国乡村治理示范村镇。推动"互联网+党建""互联网+政务服务"等向农村延伸覆盖。

参考文献

《（受权发布）中共中央　国务院关于做好 2023 年全面推进乡村振兴重点工作的意

见》，新华网，2023年2月13日。

《中共重庆市委重庆市人民政府关于做好二〇二三年全面推进乡村振兴重点工作的实施意见》，《重庆日报》2023年3月29日。

《重庆市人民政府关于大力度推进食品及农产品加工产业高质量发展的意见》，2023年6月14日。

《中共重庆市委农村工作暨实施乡村振兴战略领导小组办公室关于印发"四千行动"实施方案的通知》，2023年2月1日。

B.5
促进重庆开放型经济高质量发展研究

徐英俊　陈昌华　黎　源　郭亚萌*

摘　要：　促进开放型经济高质量发展是重庆推进高水平对外开放、加快建设内陆开放高地的重要组成部分。近年来，重庆着力提高开放型经济的质量和效益，全面推动开放型经济持续稳定协调发展，外贸进出口稳量提质、利用外资保稳促优、服务贸易稳步增长、对外投资有序发展、开放型产业基础持续夯实。但当前重庆开放型经济仍然存在一些突出问题，机遇和挑战并存。要学习借鉴国内推进开放型经济高质量发展的经验，积极培育开放型经济新增长点，加快构建开放型经济新体制，全面提高开放型经济的质量和效益。要找准快变量、找准突破口，以点带面、抓纲带目，着力实施外贸提质赋能行动、外资建圈强链行动、市场主体引育壮大行动、开放领域改革创新攻坚行动"四大行动"。

关键词：　开放型经济　对外贸易　贸易投资　重庆

促进开放型经济高质量发展是推进高水平对外开放、加快建设内陆开放高地的重要组成部分，是经济发展的重要推动力量，是畅通国内国际双循环的关键枢纽。习近平总书记在党的二十大报告中提出，"推进高水平对外开放""稳步扩大规则、规制、管理、标准等制度型开放""加快建设贸易强国"；在主持中央全面深化改革委员会第二次会议时强调，"建设更高水平

---

* 徐英俊，重庆市商务委员会规划发展处处长；陈昌华，重庆市商务委员会规划发展处副处长；黎源，重庆市商务委员会综合处副处长；郭亚萌，重庆市商务经济研究院研究员。本报告数据来源于重庆市商务委的相关统计。

开放型经济新体制是我们主动作为以开放促改革、促发展的战略举措"。这些重要论述，为重庆推进开放型经济高质量发展，提供了根本遵循和方向。

一 重庆开放型经济发展现状

（一）外贸进出口稳量提质

2017~2022 年，重庆外贸进出口连续 6 年保持正增长（见表 1），年均增速 12.5%。2022 年，货物进出口总额 8158.4 亿元，增长 2.0%；总量排名全国第 11 位，中西部第 3 位。其中：出口 5245.3 亿元，增长 1.5%；进口 2913.1 亿元，增长 2.9%。2023 年以来，受全球经济放缓和外需疲软影响，重庆外贸进出口下行，1~8 月，全市货物进出口总额 4777.2 亿元，下降 14.0%。

表 1　2017 年至 2023 年 8 月重庆对外贸易情况

单位：亿元，%

时间	货物进出口总额	增速
2017 年	4508.3	8.9
2018 年	5222.6	15.9
2019 年	5792.8	11.0
2020 年	6513.4	12.5
2021 年	8000.6	22.8
2022 年	8158.4	2.0
2023 年 1~8 月	4777.2	−14.0

（二）利用外资保稳促优

2017 年以来，重庆实际使用外资呈波动下降趋势（见表 2），自 2018 年达 32.5 亿美元峰值后整体走低。2022 年，实际使用外资 18.6 亿美元，同比下降 16.9%；新增外商投资企业 268 家，同比下降 23.7%；合同外资

20.0 亿美元，同比下降 57.5%；在渝世界 500 强累计达到 319 家。2023 年以来，受全球地缘政治和国际引资激烈竞争影响，重庆利用外资加速探底，1~8 月，实际使用外资 3.8 亿美元，同比下降 67.1%。

表 2　2017 年至 2023 年 8 月重庆实际使用外资情况

单位：亿美元，%

时间	实际使用外资	增速
2017 年	22.6	-9.9
2018 年	32.5	43.8
2019 年	23.7	-27.2
2020 年	21.0	-11.2
2021 年	22.4	6.4
2022 年	18.6	-16.9
2023 年 1~8 月	3.8	-67.1

（三）服务贸易稳步增长

2017 年以来，重庆服务贸易呈增长趋势（见表 3）。2022 年，服务贸易总额 796.4 亿元，同比增长 8.5%，服务贸易企业总数近 1800 家。2023 年以来，重庆服务贸易创新发展试点任务全面落实，"科技跨境贷"助力企业境外融资等 3 个案例入选国家最佳实践案例。

表 3　2017~2022 年重庆服务贸易情况

单位：亿元，%

年份	服务贸易总额	增速
2017	565.1	-9.2
2018	572.5	1.3
2019	678.0	18.4
2020	675.3	-0.4
2021	733.8	8.7
2022	796.4	8.5

（四）对外投资有序发展

2017 年以来，重庆累计对外投资约 69 亿美元（见表 4）。2022 年，重庆对外直接投资 10.6 亿美元，同比下降 10.9%。2023 年以来，重庆对外投资持续保持有序发展，1~8 月，全市对外直接投资 4.6 亿美元，同比下降 40.0%。

表 4　2017 年至 2023 年 8 月重庆对外直接投资情况

单位：亿美元，%

时间	对外直接投资	增速
2017 年	15.3	−37.0
2018 年	11.1	−27.5
2019 年	7.4	−33.5
2020 年	8.3	13.1
2021 年	11.9	42.8
2022 年	10.6	−10.9
2023 年 1~8 月	4.6	−40.0

（五）开放型产业基础持续夯实

"33618"现代制造业集群体系加速构建，汽车、摩托车、电子信息产品成为重庆出口主体。2022 年，汽车产量 209 万辆、占全国的 7.7%，排名全国第 4；摩托车产量 1200 万台、占全国 45%以上，排名全国第 1；汽车、摩托车出口值均位列全国前五。"重庆造"笔记本电脑产量超过全球 1/3、连续 9 年保持全球第 1，出口量、出口值连续四年全国第 1，手机出口量全国第 2。

二　重庆开放型经济高质量发展面临的机遇与挑战

（一）发展机遇

经过多年的实践探索，重庆开放型经济发展取得了积极成效。未来，也面临一系列重大机遇和有利条件。

1. 国家重大部署带来的战略机遇

党的二十大作出成渝地区双城经济圈建设、共建"一带一路"、长江经济带发展、西部陆海新通道建设、推动西部大开发形成新格局等重大战略部署，叠加形成的战略牵引力、政策含金量前所未有，将为重庆内陆开放高地建设提供重要战略支撑。从国家区域发展布局看，川渝两地是中西部地区人口数量最多、经济实力最强、发展潜力最大的优势区域，有条件有实力打造国家区域发展"第四极"。从构建新发展格局看，重庆是"一带一路"和长江经济带连接点，是西部陆海新通道的运营组织中心，能够形成国内大循环、国内国际双循环的重要战略枢纽。从推动西部大开发形成新格局看，推动国家重大生产力布局和战略资源倾斜，将极大提高重庆经济人口承载力，增强长远发展后劲。

2. 国家部门给予的政策机遇

党的二十大以来，市委、市政府主要领导亲自带队，密集走访国家部门和央企，推动国家部门出台了一批有针对性的政策举措和资金项目支持，这些支持事项正在加快落实落地、转化为经济社会发展成效，为重庆内陆开放高地建设持续集聚政策势能。5月30日，市委书记袁家军，市委副书记、市长胡衡华带队走访商务部并召开座谈会。商务部党组书记、部长王文涛表示，将与重庆深度对接，在引进培育标志性项目、打造开放大通道、承接产业转移、发展数字贸易、建设国际消费中心城市等方面加大支持力度，推动重庆高水平开放。

3. 对外辐射力增强带来的市场机遇

近年来，重庆在西部地区带头开放、带动开放，吸引了更多产业、人口和创新要素流入。成渝地区拥有西部最大的商品市场和生产要素市场，辐射带动周边3.8亿人口。重庆都市圈形成"主城新区12个区+广安市"格局，成为改革开放新高地建设主要承载地。推动渝西、川南围绕高端装备、生物医药、智能网联新能源汽车等打造互为链主链属产业集群，推动川东北、渝东北创新国家级开发区模式，带动黔北就产业融合、市场一体化、公共服务一体化等与重庆加快对接。超大规模内需市场潜力持续激发，将有力促进投资、消费、贸易空间优化升级，吸引更多企业通过基金、参股、购买服务等形式投身重庆开放发展。

（二）面临的挑战

当前，世界正面临百年未有之大变局，国际形势复杂多变，国内改革发展任务艰巨繁重，重庆市开放的外部环境、形势任务正发生深刻变化。

从国际上看，逆全球化思潮泛滥，民粹主义、民族主义、保护主义在全球范围内抬头，经济全球化的总体环境趋于严峻和复杂。俄乌冲突持续加剧原材料商品供应风险，导致相关大宗商品价格高企，加大全球通胀压力。中美贸易摩擦不断，叠加"印太经济框架"（IPEF）、《美墨加协定》等排他性区域经贸协定，以及欧美政府的制造业回归计划等影响，全球产业链供应链正呈现内卷、回缩、重构的趋势。新兴经济体的群体性崛起，致使全球经济重心发生"东升西降"的格局变化，服务贸易、数字贸易等新业态在国际贸易中的地位愈发突出，由西方主导的世界经贸规则体系难以满足不断涌现的规则、规制、管理、标准等开放诉求。

从国内看，宏观经济稳中有忧，恢复发展的基础尚不牢固，需求收缩、供给冲击、预期转弱三重压力仍然较大；国内大循环还没有全面畅通，投资、消费等内需增长比较缓慢，且存在下行压力，制约了经济增长潜力的释放；供给侧存在部分产能过剩、供应链受阻、供应链转移等压力，以传统加工贸易为主的开放模式无法有效拉动经济增长，产业韧性不强、要素流通不畅等问题愈发明显。

从自身看，重庆开放基础不稳，外贸外资规模小，与兄弟省市有较大差距（见表5、表6）；外贸外资结构不优，加工贸易占比过高，外资制造业占比低；外贸外资缺乏新的增长点，汽车产业出口总量不大，增量外资较少，数字贸易探索刚起步。全球电子终端消费需求持续疲软，重庆市以笔电为主的电子信息产业面临市场下滑、订单不足等问题。此外，美方强推"脱钩断链"，美系品牌商加速向东南亚布局，加剧重庆市相关订单和产业链外迁风险，外贸外资恢复压力仍然较大。

表5　2022年部分地区对外贸易情况

单位：万亿元，%

地区	货物进出口总额	增速
全国	42.1	7.7
广东省	8.3	0.5
江苏省	5.5	4.8
浙江省	4.7	13.0
上海市	4.2	3.2
北京市	3.6	19.7
四川省	1.0	6.1
重庆市	0.8	2.0

表6　2022年部分地区实际使用外资情况

单位：亿美元，%

地区	实际使用外资	增速
全国	1891.3	8.0
广东省	279.1	−1.1
江苏省	305.0	5.7
浙江省	193.0	5.2
上海市	239.6	0.4
北京市	174.1	12.7
四川省	35.3	5.2
重庆市	18.6	−16.9

三　国内推动开放型经济高质量发展的经验借鉴

浙江、广东、江苏是我国开放前沿和发达地区，2022年货物进出口总额分别排名全国第3、1、2名，实际利用外资分别排名全国第4、2、1名，通过对三省的走访调研，三省在推动开放型经济高质量发展的经验值得借鉴。

一是找准开放型经济高质量发展路径。浙江以"地瓜经济"为引领，通过开展"丝路领航"行动，省、市、县三级联动引导浙商"走出去"，鼓励企业全球化发展，2022年9家"走出去"企业入围世界500强。广东聚焦打造外贸新业态，加快市场采购贸易试点集聚区拓展，大力发展跨境电商和数字贸易，走出外贸发展新路径。江苏以改革为动力，大力打造高能级开放平台，持续吸引高质量外商投资，走出了以昆山为代表的强县经济。

二是强化开放型经济高质量发展顶层设计。浙江以自贸试验区为引领，舟山、杭州、宁波、金义四个片区分别聚焦油气、数字经济、航运物流、小商品交易开展探索，推出"市场采购+"系列融合创新、以油气为核心的大宗商品投资贸易便利化自由化等改革举措，累计形成全国首创性成果113项。此外，浙江还建立开放型经济"周监测""月晾晒""季分析"制度，施行赛马比拼；探索建立开放指数体系，加强对全省开放水平的系统测度、跟踪研究。江苏将开发区作为改革开放排头兵，每个县均设省级开发区，由省商务厅牵头推动出台《江苏省开发区条例》《江苏省"十四五"开发区总体发展规划》，建立开发区考评机制，158个省级及以上开发区（国家级经开区47个、省级开发区111个）贡献了全省80%的外贸、90%的实际使用外资。

三是加强开放型经济高质量发展内外协作。浙江开展"山海协作"，广东实施省内产业有序转移，江苏推动"南北共建"，引导开放程度较高和较低的地区结对发展。以江苏苏宿工业园区为例，该园区位于宿迁，由苏州、宿迁合作开发建设，充分融合两市资源禀赋，引导企业把总部、研发放在苏州，把生产、制造基地放在宿迁，构建"总部+基地""研发+制造"产业联动格局，为苏州拓展开放空间，为宿迁引进优质资源。此外，浙江、江苏抢抓长三角一体化发展机遇，全域接轨和服务上海，用好上海开放的溢出效应，实现差异竞争、错位发展。

四 推动重庆开放型经济高质量发展的建议

按照重庆市积极融入"一带一路"加快建设内陆开放高地领导小组部

署要求，未来5年重庆要打造开放型经济高质量发展示范区。到2027年，外贸进出口达到1.1万亿元，实际利用外资达到30亿美元，落户世界500强企业、外商投资企业数量在西部领先，贸易投资质量明显提升，初步建成贸易强市、高质量外资集聚地、高水平对外投资策源地。当前，要找准快变量、找准突破口，以点带面、抓纲带目，着力实施"四大行动"。

（一）实施外贸提质赋能行动

1. 推动货物贸易稳规模优结构

壮大外贸平台载体，建好国家外贸转型升级基地、国家进口贸易促进创新示范区等外贸平台，积极承接东部产业转移，推动一批重大外贸项目落地。优化对外贸易结构，提升汽摩、通机等优势产品出口规模，推动装备制造和大型成套设备出口，持续做强一般贸易，推动加工贸易向产业链价值链高端延伸。完善外贸发展机制，完善重点企业联系机制，提升产业链供应链韧性和安全水平。积极培育新业态新模式，建设跨境电商综合试验区，深化市场采购贸易方式试点。加强浙江义乌等先进地区模式研究，健全完善产业培育、出口促进等有利于外贸发展的生态系统。

2. 推动服务贸易促稳提效

优化服务贸易结构，稳定并拓展旅游、运输、对外承包工程等传统服务贸易，大力发展信息咨询、通信、金融等新兴服务贸易，高标准建设国家服务外包示范城市，打造全国重要的服务贸易基地。发展特色服务贸易，推动中医药、人力资源等国家特色服务出口基地提质升量。大力发展与东盟等重点区域、国别的服务贸易。

3. 探索发展数字贸易

以数字贸易推动产业链价值链重构，探索发展以高端服务为先导的"数字+服务"。制定出台大力发展数字贸易的若干意见，探索构建数字贸易产业、平台、生态、制度和监管体系。支持开展数字产品贸易，优化数字服务贸易，促进数字技术贸易。积极创建国家数字服务出口基地，培育数字贸易主体。

4. 积极拓展国际市场

持续深入实施"百团千企"国际市场开拓计划，支持企业组团出海揽订单、拓市场，组织出国出境团组 100 个以上，支持 1000 家以上外贸企业"走出去"，打造"渝贸全球"品牌。大力拓展以共建"一带一路"、RCEP国家为重点的国际市场，制定深化实施 RCEP 的政策措施。

（二）实施外资建圈强链行动

1. 加大招商引资力度

完善招商引资工作机制，推进内外资招引体制机制改革，落实落细一把手招商、重大项目招引协调、信息通报、考评激励等机制。实施加大力度吸引外资招商专项行动，动态完善重点产业链图谱和招商路线图，推广资本招商、以商引商、双招双引等招商新模式。打造高能级外资总部经济，大力吸引世界 500 强企业、知名跨国公司来渝设立综合总部、地区总部和功能总部，打造一批亿元税收总部楼宇。突出招大引强，聚焦智能网联新能源汽车、电子信息制造业等重点产业领域，全面引资引技引智引才，提升贸易投资合作水平。加快建设海峡两岸产业合作区。

2. 推动重大项目建设落地

全力打好重大项目协调例会、集中开工、督导服务等扩大有效投资"组合拳"，推动新建项目应开尽开、能早则早。迭代升级重大项目建设机制，强化要素保障，统筹用好银行贷款、保险等多种融资工具，引导各地盘活存量土地，全力保障重大项目用地用能。加强签约项目落地督导，确保投资协议落地。

3. 健全外商投资促进体系

完善利用外资政策体系，出台"鼓励跨国公司设立地区总部办法"，制定以制造业为重点促进外资扩增量稳存量提质量实施方案。优化利用外资路径，吸引外资参与传统产业改造提升，投资先进制造业、战略性新兴产业和高技术产业。深化服务业扩大开放综合试点，推动 86 项改革试点任务全面落地，鼓励外商投资科技研发、现代物流、服务外包等生产性服务业及医疗教育、民生项目。

（三）实施市场主体引育壮大行动

1. 打造一批高能级外贸主体

健全外贸主体梯队培养模式，培育壮大一批特色突出、外向度高、具有国际竞争力的优强外贸企业，制定外贸小微企业成长行动计划、千企贸易成长计划，鼓励中小企业深耕细分市场，培育一批专精特新中小外贸企业。提升供应链主体竞争优势，大力引进供应链管理、电子商务等供应链关键环节企业，培育一批提供报关、物流、融资、退税、信保等综合服务的企业。加强市场主体服务，建立企业数据库，建设"订单+清单"预警监测系统，积极主动地帮助企业应对国际局势、自然灾害等影响。

2. 引进培育专业服务机构

大力引进培育国际化研发、设计、会计、法律、咨询等专业机构，打造全景式服务、全渠道融合的国际服务平台。加大金融服务供给，增强资本市场、结算中心、创投融资等核心功能。大力引进一批专业物流标杆企业。

3. 培育一批本土跨国主体

积极推动企业"走出去"参与国际产能合作，用好国际资源和市场，促进重庆产业扩链补链，带动重庆制造、标准、服务"走出去"和反向投资。优化"渝企出海"服务体系，完善"走出去"服务港。以西部陆海新通道、中欧班列沿线国家为重点，鼓励企业在高端制造、新能源、生物医药等领域开展合作。

（四）实施开放领域改革创新攻坚行动

1. 深化贸易投资领域体制机制改革

在稳住外贸外资基本盘的基础上，全面提高对外开放水平，持续推进贸易和投资自由化便利化。进一步优化通关、退税、外汇等管理方式，推进国际贸易"单一窗口"建设和应用。完善外商投资管理体制，加强知识产权保护，营造公平竞争的市场环境，全面实行准入前国民待遇加负面清单管理制度，持续放宽市场准入，更大力度吸引和利用外资。健全促进对外投资政策和服务体系，支持和规范海外经营行为。

2.稳步推进制度型开放

对标《全面与进步跨太平洋伙伴关系协定》（CPTPP）、《数字经济伙伴关系协定》（DEPA）等国际高标准经贸规则，深化陆上贸易规则等领域探索，重点围绕通道标准体系、多式联运规则衔接、跨境贸易便利化、跨境金融结算等方面，从可控、可试角度开展部分条款的压力测试，力争形成一批首创性、差异化的"试验样本"。

3.高标准建设对外开放高地和平台

发挥重庆—新加坡"双枢纽"作用，打造高起点、高水平、创新型示范性重点项目，不断提升中新互联互通项目影响力、集聚力、带动力。高水平建设自由贸易试验区，实施自贸试验区提升领航行动，坚持"为国家试制度、为重庆谋发展"，以制度创新为核心，持续开展首创性、差异化改革探索。创新提升国家级开发区、海关特殊监管区等功能，增强区域辐射带动能力。拓展智博会、西洽会、中新金融峰会等重要展会功能，培育更多具有国际影响力的展会平台。

4.加快健全完善开放安全保障体系

坚持底线思维、极限思维，守住底线红线，坚决维护国家主权、安全和发展利益。增强风险防控和监管能力，提高防范化解重大风险能力，加强对系统性安全风险的研判和应对。

参考文献

《习近平谈治国理政》（第三卷），外文出版社，2020。

《习近平在第三届"一带一路"国际合作高峰论坛开幕式上的主旨演讲》，新华网，2023年10月18日。

《袁家军主持召开重庆市积极融入"一带一路"加快建设内陆开放高地领导小组会议 层层压实责任 全面深化改革 奋力开创内陆开放高地建设新局面 胡衡华讲话 王炯出席》，《重庆日报》2023年3月24日。

《建设更高水平开放型经济新体制》，《瞭望》2023年第21期。

B.6
重庆国家绿色金融改革创新试验区实践
探索、典型模式及发展建议

王延伟*

摘　要：　2022 年 8 月，重庆正式获批全国首个省域绿色金融改革创新试验区，标志着重庆绿色金融发展进入了新的历史起点。回顾重庆国家绿色金融改革创新试验区创建和发展历程，从建立健全试验区工作机制、持续扩大市场总体规模、推动绿色金融与产业发展深入融合、积极引导绿色金融创新发展及不断完善基础设施建设等五个方面开展了卓有成效的实践探索，涌现出重庆两江新区国家气候投融资试点、自主研发"长江绿融通"绿色金融科技平台、持续创新绿色金融投融资模式、国家大型商业银行绿色金融示范引领等典型模式。展望未来，重庆国家绿色金融改革创新试验区需要进一步建立健全绿色金融激励约束机制、激发民营企业主动性和积极性、加快发展碳金融市场和优化绿色金融营商环境，全面推动新时期高质量发展。

关键词：　绿色金融　气候投融资试点　碳金融市场　重庆

2022 年 8 月，中国人民银行、发展改革委等六部门联合印发《重庆市建设绿色金融改革创新试验区总体方案》（银发〔2022〕180 号），标志着重庆绿色金融进入了新的发展阶段，成为全国首个省域实验区。重庆国家绿色金融改革创新试验区以总体方案为指引，不断深化实践探索及典型模式，积极探索可复制、可推广的经验做法，夯实"三大功能"和"五大支柱"，

---

* 王延伟，重庆社会科学院副研究员，博士后，主要从事区域经济与金融等领域研究。

认真履行试验区历史使命，对于新时期加快生态文明建设，建设"山清水秀美丽之地"，在新时代新征程全面建设现代化新重庆历史进程中，扮演着不可或缺的重要角色。

一 重庆国家绿色金融改革创新试验区实践探索

自 2017 年重庆市出台《重庆市建设长江经济带（重庆）绿色金融改革创新试验区总体方案》以来，全市金融、生态、财政等部门不断深化绿色金融理论知识和实践探索，通过建立健全工作机制、扩大市场规模、推动绿色金融与产业融合、积极引导绿色金融发展、完善基础设施建设等措施，深入推动试验区建设。

（一）建立健全试验区工作机制，持续激发工作合力

自明确国家级绿色金融改革创新试验区这一目标以来，重庆市围绕强化整体统筹、完善组织保障、突出制度完善、加快组织建设等内容，建立健全工作机制，持续激发工作合力，产生良好效果。强化全市绿色金融工作整体统筹，成立了由金融、生态、规划等 18 个市级部门组成的重庆市建设绿色金融改革创新试验区工作领导小组，及时出台《重庆市建设绿色金融改革创新试验区实施细则》等文件，明晰工作职责、明确具体工作任务，强化工作保障，有力指导了全市绿色金融整体工作。坚持制度建设优先，清单化、项目化落实各方责任，通过明晰发展定位、明确发展举措、健全保障措施等，科学合理地指导试验区高质量发展。加快组织建设，积极推动国际合作，重庆银行、重庆农商银行等金融机构先后通过国际组织评审，获得"赤道银行"认可，公布了首批绿色金融机构名单，强化了微观金融机构的引导和审核；推动专业机构建设，先后成立了绿色金融专委会、绿色金融研究中心等研究机构，聘请行业专家指导等为绿色金融实践发展提供理论指导和智力支持。

（二）持续扩大试验区市场规模，繁荣多层次生态系统

银行、保险、证券等各类金融机构针对全市产业发展规划，大力发展各类绿色信贷产品和服务，持续扩大试验区市场规模。加快绿色金融标准建设，中国人民银行重庆营业部等先后制定《重庆市林业碳汇预期收益权抵（质）押贷款业务指南（试行）》《重庆市排污权抵（质）押融资业务指南（试行）》等业务标准，大力推动绿色金融产品和服务的标准化、市场化建设，为各类投融资、信用担保、登记评级完善了行业准则。各类金融机构立足机构业务基础、资源禀赋等，大力深化绿色金融市场领域，繁荣多层次多业态生态系统。中国农业银行重庆分行利用绿色信贷抵押担保业务特长，积极开展规范股权、项目收益权、特许经营权、排污权等质押融资担保业务，着力推广绿色金融债券、绿色信贷资产证券化等市场化融资方式，多渠道为绿色产业发展提供金融助力。截至 2023 年 6 月末，全市绿色贷款余额超6300 亿元，同比增长超 30%。

（三）推动绿色金融与产业发展深入融合，加快绿色低碳转型

坚持以高端化、智能化、绿色化为引领，通过培育绿色产业、区域示范典型等措施，推动全市绿色金融与产业发展深入融合，加快绿色低碳转型。推动金融机构认真落实国家《绿色产业指导目录》，结合全市先进制造业、节能环保等优势产业，建立全市市级绿色制造体系示范名单，深度参与企业绿色低碳转型，提供个性化、多元化的绿色金融场景产品和服务，创新企业信用和抵押物，加快绿色低碳转型。三峡银行大胆创新，探索以碳汇交易的收益权为担保，通过重庆碳交易价格和标准，评估企业碳汇市场价值，对融资企业发放贷款，增强了企业绿色转型的发展动力，也活跃了碳市场交易。强化绿色金融风险管理体制，督促企业加快环境信息披露、环境压力测算、环境信息的标准化和公开化等，推动绿色金融产品和服务的风险管理能力提升。以建设循环经济示范基地、零碳园区试点、绿色企业、绿色工厂车间、绿色工程中心为引领，积极鼓励绿色金融深化

企业合作，提供相应的财政税收优惠政策，探索绿色金融与产业发展融合发展典型，发挥示范引领作用。

（四）积极引导绿色金融创新发展，释放市场发展活力

各类金融机构是绿色金融市场的主体，也是市场活跃性的重要力量。重庆碳管家科技有限公司长期根植绿色转型领域，深化与科研院所、绿色企业、市场第三方机构合作，为政府和企业提供"双碳"综合解决方案，推动传统产业和园区"双碳"转型发展，不断完善全市绿色金融领域实践标准。重庆小雨点不仅为产业提供金融支持，而且基于国际领先的人工智能、区块链和大数据整合与分析技术、智能风控能力，为产业供应链环节提供定制化金融服务，解决中小微企业融资难题，激活、优化产业链条，助力产业绿色金融生态圈实现整体协同发展。中国建设银行重庆分行成立两江5G+智能银行，大力探索零碳智能化，成为国内首家通过认证的零碳运营智能银行网点，大力推动两江新区以金融支持碳达峰碳中和工作，将人工智能、大数据、云计算等最新科技成果融入数字化场景，为客户提供普惠金融、住房安居、投资理财、生活便利等多方面高效便捷的金融解决方案；同时利用物联网技术，将网点内终端设备接入网络，实时监测网点内的温湿度、照明等环境情况，并动态调整照明强度和管控设备开关机，最大限度地节约能耗，2023年先后推出了川渝地区首笔"可再生能源补贴确权贷"、基建类"节能贷"、绿色应收账款债融资计划等创新产品。

（五）不断完善基础设施建设，提供有效发展保障

强化基础设施建设，通过完善专业场所、金融科技平台、碳账户、绿色权益交易，围绕全市金融核心功能区"解放碑—弹子石—江北嘴"建设，大力吸引各类绿色金融机构入驻，渝中区"绿色金融大道"显示度持续提升，大批专业研究、评估认定、市场辅导等机构激发了核心区聚集效应。强化绿色金融科技平台建设，中国人民银行重庆营业部研发了自主设计、独立架构、功能合一的绿色金融科技平台——"长江绿融通"、全国首个生态产

品价值实现平台——"碳惠通"，有力促进了碳市场交易、碳方法学研究，推动碳减排和碳排放双向匹配。加快健全全市企业和个人碳账户建设，积极引导企业碳减排账户系统建设，实现企业碳减排工作的精细化、动态化，持续扩大碳减排覆盖面；鼓励社会公民通过金融机构开通个人"碳账户"，通过各类绿色活动积累碳积分，促进碳减排的各类社会公益活动。持续完善各类绿色权益交易建设，围绕碳排放、排污权、用水权、用能权、林票交易等各类绿色权益交易，持续完善交易制度、扩大市场主体、深化成渝地区合作等，扩大市场覆盖面。

二　重庆绿色金融发展典型模式

目前，重庆两江新区国家气候投融资试点、"长江绿融通"绿色金融科技平台、持续创新绿色金融投融资模式及国家大型商业银行绿色金融示范引领等典型模式持续显现，已经引起社会广泛关注。

（一）重庆两江新区国家气候投融资试点建设初具规模

气候投融资，即引导和促进更多资金投向适应和减缓气候变化领域的投资和融资活动，被《巴黎协定》提出的"国家自主贡献"列为重要内容，是当前国际社会焦点话题，也是我国"双碳"战略（碳达峰、碳中和）的重要组成部分。2020年以来，重庆在全国率先开展气候投融资探索，先后成立气候投融资中心、气候投融资产业基金等。2022年8月，重庆两江新区被明确为国家首批气候投融资试点。

两江新区依托国家气候投融资试点的政策优势，持续加快绿色金融创新发展，从政策引导、平台建设、标准研制、区域协同等方面全面深化实践探索，先行先试，初步形成了可复制、可推广的两江经验，示范引领作用突出。坚持政策引导，围绕区域新型储能、绿色制造、节能环保等产业，先后出台了支持新型储能发展专项政策等九大支持政策，明确发展目标，明晰发展路径，取得了突出成绩。突出平台建设，建设气候投融资招商、申请、推送、评估等多功能的互联互通气候投融资项目库平台，有效畅通了政府、金融机构和绿色产业市场需求。加快标准研制，围绕气候投融资新能源等产业，不断深化气候投融资供应链、气候项目环境信息披露等领域行业标准建设，有力促进各类气候投融资项目的科学评估。加强区域协同建设，四川省成都天府新区生态环境和城市管理局与重庆市生态环境局两江新区分局通过签署合作备忘录等合作协议，不断深化标准体系互认、平台相互兼容，积极打造西部气候投融资信息化大平台。

（二）自主研发"长江绿融通"绿色金融科技平台

2021年以来，中国人民银行重庆营业部在深入调研、广泛征求意见的基础上，自主研发了我国西部地区先进的绿色金融科技平台"长江绿融通"。"长江绿融通"系统整合了金融机构、生态环境机构、融资机构、招商部门、第三方市场等市场要素，实现了项目招商、项目融资、数据统计、检测评估、国际合作、咨询服务等功能，全面提升了绿色金融生态系统市场活跃度和创新性，已经成为全市绿色金融信息枢纽。

"长江绿融通"平台的建设和运营，全面推动了全市绿色金融数字化整体发展水平，在全国产生了良好的引领示范作用。一是绿色金融项目实现了颗粒化，即围绕绿色金融项目全生命周期，建立了招商、融资、评审、运营、退出等数字化系统；二是实现环境效益评估测算的科学性，绿色金融科技平台坚持高标准，形成中欧《可持续金融共同分类目录》和《绿色债券支持项目目录（2021年版）》等4套标准，运用人工智能实现绿色项目智能识别、环境效益测算和碳核算智能计算；三是兼容性不断提升，"长江绿融通"有效整合项目招商信息、融资信息、环保评审规则、金融机构标注等基础信息，实现了跨机构、跨部门、跨区域的畅通，使得绿色金融环境共享机制建设显著加快；四是推进绿色金融全流程跟踪检测，及时评估绿色投融资项目进展，预警各类风险事件，降低各类"染绿""飘绿"项目的发生概率。

（三）持续创新绿色金融投融资模式

持续创新绿色金融投融资模式，激发市场活跃性。积极争取国家开发性金融，国家开发银行重庆分行主动融入，突出西部（重庆）科学城、重庆两江协同创新区、广阳湾智创生态城等三大科创平台融资保障工作，其中广阳湾智创生态城入选全国"绿水青山就是金山银山"实践创新基地，绿色金融社会效益得到充分展现。围绕国家储备林建设，重庆林投公司深化与中国林投公司合作模式探索，通过组建股份制公司等市场化手段，大力实施国家储备林项目，在稳步扩大国储林种植面积、加强基地建设的同时，鼓励发展林下经济、休闲康养、民宿旅游等业态，有力拓展了三峡库区农民增收致富途径。截至 2023 年 9 月，重庆国储林签约面积达到 545 万亩，国家储备林建设正在高质量推进。

（四）不断增强国家大型商业银行绿色金融示范引领

围绕重庆国家绿色金融改革创新试验区建设，充分发挥中国工商银行重庆分行、中国建设银行重庆分行、中国银行重庆分行等全国大型商业银行绿色金融产品和服务研发、项目运营能力强和风险管理水平高等优势，先期开拓全市绿色金融市场，发挥行业引领示范作用。中国工商银行重庆分行积极抢抓试验区发展机遇，科学制定全行绿色金融战略规划，明确工作具体目标，强化配套措施建设，"1+N"发展路径不断深化，促进 1 个绿色金融战略总体设计，健全行业研究、产品研发、融资服务、市场咨询等综合性金融服务体系；先后参与了长江生态环保集团 PPP 项目、三峰环保垃圾焚烧发电等项目，推动了绿色金融实践探索。中国建设银行重庆市分行陆续出台支持试验区建设工作方案、绿色金融试点方案等文件，探索"生态优先，绿色发展"新模式、新路径，推行绿色金融差别化政策，配置专项资源，实施白名单制度、碳减排支持工具，执行优惠定价，丰富专属产品，开辟绿色通道，部分项目获得重庆绿色金融最佳案例奖，产生良好效益。

三　加快推动重庆国家绿色金融改革创新
试验区建设的建议

自 2022 年 8 月获批国家绿色金融改革创新试验区以来，重庆绿色金融取得了历史性的发展成就，但与当前全市绿色低碳转型发展要求相比较，还存在进一步完善绿色金融激励约束机制、激发民营企业参与动力、加快发展碳金融等客观现实要求，需要以更大的改革力度、更有效的政策措施、更健全的保障措施全方位发挥试验区的改革创新功能。

（一）建立健全绿色金融激励约束机制，激发绿色金融机构内在动力

绿色金融机构的活跃性、创新性是绿色金融市场的关键。建立健全绿色金融激励约束机制，激发绿色金融机构内在动力，以政策引导、市场调研、产品开发、风险管理、完善第三方市场等形成稳定的可持续盈利模式，激发绿色金融机构内在动力。强化政策引导，金融监管机构不断完善差异化授信、个性化服务等考核机制；推动金融机构根据绿色项目的特点，以及贷款客户的信用状况和还款能力，建立客户分层体系，创新抵押质押模式，提高风险定价水平，开发相匹配的金融产品；加快健全风险管理体制机制，严格规范尽职调查报告，完善绿色资产市场价值波动机制跟踪评估，精细评估绿色产品和服务风险敞口，强化绿色资产风险处置预案，完善金融机构内部风控措施。完善绿色金融第三方市场建设，开展绿色金融产品和服务信用评级、融资担保、资产评估、上市辅导等，提供一体化、综合化的金融服务，推动绿色金融标准化、市场化评估推广。

（二）激发民营企业主动性和积极性，融入国家绿色金融创新试验区建设

在政策支持上还需深化"放管服"改革，加大普惠性政策支持和落

实力度。在政策补贴方面，目前仍有不少民营企业"对绿色创新和碳减排行为能够争取补贴和税收减免"的获得感不强，在一些地方还不能按时向企业支付相应补贴。在行政执法上，习惯性的"执法一刀切"等强制性措施，一定程度上也挫伤了企业绿色转型的积极性。把政策落实好，民营企业绿色发展的劲头就会更足。在营造公平开放的市场环境方面，在石油、化工、电力、天然气等重点行业和领域放开节能环保竞争性业务，持续完善招投标机制，积极兑现对企业的各项承诺，支持民营企业参与补短板强弱项工程建设。在完善稳定普惠的产业支持政策方面，引导民营企业参与节能环保重大工程建设，贯彻落实好现行税收优惠政策，加大绿色金融支持力度。在推动提升企业经营水平方面，加大对民营企业绿色技术创新的支持力度，推进商业模式创新，督促企业守法合规经营。在畅通信息沟通反馈机制方面，有关部门要了解民营企业诉求，做好产业政策宣讲，营造民营节能环保企业发展的良好氛围。

（三）加快发展碳金融市场，激发碳交易市场活力

加快碳足迹、碳排放等测算方法研究，推进标准化发展，针对难度量、难抵押、难交易、难变现等问题，加快完善全市钢铁、建筑、交通等重点行业碳排放核算方法研制，开展碳减排核算方法学研究，完善行业指导手册、实施细则，有效规范和引导企业碳足迹核算。完善基础统计制度，包括新增统计指标，细化统计分类，完善观测点，提高有关统计工作时效性；探索发展碳资产抵押融资、碳资产托管、碳回购、碳基金、碳租赁、碳排放权收益结构性存款等金融产品，提升碳市场流动性。支持金融机构开发基于碳排放权、排污权、用能权、绿色项目收费权等环境权益的新型抵质押融资模式。加快重庆市碳交易市场发展，突出重庆市绿色低碳发展需求，形成"林地流转—碳汇收储—基地经营—平台交易—收益反哺"的全链条闭环管理，打通碳汇交易区域市场。提升交易量、交易额、市场参与率、履约率等市场指标，推动重庆与全国碳市场协同发展，加快开展碳排放配额有偿发放。建立重点排放单位使用一定比例的国家核证自愿减排量（CCER）、本市核证

自愿减排量（CQCER）完成碳排放配额清缴的常态化机制。增加市场调节机制，引入配额有偿分配，当市场出现供需矛盾时，可通过政府有偿发放的方式进行市场调节，保障企业履约。

（四）优化绿色金融营商环境，提供高质量发展的有效保障

通过培育、引进等措施，营造规范、有序、健康、持续发展绿色金融的整体氛围，持续吸引、培育聚焦国内外银行、保险、证券、基金等各业态绿色金融机构来渝安家落户，丰富多业态、多类型的绿色金融市场主体，完善全市绿色金融资金链、产业链。加快完善全市"解放碑—江北嘴—长嘉汇"绿色金融核心区基础设施建设，突出渝中区绿色金融大道等重点区域特色吸引力，吸引国内外各类绿色机构入驻，激发围绕绿色金融发展的"产业研究—产品创新—丰富服务"，培育市场溢出效应。加快绿色金融法治化建设，依托成渝金融法庭，积极处理绿色金融纠纷、仲裁等案件，维护公平竞争、鼓励创新的市场环境。加快绿色金融消费场景多元化、个性化建设，丰富全市绿色金融消费产品类型，营造绿色金融消费良好环境，维护各类消费者合法权益，加快绿色产品认证制度体系建设。

参考文献

刁天涵：《绿色金融背景下商业银行的盈利能力探讨》，《产业创新研究》2023年第17期。

陈易元：《绿色金融背景下商业银行的盈利能力分析》，《中国集体经济》2023年第24期。

郭芊：《绿色金融助力经济高质量发展的路径选择》，《财经界》2023年第24期。

孔德刚、白龙、邢惠子：《国有大型商业银行绿色金融业务发展路径探析》，《农银学刊》2023年第4期。

王薇淇、张彦喆、薛颖露：《商业银行绿色金融内部审计推动绿色金融发展》，《商场现代化》2023年第15期。

卢易、莫张勤:《"双碳"目标视野下绿色金融激励机制的作用与发展》,《华北理工大学学报》(社会科学版)2023年第3期。

华怡婷、石宝峰:《绿色金融对经济高质量发展的影响研究》,《工程管理科技前沿》2023年第3期。

B.7
新时代重庆城乡融合发展的阶段性特征、突出问题及对策措施

刘嗣方　杨　果　张　莉　万凌霄*

摘　要： 推动城乡融合发展对于建设现代化新重庆具有重大意义，本报告基于区域经济、人口流动、要素变化、产业发展等情况综合研判，认为当前重庆城乡融合发展总体上进入了系统优化、整体重塑、改革突破、加速演进、迭代升级的新阶段，但仍然面临着乡村人口被城市"虹吸"、区域内和区域间城乡发展存在较大差距、产业融合程度有待提升等问题。为此，本报告从统筹城乡建设规划布局、实施"一县一策"、巩固拓展脱贫攻坚成果、统筹城乡基础设施和公共服务布局、提升农业产业链价值链、完善城乡融合体制机制、推动数字技术全面赋能乡村振兴、打造新时代乡村变革型组织等方面提出了对策建议。

关键词： 城乡融合　区域协调　乡村振兴　重庆

党的二十大报告指出："着力推进城乡融合和区域协调发展。"习近平总书记2019年视察重庆时强调，"重庆集大城市、大农村、大山区、大库区于一体，协调发展任务繁重"，"要建立健全城乡一体融合发展的体制机制和政策体系，推动区域协调发展"。中共重庆市委六届二次全会将推动城乡

---

* 刘嗣方，重庆社会科学院（市人民政府发展研究中心）党组书记、院长；杨果，重庆社会科学院（市人民政府发展研究中心）农业农村研究所所长、研究员；张莉，重庆社会科学院（市人民政府发展研究中心）农业农村研究所副所长、副研究员；万凌霄，重庆社会科学院（市人民政府发展研究中心）农业农村研究所助理研究员。

融合发展纳入新时代新征程新重庆建设的重要部署，摆上重要议事日程。年初市委农村工作会议要求，加快探索一条具有重庆特色的城乡融合推动山区库区现代化和"三农"高质量发展新路子，"一县一策"推动山区库区强县富民。

对于重庆来讲，新时代推动城乡融合发展意义重大。建设现代化新重庆背景下加快推动城乡融合发展，是顺应社会主要矛盾和城乡融合发展形势深刻变化的必然选择，有利于加快融入和服务构建新发展格局，让经济循环更加畅通高效，推动高质量发展；有利于挖掘广大农村市场需求潜力，促进城乡产业链供应链协同发力，培育新的经济增长点；有利于解决城乡发展不平衡不充分问题，巩固拓展脱贫攻坚成果，促进城乡共同富裕，更好地满足乡村居民美好生活需要；也有利于深化统筹城乡综合配套改革试验，探索可推广、可复制的城乡融合发展样板，为全国提供可资借鉴的经验和做法。

一 当前重庆已经进入城乡加速融合发展的新阶段

结合区域经济、人口流动、要素变化、产业发展等情况综合研判，当前重庆城乡融合发展的内外形势、驱动因素、作用机理等已发生深刻变化，总体上进入了系统优化、整体重塑、改革突破、加速演进、迭代升级的新阶段，呈现一些新的特征。

一是由原来以城带乡单向度作用向区域重大战略与城乡协调发展协同转变。近年来，随着成渝地区双城经济圈战略走深走实、西部陆海新通道功能增强、主城都市圈发展带动，重庆内外联动大局、区域城乡格局和生产力空间布局有了新拓展，从过去自我循环、单一的以城带乡格局转变为内外联动、多元的城乡融合，与国家区域发展战略、区域重大战略、主体功能区战略、新型城镇化战略协同联动机制更加紧密。在各类战略交织影响、外部因素叠加作用下，处于各种区域战略体系网络中的城乡关系不再是单线改进而是协同并进，城市与农村融合发展呈现整体重塑、系统优化的特征。

二是由农村基础设施和公共服务短板多、城乡差异大向增强均衡性、可及性转变。直辖之初，重庆市城乡二元结构非常突出，农村地区普遍存在行路难、吃水难、用电难、上学难、就医难、文化生活缺乏等问题。在中央大力支持下，重庆以交通、水利等为重点，加快开工了一批重大项目，行政村公路通畅率、农村安全饮水人口占比均达到100%。① 现在行政村卫生室、公共服务中心、养老服务站、农村文化活动中心等标准化建设实现全覆盖，"农村30分钟"医疗服务圈已初步建成，城乡养老保险参保率巩固在95%以上。② 进入新时代，农村地区对5G、大数据、电商物流等新基建和高质量医疗、优质教育等现代公共服务的需求更显迫切。

三是由农村人口单向涌入城市向城乡双向流动转变。统计资料显示，1997~2022年，全市城镇化率从31%提升至71%。③ 当前城镇化率虽仍在上升，但外出农民工增速却明显下降，越来越多的农民工开始返乡就业创业。比如，2022年全市农民工总量751万人、比上年下降0.7%，其中外出农民工509万人、下降0.9%。④ 人口流动"郊区化""逆城市化"现象在一些地方出现。另据"七普"数据，与2010年相比，2020年处于近郊的永川、大足、璧山、铜梁人口占全市的比例明显提高。如何因地制宜、顺势而为，引导这些农民工成为"新农人"参与到农业农村现代化、乡村振兴、建设宜居宜业和美乡村中来，成为我们必须回答的战略性课题。

四是由资源要素城市单向虹吸向城乡双向流动转变。近年来重庆持续开展农村集体产权制度、农村"三变"改革、宅基地制度、"地票"制度、户籍制度等重大改革，城乡资源要素活力被充分激发、流通渠道变得更为顺畅。2022年，重庆市"三变"改革试点扩大到3797个村⑤，村级集体经济

① 国家发展和改革委员会：《重庆市"十三五"时期新型城镇化取得明显成效》，https：//www. ndrc. gov. cn/fzggw/jgsj/zys/sjdt/202111/t20211126_1305369_ ext. htm，2021年11月26日。

② 重庆市人民政府：《重庆确保养老保险参保率稳定在95%以上》，https：//www. cq. gov. cn/zwgk/zfxxgkml/lwlb/cqzxd/zzdt/202210/t20221020_11206572. htm，2022年10月20日。

③ 1998~2023年《重庆统计年鉴》。

④ 《2022年重庆市人力资源和社会保障事业发展统计公报》。

⑤ 重庆市统计局：《2022年重庆市高质量发展统计监测报告》，https：//tjj. cq. gov. cn/zwgk/233/fdzdgknr/tjxx/sjjd_55469/202307/t20230707_12130392. html，2023年7月7日。

组织年经营性收入高于 10 万元的占比达到 80%。① 虽然农村资源要素已经由向城市"绝对集中"转变为城乡双向互动,但重庆市在城市资金、人口下乡等体制机制领域依然存在诸多深层次制度性难点,资源要素向农村流动的市场内生动力还没有充分激发出来。

五是由"以工带农""业态单一"向城乡三产有机融合转变。通过实施建立农业支持保护制度,搭建产业协同发展平台等举措,乡村新业态新模式不断出现,农业生产效率大幅度提升,先进制造业、现代服务业与乡村传统农业结构失衡局面得到明显缓解。近五年来,重庆人均农业劳动生产率不断提升,从低于同期全国平均水平转变为高于全国平均水平。随着城乡要素更加平等自由流动,以及高新技术对产业的加速渗透和应用,城乡产业边界将更为模糊,城乡产业生产经营体系随之发生改变,产业结构更加优化、三次产业实现协同发展。

六是由重视挖掘经济价值转向注重实现多元价值融合转变。乡村生态、气候资源、民俗文化等日益受到城市居民追捧,乡村由以往单纯追求经济效益转变为不断发挥综合价值,生态、文化等元素逐渐融入美丽乡村建设中。目前,重庆市农村垃圾收运处置体系自然村覆盖率达到 95% 以上,评选最美庭院 7.8 万户,创建美丽宜居乡村 243 个②,休闲旅游、民宿经济等新业态不断发展。通过挖掘农村特色资源,构建良好生态、文化以及美学空间,带动了"生态+""文化+"等产业发展,打造出越来越多与乡土文化和乡村魅力相得益彰的"诗意栖息地"。

七是由农业农村信息化向数字化变革转变。实施大数据智能化创新驱动发展战略以来,全市数字经济发展水平大幅提升。2021 年,重庆市农业农村信息化水平达到 43% 左右,位居西部第一、全国第七。③ 但农村数字化变

---

① 重庆市统计局:《2022 年重庆高质量发展报告·协调发展篇》,https://tjj.cq.gov.cn/zwgk_233/fdzdgknr/tjxx/sjjd_55469/202307/t20230714_12152895.html,2023 年 7 月 14 日。

② 重庆市农业农村委员会:《稳住农业基本盘 全面推进乡村振兴》,http://nyncw.cq.gov.cn/ztzl_161/rdzt/xczx/mtxx/202301/t20230116_11506334.html,2023 年 1 月 16 日。

③ 农业农村部:《2021 全国县域农业农村信息化发展水平评价报告》。

革还处于起步阶段，尤其是相对于浙江、江苏等东部发达省份农村差距非常明显。当前重庆市正在大力推动数字重庆建设，提供城乡一体化数据支撑平台，为城乡数字化转型注入强大动力。数据正在成为农村新的要素资源，"机器换人""网络换地""数字换资"将逐步颠覆农村现有的生产方式、经营方式和分配方式。

八是由脱贫攻坚向巩固拓展脱贫攻坚成果与乡村振兴相衔接、扎实推动共同富裕转变。通过"8 年精准扶贫、5 年脱贫攻坚"，2021 年重庆市 14 个国家级、4 个市级扶贫开发工作重点区县全部摘帽，1919 个贫困村全部出列，动态识别的 190.6 万贫困人口全部脱贫①，脱贫地区整体面貌发生历史性转变，解决了乡村振兴中最大的短板问题。脱贫攻坚取得全面胜利后，重庆市进一步健全防止返贫监测帮扶机制，"一户一策"制定精准帮扶措施，城乡收入差距不断缩小、家庭恩格尔系数持续下降，按照联合国划分标准均已进入相对富裕阶段，城乡居民共同富裕正在有力推进中。

二 当前重庆市城乡融合发展需要解决的突出问题

当前，重庆市正在深入贯彻落实党的二十大和市委六届二次、三次全会精神，迈向全面建设社会主义现代化新重庆、推动城乡区域协调发展的新征程。协同推进城乡融合与区域协调发展成为现代化新重庆建设的必答题。重庆市城乡政策演进和城乡关系演变，是全国整体发展棋局的地方映射，既有全国共性特征，也有基于市情特点的个性因素。虽然重庆市城乡融合发展已取得了显著成效，但未来如何统筹城市提升与乡村振兴，更加有效地探索具有重庆特色的城乡融合发展新路，仍然是重庆需要下功夫解决的重大时代课题，这里面有不少棘手的问题，会给重庆带来不小的困难和挑战。

问题之一：乡村人口被城市"虹吸"制约乡村发展的问题凸显。城市

---

① 重庆市农业农村委员会：《中共重庆市委举行"中国这十年"主题新闻发布会》，http://nyncw.cq.gov.cn/hdjl_161/xwfbh/202209/t20220905_11073898.html，2022 年 9 月 5 日。

因具有良好的基础设施、健全的公共服务以及广阔的就业机会，吸引了大量乡村资金、劳动力等生产要素，尤其是伴随都市圈的培育壮大和区域性中心城市发展差异性，"虹吸"现象会有所增强。2022 年重庆市农业户籍人口1750 万，农民工 751 万①，近一半农民进城务工，一些地方农村青壮年劳动力流失严重，农村"空心化"现象比较突出，乡村振兴陷入"缺人"的尴尬境地。如何平衡好实施区域重大战略、发展都市圈和中心城市，与挖掘乡村独特价值、实现乡村全面振兴之间的关系，重塑城乡良性互动关系、增强乡村发展内生动力，做到城市让生活更美好、乡村让人们更向往需要下更大功夫。

问题之二："一区两群"区域内和区域间城乡发展存在较大差距。"两群"地区由于位置偏远、交通不便等因素，城乡融合发展不足，城乡发展差距较大的问题尤为突出。从城乡收入比看，渝东北三峡库区城镇群以及渝东南武陵山区城镇群城乡收入比相较主城都市区差距明显。从城镇化率看，"两群"中仅万州、黔江两区城镇化率超过 60%，② 渝东北、渝东南常住人口城镇化率相比全市平均水平相差较大。从公共服务看，渝东北、渝东南每人拥有卫生技术人员数也低于中心城区。

问题之三：农业与先进制造业、现代服务业的融合程度有待提升。生产力布局重城轻乡，有的地方仍然存在农村搞农业、城区搞二三产业的片面认识，造成农文旅、三次产业融合不够。重庆市农产品加工业总产值与农业总产值比仍低于全国 2.25∶1 的平均水平，③ 将特色生态、气候、农业文化遗产资源转化为新业态、好品牌需要下更大功夫。提升城乡生产力不能就农业论农业、就乡村论乡村，必须统筹优化城乡生产力布局，像抓工业园区一样抓现代农业园区建设，推动城乡产业协同发展。

问题之四：巩固脱贫攻坚成果与促进共同富裕面临挑战。重庆虽为直辖

---

① 《2022 年重庆市人力资源和社会保障事业发展统计公报》。
② 《重庆统计年鉴 2023》。
③ 《我国乡村产业发展取得积极成效 多方发力巩固农民收入增长好形势》，央视网，https：//news. cctv. cn/2023/10/23/ARTIRUJxAO2SWzPDXuiscrkd231023. shtml。

体制，但市情与一个西部中等省份相当，农村常住人口比京津沪的总和还多，巩固脱贫攻坚成果任务较重。此外，农村面临缺人、缺产业等问题，乡村自我"造血"功能不足，缺乏持续增收的动力。应巩固提升"两不愁三保障"成果，努力做大新型农村集体经济，把小农户引入现代农业发展轨道，拓宽农民增收渠道，增强集体共同致富的能力。

问题之五：城乡资源要素双向流动渠道仍未打通。受制于户籍制度改革不彻底、城乡建设用地配置不合理等因素，大量土地、山林、生态等资源处于"沉睡"状态，市场化手段应用不足，土地流转、资金投入、科技推广等机制仍不完善，资源转化利用率不高，乡村资源要素配置能力和效率亟待提升。比如，土地流动存在难点，农村土地承包经营权、宅基地使用权有偿退出标准不一、机制不健全；资本下乡存在断点，部分区县下乡工商企业存在不同程度的资金短缺问题；科技下乡存在卡点，全市农业科技贡献率还低于全国平均水平。实现城乡融合发展需破除妨碍城乡要素自由流动和平等交换的体制机制壁垒，化解农村要素收益低下问题，实现城乡要素平等交换。

问题之六：乡村数字化转型仍然相对滞后。城乡数字基础设施存在较大"鸿沟"，虽然农业农村数字化发展水平处于中西部领先位置，但相比东部等发达省份仍有差距。特别是，适宜山地农业的生产智能化设备和技术、农业企业数据管理以及数字农业社会化服务发展程度低、应用场景少。此外，城乡居民科学素质发展不均衡，农村居民科学素质水平与城市居民相比仍有较大差距，学习和使用新技术能力较弱，在一定程度上阻碍了农业数字化转型。

问题之七：基层党建引领作用和现有治理模式与现代化新重庆建设仍不适应。党建引领作用有待加强，村党组织软弱涣散问题仍然存在，部分村党组织书记在发展乡村产业、组建专业合作社等方面缺思路、缺实招，55岁以上、初中及以下文化程度的村党组织书记占比仍较高。"一肩挑"后领头雁的综合能力和素质亟须提升，"四治"融合的乡村治理体系有待持续深化。群众参与议事协商的制度化渠道还不健全，据某区县反映，部分村（社区）召开村级事项决策协商会议群众参与率仍较低。

三 推动重庆市城乡深度融合发展的对策建议

推动重庆市城乡融合发展应统筹好乡村振兴和城市提升，与"一区两群"协调发展同步推进，建立健全城乡一体融合发展的体制机制和政策体系，引导城乡发挥优势、彰显特色，加快探索具有重庆特色的城乡融合发展新路。

一是着力统筹城乡建设规划布局，充分发挥不同区域功能助推融合的作用。推动成渝地区双城经济圈、重庆都市圈、区县城区和乡村一体规划、整体谋划，加强渝西地区与中心城区一体规划建设，发挥都市圈的辐射带动作用，发挥渝西地区的示范引领作用，发挥区县城区的节点支撑作用，发挥双城经济圈毗邻地区的加码助力作用，加快打造促进城乡融合发展的区域联动布局体系。着力构建都市圈"半小时通勤圈"，强化科技创新、金融贸易、商务会展、研究开发等高端服务功能，围绕"33618"现代制造业集群体系构建以先进制造业为主体、战略性新兴产业为支撑的产业结构。强化成渝毗邻地区协同发展，支持广安市加快与重庆中心城区同城化发展，推动万达开川渝统筹发展示范区、川南渝西融合发展试验区以及川渝高竹新区等国家级和省级毗邻合作平台共建功能平台。推动"一区两群"在交通、产业等方面一体化规划布局，构建"一区"与"两群"1小时交通圈，支持区县联合招商、发展"抱团经济"。合理布局各类乡村功能，以"三调"为基础规划好村庄建设边界，明确建筑高度等空间形态管控要求，分类加强传统村落特色和乡村风貌保护，做好文化传承、避免"千村一面"，因地制宜推进乡村振兴。

二是着力实施"一县一策"推动重点区县城区高质量发展，培育壮大县域经济发展新优势。推动万州、黔江、涪陵、大渡口、江北、沙坪坝、九龙坡等23个城市化发展区大力发展工业经济，推动新一代电子信息制造、生物医药、智能制造等工业经济发展。推动开州、梁平、丰都、垫江、忠县等农产品主产区加快建设成渝现代高效特色农业带，因地制宜选择1~2个主导产业和 1~2 个特色产业，培育一批链主龙头企业，打造一批具有全国知名度的农业特色品牌。推动武隆、奉节、城口、巫山、巫溪等 10 个重点生态功能区发展精品旅游、民俗生态特色旅游，培育生态观光、文化体验、休闲度假、温泉康养等文旅业态，建设"小而美"的精致县城。根据各区县特色加快打造一批食品及农产品加工业发展高地，推动加工产能向特色农产品优势区、沿江及重要物流基地布局，巩固提升腌制菜、竹木加工等优势产业，加快发展渝酒、精制茶等潜力较大的产业。

三是着力巩固拓展脱贫攻坚成果，扎实推进城乡共同富裕。强化防止返贫动态监测，"一对一"落实监测责任人，利用数字化手段持续跟踪收支变动、"两不愁三保障"及饮水安全情况，确保应纳尽纳、应保尽保、应兜尽兜。健全分层分类的社会救助体系，探索开展"慈善+养老""志愿服务+养老"发展模式，坚决守住不发生规模性返贫底线。深入推进农村集体产权制度改革，探索"市场化改革+集体经济""宅基地改革+乡村建设""数字化改革+强村富民"等模式，将集体资产折股量化到户，引导和鼓励农户以农地、农房、农园等与村集体经济组织以及国有企业、金融机构等市场主体开展股份合作经营、产业开发和资产托管服务等，充分激发市场潜力活力，实现村内资源资产统一管理和集约化利用。集体收益按股份或按份额分红，缩小城乡居民收入差距，支持农民工外出务工和返乡农民工创业就业，加大对农业龙头企业、农村集体经济组织以及集体企业的支持力度，稳步扩大农村公益岗位规模，推进以工代赈创造更多就业岗位，健全宅基地有偿退出、土地流转等政策提升农村居民财产性收入，有效促进农民增收。

四是着力统筹城乡基础设施和公共服务布局，让农村基本具备现代生活条件。推进政府购买与社会供给相结合，深化医共体医联体建设，有序推进撤点并校和县城义务教育学校扩容增位，推动义务教育教师"县管校聘"管理改革和县域内校长教师交流轮岗。实行城乡统一的户口登记和迁移制度，优化城乡居民社会养老保险政策、最低生活保障制度和老年福利政策，持续缩小保障标准差距。以满足农村居民基本现代化生活条件为导向，统筹布局县城、中心镇、行政村基础设施和公共服务设施，将基础设施建设与田园风光、乡情乡愁融为一体。借鉴浙江"千村示范、万村整治"工程经验和做法，以"四千行动"为抓手，加快推动农村人居环境整治，聚焦"三清一改"，改造提升农村房屋、闲置资源，全力打造宜居宜业和美乡村示范样板。

五是着力提升农业产业链价值链，实现城乡产业协同融合发展。优化城乡产业园区布局，借鉴浙江经验探索农业经济开发区模式，建设一批现代农业产业园区，积极招引国际一线农业品牌企业、国际一流农业高科技企业、国家级农业龙头企业、上市公司。壮大三峡柑橘、道地中药材、榨菜等特色农业产业，培育农村电商、农产品定制等"互联网+"新业态。创新乡村生态资源增值手段，探索推广"地票""林票"等资源交易模式，创建生态区域共用品牌，通过碳排放交易、打造森林公园等推动生态资源"变现"，加快建设生态产品价值实现机制示范区。

六是着力完善城乡融合体制机制，促进城乡要素双向自由高效流动。依托渝西地区城乡融合发展试验区，积极探索"同地同权、流转顺畅、收益共享"的集体经营性建设用地入市制度，建立兼顾国家、集体、个人的土地收益分配制。通过"飞地"合作模式，鼓励多村联合、整合资源资金，拓展跨市域增减挂钩土地交易的制度路径。建立城乡统筹的就业创业政策体系，全面开展"充分就业村（社区）"创建工作，积极组织创业促进就业培训。完善农村新型信用合作体系，探索农村资产股权借贷、承包经营权与农房抵押贷款等新形式。

七是着力推动数字技术全面赋能乡村振兴，逐步实现城乡发展数字化转型。持续推进农村电信网络、宽带网络、有线电视网络"三网"建设和升级，健全5G、物联网、数字光纤、数字平台等基础设施。依托数字重庆建设"1361"整体架构，加快建设乡村"数字大脑"，通过数据共享、流程再造、制度重塑，打造农资监管、涉农补贴、农技咨询、农产品流通等数字化助农服务。推进数字农业工厂、数字农业园区、数字农业强镇建设，建设农业科技创新中心、综合服务中心，配套建设创业孵化园和产业融合园。依托"渝快办"平台，梳理城乡居民公共服务目录，健全区县、乡镇、村社"三级联动"全域便民服务体系，推行"一窗受理、集成服务"的公共服务模式，打造 15 分钟政务服务圈。

八是着力打造新时代乡村变革型组织，构建城乡基层治理新格局。依托重庆市镇街基层治理中心，打造"一个综合指挥中心+四个平台+一张网"的数字治理体系架构，建设"全科网格"，实现"大事全网联动、小事一格解决"的社会治理新方式。优化自治法治德治智治"四治"融合的基层治理方式，注重理念创新、机制重塑，建立选派第一书记工作长效机制，构建权力清单、责任清单，打造城乡精准治理、多方协作、多元共治的基层治理新模式。借鉴浙江嘉兴"三步法"，推动基层群众线上报事、服务组团线下服务、基层群众线上评分有机结合，通过网格归属划分按事件重要程度逐级消化分流，形成"漏斗式"事务解决机制。

参考文献

孔祥智、谢东东：《缩小差距、城乡融合与共同富裕》，《南京农业大学学报》（社会科学版）2022 年第 1 期。

刘守英、龙婷玉：《城乡融合理论：阶段、特征与启示》，《经济学动态》2022 年第 3 期。

刘彦随：《中国新时代城乡融合与乡村振兴》，《地理学报》2018 年第 4 期。

王春光：《新生代农村流动人口的社会认同与城乡融合的关系》，《社会学研究》2001 年第 3 期。

叶兴庆：《新时代中国乡村振兴战略论纲》，《改革》2018 年第 1 期。

张海鹏、郜亮亮、闫坤：《乡村振兴战略思想的理论渊源、主要创新和实现路径》，《中国农村经济》2018 年第 11 期。

B.8
夯实云网融合基础　赋能数字经济发展

李秀林[*]

摘　要：　新一代数字基础设施正从以连接为主的网络基础设施，向以云网融合为核心特征的智能化综合性数字信息基础设施加速演进。中国电信重庆公司贯彻落实电信集团"云改数转"战略，以云网融合 3.0 要素升级集成创新为最主要特征，推动 DC、网、算力、云、大数据/AI、安全、绿色等多要素融合，加快推进云网融合新型基础设施布局和建设，全面融入数字重庆"1361"建设体系，为重庆数字经济高质量发展作出新的贡献。

关键词：　云网融合　数字信息基础设施　数字经济　数字重庆

　　当今世界正经历百年未有之大变局，以数字技术为核心驱动力的新一轮科技革命和产业变革深刻影响着各行各业转型升级进程，并加速推动全球工业经济向数字经济的演进。习近平总书记在主持中共中央政治局第三十四次集体学习时提出，"要加快新型基础设施建设，加强战略布局，加快建设高速泛在、天地一体、云网融合、智能敏捷、绿色低碳、安全可控的智能化综合性数字信息基础设施"，标志着云网融合正式成为我国数字信息基础设施建设的重要内容。中国电信作为建设网络强国、数字中国、数字重庆的国家队主力军，全面实施"云改数转"战略，推进云网融合 3.0 新阶段能力落地，实现 DC、网、算力、云、大数据/AI、安全、绿色等多要素聚合创新，赋能经济社会数字化转型升级的能力全面提升。

---

* 李秀林，中国电信重庆公司党委书记、总经理，主要从事信息通信领域企业管理与战略研究。

一 中国电信云网融合助推数字经济高质量发展

云网融合是落实习近平总书记对建设智能化数字信息基础设施要求的重要内容，是建设网络强国、数字中国的必经之路，是信息通信技术自主创新的方向，是数字中国建设的坚实基础。中国电信正深入推进云网融合3.0发展，积极建设云网融合的新型信息基础设施，赋能社会数字化转型和数字经济高质量发展。

（一）持续推动云网融合，筑牢数字经济新底座

按照习近平总书记关于加快建设高速泛在、天地一体、云网融合、智能敏捷、绿色低碳、安全可控的智能化综合性数字信息基础设施的要求，中国电信坚持"网是基础、云为核心、网随云动、云网一体"的思路，加大科技创新力度，通过技术创新突破，提供陆海空天一体化的泛在连接，提供海量数据存储与多形态、高性能计算，实现网络与算力的深度融合，实现云网边端的智能互联。中国电信依托自主可控的天翼云4.0技术体系，打造省内省际高速云间互联和云边协同能力；立足陆海空天四大场景，为数字经济发展打造全区域、全维度和全业务的泛在智能连接服务，推动天地一体业务融合，为数字经济发展提供关键基础设施底座和重要支撑；持续强化科技创新成果的规模应用，完善立体化、广覆盖、高性能网络布局，打造云、网、数、智、安、量子、数字平台一体的泛在算力体系，不断夯实数字经济发展的全新底座、赋能经济社会高质量发展。

（二）加快推进应用融合，满足数字生活新需求

中国电信加快推进数字信息技术和应用的融合，以融云、融智、融安、融平台为驱动，着力打造一批新的增长引擎，助推产业数字化转型提速升级；发挥海量数据在政务服务、民生服务、社会治理等领域的重要作用，大力推动千行百业"上云用数赋智"，不断激发数字经济发展新活力。同时推

出智慧家庭和智慧社区、智慧楼宇、智慧乡村等数字生活产品，满足千家万户的数字化需求；大力推进农村双千兆（千兆光宽、5G 网络）建设，为弥合城乡数字鸿沟、助力乡村振兴贡献力量。

（三）着力强化能力融合，构建数字安全新屏障

网信数（网络、信息、数据）安全是国家安全的重要组成部分，是数字经济高质量发展的生命线。中国电信统筹发展和安全，着力强化安全能力和网信数安全的融合，加强全链条、多领域的安全防护，建立覆盖"云网边端"的一体安全运营体系。一是网络安全方面，联动全国打造 T 级抗D 清洗能力，部署云化防火墙、入侵检测等防护能力，保障云上系统安全合规可控；二是信息安全方面，构建不良信息监测平台，为客户提供多种类不良信息监控预警能力；三是数据安全方面，提供数据流量监测、交互管控、脱敏加密、运维管理数据全生命周期端到端安全防控和集中运营。同时，通过"空军（技防）+陆军（人防）"双线融合体系建设，为数字、企业客户提供一体化纵深防护服务和运营服务，保障重庆数字经济高质量发展。

二　加快云网融合，重庆电信助推数字重庆建设

重庆电信正加速推进云网融合进程，加快推动云、网、算力、AI、安全、绿色等多要素升级和集成创新，不断夯实算力网络底座，做强以水土、科学城、巴南为核心的 3AZ 算力集群，加快建设城域云网、城市云，强化政企光传输网（OTN）、5G、千兆光网等接入能力，全面提升以"四融"为特征的数字化能力，提供一批诸如八张问题清单、经济运行监测、产业大脑能力中心、基层数字工作台与驾驶舱等涵盖党建、政务、经济、社会、文化、法治、基层智治等领域的具有重庆辨识度的应用场景，全面融入数字重庆"1361"体系建设，助推重庆经济社会发展变革、市域治理体系和治理能力现代化，赋能重庆经济社会数字化转型升级。

（一）强化算力网络建设，夯实一体化智能化公共数据平台底座

按照统一规划、统一构架、统一标准、统一支撑、统一运维原则，加快形成算力存储"一朵云"、通信传输"一张网"、数据要素"一组库"、数字资源"一本账"。重庆电信融合自身云、网、安、智、平台等优势，为数字重庆建设注入云计算、大数据和人工智能等新一代信息技术发展动力。融入"一体化智能化公共数据平台"建设，支撑全市政务信息系统集约上云，加速数据资源"聚通用"，赋能各领域业务应用，为政府打造智能高效的运行管理平台，为市民提供便捷统一的生活服务门户。

1. 做大算力建设，赋能数字重庆"一朵云"建设

中国电信承接国家"东数西算"战略工程，推进全国一体化算力网络国家枢纽核心建设，实施"2（2）+4+31+X+O"的算力网络布局，构建"云网融合、安全信创、绿色低碳、生态开放"的特色国家云。在算力调度方面，电信公司自研天翼云"息壤平台"，实现算力网络一体化调度纳管，并利用中国电信强大的 CN2-DCI 高速云间互联网络和全光承载底座，实现全国"4+4"核心集群算力和网络能力的统一管控、业务感知、资源调度、统一运营。另外，"息壤平台"具备标准 API 接口，在实现天翼云公有云、私有云、混合云一体调度纳管的同时，可通过接口开放、适配，实现第三方异构云的统一纳管和运营。

重庆集群作为全国一体化算力网络成渝国家枢纽节点，是"东数西算"战略工程的重要节点，将起到"承东启西"的关键作用，通过连接西部数据和东部枢纽，实现东西向流量快速疏导。重庆电信打造重庆"3+X+M"算力网络架构，构建以水土、科学城、巴南为核心的 3AZ 算力集群，建设 X 个区县城市云，改造数千个边缘云（M）接入机房，形成多层级算力能力，满足客户不同场景的上云需求。在算力调度方面，基于重庆电信覆盖全市的城域云网，发挥 EVPN、FlexE、iFIT 等技术优势，实现天翼云公有云、私有云、混合云一体调度纳管。同时依托"息壤平台"，实现多云异构一体调度、一体管理、一体运营，真正意义上打造"一朵云"。

　　重庆电信整体算力规模约 304P FLOPS，智能算力规模约 215P FLOPS，智算能力占比约 70%，协同算力网络一体化调度体系将全面支撑数字重庆一体化智能化公共数据平台建设，更好服务数字重庆建设和数字经济发展，更好服务千行百业数字化转型。

　　2. 做强天地一体网建设，助力数字重庆"一张网"搭建

　　为助力数字重庆打造"一张网"的要求，重庆电信以覆盖全域的天地一体的卫星/5G+全光算网底座为基础，以适应云网一体、云边协同、多场景入云、技术先进的新型城域云网为核心，以全网覆盖、安全高效、精品赋能的政企光传输网（OTN）为重点能力，以覆盖"云网边端"一体安全运营体系为保障，为数字重庆建设构建统一电子政务外网，提供多场景、多功能、多选择、安全可控的一张网承载能力。一是建成城域云网。重庆电信已建成覆盖全市的城域云网，强化云边协同、云间高速网络调度，支撑边缘算力下沉，满足用户快速入云要求；打通中心云、深浅边缘云，灵活组网，实现云网深度融合。城域云网可满足数字重庆一张网整体承载、对接、联通、调度的各项需求。二是建成精品政企光传输网（OTN）。重庆电信已建成覆盖全市的共计 835 个主要镇街接入节点，实现对党政机构、金融机构、规模以上工业企业 100% 覆盖，提供高质量、低时延、刚性管道精品级传输专线入云解决方案，满足数字重庆一张网整体承载、品质保障的需求。三是建成泛在物联网。重庆电信已建成"1+N+X"物联网全连接感知能力平台，打造"物联、数联、智联"闭环，为数字重庆数字化应用提供全域安全的网络智能连接、设备高效管理、多维数据融合、智能自助分析、应用敏捷开发、生态多元构建等能力，赋能数字重庆特色数字应用的建设。四是建成天地一体融合网络。中国电信积极探索构建天地一体化立体融合网络，实现5G 手机直连卫星和天地一体物联网等应用场景的融合互补，为用户提供全天候、全天时、稳定可靠的移动通信服务，有效赋能交通、公共安全、应急、农业等应用场景。五是建成"云网边端"一体安全运营体系。重庆电信已构建"安全运营中心+集团安全公司"的联合运营体系，构建了超 60人的集中支撑团队以及超 300 人的现场支撑团队，具备 7×24 小时实时监测、

快速响应、高效联动、实时在线的保障能力，能够有效保护企业和客户网信安全。同时，通过建设以安全中台为核心、各安全能力为基础、各安全应用为承接、覆盖"云网边端"的一体安全运营技术体系，赋能对外安全运营服务。部署具备12项等保开放能力的安全能力池，打通覆盖"骨干+城域"的T级云堤抗D防控能力覆盖"云网边端"各网络、云、系统等的定级单元和业务平台，满足数字重庆建设对安全合规、融合赋能、数字化转型的要求。

3. 做优算法、组件能力，融入数字重庆算法组件体系

重庆电信加快融入数字重庆一体化智能化公共数据平台能力组件体系，积极打造优秀算法能力组件300余个，支持数字重庆各领域建设中的应用推广。一是具备分布式数据库（Teledb）、分布式文件系统（HDFS）、跨数据中心数据同步（CTG-IDC-SYN）等PAAS组件和大数据组件30余个，可有效支撑数字重庆应用平台或大数据平台快速搭建；二是具备视频质量检测、区域入侵检测、区域洞察短信触达等通用原子能力组件80个，为各领域业务应用提供组件支撑；三是具备消防安全云、云呼叫等行业属性原子能力40个，注智赋能各行业数字应用；四是构建金融快贷风控模型等场景应用能力100余个，支撑数字经济、数字社会、基层智治等领域重点场景应用快速实现；五是具备漏洞扫描服务、网站安全云防护服务等服务类原子能力30余个，赋能数字重庆安全防护能力。

（二）发挥属地服务优势，融入基层智治体系

"客户至上、用心服务"是中国电信企业文化中重要的服务理念，具备完善的"网格化"运营支撑系统体系，能够提供7×24小时全天候实时服务运营支撑能力。可以发挥企业天然的服务优势，将运营支撑工作延伸至客户运营需求的"最后一公里"，具有数十年为千家万户提供上门服务的经验和传统。

数字经济时代，对基层智治体系的运营管理提出了新的挑战。通过发挥覆盖全市所有区县的435个网格化支局优势，可全面协助基层智治开展基层

信息归集、事件流程梳理和基层业务融合等工作，助推基层治理能力跃升；通过实施城市末梢支局网格化协同、落实运营服务支撑点对点工作方式、构建自有属地化运营支撑体系等，打造数字城市服务与治理的运营支撑能力；通过靠近用户、融入基层，保障政府、企业在数字化运行和治理的全过程深入一线、深入群众，赋能数字化城市运行和治理中心在市、区县、乡镇街道的一体部署，支撑城市运行与治理三级架构服务，协助构建全局"一屏掌控"、政令"一键智达"、执行"一贯到底"、监督"一览无余"的数字化协同工作场景。

（三）做实数字平台能力，赋能六大应用系统

重庆电信全面加快"云网融合"进程，充分利用"5G＋天翼云"的"云网融合"优势，不断推出基于"云网融合"的数字化应用平台，全面融入数字党建、数字政务、数字经济、数字社会、数字文化、数字法治六大应用系统建设，驱动生产方式、生活方式和治理方式变革，以数字化助力现代化新重庆建设新局面。

一是助力数字党建建设，提升党建统领智治水平。重庆电信通过构建智慧党建管理服务平台系统，构建党建统领整体智治综合应用，将党的路线方针政策、中央有关精神以及基层党建工作的有关政策信息等，及时发布给各基层党组织书记、村主任。各党委组织通过智慧党建管理服务平台系统及时掌握基层党员情况，倾听百姓呼声，密切干群关系，让广大党员干部更好地服务人民、服务社会，积极构建和谐社会。同时，加快推进以"八张高分报表""八张问题清单"为重点的数字化应用场景，提升党建统领、整体智治应用水平。

二是赋能数字政务转型，推进政务治理智能高效。重庆电信以数字化手段，利用云网融合优势，构建市域社会治理平台，整合社会治理资源，创新社会治理方式，搭建市域治理智能监管、市域治理智辅决策、智能服务、公共支撑四大功能模块，提升驾驭社会治安局势能力和平安建设现代化水平。同时，重庆电信以"5G+智慧应急"综合管理平台为基础，推进森林防火、

117

水资源监管等重大危险源监管数字化场景。

三是助力数字经济发展，四融底座赋能行业数转。围绕数字产业化和产业数字化，重庆电信以"四融"（融云、融数、融智、融安全）为底座，"云、网、数、智、安"协同推进，形成"智慧工厂+工业互联网"集成创新一体化解决方案，打造"大平台+小研发+微运营"平台服务模式。加快"1+4+5+6"工业互联网服务体系的构建，即1套完整的工业新型基础设施（5G+工业互联网+云数据中心）；4大工业基础平台〔工业云网融合平台、工业大数据平台（工业经济大数据平台+工业制造大数据平台）、二级综合工业互联网标识解析平台、工业互联网安全平台〕；5大工业基础集成服务能力（IT与OT集成能力、数字车间与智慧工厂集成能力、工业大数据集成能力、工业软件技术研发与集成应用能力、工业互联网安全集成服务能力）；6大工业数字化应用（工业云网融合应用、工业互联网+工业App与工业软件应用、工业大数据综合应用、工业星火链网应用、工业互联网安全应用、工业互联网与工业软件职业技能培训应用），赋能重庆产业数字化发展。

四是服务数字社会运营，场景应用推进社会发展。在数字社区、数字乡村、数字园区、数字楼宇、城市综合管理、城市生命线、县域智慧城市等细分领域，基于中国电信云网融合底座，打造"1综合管理平台+3场景+N应用"的社会化服务行业资源供给体系，构建合作开放的生态圈，实现幼有所育、学有所教、劳有所得、住有所居、文有所化、体有所健、游有所乐、病有所医、老有所养、弱有所扶、行有所畅、事有所便，更好地满足群众高层次、多样化、均等化公共服务需求，建设场景化、人本化、绿色化、智能化的美好家园。以"5G+智慧乡村"搭建农业精准管理、农产品电商销售平台、乡村旅游介绍和虚拟化体验、农产品精准溯源等应用，促进农业、农村经济和社会发展。

五是助力数字文化建设，培育数字文化新型业态。教育领域：重庆电信融合5G+XR、云、AI等新一代信息技术实现数字化、网络化、多媒体化、物联化、智能化、感知化、泛在化的新型教育形态和教育模式，构建跨校区、跨学校实时互动教学的智慧教学环境，深化教学资源开发与应用，打通高等院校与偏远乡村教学点连接方式，实现高校教学对乡村教学的资源共享，解决乡村教学点教学资源匮乏的问题，形成一体化教研全新教学形态，提升文化事业数字化服务能力，加快公共文化资源数字化。文旅领域：重庆电信积极推动打造创新5G+智慧旅游服务新体验、探索5G+智慧旅游营销新模式、提升5G+智慧旅游管理能力、加强5G+智慧旅游产品供给、增强5G+智慧旅游主体创新活力、打造5G+智慧旅游示范标杆、建设5G+智慧旅游样板村镇等，增强文化产业数字化创新活力，推动文化旅游数字化发展，培育数字文化新型业态。

六是助推数字法治升级，多要素赋能法治数字化。重庆电信集成"云、网、数、智、安"多要素，形成以云网为底座的集成创新一体化解决方案。打造以移动警务、智慧法务为核心的包容开发应用体系，以及多终端接入方式的多网络协同资源体系，综合集成科学立法、严格执法、公正司法、全民守法等社会主义法治全过程，推动法治建设重要领域体制机制、组织架构、业务流程的系统性重塑，为深化法治建设、打造法治示范区发挥重要的引领、撬动和支撑作用。

三 云网融合推动重庆数字经济发展的展望

以云网融合为核心的新型数字信息基础设施的发展是一个长期的、不断演进的过程，未来需要持续推动技术发展演进、业务深度融合、运营模式创新等，才能更好地助推数字经济高质量发展。

第一，云网融合技术发展和演进。云网融合下一步的发展与6G的研究发展在技术内涵和时间进程上是相辅相成的，将以"泛在、智联、数融、开放、安全"为特征，以数据为基础，以智能为核心，通过IT/CT/DT深度融合实现云网的智能自治，提供全息通信、万网互联、智能协作等服务。

第二，云网融合与产业数字化深度融合。在技术发展和市场需求的双重作用下，云网融合将进一步与产业数字化融合、与老百姓信息消费服务融合，运营商将不断扩大服务创新、运营创新和商业模式创新，为全社会提供更有价值的数字化产品和解决方案，满足人民群众对美好数字生活的新需求。

第三，数字重庆运营模式进一步创新。数字重庆建设能否持续良性运转，最大的挑战不是建设，而是持续运营创新，只有通过持续优化运营模式，融入属地化优秀服务伙伴，才能最大限度地提高城市治理体系和治理能力现代化水平，助力重庆数字经济高质量发展。

中国电信愿意发挥桥梁和纽带作用，进一步开放资源、扩大合作、提供赋能，与各界伙伴携手共同加快云网融合进程，持续推进新一代信息基础设施建设，提供满足千行百业需求的综合智能信息化服务，以数字科技赋能生产生活，助推数字经济高质量发展。

参考文献

中国电信集团公司：《云网融合2030技术白皮书》，2020年11月。

中国信息通信研究院云计算与大数据研究所：《云网融合产业发展研究报告（2021年）》，2021年3月。

李正茂等：《云网融合：算力时代的数字信息基础设施》，中信出版集团，2022。

刘嗣方、严志强主编《重庆数字经济发展报告（2022）》，社会科学文献出版社，2023。

B.9
重庆市民营企业数字化转型的
问题及对策

重庆社会科学院区域协调发展青年学术创新团队*

摘　要：　民营经济是重庆经济发展的重要组成部分，是重庆实现高质量发展的主力军。企业数字化转型已经成为产业高质量发展的重要着力点，民营企业数字化转型升级已不是"选择题"，而是关乎长远的"必修课"。在深入分析重庆民营企业数字化转型现状以及面临困境的基础上，本报告提出提升民营企业数字化认知水平、打造民营企业数字化转型生态、强化数字化转型人才培养体系、完善民营企业数字化转型政策保障等对策建议，以更好地促进重庆民营企业数字化转型。

关键词：　民营企业　数字化转型　重庆

　　党的十八大以来，以习近平同志为核心的党中央多次重申坚持基本经济制度，坚持"两个毫不动摇""三个没有变"，促进"两个健康"，始终为民营经济发展壮大保驾护航。习近平总书记指出，发展数字经济是把握新一轮科技革命和产业变革新机遇的战略选择，是新一轮国际竞争重点领域，我们一定要抓住先机，抢占未来发展制高点。新时代十年来，我国数字经济规

---

　　* 重庆社会科学院区域协调发展青年学术创新团队依托重庆社会科学院城市与区域经济研究所，聚焦成渝地区双城经济圈建设、重庆"一区两群"协调发展等重大理论和现实问题，围绕区域协调发展的阶段特征、内在规律、实现路径及体制机制创新等方面开展基础理论和应用对策研究，主要成员有朱旭森研究员、詹懿副研究员、廖杉杉研究员等。本报告的数据来源于实地调查。

模从 11 万亿元增长到 45.5 万亿元，占 GDP 比重由 21.6% 提升至 39.8%，数字经济成为经济发展的重要组成部分。

民营经济是重庆市经济发展的重要组成部分，是重庆实现高质量发展的主力军。2022 年，重庆市民营经济承压增长，实现增加值 17404.4 亿元，占 GDP 比重为 59.7%，实现税收 1309.5 亿元，占全市税收比重高达 53.2%，民营经济在经济增加值、税收、就业等方面作出了重大贡献，是全市经济运行和发展财力的重要支撑。建设数字重庆是建设现代化新重庆的关键变量，是全面深化改革的突破性抓手。企业数字化转型已经成为产业高质量发展的重要着力点，民营企业数字化升级已不是"选择题"，而是关乎长远的"必修课"。目前重庆市民营企业数字化转型尚处于探索阶段，有少量民营企业已经达到工业 4.0 水平，部分企业正处于工业 3.0 水平，还有一些企业处于工业 1.0 和 2.0 阶段。课题组围绕"民营企业数字化转型发展"开展调研，深入分析民营企业数字化转型现状、困境及对策建议。

一 重庆民营企业数字化转型的现状

近年来，市委、市政府通过加大政策支持力度、搭建服务平台和加强示范推广等方式，有力促进了民营经济数字化发展。2019 年，国内首家中小企业智能化赋能中心在重庆成立。2023 年 4 月，由重庆市经济和信息化委员会、中国互联网络信息中心（CNNIC）、中国工业互联网研究院以及华为技术有限公司联合主办的中小企业数字化赋能全国行（重庆站）在渝正式启动，标志着重庆市中小企业数字化转型进入快速发展阶段。截至 2022 年底，全市累计推动 11.3 万家企业"上云上平台"，中小企业数字化转型意识有了明显提高。目前，已有重庆金康新能源汽车有限公司、重庆平伟实业股份有限公司、重庆惠科金渝光电科技有限公司、三一重机（重庆）有限公司等企业获评全市"灯塔工厂"揭榜企业，体现出重庆市民营企业数字化转型的良好势头。

（一）数字化转型政策不断优化

市委、市政府高度重视民营企业数字化转型工作，围绕推动全市经济高质量发展，专门召开了推动制造业高质量发展大会和数字重庆建设座谈会，并出台了《关于加快推动中小企业数字化转型工作的通知》《重庆市中小企业数字化转型实施方案（2023—2025年）》《重庆市制造业数字化转型行动计划（2023—2027年）》《中共重庆市委、重庆市人民政府关于促进民营经济高质量发展的实施意见》等政策措施。在《2023年重庆市制造业数字化转型行动工作要点》中，提出了加快推动全市制造业高端化、智能化、绿色化发展的8个专项行动。《中共重庆市委、重庆市人民政府关于促进民营经济高质量发展的实施意见》提出"出台支持企业技术改造的财政金融专项扶持政策、建设一体化智能化公共数据平台、建设中小企业数字化转型公共服务平台"等支持措施。

（二）数字化转型服务不断升级

积极引育智能制造和工业互联网系统解决方案供应商，为重庆市制造业转型升级提供强大支撑，共计208家单位入选成渝地区工业互联网及智能制造服务商资源池；国家工业互联网数字化转型促进中心、中国联通5G融合创新中心建成投用，两江新区、重庆经开区、北碚区、江津区成功创建国家工业互联网产业示范基地；上线区域一体化工业互联网公共服务平台、智能制造供需对接公共服务平台，进一步推动区域合作走深走实，加快制造业企业数字化转型升级，如巴南区的"巴巴实"企业服务云平台等。制定《重庆市绿色制造综合服务平台培育实施方案》，以服务能力提升为发力点，创新引育集绿色技术产品供给、绿色金融、系统解决方案等于一体的"一站式"综合服务平台。

（三）数字化转型案例不断涌现

目前，全市已启动建设4个"一链一网一平台"试点示范项目，建成

10个"5G+工业互联网"场景、22个智能工厂和160个数字化车间，29个项目入选国家级试点示范，6家企业获评国家级智能制造示范工厂，累计授牌40家智能制造标杆企业。通过标杆示范带动应用发展，进一步助力全市制造业智能化升级，提升质量效益和核心竞争力。宗申集团通过引入工业互联网技术，构建起"忽米工业互联网+汽摩交易所+数引网"三网合一的产业互联生态平台，并致力于成为全球领先的中小型动力系统和工业互联网解决方案提供商。璧山蓝黛动力股份有限公司通过引入MES系统，成功构建起"信息化系统+精益化生产"的数字化车间，实现了人员、机器、物料、方法的"4M"智能化管理。此外，金山科技、重庆美的、啄木鸟网络科技、渝丰科技等一批民营企业分别在智慧医疗、智能制造、数字服务、电缆业数字化等领域成功实现了数字化转型。

（四）数字化转型成效不断凸显

目前，重庆市探索建立了"行业专家进行痛点问题梳理—主管部门进行上云服务采购—上云服务商对企业开展上云—第三方机构进行上云成效评估—依照样本推广"的行业普惠性数字化转型改造路径，形成了成本低、覆盖面广、操作规范、长期有效的数字化转型做法。目前，全市已累计推动9.5万家企业"上云上平台"，制造业企业数字化转型成效显著。已累计实施智能化改造项目4000余个，累计认定、建设智能工厂105个、数字化车间574个，车间内装备自动化率达到83%。经测算，数字化车间和智能工厂建成后生产效率平均提升59.8%，产品不良率平均降低42.3%，运营成本平均降低22.5%，单位生产能耗平均降低19.5%。

二 重庆民营企业数字化转型面临的困境

民营企业作为数量最大、最具活力的企业群体，是实体经济发展的主力军，是制造业数字化转型的主战场。目前，民营企业数字化转型尚处于探索阶段，面对数字化转型这个"抢答题"和"必修课"，普遍存在"缺资金不愿改""缺人才不会改""缺样本不敢改"等难题。与东部沿海经济发达地区相比，重庆市民营企业数字化水平还有一定差距，民营企业数字化转型仍面临不少亟待破解的困境，主要表现为以下六个方面。

（一）对数字化转型的重要性认识不足

一是数字化转型意识比较淡薄。调研发现，由于数字鸿沟的存在，以及民营企业自身战略认知、知识储备、管理层能力等多方面因素，对数字化价值仍缺乏深入了解，对于数字化转型认知不足。部分制造业民营企业管理者不了解数字化的基本概念，对其基础条件、具体流程、发展阶段等缺乏了解，对数字化转型路径及阶段性目标还没有形成成熟的战略规划，而2022年浙江省95％的民营企业均有数字化转型的战略规划。二是数字化转型积极性不高。企业不能准确判断数字化转型能否给企业带来收益以及成本收益比的大小，导致很多企业对数字化转型的积极性不高。调研发现，有近8％的民营企业主不知道企业数字化转型是什么；有约62％的民营企业正处于初步探索阶段，尤其是从事低端制造的中小民营企业，对企业数字化转型普遍持观望态度，而福建省、江苏省有超过70％的民营企业具有数字化转型的意向；有75％的民营企业知道政府出台了相关支持政策，但不知道具体内容。

（二）数字化转型的基础较为薄弱

一是基础设施有待完善，一些民营企业缺乏必备的信息化应用基础，数字化装备、信息系统覆盖率和设备联网率均具有较大的提升空间，主要表现为数字化装备应用程度低、数字化技术应用程度不高、数据采集基础薄弱、数字化平台应用程度低。二是资金投入有待加大，受疫情以来的经济环境制约，很多民营企业出现生产经营困难，纾困与生存成为企业的首要目标，企业很难有额外资金投入数字化转型。三是企业"用云上云"情况有待改善，企业"用云上云"是打破"信息孤岛"、实现信息资源共享、优化企业资源管理和生产运营、促进企业降本增效、提升企业竞争力的重要基础。但调研发现，重庆市目前仅有32%左右的企业还没有"上云用云"，有近60%的民营企业均未设置专门的数字化业务部门；较多民营企业基本处于数字化最原始的文字处理、财务管理等办公系统自动化阶段；有32%的民营企业主要在生产、销售、供应链、客户管理等业务环节上云，很少有民营企业实施基于云端的业务模式协同创新。有70%左右的民营企业表示数字化转型的资金紧张、人才缺失、投入能力有限；有43%的民营企业表示信息渠道少、产品服务甄别能力弱；另有41%的民营企业表示应用场景匮乏、找不到业务场景与数字技术应用结合点。

（三）数字化转型人才储备不足

一是对数字化人才吸引力不足，由于重庆市数字技术、管理人才整体薪资水平较低，与成都、深圳、杭州等城市相比，行业发展氛围相对不够浓厚，个人发展空间受限，民营企业薪酬与大企业相比较低，也缺乏科学的人才培养计划，很难吸引、留住、储备企业所需数字化人才。二是数字化人才有效供给不足，高校和职业技术学院专业设置与市场需求脱节。调研发现，只有15%左右的民营企业建立了数字化人才培养体制；有40%的民营企业没有专门的数字化转型人才；有30%的民营企业数字化转型人才比例仅占5%，以大多数民营企业规模为100人计算，企业平均的数字化转型人才仅为5人左右，且存在企业数字化转型人才数字化知识基础不强的问题。

（四）数字化转型的适用工具较为缺乏

一是现有工具主要面向中大型企业，目前大部分解决方案提供商都热衷于做面向行业大型企业的数字化升级改造通用方案，较少有服务商能够深入中小微企业实践，根据中小微企业研发、设计、生产、营销、管理、服务等场景，提供更具针对性的个性化解决方案，客观上增加了服务产品开发成本，降低了数字化服务商为民营企业开发适用工具的积极性。二是平台服务商能力不足，尽管目前重庆已有数字化转型平台服务商50余家，但其服务能力在国内处于中下水平，有的平台服务商对工业流程理解不深，甚至只是一些"实验室专家"，难以提供优质的数字化服务。调研发现，有73%的民营企业希望针对企业需求，打造低成本数字化技术应用工具、服务产品和服务解决方案；有70%的民营企业希望通过数字化营销、广告扶持等方式，帮助企业稳定和扩大客户群；有49%的民营企业希望通过数字化转型更好地帮助企业提升产出效率。

（五）数字化转型公共服务支撑不足

一是缺乏支撑数字化转型的一站式服务平台，由于为企业提供金融、政策、科创、产品服务对接等功能的一站式服务平台较为缺乏，难以为民营企业提供专业、准确的转型指导和产品服务。二是服务平台标准体系建设不健全，由于工业互联网平台数据标准、通信标准、技术标准、接口协议等不统一，每个平台都是一个独立的"局域网"，导致产业链上下游企业分散在不同的平台上，设备、物料、部件等虽在形式上实现了"上云"，但难以实现业务互动和数据联通。调研发现，有70%的民营企业希望政府完善新型数字基础设施建设，优化营商环境；有56%的民营企业希望政府强化数字治理，减少数字化转型进程中的网络安全隐患；有59%的民营企业希望强化标准制定和方向引领，发挥国家战略牵引作用；有59%的民营企业希望政府引导龙头企业、产业联盟、行业协会和科研机构共同搭建网络化创新创业平台和数字化技术公共服务平台，强化数字化转型政策宣讲、典型示范、专家辅导、技能培训和交流学习活动，引导新型数字化场景开发，打造面向典型场景和细分行业的专业化解决方案，以及设立扶助民营企业转型的投资基金或公益基金，帮助企业解决数字化转型资金困境。

（六）数字化转型政策精准度不够

一是数字安全的保障政策较为缺乏，在数字化转型过程中，民营企业将整个生产流程数据化，在缺乏区块链、隐私计算、数据沙箱等技术的保护下，数字化转型给民营企业带来了数据隐私和数据安全等方面的问题。还存在对数据及相关虚拟数字产权进行清晰界定的问题，民营企业往往缺乏足够的法律和技术团队，来有效处理企业在收集、存储、处理和分析个人数据时产生的知识产权纠纷。二是针对民营企业数字化转型的政策支持力度不够。目前，市内支持企业数字化转型的政策主要针对大型龙头企业，针对中小企业数字化转型的政策支持力度不够。调研发现，有81%的民营企业希望政府提供数字化转型专项资金扶持；有73%的民营企业希望政府提供税收优惠激励；有38%的民营企业希望政府引导金融机构加大信贷支持力度；有46%的民营企业希望政府强化知识产权保护、给予人才引进政策优惠、提供技改融资增信或其他专项信贷扶持，以及相关研发费用加计扣除等政策。

三 促进重庆民营企业数字化转型的对策建议

（一）提升民营企业数字化认知水平

一是加强规划引导，按照《数字重庆建设总体方案》加快编制细分行业数字化转型标准规范和解决方案，明确民营企业数字化转型发展路径、任务、保障措施和时间表。二是强化政策引领，推动出台全市民营企业数字化转型实施方案，制定民营企业数字化转型认定标准，推动更多民营企业"触网上云用数赋智"，引导专精特新企业打造数字化转型标杆。深入实施民营企业数字化赋能专项行动，表彰一批数字化转型典型优秀民营企业，在全市推广可借鉴可复制的数字化转型经验。三是加大培训力度，加强对全市民营企业高级管理人员关于数字化转型内涵、价值、政策等方面的培训，提升民营企业对数字化的认识水平。四是加强宣传引导，打造样板、树立典型、建立案例库，引导广大民营企业"看样学样"，破解企业"不敢转、不会转、不想转"难题，引领企业迈出数字化转型的关键一步。

（二）打造民营企业数字化转型生态

一是强化产学研合作，鼓励市内高校、科研院所、平台企业等技术创新主体，针对民营企业生产经营过程中面临的产品附加值低、议价权弱等问题，向民营企业提供免费或公益性的技术转移、应用服务、人才培训等支持，降低民营企业应用技术门槛。二是发挥龙头企业引领作用，支持广域铭岛、忽米网等数字产业龙头企业打造数字化智慧化供应链产业链，鼓励"链主"企业发挥产业链协同创新带动作用，实现重点领域设备共享、产销一体协同，"由大带小"实现互利共赢。三是推动服务模式创新，积极遴选各细分行业专精特新"小巨人"企业，培育一批专业数据处理、软件开发、解决方案集成企业，推广民营企业自己的数字化转型解决方案和经验，鼓励民营企业在现有方案基础上"量体裁衣"，灵活开展技术、管理和商业模式的创新。四是完善服务平台，搭建一批扎根细分行业、熟悉民营企业需求的服务平台，为民营企业提供转型咨询、诊断评估、设备改造、软件应用等一揽子数字化服务，满足行业共性及企业个性需求。五是丰富服务产品，推动链主或平台企业打造产业链供应链数字化服务平台，赋能民营企业数字化转型。研制可满足民营企业个性化、差异化需求的解决方案，鼓励工业互联网平台提供"低成本、快部署、易运维、强安全"的轻量化工具，降低门槛，引导民营企业开展自主数字化能力建设。

（三）强化数字化转型人才培养体系

一是优化人才培养体系，整合市内高等院校、各级各类职业院校、平台企业和行业协会等机构的优势，构建多层次全方位数字化转型人才培养体系，建立"领军人才+复合型管理人才+专业技术人才"的人才培养体系。鼓励企业根据实际需求在学校设立协同创新平台、联合培训中心和研发中心，共同建设数字化转型实验、试验和实训场景，实施订单式创新人才培养模式，为企业数字化转型提供定制型专业人才。二是强化适配人才储备，在中心城区等数字经济发展优势区域，利用其产业优势与科研院所资源，建设国家级数字技术人才市场、人力资源服务产业园以及人力资源集训和服务集散基地，加快数字化转型人才的集聚培养和高效供给。三是搭建人才资源网络，梳理全市民营企业数字化转型路径，绘制紧缺人才图谱，反映人才分布流向，监测人才供求变化。建立工业互联网等数字化人才引育基金和高层次人才数据库，建立数字化转型人才共享服务标准和体系，将数字化转型专家型高端技术人才纳入"重庆英才计划"。四是完善评价激励机制，积极探索针对数字化人才的职称评定要求和标准，将重庆市工业互联网等数字化人才纳入工程师等专业人才职称评价标准体系建设，出台针对全市数字化人才的"重庆市工业互联网人才职业资格考试实施办法"和"重庆市工业互联网人才职业资格评价条件"等职业资格制度，促进全市数字化专业人才队伍建设。

（四）完善民营企业数字化转型政策保障

一是完善工作机制，加快推进数字政府建设，建立健全"政府工作专班+行业协会（产业联盟）+咨询服务机构"三位一体的工作机制，全面推进政府运行方式、业务流程和服务模式数字化，推进数据跨部门、跨层级、跨地区汇聚融合和深度利用，加大全市整体数字化软硬件部署力度。二是完善监测评估体系，构建企业数字化转型的整体监测评估体系，建立健全民营企业数据安全监管体系，研究出台民营企业数字化转型评价标准、评价指标体系、民营企业数字化转型指导性文件，丰富企业数字化转型的"工具箱+服务包"，加快民营企业数字化转型的整体推进。三是加大财政支持力度，整合科技局、经信委、大数据局等部门相关企业数字化转型补贴项目，综合运用研发投入补贴、贷款贴息、政府采购、产品价格补贴、税收优惠等多种政策工具，设立人工智能、智能制造等重点领域专项产业基金、数字化转型专项基金，加大对民营企业数字化转型的财政补贴力度。四是健全融资增信服务体系，通过引入金融机构构建企业信用监测、智能供需匹配、大数据风控等服务体系，提供基于生产运营实时数据的信用评估、信用贷款、融资租赁、质押担保等金融服务。鼓励金融机构依托产业链创新链"链主"企业，开展仓单质押贷、应收账款质押贷等供应链金融服务，满足上下游企业数字化转型融资需求。

参考文献

乌力吉图、周碧波、王英立：《中国中小制造业企业数字化转型路径研究》，《科学学研究》2023 年 4 月 7 日。

徐小涵：《福建省中小企业数字化转型现状、障碍及解决路径——基于对福建省 483 家中小企业的调查》，《上海商业》2023 年第 3 期。

麦权煜、刘耀辉、程红丹：《民营企业数字化转型质量的提升路径研究——基于湖北省 160 家民营企业调查分析》，《全国流通经济》2023 年第 17 期。

吴朋阳、牛福莲：《民营企业的数字化转型》，《数字经济》2022 年第 8 期。

朱雨嫣、高陈茜、孙逸涵：《中小企业数字化转型的动因、困境和纾解——基于南京、南通、温州、镇江的调查研究》，《中国商论》2023 年第 16 期。

吴江、陈浩东、陈婷：《中小企业数字化转型的路径探析》，《新疆师范大学学报》（哲学社会科学版）2023 年 8 月 23 日。

王艳艳、谭君、艾琼瑶等：《中小企业数字化转型的现实障碍及国际经验借鉴》，《技术与市场》2023 年第 8 期。

高品质生活篇

B.10
2023～2024年重庆创造高品质生活
形势分析与预测

钟　铮　李　伟　杨焕平　王发光*

摘　要： 创造高品质生活，是中国共产党人践行初心使命在新时代的生动体现，是全面建设社会主义现代化新重庆的重要目标追求。2023年以来，重庆市委、市政府认真贯彻习近平总书记对重庆所作重要讲话和系列重要指示批示精神，践行以人民为中心的发展思想，突出惠民有感的工作导向，聚焦高品质生活丰富内涵，全面推进就业、教育、医疗、住房、养老、社保等民生工作，扎实办好民生实事，促进人的全面发展和全体人民共同富裕，群众的获得感、幸福感、安全感和认同感显著增强。但也要看到，重庆创造高品质生活的基础还比较薄弱，民生领域还有不少短板，面临不少老难题新挑战。要紧紧抓住人民群众最关心最直接最现实的利益问题，采取更多惠民生、

---

* 钟铮，中共重庆市委研究室社会处处长，研究方向为社会学；李伟，中共重庆市委研究室社会处副处长，研究方向为社会学；杨焕平，中共重庆市委研究室干部，研究方向为社会学；王发光，中共重庆市委研究室干部，研究方向为社会学。本文数据由市级相关政门提供，市委研究室整理所得。

暖民心举措，更好地服务基层、服务企业、服务群众，解决好人民群众急难愁盼问题，持续办好民生实事，千方百计增加居民收入，在高质量发展中扎实推进共同富裕，让人民群众对更加幸福美好生活有实实在在的新感受。

关键词： 高品质生活　民生保障　社会保障　重庆

2023年是全面贯彻党的二十大精神开局之年，是现代化新重庆建设起步之年。一年来，在以习近平同志为核心的党中央坚强领导下，市委、市政府坚持以习近平新时代中国特色社会主义思想为指引，坚决贯彻落实党中央各项决策部署，完善常态化"三服务"工作体系，着力保障和改善民生，扎实办好民生实事，努力在西部内陆地区先行探索共同富裕美好生活新图景，群众急难愁盼问题得到有效解决，老百姓的日子过得越来越红火。

一　2023年重庆创造高品质生活的总体态势和显著特点

当前世界百年未有之大变局加速演进，国内经济下行压力加大，诸多不确定不稳定因素影响叠加，给重庆创造高品质生活带来极大挑战。面对国内外复杂严峻形势，重庆不忘习近平总书记殷殷嘱托，牢记初心使命，始终把人民对美好生活的向往作为奋斗目标，坚持稳中求进工作总基调，扎实推进惠民暖心优服行动，千方百计为群众提供优质高效服务，打造高品质生活新范例。立足群众基本生活需要，不断加大兜底保障力度，切实兜牢民生基本底线。同时针对群众美好生活需求，大力发展社会事业，持续增加优质公共服务供给，积极推进共同富裕实践，支撑起老百姓"稳稳的幸福"。群众生活水平稳步提高，社会保持和谐稳定局面。2023年上半年，居民人均可支配收入达19920元、同比增长5.3%，15件重点民生实事有序实施，一大批民生项目落地见效，人民生活品质进一步提高。总体上看，呈现以下显著特点。

第一，着力稳住粮食生产，积极扩大重要农产品供应，群众饭碗端得更牢。紧紧抓住耕地和种子两个要害，加强土地用途管制，实施千万亩高标准农田改造提升行动，强化种源等关键核心技术攻关，实施"稳粮扩油"工程，全市夏粮产量124万吨、增长1.3%，老百姓"米袋子"更加充盈。不但让老百姓吃得饱，还积极构建多元化食物供给体系，努力让老百姓吃得好。着力加强生猪生产逆周期调控，出栏生猪979.1万头、同比增长4.4%；推广粮菜轮作、间作套种等方式拓展种植空间，蔬菜产量1222.2万吨、增长3.7%；大力发展生态渔业，水产品产量30.5万吨、增长4.9%，群众饮食更加丰富多样。以创建国家食品安全示范城市为抓手，持续健全食品领域事前事中事后全流程监管机制，迭代升级食品安全监管智慧应用，扎实开展食品安全"你点我检、服务惠民生"活动，严厉打击食品安全违法犯罪行为，全市主要农产品产地抽检合格率保持在96%以上，食品经营环节监督抽检合格率为97.6%，群众吃得更加安全放心。

第二，坚持就业优先战略，多措并举帮助群众解决就业问题，全市就业形势总体平稳。全面落实就业优先政策，出台稳定和扩大就业岗位19条举措，继续实施阶段性降低失业保险费率，实施"金融助力援企稳岗"行动，"免申即享"为28.8万家企业降低失业保险费15.7亿元，为2647家中小微企业减息1.1亿元，发放就业补助3.1亿元。聚焦重点群体，开展高校毕业生就业"十大行动"和"春暖农民工"行动，组建高校毕业生就业工作专班，筹集政策性岗位9.2万余个、市场化岗位66.1万个，高校毕业生去向落实率达83.09%、同比上升4.74个百分点，农民工、脱贫人口、退捕渔民、退役军人、残疾人等重点群体就业稳定，零就业家庭保持动态清零。实施技能提升优化就业措施，开展补贴性职业培训14万人次，产业对接率达85.3%、比上年底提升4.3个百分点。全市就业局势基本稳定，城镇新增就业41万人、完成全年任务的68.3%。实施新时代和谐劳动关系创建活动，加强劳务派遣管理，组建全市根治欠薪工作专班，开展根治欠薪专项行动，聚焦重点企业用工风险进行"拉网式"摸排，处置风险隐患线索862条，化解矛盾纠纷1112件，劳动关系和谐稳定。

第三，认真落实立德树人根本任务，加快推进教育现代化，人民群众获得更为满意的教育。在财政吃紧的情况下，投入441.9亿元，推动教育高质量发展。强化普惠性学前资源供给，大力发展公办幼儿园，积极扶持普惠性民办园，全市新增公办园40所，新增学位9000余个。大力推进"双减"工作，全市义务教育学校作业总量和时长有效缩减，重复性、机械性作业基本消除，探究性、综合性作业明显增加，课后服务学生参与率达98.3%，学科类培训机构压减率达99.61%。大力发展职业教育，实行专业动态调整机制，全面实施"三教"改革，推动"岗课赛证"综合育人，深入推进产教融合校企合作，专业与产业匹配度达86%以上，职业教育国家级教学成果奖获奖总数排名全国第五、中西部第一。着力优化高等院校结构布局，成功设置重庆市直辖以来第一所公办普通本科院校——重庆中医药学院，大力推进长江生态环境联合研究生院组建，加快推进"双一流"建设，推动高等教育内涵式发展，新增国家级一流本科课程143门，9个学科进入全球ESI学科前1%、2个学科进入排名前1‰。

第四，持续巩固拓展脱贫攻坚成果，不断完善社会保障体系，城乡居民基本民生更有保障。大力发展特色农业，有序实施消费帮扶，打造产业帮扶基地5.6万个，脱贫产业覆盖90%以上的脱贫户和监测户，完成消费帮扶总金额32.61亿元、同比增长3.5%，脱贫地区内生动力持续增强。推进中央单位定点帮扶，深化鲁渝扶贫协作，争取山东省、市、县三级财政援助资金7.28亿元，9家中央单位直接投入帮扶资金1.8亿元。持续抓实防止返贫监测帮扶，"一户一策"落实精准帮扶措施，扎实开展"大走访大排查大整改"行动，持续巩固提升"两不愁三保障"及饮水安全保障水平，确保不发生规模性返贫，脱贫人口基本医保动态参保率达99.71%，义务教育阶段适龄儿童少年无失学辍学，饮水安全问题实现动态清零。持续强化困难群众基本生活保障，印发《重庆市最低生活保障申请审核确认办法》，开展"兜底解忧暖民心"行动，建设集成"渝困有助"应用平台，试点推广"重庆救助通"应用，探索运行"渝救助"社会救助应用，推进低保扩围增效，走访困难群众 69.51 万人次，累计发放低保金 25.05 亿元、特困供养金 10.64 亿元、临时救助金 1.96 亿元。提高孤儿和事实无人抚养儿童基本生活保障标准，发放补贴 9700 余万元，有效保障孤儿、事实无人抚养儿童基本生活。

第五，加快推进西部医疗中心建设，深化医药卫生体制改革，居民医疗和健康水平持续提升。着力优化医疗资源布局，新增三级综合医院 1 家，新创建甲级基层医疗机构 7 家，全面启动 60 个县域医疗卫生次中心建设，在 6 个区县布局建设紧密型城市医疗集团，评审"美丽医院"8 家、美丽基层医疗机构 16 家。中医药服务质量不断提高，新增 2 家三级中医医院、40 个精品中医馆，市人民医院获批国家中西医协同旗舰医院。数字健康建设全面开启，将"渝康健""数字公卫一体化"两个重大应用纳入首批数字重庆重大应用场景，新增智慧医院 10 家，完成 2800 万居民电子健康档案建档和数据汇集。公共卫生体系逐步健全，有力推进疾控体系改革，市疾病预防控制局、所有区县疾控局全部挂牌成立，全市初二年级女学生 HPV 疫苗免费接种 11 万人、覆盖率达 71.8%。加快推进健康中国重庆行动，举办"健康中国巴渝行"主题宣传活动，深入开展爱国卫生运动，居民健康素养和健康水平显著提高。

第六，扎实推进积极应对人口老龄化战略，实施系统、综合、全面的人口政策，人口质量逐步提高。完善积极生育支持政策体系，优化人口长期均衡发展的政策环境。深入实施母婴安全行动提升计划，上线运行"新生儿出生一件事"数字化应用，规范婴幼儿照护和托育机构建设，提质升级妇幼保健机构服务，每千人口托位数达 2.65 个，4 家机构成功创建国家级妇幼保健特色专科、数量居全国第一，优生优育条件明显改善。巩固拓展社区居家养老服务全覆盖成果，有序推动家庭适老化改造，支持养老机构规模化、连锁化发展，支持社会力量开展普惠养老服务，探索发展城乡互助养老，深入推进医养结合，全市综合性二级以上医院设立老年医学科比例达 60.4%，提前完成"十四五"目标，广大老年人实现老有所养、老有所依。积极构建敬老孝亲社会环境，推进公共服务设施无障碍建设，大力发展老年产业，努力打造适老型社会，努力让老年人感受到全社会的关心关怀。

第七，大力提升城市品质，深入推进农村人居环境整治提升，城乡面貌展新颜。着眼打造现代化国际大都市，强化两江四岸城市发展主轴功能，持续提升城市能级和城市品质，加快新型城镇化步伐，系统优化生产、生活、生态空间，建设创新之城、开放之城、便捷之城、宜居之城、生态之城、智慧之城、人文之城。加快建设多层次轨道交通网，"轨道上的都市区"加快形成，全市累计运营里程超过 500 公里。深入实施缓堵促畅行动，全面铺开路网更新和停车治理，打通"断头路"27 条，加快构建互联互通的一体化城市路网，中心城区基本形成"1 环 6 纵 5 横 3 联络"的快速路网结构，城市道路通车里程突破 6440 公里，交通疏解能力、便捷程度不断提升。以城市体检推动城市更新，开展绿色完整社区市级示范创建，持续"扮靓"城市公共空间、美化休闲场景，开工城镇老旧小区改造项目 1988 个，完成城市棚户区改造 9964 户，九龙外滩广场等十大公共空间基本建成开放，贯通滨江步道 50 公里，片区整体形象明显提升。促进房地产市场平稳健康发展，全力打好保交楼攻坚战，支持刚性和改善性住房需求，大力发展住房租赁市场，筹集保障性租赁住房 4.1 万套（间），群众住房条件明显改善。深入打造美丽宜居乡村，启动美丽宜居示范乡镇、"巴蜀美丽庭院示范片"建设，深化村庄人居环境整治，分类实施传统村落保护，着力提升农房建造品质，乡村环境让人们更加向往。加快推进美丽重庆建设，迭代升级治水、治气、治土、治废、治塑、治山、治岸、治城、治乡等生态环境治理体系，坚决打好长江经济带污染治理和生态保护攻坚战，全面筑牢长江上游重要生态屏障，全市生态环境质量、城乡大美格局、绿色低碳发展水平、生态环境数智化水平显著提升。

第八，充分挖掘保护利用丰富文化资源，大力发展文化事业和文化产业，文化强市建设取得明显成效。支持文艺创作推陈出新、繁荣发展，精心打造话剧《天坑问道》、情景弦乐音乐会《弦上巴渝》、电影《开山人》《火凤重天》、电视剧《先驱》、纪录片《重庆谈判》等重大文艺项目，加快推进"巴渝文库"研究出版工程，推出迎新春视频《璀璨重庆 2023》，点击量达 18 亿人次。持续优化惠民公共文化服务，累计建设图书馆分馆 1842 个、文化馆分馆 1272 个、24 小时城市书房 119 个，打造城乡书房、文化驿站等新型公共文化空间 306 个，每万人拥有公共文化设施面积增至 746 平方米。成功举办第八届戏剧曲艺大赛、"欢跃四季·舞动山城" 2023 重庆市街舞大赛、第六届 "书香重庆 阅读之星" 有声阅读大赛、"大地欢歌" 重庆市乡村文化活动年等群众文化活动近千场，惠及群众 500 余万人次，群众精神文化生活丰富多彩。加强历史文化遗产保护利用，提档升级大足石刻保护开发，深入实施 "文物+" 战略，加快建设红岩文化公园、长征国家文化公园（重庆段），打造重庆云上博物馆集群，巴渝文化、三峡文化、抗战文化等焕发新活力。积极打造文旅融合先行区，深入推进巴蜀文化旅游走廊建设，着力打造文化地标、文物地标，创新丰富业态模式，营造消费新场景，让人民群众享受到更加充足优质的文旅产品。

第九，深入推进社会治理现代化，坚决防范化解各类风险，安全发展的底线守得更牢。突出除险清患工作导向，全面深化政法领域改革，健全风险闭环管控的大平安机制，搭建 "1+3+8+N" 应急管理数字化体系和应用平台驾驶舱，建设高水平平安重庆。加快推进党建统领基层治理现代化改革，建立健全 "一中心四板块一网格" 基层治理体系，构建党建统领的基层智治系统，加快整合基层治理单元，完善村社网格体系，基层社会治理效能有效提升。健全落实排查预警、防范化解、依法处置等机制，深入开展矛盾纠纷 "大排查大起底大化解" 专项行动，排查矛盾纠纷 18.8 万件、化解信访积案 8901 件。持续净化社会治安环境，全面落实 "打防管控建" 各项措施，创新社会面巡逻防控 "九巡机制"，全市刑事案件、命案数量同比下降 3.4%、9.1%，社会治安秩序平稳向好。全力加强公共安全治理，深入推进安全生产专项整治，整改生产安全事故隐患 7.5 万个，全市生产安全亡人事故起数、死亡人数同比下降 20.1%、21.2%，连续 30 个月未发生重特大事故。深入推进防灾减灾基础工程，坚决打好三峡库区危岩治理攻坚战，扎实做好抢险救灾和灾后恢复重建，紧急避险转移 2.3 万人、避险安置 3.8 万人，群众生命财产安全得到有效保护。

二 当前重庆创造高品质生活面临的严峻挑战和重大机遇

当前和今后一个时期，重庆市发展环境和条件都将发生新的深刻复杂变化。创造高品质生活，必须深刻认识国内外环境变化带来的新机遇新挑战，增强忧患意识，坚持底线思维，保持战略定力，以正确的策略应变局、育新机、开新局，全面回应人民美好生活的新期盼。

（一）面临挑战

一是基础差、底子薄导致补短板任务重。重庆集大城市、大农村、大山区、大库区于一体，经济社会发展任务繁重，民生保障水平与发达地区相比存在不小差距，还有不少短板要补。居民收入不高，2023年上半年全市居民人均可支配收入19920元，远低于北京（41358元）、上海（42870元）、天津（26655元）等直辖市；兜底保障负担重，低保对象有77.1万人、城乡特困供养人员17.4万人；巩固拓展脱贫攻坚成果还要持续用力，全市尚有脱贫不稳定人口3.56万人、边缘易致贫人口4.17万人、突发困难户2.4万人。

二是经济下行压力影响民生投入。2023年以来重庆市经济承压前行，投资运行高开低走，外贸转型任务繁重，消费恢复仍需加力，企业经营仍较困难，上半年GDP增速低于全国0.9个百分点、低于6%的目标，全市稳增长、稳就业面临新挑战。房地产市场依然疲软，保交楼任务艰巨，金融领域风险较多。地方政府和国有企业债务较重，财政税收运行呈"紧平衡"状态，对持续增加民生投入造成很大的困难和挑战。

三是群众高质量、多元化需求增加供给难度。随着经济社会发展，人民群众生活水平不断提高，对美好生活的向往更加强烈，需求层次向更高水平迈进，对民生服务期待更高、诉求更加多样，改善民生不仅要解决有没有的问题，还要解决好不好的问题。但当前重庆市优质公共服务资源相对不足、城乡区域分布不够均衡，供需匹配不够精准，与群众期盼还有一定差距。

四是人口结构变化形成新的挑战。人口出生率继续走低，老龄化加剧，2022年全市65岁以上常住老年人达到593.16万、占比18.44%，排名全国第二、西部第一，且高龄、失能失智老人数量多，加重了养老和医疗负担，也给养老金支付等带来压力。人口区域分布差异大，城镇人口持续增加、城镇化率稳步提升，农村人口不断减少、存在空心化趋势，主城都市区人口集聚（常住人口占66.1%）、渝东南和渝东北相对较少（常住人口占33.9%），给公共资源均衡布局带来一定难度。

（二）拥有的机遇

一是数字重庆建设的变革机遇。当前，市委、市政府坚持把数字化摆在现代化建设全局的突出位置，大力推进数字重庆建设，坚持以人的全面发展和社会全面进步为导向，聚焦重点民生领域，一体推进智慧交通、智慧教育、智慧医疗、智慧养老等民生领域应用场景开发建设，打造智慧便民生活圈、交通圈、服务圈，构建泛在可及、智慧便捷、公平普惠的数字化服务体系，为城乡居民提供更加高效、更加精准、更多层次和更加方便可及的数字生活新方案。

二是推动经济高质量发展的历史机遇。2023年以来，重庆市面对国内外错综复杂的形势变化，完整准确全面贯彻新发展理念，把高质量发展作为首要任务，加快培育经济增长点和发展新动能。总的来看，经济承压前行，稳的基础在夯实、进的因素在累积，呈现高质量发展良好态势。2023年上半年全市GDP增长4.6%，1~8月规上工业增加值增长6.3%，社会消费品零售总额增长7%，带动城乡居民收入稳定增长，支撑群众生活品质改善的物质基础更加巩固。

三是推动成渝地区双城经济圈建设走深走实、促进渝西一体化高质量发展的政策机遇。2023年以来，市委将推动成渝地区双城经济圈建设作为"一号工程"，明确提出实施高品质生活惠民富民行动等"十项行动"，一系列重要举措和重大政策利好相继推出，为重庆提供了难得的政策窗口期。特别是将渝西一体化高质量发展作为支撑成渝地区双城经济圈建设走深走实的战略抓手、加快现代化新重庆建设的战略空间，系统布局优质公共服务，有利于重庆市打破区域隔阂与壁垒，突破限制与屏障，在更大范围内统筹配置资源，推动人的全生命周期公共服务优质共享，加快形成更加健全的多层次社会保障体系，促进人的全面发展和共同富裕，不断增强人民群众的获得感、幸福感、安全感和认同感。

三　2024年重庆创造高品质生活的主攻方向和重点举措

坚持以习近平新时代中国特色社会主义思想为指导，全面贯彻党的二十大精神，深入落实市委六届二次、三次、四次全会安排部署，坚持以人民为中心的发展思想，坚持把实现人民对美好生活的向往作为现代化建设的出发点和落脚点，坚持尽力而为、量力而行，突出惠民有感工作导向，采取更多惠民生、暖民心举措，千方百计解决群众急难愁盼问题，全面提升人民群众的获得感、幸福感、安全感和认同感。统筹推进高质量发展、创造高品质生活、实现高效能治理，促进有为政府和有效市场结合，逐步实现共同富裕，更好地满足人民群众多样化高品质精神文化需求，持续提升基层治理现代化水平，努力在西部内陆地区先行探索共同富裕美好生活新图景。

（一）织密织牢社会兜底保障网

坚持把巩固脱贫攻坚成果作为现代化新重庆建设的基本底线，"一县一策"推动山区库区强县富民，完善低收入脱贫人口"一户一策"精准帮扶机制，发挥好防止返贫监测和帮扶机制预警响应作用，持续推进符合条件的脱贫不稳定人口、边缘易致贫人口及突发严重困难户基本生活兜底保障工作。优化城乡低保政策，健全帮扶残疾人、精神障碍患者、孤儿、事实无人抚养儿童等社会福利制度，继续做好农村"三留守"人员关爱服务工作。制定《关于加强残疾人两项补贴精准管理的实施意见》《重庆市"精康融合行动"实施方案（2023—2025年）》，全面开展"扶残助困一件事一次办"。深化社会救助制度改革，全力推进"渝救助"信息平台建设，继续实施主动发现、先行救助、标准调整"三大机制"，加快实施"社会救助一件事一次办"，深化拓展"物质+服务"救助方式，引导社会力量参与救助帮扶。细化推进慈善事业发展政策措施，将区县慈善会培育成枢纽型慈善组织，加大公益慈善类社区社会组织培育力度，搭建社会大众参与的基层慈善平台。

（二）千方百计扩大就业

把保持充分就业作为首要任务，落实落细就业优先政策，加快推进公共就业创业服务标准化专业化建设，健全覆盖城乡、服务均等的公共就业创业服务体系，深入实施"就在山城·渝创渝新"就业创业促进计划，确保全年城镇新增就业人数稳定在 60 万人以上、城镇调查失业率控制在5.5%以内。精准发放创业担保贷款，继续实施创业补贴，扎实办好创新创业大赛，发挥好创业带动作用。做好高校毕业生、退役军人、农民工等重点群体就业工作，加强困难群体就业兜底帮扶，扩大公益性岗位安置，推动零就业家庭动态清零。发挥平台经济、共享经济等新经济的就业促进作用，支持和规范发展新就业形态，加强灵活就业和新就业形态劳动者权益保障。围绕产业链需求开展职业技能培训，全面推行 3 个"3+"组训模式，切实缓解就业结构性矛盾。持续整治人力资源市场秩序，组织开展人社政策普法宣传，严厉打击违法违规活动。推广应用"渝薪码"，加快推进"渝薪无忧"迭代升级，强化"一金三制"等核心制度落实落地，持续抓好根治欠薪工作。

（三）促进教育事业高质量发展

坚持以人民为中心发展教育，落实立德树人根本任务，深化综合改革，推进教育数字化战略行动，打造西部人才和创新高地，加快建设教育强市，推进重庆教育现代化。大力推进"双减"成果巩固提升，持续提高作业设计水平、课后服务水平、课堂教学水平，加大对隐形变异违规培训行为的查处力度。加快学前教育普惠优质、普通高中多样化特色发展，建立渝东南、渝东北区域中小学办学条件跟踪评估和定期调度机制，继续推行紧密型、实质性集团化办学、学区化管理模式，实施"名校+""互联网+"义务教育共同体建设工程，推进义务教育优质均衡和城乡一体化。做大做强高等教育，支持重庆大学、西南大学"双一流"建设，实施一流学科攀登计划，重点支持一批特色优势学科建设，支持具备条件的市属高校增列博士学位授权单位，完善高等教育学科专业动态调整机制，加快建成300个以上国家一流和急需人才培养专业。大力发展现代职业教育，完善现代职业教育体系，统筹规划"一区两群"职业院校空间布局，支持永川建设西部职教基地，实施"双高""双优"计划，深入推进职普融通、产教融合、科教融汇，深化"三教"改革，提升技术技能人才培养质量。

（四）加快建设国家医学中心和国家区域医疗中心

深入实施健康中国重庆行动，推动公共卫生事业现代化，努力走在全国前列。实施强基赋能计划，制定出台《成渝地区双城经济圈卫生健康高质量一体化发展实施方案》《重庆市进一步完善医疗卫生服务体系实施方案》，持续推动"两专科一中心""五大中心"建设。实施公卫提质计划，理顺疾控管理机制，积极争创国家区域公共卫生中心，加快区县疾控中心新改扩建，实施区县精神卫生中心标准化建设工程，建立医疗机构和专业公共卫生机构人才流动、交叉培训、信息共享、服务融合机制。实施人才培优计划，健全各层级人才发展机制，加大对院士、国家级人才、行业学会主任委员和国家级平台主要负责人等医学领航人才的引进力度，实施好重庆英才计划、中青年医学高端人才、紧缺人才培育、苗圃人才等人才专项。实施科技跃升计划，重点扩大国家级科研平台规模，提升市级医学科研创新平台内涵，加快研究型医院建设，支持建立重庆市转化医学中心，建立院企所合作机制，推动市级医院和高校联合建立"医工融合"研究联盟。实施数字健康计划，推进一体化智慧化的健康数据资源平台建设，打造"渝康健"和"数字公卫一体化"两大便民应用。实施惠民暖心计划，推进"就医一件事"改革试点，整合使用电子就诊卡，优化就医服务流程。

（五）办好养老、育幼、住房、社保等民生实事

完善住房、养老、育幼、社保政策体系，全面提升"一老一小"公共服务供给水平，持续改善民生福祉。实施渝悦养老行动，逐步建立完善高龄津贴和养老服务补贴制度、老年人优待政策，优化公办养老机构整体规划和布局，强化家庭养老服务支持，健全老年健康服务体系、推进医养融合发展，加快智慧养老服务等重大应用建设。建立生育支持政策体系，全面落实生育延长产假和生育保险等政策，完善生育补贴津贴制度，提升优生优育服务水平。坚持房子是用来住的、不是用来炒的定位，加快构建多主体供给、多渠道保障、租购并举的住房制度，构建房地产业发展新模式，打好打赢保交楼惠民生攻坚战，扩大保障性租赁住房供给，健全住房公积金缴存、使用、管理等机制，高质量推进城市更新国家试点建设，深入实施老旧小区和棚户区改造，精心打造宜居宜业和美乡村，加快推进美丽宜居示范乡镇建设。实施社保扩面提质专项行动，建立精准扩面机制，持续优化参保结构，巩固提升城乡参保率，健全多层次社会保障体系。

（六）加快建设文化强市

紧紧围绕举旗帜、聚民心、育新人、兴文化、展形象，培育重庆文化新标识，营造"近悦远来、主客共享"的文旅发展新格局，加快建设世界知名旅游目的地。推进长征、长江国家文化公园（重庆段），重庆红军长征纪念馆，红岩革命文物保护传承工程建设，强化对红岩村、曾家岩、虎头岩"红色三岩"的保护提升，推出一批文物主题游径、非遗旅游精品线路，全面提高文物工作保障水平。提档升级公共文化服务设施，加快建设重庆市青少年活动中心、重庆图书馆分馆等重大文化设施项目，推动文图博美等传统公共文化设施联动建设，因地制宜打造一批外在形式美、功能服务好、理念模式新的新型公共文化空间。优化产品和服务供给，构建"大阅读""大普及"体系，持续打造"成渝地·巴蜀情"等市级品牌活动，实施戏曲进乡村项目和流动文化进村项目。激发数字化发展潜能，加快公共图书馆、文化

馆（中心）数字化转型升级，建设巴渝特色突出、平台统一的公共数字文化资源库，推动数字艺术、沉浸式体验等新型文化业态应用。积极推动 5A 景区创建工作，培育一批国家级旅游度假区，推进全市智慧旅游景区建设，打造"重庆好礼"旅游商品（文创产品）品牌，持续推进巴蜀文化旅游走廊建设，打造西部旅游集散中心。抓好文化艺术创新，精心组织二十大主题文艺创作，实施新时代现实题材创作工程，打造独一无二的新型演艺空间，打造国际化都市演艺聚集区。

（七）高水平建设美丽重庆

深入践行"绿水青山就是金山银山"理念，加快推进生态环境治理理念、思路、机制、方法变革重塑，迭代升级治水、治气、治土、治废、治塑、治山、治岸、治城、治乡等生态环境治理体系，坚决打好长江经济带污染治理和生态保护攻坚战，全面筑牢长江上游重要生态屏障，高水平建设山清水秀美丽之地，高质效建设美丽中国先行区。深化打好蓝天碧水净土保卫战，深入落实"河湖长制"，开展清新空气行动、土壤污染源头防控行动，坚决守住巴渝大地的蓝天、碧水、净土。实施限塑减废协同治理攻坚战，全面推行垃圾革命，高标准建设全域"无废城市"，深入开展"白色污染"减量行动，守护好人民群众身边的健康环境。提升城乡风貌整体大美，实施城市品质提升工程，提质建设"两岸青山·千里林带"，高水平推进"两江四岸"治理提升，开展巴渝和美乡村创建达标行动，全力推进农村厕所、垃圾、污水"三大革命"，实施长江文化保护传承弘扬规划。加强生物多样性保护，推进自然保护地体系建设，实施濒危野生动植物保护工程，强化生物安全管理。打造绿色低碳发展高地，深入实施绿色转型创新发展行动，发展壮大绿色低碳产业，抓好重点领域降碳，构建绿色低碳安全高效能源体系，建设绿色低碳科创高地，形成绿色生活方式。推进生态治理系统重塑，建立健全数字生态环保体系构架，打造"数字生态环保大脑"，布局建设数字生态环保重大应用，修订生态环境数据资源管理办法，多渠道动态汇集数据，构建多跨协同、量化闭环、系统集成的美丽重庆数字化治理体系。

（八）深入推进平安重庆建设

坚定不移贯彻总体国家安全观，更好统筹发展和安全，加快推进社会治理现代化，打造更高水平的平安中国建设西部先行区。深入践行"浦江经验"，坚持和发展新时代"枫桥经验"，集中开展矛盾纠纷"大排查大起底大化解"专项行动，解决信访突出问题，把风险矛盾纠纷发现在早、防范在先、处置在小。加强党建统领基层治理，推动数字重庆建设与基层治理贯通叠加，加快完善"一中心四板块一网格"基层智治体系，加快建设乡镇（街道）一体化智治平台，提升超大城市基层治理现代化水平。强化社会治安整体防控，推进社会治安防控体系建设，强化重点领域管控，推动扫黑除恶常态化，防范和打击暴力恐怖、新型网络犯罪和毒品犯罪，加强智慧警务建设，发展壮大群防群治力量。严格落实安全生产责任制，强化道路交通、消防、建筑施工、危化品、生态等领域安全，有效防范重特大安全事故。有效防范化解重大经济金融风险，健全金融风险监测、预警、处置、问责机制，规范区县举债融资行为，依法打击涉企违法犯罪，加强民营经济司法保护。优化全市应急管理体系，提高防灾减灾救灾和急难险重突发公共事件处置保障能力。健全生物安全监管预警防控体系，加强个人信息保护。

参考文献

《习近平著作选读》（第一卷），人民出版社，2023。

中共中央党史和文献研究院等编《习近平新时代中国特色社会主义思想专题摘编》，党建读物出版社，2023。

中共重庆市委：《在新时代新征程全面建设现代化新重庆》，《求是》2023 年第20 期。

《重庆市人民政府工作报告——2023 年 1 月 13 日在重庆市第六届人民代表大会第一次会议上》，《重庆日报》2023 年 1 月 20 日。

B.11
重庆建设西部人才中心和创新高地
面临的形势和着力点

黄意武　何虹锦　唐海桐　王祥文*

摘　要：　党和国家作出建设世界重要人才中心和创新高地的重大战略部署，重庆结合自身特点提出建设西部人才中心和创新高地的战略目标，引领人才工作系统性变革、整体性重塑。相较于西部地区其他省份而言，重庆市具有较好的区位、政策、平台等优势，但也面临着高端人才稀缺、重大科技创新平台缺乏、人才引进政策不够优越、人才发展环境有待优化等问题。新时代新征程，重庆应聚焦重点领域、重点产业，以打造重大科研平台为突破，加快引育高层次创新人才，推动高水平科技开放合作，系统优化人才生态环境等，加快推进西部人才中心和创新高地建设。

关键词：　西部人才中心　创新高地建设　人才生态环境

党的二十大报告中明确指出，"加快建设世界重要人才中心和创新高地，促进人才区域合理布局和协调发展，着力形成人才国际竞争的比较优势"。建设世界重要人才中心和创新高地是以习近平同志为核心的党中央作出的重大战略部署，对于全面建设社会主义现代化国家意义重大。2023年7月，重庆科技创新和人才工作会议指出，"要全面实施科技创新和人才强市

---

* 黄意武，重庆社会科学院马克思主义研究所研究员；何虹锦、唐海桐，重庆师范大学马克思主义学院；王祥文，重庆大学建筑规划设计研究总院有限公司众腾分院副院长、规划师。

首位战略，加快建设具有全国影响力的科技创新中心，加快形成西部人才中心和创新高地，为现代化新重庆建设提供有力科技和人才支撑"。① 重庆需要聚焦西部人才中心和创新高地这一目标，不断推进人才工作迭代升级，加快吸引新时代现代化建设所需各类人才，为我国建设世界重要人才中心和创新高地贡献重庆力量。

一 重庆建设西部人才中心和创新高地的基本现状

党的十九大以来，重庆市深学笃用习近平新时代中国特色社会主义思想，牢固确立人才引领发展的战略地位，大力实施科教兴市和人才强市行动计划，人才队伍显著壮大，人才集聚效应日益显现，整体具备打造西部人才中心和创新高地的基础。

（一）发展基础

一是人才队伍量质齐升。截至 2021 年底，全市共有人才 599.34 万人，比 2017 年增加 87 万人，人才工作取得明显突破。其中：党政人才 17.36 万人、企业经营管理人才 224.12 万人、专业技术人才 218 万人、高技能人才108 万人、农村实用人才 52.72 万人、社会工作专业人才 6.64 万人。人才密度提升到 18.7%，位列中西部第一。省部级以上高层次人才总量从 2017年的 4396 人次增加到 2021 年的 8491 人次，增幅达 93%。集聚数字人才 80万人、软件人才 18 万人、工程师 34 万人，全市高技能人才达 151 万人，高技能人才占技能人才总量的 31.9%，排名全国重点城市前列，西部第一。②

二是重大平台加快建设。党的十九大以来，重庆积极推进超瞬态实验装置、种质创制大科学中心、分布式雷达验证试验等重大科技基础设施建设。积极争取省部共建超声医学工程、山区桥梁及隧道工程等国家重点实验室，

---

① 申晓佳：《营造创新生态 培育企业"主力军"两江新区加快打造科技创新中心核心承载区》，重庆日报网，2023 年 7 月 11 日。
② 重庆市人力资源和社会保障局调研数据。

国家地方共建硅基混合集成创新中心、金佛山喀斯特生态系统等。加快推进国家实验室重庆基地落地，高起点建设国家生猪技术创新中心、国家应用数学中心，加快建设"重庆实验室"，新建市级重点实验室 38 个。

三是科技创新能力明显加强。2022 年全社会研发经费投入 686.6 亿元，同比增长 13.7%，全社会研发经费投入强度 2.36%。① 万人发明专利拥有量由 2017 年的 7.25 件提高到 2022 年的 16.14 件，增加 8.89 件。② 综合科技创新水平指数连续四年保持全国第 7 位，在"2022 年全球创新指数"全球城市创新集群百强中排名第 49 位、较 2018 年上升 54 位。③ 2022 年全市投入基础研究经费 35.1 亿元，比上年增长 18%；应用研究经费 84.1 亿元，增长 12.2%；试验发展经费 567.5 亿元，增长 13.7%。④ 创新成果不断涌现，取得人脸识别等一大批突破性重大技术成果，有效发明专利达 3.5 万件。高技术产业和战略性新兴产业对工业增长的贡献率分别达 37.9%、55.7%，科技进步贡献率达 58.6%。

四是高水平大学建设稳步推进。全市有高等院校 71 所，其中"双一流"高校两所。高校教职工 7.06 万人，在渝高校大学生 110 万人，2021 年毕业生留渝就业占比为 67%。⑤ 根据 2023 年 7 月基本科学指标数据库（ESI）公布的最新数据，重庆 4 个学科进入世界 ESI 学科领域排名前 1‰，64 个学科进入世界 ESI 学科领域排名前 1%、较 2020 年增加一倍。302 个市级一流专业建设点获批国家一流专业建设点，获批数量创历年新高。重庆高等教育支出从 2017 年的 57 亿元增至 2022 年的 70.6 亿元，年均增长 4.4%，其中"双一流"建设专项累计投入超 100 亿元。⑥

① 重庆市统计局：《2022 年重庆市科技经费投入统计公报》，2023 年 9 月 20 日。
② 2022 年市政府新闻办召开重庆市知识产权保护状况新闻发布会。
③ 重庆生产力促进中心、重庆市科学技术情报学会：《重庆科技创新指数报告 2022》，2022 年 12 月 28 日。
④ 重庆市统计局：《2022 年重庆市科技经费投入统计公报》，2023 年 9 月 20 日。
⑤ 重庆市教育委员会统计。
⑥ 何春阳：《重庆市以"双一流"建设带动高等教育水平提升》，《重庆日报》2023 年 7 月 26 日，第 2 版。

五是一流科研机构和科技领军企业加速发展。据重庆市科技局统计，截至 2021 年底，全市共有科研院所 62 家，包括中央在渝 13 家、市属公益 32 家、市属转制 17 家。① 研发机构数量稳步增长，引进和培育新型研发机构共计 142 家（高端型 57 家，初创型 85 家），其中引进北京大学、中国科学院软件研究所、中国电子科技集团有限公司等国内知名高校、企业、科研机构建立研发机构 65 家，重庆大学等在渝企事业单位组建 119 家。全市集聚科技型企业 26371 家、高新技术企业 4222 家，建成市级以上科技创新基地 813 家。

（二）建设优势

一是战略优势突出。建设西部人才中心和创新高地就是要充分利用区位优势，带动整个西部共同发展。重庆是长江上游地区经济中心、国家重要中心城市，在历史发展和现代化建设中，重庆在捍卫国家地区经济政治安全中可发挥不可或缺的重要作用。我国新一轮发展改革任务的全面推进，赋予了重庆全新的重要使命，即承担多重国家战略，构建我国战略回旋空间和推动安全发展的重要屏障，同时也为重庆的发展创造了新的重大机遇。

二是产业体系雄厚。建设西部人才中心和创新高地就是要全面推进产才融合，用重庆产业体系雄厚的优势，培育各个方面的人才，这些人才又反哺重庆各个产业体系的发展，争取在高新技术产业上实现赶超和领先，不断增强人才汇集的磁力效果。重庆是我国传统的老工业基地，在我国 41 个工业门类中，重庆拥有 39 个。截至 2021 年底，笔电、手机、汽车、摩托车产量占全国比重分别超过 24%、9%、6%、29%，已经建成国内最大己二酸、氨纶生产基地；形成电子信息产业、汽车产业两个 5000 亿级产业集群和装备制造、新材料等多个千亿级产业集群；数字经济增加值占地区生产总值比重已达到 27.2%，"芯屏器核网、云联数算用、住业游乐购" 已经成为重庆建

---

① 《重庆新型研发机构数量 179 家稳居西部第一》，《重庆晨报》2023 年 1 月 20 日，第 3 版。

设"智造重镇""智慧名城"的重要应用场景。①

三是科教资源丰富。重庆是高等教育发展大市,拥有高校数量居全国第四位、西部第一位。第二轮"双一流"建设高校及建设学科名单中,重庆大学的机械工程、电气工程、土木工程,西南大学的教育学、生物学入选。此外,重庆大学还有车辆工程、电机与电器等 19 个国家二级重点学科。西南大学重点打造生物学、教育学优势领域,通过生物学一流学科建设,带动生命科学、农业科学、生物医药等领域提高竞争力。根据《中国区域科技创新评价报告 2021》,重庆综合科技创新水平指数排名全国第七、西部第一,重庆高新技术产业化水平居西部第一位。目前,重庆正加速建设高能科创设施,强化战略科技力量入驻布局,集结"大科学装置+国家重点实验室+工程技术研究中心+企业技术中心+领域技术创新中心"研发设施体系,为科技创新奠定良好平台基础。

(三)存在的问题

一是科技人才和高端人才数量稀缺。据重庆市统计局估算,当前,全市仅有"两院"院士 20 名,不及北京、上海、四川、陕西、湖北等省市。国际高端人才引进一直是重庆人才招引工作的重点和难点,发达国家国际人才占常住人口比重高达 10%左右,粤港澳大湾区为 3.3%,而重庆每年办理外国人来华工作许可的仅几百人,当前持有效工作许可的外国高端人才(A类)500 人左右。自主创新人力投入规模和强度方面,重庆每万劳动力中研发人员全时当量为 75 人年,与全国 90 人年的目标还有不小差距。青年人才培养能力不足,全市每年招博士生约 2100 名,仅为北京的 7.2%、上海的 19%、广东的 32.8%;青年人才担任市级重大科技任务、重大平台基地、重点攻关课题负责人的比例还较低。

二是具有国际竞争力的重大科技创新平台缺乏、后劲不足。目前,重庆尚未建成大科学装置等重大科技基础设施、国家实验室及其基地。国家重点

---

① 重庆市经济和信息化委员会公开资料。

实验室数量仅有 10 个，仅涵盖工程、生物、医学三个领域，其中半数以上属于工程领域类，且学科领域偏传统，在大数据、智能化、量子技术等新兴前沿交叉领域尚未布局。重庆缺乏大校、大院、大企，以及中国科学院等"国字号"企事业单位下设的科研机构。国家级一流学科少，高校科研经费相对较少、学科较为分散、科研实力不强。新型研发机构总体研发实力较弱，高校、企业牵头设立的产业技术研究院和创新联合体等系统创新平台较少。

三是人才引进政策不够完善。引才政策吸引力不够，引才政策对增强人才留渝黏性的作用不大。目前人才引进政策的支持举措一般为"人才奖励金+科研项目经费支持"形式，缺乏体系化、全流程的吸引人才留在重庆、扎根重庆的政策举措，导致经常出现人才享受完政策后流失的情况。

四是人才发展环境有待优化。重庆科研投入力度不大，2021 年 R&D 经费投入 603 亿元、投入强度为 2.16%，低于全国平均强度 2.44%，市、区县产业多而不精。①"双一流"高校仅 2 所，远少于北京的 31 所、上海的 14 所。中央在渝科研院所仅 4 家，远低于北京的 347 家、上海的 52 家。高等教育、职业教育难以适应产业链不断创新、动态升级的发展需求。国际化教育、医疗、社区资源不足，国际学校共 13 所，低于成都的 19 所、杭州的 31 所，尚未建成国际街区社区，尚未实现运用大数据精准引进和服务人才。

二　重庆建设西部人才中心和创新高地面临形势

近年来，我国科技创新和人才发展的外部环境复杂严峻。世界正处于百年未有之大变局，我国面临国际形势动荡所带来的风险挑战。

一是国外形势虽然不稳，国内竞争加剧，但重庆积极出台相关政策，人才回流数量有望增长。国际形势风云莫测，各国不断出台人才引进举措，以美国为首的西方发达国家不断调整国际人才竞争战略，重点瞄准高端人才和

---

① 重庆市发展和改革委员会公开数据。

创新创业人才，打出增加移民配额、放宽优秀留学生移民限制、加大科技投入和提高人才待遇等"组合牌"招揽全球人才。另外，地缘政治博弈加速。从国内来看，上海、深圳、杭州等东部发达城市不断搭建高端平台、加大资金投入、发布引才新政精准引进海外人才，成都、武汉等中西部城市通过推进政策创新升级、打造产业集群、布局创新平台强势引才，大有后来居上之势。在新时代党中央人才工作总方针的指导下，重庆结合实际制发了实施细则及其专项人才工作制度性文件，包括国（境）外高层次人才引进、留学人才回国、科技成果转化、分类推进人才评价机制改革、建设一流大学等一系列改革措施以及人才市场配置制度，鼓励人才、科技、智力要素向工农业及科研生产一线流动。这些人才制度体系及其实践，为重庆建设西部人才中心和创新高地提供遵循和指引。

二是国际科技合作加强，人才交流日益频繁，进一步加强了人才外部交流合作。当前，人类社会对于科技创新国际合作的需求前所未有。数字、信息通信、人工智能、量子、能源、生物、材料等新兴技术快速发展与广泛应用，各国均把科技创新作为经济复苏和发展的强劲动力，培育未来增长的新动能。在科技创新上，中国一向秉持"合作共赢"理念，反对"零和博弈"思维。中国近几十年来的科技进步，得益于有效地执行了自主创新与改革开放相结合的政策。因此，面对全球科技创新合作的挑战，重庆应更加积极地继续推进科技创新国际合作，不断扩大合作对象范围，积极探索科技合作交流新形势，不断优化更有利于科技合作的内部环境，为吸引国际科技人才、国际创新资源和国际科技组织等营造更加宽松、富有吸引力的环境。

三是现代化新重庆建设面临多重机遇，给人才提供广阔空间。重庆正着力积极融入成渝地区双城经济圈建设、西部陆海新通道建设等重大国家战略。成渝两地深入实施科技创新驱动发展战略，推动形成了区域科技创新平台共建、资源共享、成果共享的发展局面，加快建设具有全国影响力的科技创新中心。重庆正积极实施科技创新人才强基增效行动，促进教育、科技、产业和人才等布局一体落实，实现创新链、产业链、资金链、人才链深度融合，整体构建人才发展的战略支点和雁阵格局。重庆的住房、教育、医疗等发展环境比较优势突出，为招引人才奠定良好基础。

三 重庆建设西部人才中心和创新高地的着力点

重庆作为西部地区唯一直辖市、长江上游地区经济中心、国家中心城市，需要发挥自身独特优势，把握时代发展机遇，实施科技创新和人才强市首位战略，系统重塑市域科技创新体系，探索西部内陆地区建设区域性人才中心和创新高地的特色之路，为现代化新重庆建设提供有力的科技和人才支撑。

一是聚焦重点领域打造重大科研平台。聚力数智科技、生命健康、新材料、绿色低碳四大科创高地，积极发展人工智能、区块链、云计算、大数据等 16 个重要战略领域，聚力培育高能级创新平台，实施战略科技力量提质强能行动，壮大高水平研发平台，加快实施核心技术攻坚突破行动，突出基础研究重点，突破"卡脖子"关键技术难点。具体来说，第一，布局体现国家要求的实验室体系。国家实验室、国家重点实验室是我国未来实现科技自立自强的核心力量，有别于传统以学科领域划分设置的实验室，其更加突出国家战略、保障国家安全、实现国家使命的战略科技力量。2020 年以来，国家已先后布局建设了 9 个国家实验室，分别位于北京、上海、粤港澳大湾区和合肥等，涉及网络通信、量子科学、能源科技、生命科学等领域。截至目前，重庆尚无国家实验室及基地，国家重点实验室也暂未进入首批重组名单，为此重庆应围绕特色优势领域积极争创国家实验室及基地，加快推动市内国家重点实验室纳入重组后的全国重点实验室序列。重庆应当借鉴其他城市的实践经验，以提升区域创新能力和地方基础研究能力为目标，主要开展具有区域特色的应用基础研究，依托地方所属高等学校和科研院所加快布局建设。创新运行管理机制，加强过程管理与评估考核，按照实验室目标任务执行情况进行动态调整，不断提升实验室科研能力和水平，推动与国家重点实验室建立伙伴关系。积极争创生命健康、集成电路等领域的国家实验室及基地，抓住重组国家重点实验室的契机，优化提升现有 10 个国家重点实验室，设立专项经费，在项目、人才团队建设等方面加大对实验室的支持力度。第二，壮大一流科研机构。科研机构是科技创新的重要策源地，国家科研机构更是国家战略科技力量的重要组成部分。重庆应当进一步强化科研机构统筹布局、加强分类指导，深化与国内外知名高校、一流科研院所和世界 500 强企业合作，持续引进建设高端研发机构；新建重庆国际免疫研究院、重庆高端数控机床研究院等一批新型研发机构，进一步壮大并发挥中国科学院重庆绿色智能技术研究院、中冶赛迪工程技术有限公司、中国汽车工程研究院等中央在渝科研院所优势能力，通过一流科研机构建设引进培养高层次人才 2000 人以上。第三，提升科技领军企业创新能力。科技领军企业是国家战略科技力量的重要组成部分，在突破关键技术上具有重要作用。重庆需要聚焦国家重大战略实施要求，筛选确定培育科技领军企业的重点领域，进一步推动龙头企业创新示范，鼓励其加大研发投入、参与重大科研攻关项目、加强协同创新，加速设备更新和新技术应用。借鉴湖北等地经验，引导支持各类企业将科技创新作为核心竞争力，可出台相关政策文件，在经济上、技术上、引才上支持科创企业，给予本地科创企业更多的机会和成长空间，大力扶持中小微科创企业发展壮大。

二是加快引育高层次创新人才。近些年，重庆在英才服务平台建设、高端人才创新孵化机构、知识价值信用贷、创新金融等服务和激励人才创新方面取得了一定的成绩，但与北京、上海、粤港澳大湾区以及其他东部地区相比较，还存在一定差距。重庆应该聚力建强战略科技创新人才队伍，以创建国家吸引和集聚人才平台为总抓手，培育壮大重点人才队伍，大力激发人才创新活力，打好人才工作组合拳。第一，推进"双一流"高校建设。力争到 2027 年，全市"双一流"建设取得明显成效，下一轮"双一流"建设入选高校力争达到 4 所以上，市属高校实现"零"的突破。在学科建设、人才培养、科学研究、高层次人才引育等方面进行量化的激励约束。第二，完善人才引进机制。要想人才在渝安家落户、创业就业，就应该让人才来得甘心、干得放心、过得舒心。重庆应持续深化人才引进机制改革，完善人才引进政策体系，完善"一人一策""一企一策"精准引才机制，破除"论资排辈""近亲繁殖"等倾向弊端，建立高层次人才"免申即享"、柔性引进人才弹性考核、用人单位引才编制保障机制；健全人才引进市场机制，转变主要依靠行政手段提供引才引智服务的发展方式，探索市场化人才引进机制，通过财政支持和税收优惠建设一批具有国际影响力的猎头机构、人才中介机构和人力资源行业协会，由政府部门制定人才需求清单，通过国际猎头机构、人才中介机构开展精准招聘。第三，充分发挥人才优势。聚焦数智科技、生命健康、新材料、绿色低碳四大科创高地建设，智能网联新能源汽车、新一代电子信息制造、先进材料三大万亿级主导产业集群打造，围绕"416"科技创新战略布局和"33618"现代制造业集群体系，抓住全球人才流动新机遇，统筹推进各类引才项目，更大力度、更加精准引进海内外高层次人才和创新团队。吸引海内外公司在重庆设立或联合设立研发中心和创新基地，支持大院大所、外资研发机构与本市单位共建实验室和人才培养基地。支持企业开展市外海外并购，布局市外海外人才飞地，实现全球引才、全球用才。

三是加强高水平科技开放合作。扩大开放合作是推动重庆科技可持续发展的必然选择，也是打造全国科技创新高地的题中应有之义。第一，推动成渝地区人才协同发展。成渝地区双城经济圈应发挥产业、科技等方面的各自优势，加强人才联动联建，协同提高产业链供应链现代化水平，联手打造世界级人才集群。联合争取国家布局建设重大科技基础设施和高水平科技创新基地，共建川渝重点实验室。在5G、大数据、人工智能、集成电路、智能制造装备、工业互联网、关键材料等领域协同争取布局国家产业创新中心、国家制造业创新中心。推动构建成渝两地人才政策协调、平台共用、市场共管、信息互通、资格互认、服务互补的一体化工作机制，争取设立国家级人才管理改革试验区，共同延揽高端人才资源，在与全国其他地区的竞争中取得比较优势。第二，开展"一带一路"人才交流合作。进一步聚焦新一代信息技术、智能网联新能源汽车、新材料、节能环保、大健康等重点领域，加强与共建"一带一路"国家共建联合院所、联合实验室，推动科技园区合作、技术转移，鼓励创新主体积极承担、参与国际科技合作计划，推动双（多）边共建联合实验室（研究中心），积极争取国家支持。聚焦中新合作示范区等核心园区建设，加快引进一批研究机构、科技企业等，与新加坡共建创新中心、通用研发服务平台、创新联合体，形成中新产业人才汇集高地。第三，加强重点区域科技创新合作。深化与东部省市科技交流合作，加强与北京、上海、粤港澳大湾区科技创新工作结对合作，探索建立科技创新突破性政策异地共享机制，引导东部先进地区产业创新集群与重庆战略性新兴产业集群开展区域合作与联合技术攻关，不断提高自身科技创新能力。推进中国科学院重庆科学中心、汽车软件创新研究平台等重大项目建设。加强与重庆企业以及中国航天科工集团、中国电子科技集团、中国兵器装备集团、中国船舶集团等中央企业开展科技创新合作，在技术研发、平台建设、智能制造、智慧城市等方面落地一批科技项目。持续推进与湖北、贵州、湖南、陕西等中西部地区的科技合作，在科技攻关、人才培养、资源共享等领域强化交流往来。

四是深度优化人才生态环境。在超常规引育人才上下功夫，以更大力度、更大诚意、更实举措引进培养"高精尖缺"人才，集聚战略科技人才、打造领军人才、壮大青年人才，聚天下英才而用之。第一，必须坚持党管人才原则。建立赛马比拼机制，形成一把手抓第一资源制度，将人才工作纳入领导班子政绩考核内容。优化政策支持措施，加快建设服务专家人才和用人单位的"渝才荟"、服务区县和职能部门办公的"渝才办"数字平台，将数字化、一体化、现代化贯穿人才引育留用各方面、全过程，促进工作体系重构、业务流程再造、体制机制重塑。第二，优化服务人才，营造国际化人才环境。加快西部（重庆）科学城、两江新区等区域在建的人才公寓、国际人才社区的提档升级，其他人才集聚的区域和地段建设国际医院、国际学校和国际人才社区，搭建起覆盖海内外人才的交流平台，优化人才生活和学习环境。联动各部门建立医保办理、购房按揭贷款、子女入学看病就医等快速响应机制，加快建设国际化多语种人才一站式服务中心，提升针对海外人才及其配偶的服务水平。针对海外人才提供市级重点人才计划、科技项目和政策外文版本，为重庆聚集海内外高层次人才打造良好环境。第三，加强知识产权保护与应用。建立高效的知识产权综合管理体制，构建与重庆未来定位相适应、对产业发展和市场持续发挥保障促进作用的知识产权政策法规体系，形成知识产权创造、运用、保护、管理、服务的全链条保护体系，激发全社会创新活力，优化营商环境。第四，构建人才新生态的社会环境。利用重庆发布等具有较大影响力的微博微信矩阵大力宣传科学技术的重要性，大力弘扬留渝人才突出事迹，引导全市人民尊重知识和教育，尊重科学技术，尊重人才，形成良好的学术科研风尚。加强联系服务专家工作，听取意见建议，帮助解决困难，创造良好的政策环境、工作环境、学术环境和生活环境，努力营造尊重知识、尊重人才、崇尚创新的浓厚氛围，让各类人才在重庆创业有机会、干事有平台、发展有空间，汇聚起推动重庆建设西部人才中心和创新高地的强大力量。

参考文献

申晓佳：《营造创新生态 培育企业"主力军"两江新区加快打造科技创新中心核心承载区》，重庆日报网，2023 年 7 月 11 日。

何春阳：《重庆市以"双一流"建设带动高等教育水平提升》，《重庆日报》2023 年 7 月 26 日，第 2 版。

《重庆新型研发机构数量 179 家稳居西部第一》，《重庆晨报》2023 年 1 月 20 日，第 3 版。

习近平：《深入实施新时代人才强国战略 加快建设世界重要人才中心和创新高地》，《求是》2021 年第 24 期。

B.12
重庆人力资源和社会保障形势分析与预测

重庆市人力资源和社会保障局 *

摘　要： 2023 年，重庆市人力社保系统深学笃用习近平新时代中国特色社会主义思想，全面贯彻落实党的二十大精神和市委六届二次、三次全会精神，坚持以党建为统领，以数字化改革为引领，以主题教育为契机，围绕稳进增效、除险清患、改革求变、惠民有感四大工作导向，加快体系重构、流程再造、能力重塑，全市就业形势保持总体稳定，社会保险参保扩面量质齐升，人才支撑更加强劲，劳动关系和谐稳定，公共服务迭代升级，全市人力社保事业稳中有进、稳中向好。面对新形势、新要求，下一步将聚焦重庆所需、发展所向、人社所能，持续促进高质量充分就业，织密扎牢社会保障安全网，强化人才支撑，提升数智治理能力和公共服务水平，为现代化新重庆建设贡献人社力量。

关键词： 就业　人力资源　社会保障　重庆

　　2023 年是全面贯彻落实党的二十大精神的开局之年，是全面推进现代化新重庆建设的起步之年，是"十四五"时期重庆市人社事业砥砺前行的奋斗之年。重庆市人力社保系统自觉在现代化新重庆建设坐标中找准定位，坚持以党建为统领，以数字化改革为引领，把学习贯彻习近平新时代中国特色社会主义思想主题教育作为人社事业发展的"领航工程、动力工程、民生工程、基础工程"，突出围绕"稳进增效、除险清患、改革求变、惠民有

---

　　* 执笔人：重庆市人力资源和社会保障局政策研究处、宣传处。除特别注明的数据外，本文数据均由重庆市人力资源和社会保障局统计而来。

感"的工作导向，实施"三大行动"，清除"四类险患"，抓实"三大举措"，紧盯"三个重点"，加快体系重构、流程再造、能力重塑，依托重大平台、重大改革、重大项目、重大政策等有形载体和有效抓手，全力稳就业、扩社保、聚人才、促和谐，各项工作取得了较好成效。

一 2023年重庆人社事业发展基本情况

（一）就业局势总体稳定

坚决扛起"稳就业保就业"政治责任，构建"大就业"格局，截至9月末，全市城镇新增就业59.6万人，完成全年目标任务99.3%；前三季度，全市城镇调查失业率平均值为5.4%；9月全市城镇调查失业率为5.3%，稳定在年度控制目标内，全市就业形势保持总体稳定。一是助企纾困稳存量。开展"助企纾困·人社在行动"宣讲调研7588场，惠及7.9万户经营主体；为30余万家企业降低失业保险费23.6亿元；联合41家银行延续实施"金融助力援企稳岗"行动，为2647家中小微企业减息1.1亿元；"直补快办"为8874家用人单位发放社保补贴等就业补助资金9.04亿元、为3834家企业发放低利率"稳岗贷"54亿元，累计稳岗628万个。二是聚焦重点控变量。直面2023年高校毕业生再创历史新高的压力，实施促进高校毕业生等青年就业创业"十大行动"35项措施，重庆市高校毕业生去向落实率和就业人数与上年同期相比均有提升。实施人社局长与离校未就业高校毕业生"面对面促就业创业"、防止返贫就业攻坚、"百日千万招聘"和"民营企业服务月"等专项行动，截至9月末，促进16~24岁青年就业20.2万人、登记失业人员就业23.3万人、就业困难人员就业12.7万人，脱贫人口务工规模达79万人。三是创新创业拓增量。发放创业担保贷款40.4亿元，直接扶持2.1万人创业；培育夜间经济集聚区203个，促进自主创业1.6万人，带动就业5.8万人；充分发挥全市113家创业孵化基地（园区）作用，新孵化企业5200余家；全市新增创业49.7万人，同比增长16.1%。四是精准服务提质量。迭代升级"一库四联盟",打造"数字就业大脑",在劳动力供给端建立全市人力资源信息库,入库 2163.8 万人;在劳动力需求端搭建"渝职聘"招聘平台聚合岗位 379.8 万个。组建 2.3 万名劳务经纪人和 3205 名职业指导师队伍,"大数据+铁脚板"协同发力,帮扶失业人员再就业 23.26 万人,同比增长 16.2%。全面推行 3 个"3+"组训模式,发布急需紧缺工种 165 个,培训 19.2 万人次,与重点产业匹配率达 85.7%,同比提高 4.7 个百分点,实现了以培训促就业、以就业促产业的良性互动。

(二)社会保障安全网织密扎牢

持续健全覆盖全民、统筹城乡、公平统一、安全规范、可持续的多层次社会保障体系,全市养老、失业、工伤保险参保人数分别达到 2634 万人、630 万人和 744 万人,分别完成年度目标计划的 102.1%、101.9%、99.2%。一是发展多层次、多支柱养老保险体系。做优第一支柱,完善灵活就业人员参保政策,城乡居民同等享有基本社会保障;深化机关事业单位养老保险改革和企业职工基本养老保险全国统筹;实施全民参保计划,基本养老保险参保率巩固在 97%以上,城镇职工与城乡居民养老保险参保结构优化为56:44。做强第二支柱,职业年金覆盖 2.5 万家机关事业单位 84.2 万人;企业年金备案企业 1697 家,参保职工 29 万人。做实第三支柱,作为先行城市在全域实施个人养老金制度,226 万人开立个人账户。二是参保覆盖扩面提质。实施全民参保扩面提质专项行动,245.4 万灵活就业人员参加企业职工基本养老保险,较上年底增加 11.3 万人;通过大数据比对促进 29 万未参保人员参保;累计为 32.5 万困难群体代缴保费 2770 万元。新就业形态就业人员职业伤害保障试点覆盖 7 家平台企业 40.1 万人。三是社保待遇稳步提升。城乡居民养老保险基础养老金标准从 125 元/月提高到 135 元/月,惠及 334 万人;同步调增企业和机关事业单位退休人员基本养老金。四是基金运行安全有序。1~9 月,全市养老、失业、工伤保险基金总收入 1205 亿元、总支出 1318 亿元,累计结余 1663 亿元,收支总体平衡。职业年金、养老保险基金分别累计投资 570 亿元、400 亿元,分别累计收益 44.3 亿元、38.4 亿元。构建"1+1+

3"基金安全数字化综合治理体系，运行社保基金"智治监管"平台。深入推进工伤认定辅助调查，现场核实率升至60%，减少基金损失7000多万元。

（三）人才集聚提质增效

坚持科技创新和人才强市首位战略，以建设国家吸引和集聚人才平台为总抓手，全方位培养、引进、用好人才，全市专技人才225万人，高、中级职称占比达50%；全市技能人才总量达525.5万人，其中高技能人才166万人，占比31.6%、保持西部首位。一是人才引进有新收获。组建全市首家国有猎头公司，建立国内外引才机构38家；开展"百万人才兴重庆"活动245场。1~9月，全市引进人才5.4万人，同比增长4.7%，其中新招博士后975人，同比增长14%，77%的博士后围绕"33618"现代制造业集群体系开展科学研究；认定高层次人才121人，同比增长2.5%；发布急需紧缺人才"揭榜招贤"榜单186个、"引才专项岗位"目录703个，与重庆市重点产业匹配率达80%以上，持续推动产业与人才双向赋能。二是人才培育有新成效。实施卓越工程师启航、赋能、海聚专项行动和"满天星"重点企业人才集聚计划，举办全国首个卓越工程师大赛，引育卓越工程师6310人；千名科研人员顶岗培养计划新选派196人；全市事业单位完成招聘14538人，新招募"三支一扶"人员806人，分别同比增长20%、23.2%；选派第四批"百团千人"专家服务团服务基层。组织选手参加第二届全国技能大赛，获得5金2银4铜和67个项目优胜，金牌数、奖牌数均居西部第一。重庆代表团在第二届全国博士后创新创业大赛中夺得2金3银1铜5优胜和优秀组织奖，再次取得新突破。三是人才改革有新成果。全面启动技能等级"新八级"制度试点，首批评聘特级技师14人；推动基层聘用退休"双高"人员310人，较上年增长155%。建立基层农业服务机构专技人员"定向评价定向使用"制度，乡村医生"县聘乡用"获中央改革办刊载。四是人才服务有新举措。全方位、全链条优化人才服务环境，人才创新创业全周期服务"一件事"改革加快推进，打造"渝才荟"一体化服务平台，汇聚360万人才数据信息，集成全市351项人才政策，人才服务码覆盖256万人。累计发放重庆人才服务卡 1.7 万张，2023 年以来提供一站式服务 28.8 万人次，服务满意度达 99.7%。

（四）劳动关系和谐稳定

一是抓示范创建。实施新时代和谐劳动关系创建活动，获批区域和谐劳动关系高质量发展改革创新试点。全市累计建设三方协调机构 951 家、培育各级和谐劳动关系企业 6320 家，建成劳动关系示范点 2080 个；42 家企业和 6 个园区被评为全国模范企业（园区）；创建九龙坡、南岸、两江新区 3 个国家和谐劳动关系综合试验区。二是抓权益维护。加强劳务派遣管理，制发《重庆市劳务派遣规范用工指引》。建成"重点企业劳动用工监管在线"应用，将全市 100 人以上企业全部纳入风险监测预警，处置风险隐患线索 862 条，化解矛盾纠纷 1112 件。构建"1+1+3+N"维护新就业形态劳动者劳动权益保障政策体系；出台全国首个仲裁代理规定、西部首个仲裁场所建设地方标准；在全国率先开展劳动保障监察执法示范区、人力社保创新执法优化服务试验区建设。全市劳动人事争议调解成功率为 68.3%，仲裁结案率为 90.6%，分别高于年度目标 8.3 个、0.6 个百分点。三是抓治欠保支。升格全市根治欠薪工作专班，持续三个月开展根治欠薪专项行动；"一金三制"基本实现全覆盖，预警平台接入率达 98.4%；全市配备治欠协管员 724 人，对 1824 个在建项目开展巡查；"渝薪码"为 5724 名劳动者追讨工资 8250 万元。2023 年 1~9 月，全市共处理欠薪案件 857 件，同比下降 13%，涉及农民工 1.12 万人，涉及金额 1.57 亿元，治欠保支形势平稳可控。

（五）服务发展大局有力有为

一是深化川渝人社合作。部省市战略合作协议高位引领，人社多域合作 124 项协议聚势赋能，构建起部、省市、区县三级联动合作模式。启动川渝人社"十大专项行动"，部、省、市三方战略合作协议 97 项任务已完成 63 项；118 项数据指标互通共享，32 项标准化区域协同试点事项实现"无差别受理、同标准办理"；2023 年 1~9 月，43 项川渝人社"跨省通办"业务互办 42 万件，累计118.6万件；联合发布成渝地区双城经济圈急需紧缺人才目录、企业工资指导价位；建成首个成渝乡村振兴国家级专家服务基地，"双核"联动、"双圈"互动步伐不断加快、成效更加明显。二是服务西部陆海新通道建设。持续开展"双城经济圈国际人才线上行"、博士后全球招收等活动，2023年共引进国际物流、现代供应链管理等行业人才6470人；在全国率先开展外籍"高精尖缺"人才认定标准试点；出台人才双向离岸19条创新创业发展措施；深化中新（重庆）职业技能培训和职业教育合作；首次发布40项境外人才参加专技类职业资格考试目录，先后发布两批次213项境外职业资格证书认可清单，数量及开放程度居全国前列，积极助推内陆开放高地建设。

（六）增进民生福祉惠民有感

向着共同富裕目标持续增进民生福祉，切实把民生"关键小事"办成百姓心头的"温暖大事"。一是稳步推进完善工资收入分配。助力实施中等收入群体倍增计划，完成重庆市企业薪酬调查分析报告；最低工资标准一档调增到2100元；首创出台乡村人才振兴26条薪酬激励措施；落实重点群体待遇，兑现一线医务人员临时性补助10.5亿元；完成市属22家、区县128家公立医院薪酬制度改革，较改革前人均增资1万元/年。二是升级打造数字人社体系。完成"智慧人社"工程建设，上线应用122项，集成人社各领域4900余个功能模块，建成全业务信息平台。依托人社西部（重庆）数据实验室，打造"1522"数字人社体系，建成"数字人社大脑"1.0版本。完成6个应用"三张清单"的编制，"渝悦·根治欠薪""渝悦·就业""党建·渝才荟"3个应用已纳入全市应用"一本账"。完成"就在山城""渝快参保"等13项应用建设，上线运行"根治欠薪"、重点群体帮扶等7项应用。三是优化人社公共服务。构建"1411"惠民有感工作体系，首批建立82个基层问题建议直报点，推出20件人社民生实事。开通148项服务网上办，网办事项占比达95%。上线"个人灵活就业""职工退休""人才创新创业"等"一件事一次办"事项6项；困难群体社保代缴、职业培训补贴、失业保险稳岗返还等9项政策服务实现"免申即享"。拓展"15+5"

人社便民服务圈，深化社银、社邮、社企合作，打造1.4万个便民服务点，上线便民服务电子地图，全力构建"人社服务在身边"格局。

二 现代化新重庆建设中人社事业发展
面临的挑战和问题

（一）人口结构发生深刻变化

我国总体上已由人口增量发展转向减量发展阶段，人口发展呈现少子化、老龄化、区域人口增减分化等明显的趋势性特征。具体到重庆市，从总量看，重庆市2022年常住人口较2021年增加0.91万人，虽延续18年持续增长态势，但人口出生率继续下降到5.98‰[1]，比2021年减少1.63万人[2]。从结构看，重庆市老龄化程度进一步加深，65岁及以上老年人口588.2万人，老龄化率达18.3%[3]，比全国平均水平高3.4个百分点[4]。从需求看，产业转型升级和技术迭代升级，对劳动者技术技能水平提出新的更高要求。高技能人才求人倍率长期在2以上，尚不能完全满足重庆市制造业高质量发展需要。从供给看，重庆人才总量依然不足，特别是技能人才仅占从业人员总数的31%；全市具有大专及以上受教育程度人口占比达21.7%，比2021年提高2.6个百分点，但不少普本高职、文科专业毕业生与市场需求结构错位。

（二）就业形势稳中有忧、稳中承压

部分行业招聘需求收缩，1～10月，全市房地产业、制造业、建筑业的

---

① 重庆市统计局、国家统计局重庆调查总队：《2022年重庆市国民经济和社会发展统计公报》，2023年3月17日。
② 重庆市统计局、国家统计局重庆调查总队：《2021年重庆市国民经济和社会发展统计公报》，2022年3月18日。
③ 重庆市统计局、国家统计局重庆调查总队：《2022年重庆市国民经济和社会发展统计公报》，2023年3月17日。
④ 国家统计局：《中华人民共和国2022年国民经济和社会发展统计公报》，2023年2月28日。

招聘岗位数量，同比分别减少 46.8%、9.6%、57.4%；结构性就业矛盾仍然较为突出，1~10 月全市人力资源市场发布需求 586.1 万个，同比上升1.8%，劳动力供给 495.8 万人，同比下降 14.5%；技能类岗位求人倍率为4.36，其中普工技工缺口达 13.6 万人；普工技工、餐饮服务、配送理货等职业缺口较大，而财务、行政、文员等岗位不足，招工难与就业难并存。

（三）社会保障体系结构还不平衡

目前，重庆市企业职工基本养老保险抚养比为 2.2∶1，基金抚养压力高于全国平均水平；多层次多支柱的养老保险体系有待健全，养老保险第一支柱一枝独秀，第二支柱和第三支柱覆盖面不高，个人养老金试点开户缴费率有待提高；参保质量、结构有待进一步优化。

（四）人才引育还需持续加力

市、区县和用人单位三级人才政策体系不完善，区县配套出台专项引才政策积极性不高，引才优惠政策兑现力度不够；用人单位主体作用发挥不足，引才主要依靠政府推动，专业化公司、社会组织作用发挥不够充分，多方参与、多元联动的引才体系尚未形成。

（五）劳动关系领域风险挑战增多

受宏观经济形势影响，部分平台企业、中小微企业盈利能力和工资支付能力下降，部分劳动密集型企业招工用工存在不规范现象。依托互联网平台就业的新就业形态劳动者数量大幅增加，但与之相配套的权益保障法律支撑不足、劳动关系认定标准不明确，相关纠纷解决、劳动监管和权益保障面临难题。

三　进一步推动重庆人社事业高质量发展的对策建议

（一）聚焦成渝地区双城经济圈建设，深化川渝人社合作

围绕成渝地区双城经济圈建设，合力建设人社事业"共同体"，携手打

造川渝合作"样板间"。一是优化协作机制。落实部、省、市三方战略合作协议，推动川渝、成渝人社合作机制和工作体制迭代升级，探索优化联席会议模式、专项工作组架构。搭建成渝双核、毗邻地区等人社部门对接平台，健全交流互访、联合调研、合作共商机制，抓实一批重大项目，做强一批重大平台，推动一批重大改革，实施一批重大政策。二是深化协同联动。探索创建多域川渝先行区，加快建设"智能+技能"数字技能人才培养试验区，共同发布人力资源市场工资价位和行业人工成本信息、急需紧缺人才目录，巩固成渝地区专家团服务基层、科研人员顶岗培养工作，协同推进社保卡"一卡通"立法，推动川渝人社"跨省通办"提质增效。三是强化全域协作。建立政策需求、议定事项、工作成果"三张清单"，统筹抓好十大专项行动、川渝及成渝双核人社年度任务等。区县主动融入"双核"联动、"双圈"互动大棋局，积极先行先试；渝西片区人社部门主动与川南、川中等地人社部门对接，加快推动成渝中部地区高质量发展。

（二）聚焦人社首责首业，全力促进高质量充分就业

深化"大就业"工作格局，健全就业影响评估机制，拓展县域就业容量，研究制定促进产业发展带动就业的机制措施，推动实现全市全年城镇新增就业 60 万人以上、城镇调查失业率控制在 5.5% 左右，保持就业局势总体稳定、重点群体就业稳定。一是持续实施就业政策落实行动。持续推行失业保险稳岗返还、职业培训补贴、脱贫人口外出务工交通补贴、脱贫人口生活费（含交通费）补贴、鲁渝脱贫人口以工代训补贴、高校毕业生求职创业补贴等 6 项政策"免申即享"和单位社保补贴、一次性吸纳就业补贴 2 项政策"直补快办"，实现政策精准直达，用政策红利引导企业吸纳就业、个人主动就业。二是全面实施就业岗位拓展行动。变"等企业上门"为"进企业服务"，通过人社（就业）局长访企拓岗一批、就业服务专员上门收集一批、人力资源服务机构统筹共享一批，深度挖掘岗位需求潜力，把所有岗位信息归至"渝职聘"公共招聘服务平台。三是常态实施线上线下招聘行动。线上，依托重庆公共就业网和"渝职聘"等平台，按人群、地域、行

业等不同维度打造网络直播招聘矩阵，实现更加便捷的线上对接。线下，突出"小而精"加密招聘会场次和频率，各区县每周至少举办1场现场招聘会，各乡镇（街道）每月至少组织1场现场招聘活动。四是务实实施创业创新扶持行动。统筹全市创业孵化基地资源，再开发5000个免费创业工位，确保全年达到1万个以上。推动创业担保贷款"秒申请、秒审核"，满足创业者资金需求。加快推进创业培训"马兰花计划"，培训创业大学生1万人以上。大力攻坚高校毕业生就业压力，实施大学生创业启航计划和加速计划，举办青年创业服务季等活动，筹集4万余个见习岗位点对点推送大学生。五是精准实施职业技能培训行动。紧扣"33618"现代制造业集群体系等用工需求，动态发布市、区两级紧缺职业（工种）目录，推行"岗位+培训+就业""用工企业+培训机构+人力资源服务机构""紧缺工种目录+培训机构目录+培训补贴目录"3个"3+"组训模式，打通求职、培训、招聘链条。围绕求人倍率高于1.5的职业工种，组织重点群体定向培训10万人次。六是聚力实施就业困难援助行动。推进零工市场和充分就业社区（村）建设，力争年底前全市零工市场（驿站）达到100个、高质量充分就业社区（村）达到200个。为低保家庭、脱贫户等特殊困难群体提供"一对一"就业援助。对通过市场渠道难以实现就业的，合理统筹公益性岗位兜底安置，确保零就业家庭至少一人就业。七是协同实施就业服务攻坚行动。强化数字赋能，发挥"大数据+铁脚板"优势，通过大数据比对，精准锁定需帮扶的重点群体，智能匹配推送信息；通过就业服务专员、劳务经纪人上门走访、电话联系，向每名失业人员"一对一、点对点"提供"1131"服务，促进多渠道就业创业。

（三）聚焦数字重庆建设，深化人社领域数字化改革

树牢数字思维，加快理念重塑、制度重构、流程再造，推动数字人社建设走在前、创一流。一是围绕顶层设计抓衔接。坚持上接天线、下接地气，紧扣数字重庆"1361"、全国数字人社"1532"整体架构，打造即时感知、科学决策、主动服务、高效运行、智能监管的"1522"数字人社体系，以

数据流整合决策流、执行流、业务流，实现政策赋能、数据赋能、平台赋能、应用赋能、服务赋能。二是围绕数字底座抓对接。数据层面，高质量完成金保业务专网、人社数据中心的整合迁移，按要求向市级一体化智能化公共数据平台、全国人社大数据平台归集数据，建立人社数据仓和主题数据库，完善"数字人社大脑"，拓展数据共享的广度和深度。加快建设区县人社数字驾驶舱，推动人社数据属地返还、按需回流，更好地帮助支持区县开展数据分析和利用。应用层面，持续迭代升级"智慧人社"系统功能，按技术规范和管理要求做好向"渝快办""渝快政"两端的迁移，基于一体化智能化公共数据平台、三级运行和治理中心开发和部署新建应用，实现纵向贯通、横向协同。三是围绕场景打造抓链接。按照"四个一批"要求，滚动推进、谋划建设30个应用场景。加快核心业务梳理，绘好业务流程图和数据集成图。坚持全市"一盘棋"，采用"统一开发、共同使用"模式开发应用，由市统筹带领区县抓应用，避免重复建设。鼓励区县参与应用场景建设"揭榜领题"，选择"小切口"的特色场景先行实践再全市推广，做到"一地创新、全市受益"。

（四）聚焦西部人才中心和创新高地建设，全面强化人才支撑

坚持科技创新和人才强市首位战略，以创建国家吸引和集聚人才平台为总抓手，大力激发人才创新活力，为现代化新重庆建设提供有力人才支撑。一是迭代升级人才政策体系。围绕"33618"现代制造业集群体系，深入实施全球顶尖人才引进"渝跃行动"和新重庆引才计划，帮助重点单位、重大平台引进一批"灵魂人物"。研究制定优秀青年专项实施方案、加强新时代高技能人才队伍建设的实施意见、加强和改进新时代博士后工作等政策，鼓励区县、行业叠加人才优惠政策。二是创新办好人才活动品牌。升级举办重庆国际人才交流大会，深入开展"百万人才兴重庆"等引才活动，举办软信产业人才创新创业大会、"院士专家重庆行"和"博士渝行周"等活动，形成联动聚才效应。深入实施产业人才专项，加速实施数字技术工程师培育项目，全年引育万名卓越工程师。实施乡村人才振兴

"五万计划"，探索创建乡村人才振兴示范区（县）。三是市、区县合力聚集人才。持续深化满天星软件人才、人力资本、卓越工程师等领域合作，积极探索重大科研平台专项支持，支持企业集聚人才。各区县联动打造一批高能级平台吸引高层次人才，聚力建设一批特色化平台培育人才，创新开展一批赛事活动留住人才。四是持续提升服务人才水平。完善人才创新创业全周期服务机制，推进"渝才荟"等惠才有感应用场景建设，加快事业单位人事管理"一件事"改革，深化高层次人才图谱应用，抓好"人才码""引才云""育才港"分平台建设，构建全时在线、泛在可及、公平普惠、优质高效的人才服务体系。

（五）聚焦推进共同富裕，切实保障和改善民生

坚持以人民为中心的发展思想，在创造高品质生活中促进人的全面发展和全体人民共同富裕。一是健全多层次社会保障体系。坚持把健全社会保障体系作为共同富裕的重要抓手，深入实施社保扩面提质专项行动，强化"险种+部门"数据协同，建立精准扩面机制，持续优化参保结构，把更多群体纳入保障范围；推动稳定就业未参保人员应保尽保。完善城乡居民养老保险缴费档次标准和缴费补贴动态调整机制，鼓励群众持续参保、更高标准缴费。系统性重塑社保基金监管，建立健全社保政策风险预判、安全评估和安全责任三大体系，打造社保基金全过程、全闭环的数字化综合治理体系，守好群众"养老钱""保命钱"。二是深化收入分配制度改革。坚持把完善收入分配制度作为共同富裕的重要途径，助力实施中等收入群体倍增计划，着力在"提低""扩中"上下功夫，健全工资决定、合理增长和支付保障机制。总结好重庆市公立医院薪酬制度改革经验，在高校、科研院所积极探索，强化考核结果运用，充分体现人才创新价值。三是抓好和谐劳动关系创建。推进区域和谐劳动关系高质量发展改革创新试点，大力实施"渝你同行"和谐劳动关系构建工程，强化重点平台企业行政指导，分级分类开展企业劳动保障守法诚信等级评价，加快推进劳动纠纷一站式联处中心、拖欠农民工工资争议速裁庭建设，加大"渝薪无忧""劳动关系用工风险监管在

线"等数字应用推广力度，落实人社部电子劳动合同百城试点，切实维护好劳动者合法权益。

参考文献

《习近平：高举中国特色社会主义伟大旗帜 为全面建设社会主义现代化国家而团结奋斗——在中国共产党第二十次全国代表大会上的报告》，新华社，https：//www. xuexi. cn/lgpage/detail/index. html？ id = 17478440677105407928&item _ id = 17478440677105407928，2022 年 10 月 25 日。

《市委六届二次全会举行 全面学习宣传贯彻党的二十大精神 在新时代新征程为建设社会主义现代化新重庆而团结奋斗 市委常委会主持 市委书记袁家军讲话》，《重庆日报》2022 年 10 月 21 日。

《市委六届三次全会举行 深入学习贯彻习近平新时代中国特色社会主义思想 加强党建统领持续修复净化政治生态 加快建设新时代市域党建新高地 市委常委会主持 市委书记袁家军讲话》，《重庆日报》2023 年 7 月 7 日。

《袁家军在重庆市建设成渝地区双城经济圈工作推进大会上强调 深入实施双城经济圈建设"一号工程" 全面推进现代化新重庆建设开好局起好步 胡衡华主持 王炯唐方裕出席》，《重庆日报》2023 年 1 月 28 日。

人力资源和社会保障部： 《人力资源社会保障部务虚会在京召开》，http：//www. mohrss. gov. cn/SYrlzyhshbzb/dongtaixinwen/buneiyaowen/hyhd/202307/t20230727 _ 503659. html，2023 年 7 月 27 日。

《全力确保就业局势总体稳定——访人力资源社会保障部部长王晓萍》，新华社，http：//www. mohrss. gov. cn/SYrlzyhshbzb/dongtaixinwen/buneiyaowen/rsxw/202301/t20230110 _ 493103. html，2023 年 1 月 10 日。

重庆市统计局、国家统计局重庆调查总队：《2022 年重庆市国民经济和社会发展统计公报》，http：//tjj. cq. gov. cn/zwgk _ 233/fdzdgknr/tjxx/sjzl _ 55471/tjgb _ 55472/202303/t20230317_ 11775723. html，2023 年 3 月 17 日。

B.13
重庆脱贫地区农村养老
发展难题与推进策略

罗 伟[*]

摘　要： 　近年来，重庆市脱贫地区农村养老保障在政府主导下快速发展，在经济支持、养老服务、健康服务三大核心内容上建设成效突出。但仍是养老保障建设中的突出短板，存在经济支撑巩固提升难，养老服务供需结构性矛盾突出，健康服务可及性、系统性、连续性仍待增强等突出问题。按照尽力而行、量力而为原则，本报告提出全面加强老年人经济支持、稳步推进养老服务体系建设、加快健全完善老年健康服务体系三大类14项推进脱贫地区农村养老保障建设策略。

关键词： 　重庆脱贫地区　农村养老　养老保障　养老服务

农村养老保障是我国养老保障发展短板，其发展进步直接影响积极应对人口老龄化国家战略实施成效。脱贫地区青壮年人口持续大量外流，老龄化速度更快，而区域经济社会发展基础弱，未富先老、未备先老程度更深，其农村养老保障建设堵点多、难度高，亟须开展针对性研究。本报告基于各类面板数据分析重庆市14个原国家级贫困县（以下简称"脱贫地区"）农村总体的养老发展情况，深入其中的5个区县实地考察，探究农村养老发展难题及应对策略。

---

* 罗伟，重庆社会科学院法学与社会学研究所副研究员，主要研究方向为人口问题、社会建设。

一 重庆脱贫地区农村养老保障发展现状

得益于近年来国家和重庆市在农村养老保障方面的顶层设计和工作部署，以及脱贫攻坚中多渠道、巨大的外部资源输入，重庆脱贫地区农村养老保障在经济支持、养老服务、健康服务三大核心内容上建设成效突出。

（一）经济支持多支柱格局基本成形

个人和家庭是老年人养老经济支持的主要提供者。"普查数据"[①] 显示，脱贫地区农村老年人主要生活来源排第一的是家庭其他成员供养，占42.52%（最高的开州区达53.86%）。[②] 其次是劳动收入，占30.63%（最高的万州区达38.30%）。家庭其他成员供养方面，多靠家庭成员外出务工形成转移支付，呈现不定期不定额特征。农村老人的劳动收入多为农业劳动收入和一部分务工收入，身体健康的农村老年人劳动所得能够维持其基本的生活需求，随着老年人健康水平下降，依靠家庭其他成员供养的比例迅速提高，不健康但生活能自理老年人59.92%依靠家庭其他成员供养，不健康、生活不能自理老年人65.76%依靠家庭其他成员供养。

转移支付成为老年人养老重要的经济支撑。脱贫地区农村低收入老人纳入各类保障量大面广，保障标准逐年提高，农村最低生活保障、特困人员救助供养等为脱贫地区老年人基本生活提供了兜底保障，医疗救助等有效减轻了老年人的医疗支出负担。"普查数据"显示，脱贫地区农村老年人主要的生活来源有11.41%是离退休金/养老金（最高的黔江区达18.65%），有6.28%的老年人靠最低生活保障金（最高的城口县达10.71%），二者合计

---

① 文中的"普查数据"均为根据《重庆市人口普查年鉴2020》《重庆市人口普查年鉴2010》等相关数据整理计算。

② 文中脱贫区县的数据，均为重庆市万州区、黔江区、开州区、武隆区、城口县、丰都县、云阳县、奉节县、巫山县、巫溪县、石柱县、秀山县、酉阳县、彭水县等14个原国家级贫困县的加权平均数据。

近20%，对保障农村老年人的生活发挥了重要作用。

经济支持呈现多支柱格局。相较2010年，家庭供养仍是脱贫地区老年人最主要的经济支持，是老年人主要生活来源的占比持平。劳动收入对农村老年人的经济支持重要性显著下降，是老年人主要生活来源的占比下降16.30个百分点。离退休金/养老金和最低生活保障金的重要性大幅提升，是老年人主要生活来源的占比分别提升9.17个、0.47个百分点。财产性收入对老年人生活保障作用开始显现，是老年人主要生活来源的占比提高0.28个百分点，达到0.40%（见表1）。

表1　重庆农村60岁及以上老年人口主要生活来源

单位：%

年度	地区	劳动收入	离退休金/养老金	最低生活保障金	财产性收入	家庭其他成员供养	其他
2010	全市平均	48.01	3.40	5.38	0.13	41.15	1.92
	脱贫地区	46.93	2.24	5.81	0.12	42.51	2.39
2020	全市平均	32.71	12.65	6.39	0.36	41.20	6.69
	脱贫地区	30.63	11.41	6.28	0.40	42.52	8.76
	万州区	38.30	12.81	5.83	0.18	36.58	6.29
	黔江区	30.52	18.65	6.95	0.17	39.16	4.56
	开州区	19.74	6.86	6.61	0.34	53.86	12.58
	武隆区	32.62	12.39	5.03	0.15	41.56	8.25
	城口县	26.39	7.50	10.71	1.05	45.18	9.16
	丰都县	38.26	13.59	5.47	0.46	36.15	6.07
	云阳县	29.93	13.05	5.35	0.66	45.94	5.07
	奉节县	28.83	12.91	4.79	0.75	40.43	12.28
	巫山县	29.24	13.72	5.80	0.31	39.16	11.77
	巫溪县	26.71	6.67	6.22	0.27	44.98	15.16
	石柱县	36.13	15.20	8.91	0.26	30.80	8.69
	秀山县	17.46	12.50	8.32	0.47	51.96	9.30
	酉阳县	36.50	8.10	6.89	0.40	40.41	7.70
	彭水县	36.16	8.30	6.15	0.34	42.00	7.05

（二）养老服务社会化快速推进

个人和家庭是养老服务的主要供给者。生活照料方面，身体健康、基本健康老年人主要是自我服务；不健康老年人，其他家庭成员以直接服务和提供资金购买服务方式承担了主要的照料责任。"抽样调查数据"显示，脱贫地区农村有照料需求的老年人，高达89.47%主要靠配偶以外的家人照料。[①]精神慰藉方面，随着脱贫地区通信基础设施逐渐完善，老年人使用电子产品的能力提升，来自家庭其他成员的精神支持有了明显改善。体现在老年人消费支出上，脱贫地区农村老年人交通通信支出由2018年的380元增加到2022年的523元，增长了37.63%。

社会化养老服务实现设施全覆盖。目前脱贫地区农村养老服务设施的建设主要由政府出资，建设重点包括升级改造乡镇敬老院，建设乡镇养老服务中心、村互助养老服务点，对社会力量开办养老机构给予建设补贴和运营补贴，以购买服务的方式支持社会组织为老年人提供多样化的养老服务等。据市民政局数据推算，2022年末，脱贫地区达到了1区县1个及以上失能集中照护机构、1乡镇1个养老服务中心、1村1个互助养老点，构建起农村养老服务发展区县、乡镇、村三级阵地。[②]实现每个村有"一个互助养老点"、有"一个人定岗服务"、有"一支志愿队伍"、有"一套结对帮扶机制"，开展集中助餐、流动助医、定点助乐、智慧助急、上门助养等五助服务。各脱贫地区政府通过购买服务链接专业养老机构、社会组织、村社，在探索共同为农村老年人提供多样化服务方面进行了大量创新。

（三）健康服务更加优质可及

个人是健康第一责任人的作用逐渐开始发挥。得益于健康教育的大力推

---

① 本文中的"抽样调查数据"均为根据"第四期中国妇女社会地位调查"重庆数据整理计算。

② 摘引自《重庆市民政局养老服务处2022年工作总结》；《重庆实现农村养老服务全覆盖　还将培训6万名养老服务人才》，https：//baijiahao.baidu.com/s？id=1756542325693903812& wfr=spider&for=pc，2023年1月31日。

广，脱贫地区农村老年人能通过电视等渠道常态化接收健康知识，自我健康意识有所增强，在改变不良饮食习惯、有病及时就医、及时参加健康检查等方面进步明显。家庭其他成员在健康服务供给上相对来说作用发挥有限，主要在跟踪老年人健康状态变化、提醒及帮助老年人及时就医、简单的康复护理等方面为老年人提供健康服务。

政府是健康服务的主要供给者。健康服务的供给专业化要求高，健康教育、健康管理、慢病筛查与防治、疾病诊疗、康复护理等主要是政府通过其管理的医疗机构和公共卫生机构供给。各脱贫地区农村医疗机构标准化实现全覆盖，建成一乡镇一卫生院、一村一卫生室的农村卫生服务网络；相继开展县域"医共体"建设，农村医疗服务能力有了明显提升；广泛组建家庭医生服务团队，开展家医签约服务，老年人能就近获得更优质的医疗服务。各区县深入推进全民参保，农村群众城乡居民基本医疗保险参保率稳定在95%以上，困难群体实现100%参保，各区县积极落实医疗救助政策，从整体上降低了老年人就医负担。上述发展成果综合反映在老年人身体健康状况方面，"普查数据"显示，2020年脱贫地区农村自述健康的老年人达到55.3%，比2010年上升22.6个百分点；基本健康的占33.2%，下降9.3个百分点；不健康，但生活能自理的占9.6%，下降10.8个百分点；生活不能自理的占1.9%，下降2.5个百分点。

二 脱贫地区农村养老保障发展面临的难题

脱贫地区经济社会基础较差，人口老龄化程度更高、老龄化速度更快、山高坡陡、老年人口居住分散，农村养老保障发展面临的难题在脱贫地区也普遍存在，而问题的困难程度更高、影响面更广。

（一）经济支持巩固提升难

1. 脱贫地区农村居民收入增长滞后

2022年，重庆市脱贫地区农村常住居民人均可支配收入17039元，脱贫地区城乡居民收入差由 2015 年的 15575 元扩大到 24436 元，增加 8861 元，其中，最高的万州区增加了 10947 元，最低的酉阳县也增加了 6323 元（见图 1）；脱贫地区农村居民收入与全市农村居民收入差额由 2015 年的 1527 元扩大到 2274 元，增加 747 元。

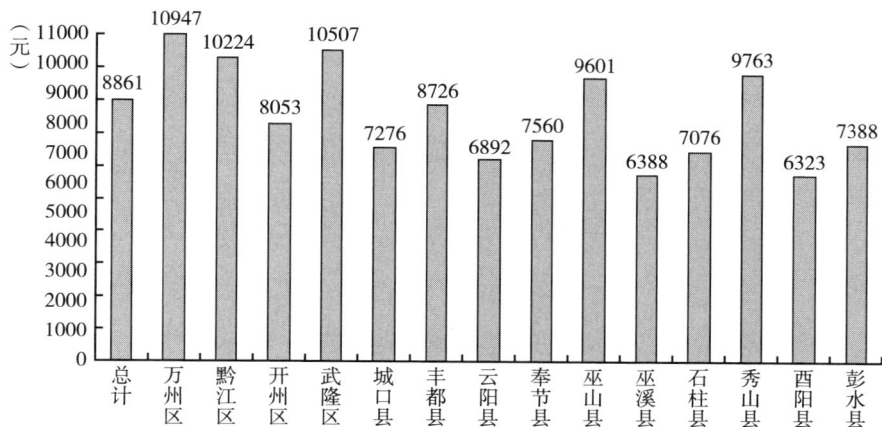

（元）

总计	万州区	黔江区	开州区	武隆区	城口县	丰都县	云阳县	奉节县	巫山县	巫溪县	石柱县	秀山县	酉阳县	彭水县
8861	10947	10224	8053	10507	7276	8726	6892	7560	9601	6388	7076	9763	6323	7388

图 1　重庆市脱贫地区 2022 年比 2015 年城乡居民收入差增加额

资料来源：根据相关年份《重庆统计年鉴》资料整理计算。

2. 子女实际支持有限

家庭其他成员供养是脱贫地区老年人首要的生活来源，但实际支持有限。相关政策对子女提供经济支持的标准无明确规定，在实践中难以界定子女是否给父母提供了足够的经济支持。"抽样调查数据"显示，脱贫地区农村子女超过六成日常没有资助父母钱物，除看病支出外，整体上对父母的生活资助是比较低的，平均只有 1084 元，可能覆盖脱贫地区农村老年人支出的 8%~9%。这里没有考虑子女在老人看病方面提供的支持，实际支持应高于这个水平。如果不算六成没有资助的，有资助的平均资助 2710 元，约覆盖老年人支出的两成以上。子女对老年人的经济支持持续性和稳定性较低，子女收入主要来源于外出务工，务工收入具有波动大、不稳定特征，老年人获得的子女支持通常是不定期不定额。

3. 老年人劳动收入低

劳动收入仍是大量脱贫地区农村老年人首要的生活来源。但对脱贫地区农村老年人而言，多数家庭子女长期外出，无法给老人提供劳动支持，老年人的务农务工收入普遍较低，部分老年人出于身体原因无法获得劳动收入，因此老年人靠提高劳动收入保障养老质量难度大。

4. 养老保险保障水平低

养老金是脱贫地区老年人重要的生活来源之一，有两种情况。第一种，少量老年人因外出务工参加了城镇企业职工养老保险，或受益于扶贫开发建设占地、户籍制度改革等，享受农转非养老保险，养老金能够保障基本生活。第二种，更多的是老年人理解生活来源时只计现金收入，城乡居民养老保险养老金是其主要现金来源，这个金额是比较低的。重庆市现行基础养老金为135元/月，上海、北京、天津的居民养老保险基础养老金分别为1300元/月、887元/月、307元/月，重庆与其差距较大。城乡居民养老保险政策吸引力较弱影响参保积极性。重庆个人缴费分设每年200~4000元13个档次，财政按档次给予40~175元的补贴。参保人选择最低档缴费补贴比例是50%，选择最高档缴费补贴比例为4.4%，较高档次补贴比例偏低，缺少激励，参保人普遍选择最低档次参保。现行城乡居民养老保险个人缴费允许居民先参保后缴费，并且在退休时可自由选择档次趸缴，形成居民参保负向激励，降低居民当期参保积极性。

5. 贫困边缘老年人缺乏社会救助

社会救助的对象有严格的界定条件，符合条件的老年人可以获得一系列福利，生活有基本保障，就医报销比例高、自付少，还是各项政府购买养老服务的重点服务对象。调研中基层反映，事实上农村还有相当数量的老年人，自身劳动能力弱，其他家庭成员又无力赡养，成为"事实无人赡养老人"，这部分老人生存状况事实上比社会救助对象更差。

（二）养老服务供需结构性矛盾突出

1. 人口结构变动快，养老资源布局决策难

脱贫地区农村人口总量因年轻人口大量外流而减少，但农村老年人口规

模在增大，2020 年全市脱贫地区农村老年人口占比比 2010 年提高了 8.89 个百分点，数量增加 5.28 万人。近年来出现农村老年人口向城镇转移趋势，表现为乡镇老年人口增量比农村总体增量多，脱贫地区乡镇老年人口数量 10 年来增加了约 20 万人。当前外流人口市民化程度低，年老后落地何处尚无法确定。人口变动一方面导致家庭养老服务供给逐渐萎缩，需要社会化服务填补空缺；另一方面政策制定中在时间和空间上如何布局养老服务资源也面临巨大挑战，管理者普遍担心出现类似农村初级教育资源需求急速萎缩的情形。

2. 投入不足，养老服务阵地建设难

脱贫地区各区县养老服务设施建设本级财政无专项投入，普遍依靠市级资金，推进农村养老设施全覆盖建设时资金紧缺。市级预算的各乡镇 100 万元经费，计划任务包括养老服务中心和农村养老互助点建设，在实施中各区县基本都用于乡镇养老服务中心建设。各村建设互助养老服务点，多是依托已建成的便民服务中心设施，加挂互助养老服务点的牌子，少数村获得了少量建设经费，新增了桌椅、空调等设备，村互助养老服务点普遍不能承载政策设计的"兼具日间照料、康复理疗、休闲娱乐、紧急救援等功能"。

3. 资源闲置与短缺并存，社会老人机构养老难

脱贫地区现有失能人员集中供养中心、乡镇敬老院和乡镇养老服务中心、社会养老机构三类农村养老机构，乡镇敬老院和乡镇养老服务中心通常是一个机构两块牌子。乡镇敬老院（养老服务中心）基本全覆盖，与集中供养中心一起，主要以自愿为原则，对特困老年人等社会救助对象全覆盖分类供养，政策鼓励对社会老人开放。社会养老机构主要布局在县城，以服务城市居民为主。调研发现，各区县机构整体入住率不高。2022 年底，Q 区运营的 12 家养老机构有床位 1949 张，入住率 29.8%；F 县有养老服务床位 5000 张，入住率 24%。各机构入住的自理老人居多，在乡镇很大一部分是能自理的兜底保障对象。

众多研究表明，老年人愿意选择养老机构养老的比例在 5%~10%，而脱贫地区老年人入住养老机构养老的比例远低于这一数值。脱贫地区农村有

122万余老年人，1.89%自述身体不健康、生活不能自理，也就是有约2.3万人理论上更适合到机构养老，这部分人目前只有17%左右入住了养老机构。社会老人不是无机构可养老，部分老人是受观念影响不愿进机构养老，不能自理老人主要是无法承担机构养老费用。本次调查的养老机构，自理老人最低月收费1500元起，不能自理老人月收费多在4000元以上，年费用远超老年人全年平均生活消费支出。

4. 社会养老服务倾向集中供给，老年人"三边"服务发展难

近90%的老年人希望居家养老，因此从中央到地方都在大力推进居家社区养老服务发展，以此服务好老年人"周边、身边、床边"需求。国家层面连续实施了"居家和社区养老服务改革试点""居家和社区基本养老服务提升行动项目"，这些行动极大地丰富了城市社区老年人"三边"服务。调研发现，市级层面对农村养老服务无运行经费支持，区县级有少量投入，目前主要发展起两种形式的服务供给。第一种，乡镇敬老院（养老服务中心）主要面向特殊老年人的集中供给，包括物质支持、照料服务、文化娱乐、心理慰藉等服务。第二种，以购买服务形式，由社工组织、志愿者组织等递送养老服务进村入户。这些服务多围绕农村老年人关爱，定点、定时开展。定点，就是项目选择一两个村开展，定时就是项目有服务期，一般1~2年。两类形式都具有场所集中、对象集中特征，受益对象少。全市提出了建设村互助养老点，发展农村互助养老的模式，以丰富农村老年人"三边"服务供给。脱贫地区广大农村大多山高坡陡，老年人居住分散，服务递送成本高。目前还处于完善设施，政府联合机构、社会组织、村社在地力量、家庭等主体共同探索运行模式阶段，调研的区县都只在少数村试点，试点发现互助养老模式中不确定性因素多，各方主体积极性不高。

5. 养老人才队伍发展缓慢，服务专业化提升难

人才数量不足，队伍年龄老化、专业水平不高、稳定性差等是全市养老人才队伍的普遍问题，脱贫地区农村境况更差一些。Q区30个镇街的养老服务中心（站）由18家运营"五合一"社工服务站的社工组织的社工带领志愿者运营，基本无专业人员；乡镇敬老院从业人员由于工资低，兼业现象突出，很少接受系统培训。ZW区反映当前养老机构的中、高级护理员，多从事管理工作，从事一线护理工作的多为年龄大、学历低的50岁以上养老护理员，养老护理知识有限、护理技能的专业性不高。村互助养老服务刚起步，只有少量养老服务志愿者，还顾不上人员是否有专业性。

（三）健康服务支撑有待增强

1.居民医保参保意愿下降，老年人保障水平存在下降风险

近年来，城乡居民医疗保险的保障水平稳步提升，但居民医保个人缴费也年年上涨，加上实施门诊统筹后个人缴费不进入个人账户，未发生医疗费用群体认为"亏大了"，基层在组织参保时发现居民抵触情绪有所蔓延。城乡居民医保实施参保制度改革后，参保从以家庭为单位转为以个人为单位，部分风险意识不强的家庭，成员开始选择性参保。这会影响医保基金征收规模，进而影响保障水平。老年人是医疗保险的主要受益群体，受到的影响也最大。

2.农村医疗机构服务水平低，健康服务可及性较差

脱贫地区近年来县级医疗服务水平大幅提升，乡镇和村级医疗服务水平提升相对较慢，不能满足农村居民对优质医疗服务的新要求。村卫生室中，农村医生普遍收入低，优秀村医少，"就治点感冒发烧类的小病，有的基本不治病，只是配合镇卫生院做点基础的公卫服务"。乡镇卫生院中，基础设施建设严重不足，如F县拟建的6个农村区域医疗卫生中心，业务用房均达不到甲级乡镇卫生院标准。设备缺乏和落后，新设备少，如LW区CT配备率仅4.6%；基础设备超期使用，设备维护费用超过使用收入，弃用现象突出。人才短缺，高层次人才少，人才流失大，基层基本无老年医学人才。如F县乡镇卫生院高级职称医技人员仅占全县的7.60%，招录的本科医学生2015年以来流失比例超过20%。由于缺乏基础设施设备和人才支撑，本次所调研区县的乡镇卫生院基本不能按国家行业规范要求开展66个基本病种的诊疗服务，原有的眼科、耳鼻喉科、口腔科等专科门诊大多逐渐关停，妇产科缩减成单纯的妇科，尚无老年科。乡镇卫生院传统手术领域现都升级为

微创手术，由于设备贵、病员少、手术要求高，各机构仅开展少量一级低风险手术。如 ZW 区 2022 年基层医疗机构住院病人手术仅占全区的 4.88%，52 个乡镇卫生院 23 家未开展手术，全年手术量不足 100 例的 18 家。

3. 公共卫生项目落实不到位，健康服务系统性较差

预防是最重要的健康保障，为让预防在保障居民健康中发挥更重要的作用，国家不断拓展公共卫生服务项目、提高公共卫生服务标准。公卫项目落实得好，可以提升居民健康素养，形成居民完整的健康档案，疾病筛查早发现早治疗，居民从而获得系统性健康服务。脱贫地区农村老年人居住分散，开展公共卫生服务成本极高。LW 区 SQ 乡卫生院反映，"我们乡大，要拿车接老年人体检"。调查发现，公共卫生经费标准全市统一，乡镇卫生院和农村医生出于性价比考虑，工作中重医疗轻公卫现象突出，部分公卫项目落实质量不佳。公卫任务逐年加量，但补助增加不同步，医务人员积极性不高，尤其是高年资和业务好的医师不愿参与公共卫生服务。农村居民健康意识不佳，对公共卫生服务缺乏认识，基层反映，在开展公卫服务时，居民组织动员难度大，有的居民觉得对自己的身体状况很了解，认为"反正都是这些病，查啥子嘛，反正都治不好"，形成"在农村，免费的服务，服务人员都受气"的怪现象。

4. 三级医疗机构联动不足，健康服务连续性较差

农村三级医疗机构联动，老年人小病在基层、大病到医院、康复回乡镇卫生院，通过基层首诊、双向转诊等措施，可保障老年人获得连续的健康服务，同时也能有效降低老年人医疗负担。调研发现，各区县医疗机构间协同不足，老年人的健康服务连续性较差。基层首诊数量待提升，在农村开展家庭医生签约服务费用高，家医团队与广大农村老年人的黏性不足，常有老年人直接到县级医疗机构就医。双向转诊梗阻多，居民健康信息、诊疗信息等在各机构间流转共享不畅，导致医疗服务不连续；检查检验结果互信互认范围窄，主要在医共同体内同级别医院、下级对上级医院实现互认；双向转诊上转易下转难，"病人下转"工作仍存在"总院不愿放、患者不愿走、分院不愿接"的现象。如 Y 县医改以来，双向转诊增长

超过 18.56%，下转仅占 6.57%；W 区双向转诊基本没有增长，下转占 14.2%。各区县分级诊疗和家庭医生签约服务还有待进一步做实，保障老年人获得连续的医疗服务。

三　推进脱贫地区农村养老保障建设的策略分析

脱贫地区农村养老需求大，养老基础弱，家庭和政府、社会资源均有限，社会结构变动快，社会观念变化慢，推进养老保障建设必须考虑和结合这些基本条件与状况，从各方面把握好建设的尺度，保障老年人有公平的机会，资源投入组织运行需有效率，构建的体系和制度要有可持续性。

（一）全面加强老年人经济支持

推动就业优先的县域经济发展。一方面，提升脱贫地区整体的经济发展水平，增加地方财政收入，为地方财政增加养老保障建设投入奠定基础；另一方面，吸引外出务工居民回乡，在家门口就业，为农村家庭子女承担起老年人物资供给、生活照料、精神慰藉等责任创造条件。

推动农村产业融合发展。积极争取土地资源开发利用指标向脱贫地区倾斜，吸引外出务工居民回乡创业，鼓励市民到脱贫地区创业，带动当地老年人增收。

推动农村资源资产化创新发展。把脱贫地区丰富的生态资源转化为资产，允许村集体以生态资源作价入股开展对外合作，引导老年人以自有住房、宅基地等入股合作，直接或间接地增加农村老年人财产收入。

提升养老保险保障水平。大力宣传，积极引导农村居民参加城镇企业职工养老保险；建议适当降低城职保缴费率和缴费基数，退休时，将"双低政策"的缴费年限，按照一定比例折算为城职保的统一缴费年限，减轻参保人的当期负担。提高居民养老保险个人缴费标准上限，尽量缩小与以个人身份参加城镇职工养老保险最低缴费标准的差距；允许以个人缴费居民退休时选择更高档次缴费水平一次性趸缴；逐步提高选择较高档次缴费人员的财政补贴，激励参保人选择更高档次缴费。

实施社会救助改革。在脱贫地区试点，探索以老年人身体状况而不是老年人"身份"给予社会救助；拓展社会救助覆盖范围，探索把农村"事实无人赡养老人"列为特困救助对象。加强司法救助，督促贫困老年人家庭成员履行扶养、赡养义务。

（二）稳步推进养老服务体系建设

1. 加强服务发展制度供给

制定全市养老基本公共服务清单。以清单指导脱贫地区确立农村养老服务发展重点，明确各区县政府投入责任和政府职责边界。一是建立老年人需求调查制度。可借助"全国城乡老年人生活状况调查"等大型调查，适当增加脱贫地区农村样本，全面掌握老年人生存状况和养老需求，主客观结合，研判一个时期内最急需的养老服务，明确各类服务的支持框架、服务供给对象、服务供给方式和服务供给水平。二是探索特困老年人差异化供养制度。借鉴事实无人抚养儿童补助标准，对集中供养和分散供养特困老人实行差异化基本生活补助，补助标准以全市最低生活保障标准的一定比例确定，差异不宜过大。调整不同身体状况老年人护理补贴，提高需介护和照护特困老人护理补贴，与残疾老年人相关补贴合并测算。以增加的人工成本核算，不能自理需要照护老人护理补贴应达到 700 元。三是推行时间银行制度。市级部门牵头，探索在脱贫地区农村建立统一的养老服务"时间银行"体系，实现通存通兑养老服务，激励更多主体参与农村养老服务，支持农村互助养老服务发展。四是完善养老服务建设与运营补贴制度。建立适合脱贫地区农村的补贴制度，提出资金来源、补贴对象、补贴标准、服务要求等方面的指导建议，引导各区县财政支持养老服务机构和设施建设、开展养老服务，市级财政提高对脱贫地区的补贴标准，中央专项建设和发展资金适当向脱贫地区倾斜。

2. 多模式推进农村互助养老发展

农村年轻人口大量外流，而老年人居家养老意愿高，支付能力低，因此互助养老是农村养老的出路所在，需要根据村情、社情，多模式推进农村互助养老发展。

探索适宜的互助养老模式。主要有三种模式：第一种，自愿服务模式。有两种情形，一种情形是由养老自愿服务队伍（个人），为独居、空巢老年人提供生活照料、精神慰藉等上门服务；另一种是集中居住在村养老服务站、幸福院等设施的老年人相互提供服务。脱贫地区建立了较多的"积分超市"，就是该模式的配套激励机制。第二种，低偿服务模式。由身体健康的低龄老年人为需要照料的老年人提供服务，服务中获取远低于市场价的经济补偿。已有脱贫地区在农村设置养老公益性岗位就属于这种模式。第三种，时间银行模式。由身体健康的低龄老年人为需要照料的老年人提供服务，将服务时间视为未来自己享受服务的凭据。各村可根据自身设施条件、集体经济实力、村民的社会信任和道德水平等基础，初期选择一种模式推进，逐渐拓展到其他模式。

推动多模式有机结合。综合运用各类互助养老模式，最大限度地满足农村老年人的养老需求。建设村养老互助服务站、幸福院，为互助养老服务供给提供场地，引导入住的老年人相互服务。在服务站设置养老公益性岗位，通过低偿服务激励老年人参与，维持服务站的日常运转。以党建引领，组建功能各异的农村养老志愿服务队伍，以服务站为场所，为居家老年人提供上门服务。基层自治组织运行本社区"时间银行"事务，提高自愿服务的积极性和可持续性。最终构建起志愿服务满足老年人需求、低偿服务加强激励、"时间银行"稳定发展的农村互助养老格局。

3. 充分利用敬老院资源增加普惠性机构养老服务供给

以"敬老院"为依托，发展农村养老市场。乡镇敬老院资源富余较多，以现有乡镇敬老院为依托，出台优惠、激励措施，引进市场主体参与投资改造，可以实现较低的资源注入启动农村养老市场。

去"敬老院"概念，打造养老服务中心。敬老院是"五保户"住的地方和"脏、乱、差"等刻板印象突出，需要有计划地淡化"敬老院"概念。以敬老院的场地为基础打造养老服务中心，提高硬件和软件水平，建设普惠性养老院，低收费收养社会老人，低收入、经济困难家庭老年人优先。

活用"敬老院"资源，推动特困老人片区供养。社会老人入住养老院不选择性价比高的敬老院而多选择社会养老院，不愿与特困老人同院养老是主要原因之一，最理想的方式是社会老人与特困老人分院养老，但特困老人"在乡养老"观念根深蒂固，大多不愿离开现居敬老院，若强制执行政策易引发社会矛盾。首先，修订政策，明确特困老人可以片区集中供养。其次，高标准建设片区供养中心，改善环境条件，提高服务水平，吸引特困老人入住。最后，新收养特困老人统一入住集中收养中心，原入住老人动员其转入集中收养中心，可考虑以生活费节余发放零用钱等方式增强吸引力，尽量减少一般院特困老人，不愿转院者待其自然消纳。

4. 灵活培育和使用人才队伍

农村养老机构人才队伍方面，可以借鉴城市养老机构人才培育和使用方式，要求按规定数量配备人才，加强岗前培训和在岗轮训，鼓励持证上岗。村互助养老服务人才队伍方面，以政府购买服务方式，建立养老服务技术支持队伍，流动为各村培养本土养老服务人才，从普及常识、消除误区的角度入手，逐步提升素养和技能，把普通村民、志愿者转化为专业人才。

5. 积极营造良好社会氛围

在脱贫地区除了广泛营造敬老、爱老、孝老的社会氛围外，还要重点关注以下两方面。一是重塑家庭养老生态。把《老年人权益保障法》列为普法进家庭的内容，提升子女赡养老人的责任认知。鼓励在家子女与老年人共同居住，引导外出子女与老年人多联系多交流，常回家看看，多接老人外出看看。二是加大社会化养老方式宣传力度。重点宣传当前社会化养老方式的变化与优势，通过电视展播、社区巡展等方式，展示优秀的社会化养老案例，加强农村老年人对社会化养老方式的了解和认同。

（三）加快健全完善老年健康服务体系

1. 增强医保促进基层医疗卫生发展功能

一是医保基金向基层医疗机构倾斜，激发乡镇卫生院开展业务积极性。

增加脱贫地区基层医疗机构年度定额，完善结余留用使用细则；提高家庭医生签约患者基层医疗机构就医报销比例，加强一二级机构用药衔接，助力分级诊疗建设；动态调整基层医疗机构一般诊疗费，提高基层医疗机构服务收入。二是巩固居民医保基金征收。激励居民参保，按居民门诊医保报销金额与门诊统筹定额差额的50%，减免下一年度居民医保个人缴费。这一措施在激励居民参保的同时，还可以削弱居民为了不吃亏，无病看门诊的动力，二者叠加，可增加医保基金积累。

2. 强化农村医疗卫生资源配置

一是增加农村医疗卫生资源投入。强化政府投入责任，财政足额保障建设经费，提高运行费用的保障范围和保障水平，如把临聘人员、村医等纳入财政保障。明确责任分担，区县政府要增加农村医疗卫生发展投入，市级财政应加强对贫困区县的支持。加大投入力度，推进新一轮基层医疗卫生机构标准化建设，改善基层医疗机构条件。加大公共卫生投入，适当提高农村公共卫生补助标准，弥补因居民分散居住增加的交通和时间成本。二是统筹资源布局，提升资源使用效率。以需求为导向，兼顾服务人口数量和地理分布，在城乡交通一体化框架下科学布局农村医疗卫生机构，合理划分服务区域，适度推动农村医疗卫生机构重组，建设农村医疗服务中心。业务不饱和的卫生院，鼓励拓展康复护理、医养结合、安宁疗护等业务，为农村老年人提供个性化、多样化卫生服务。"地广人稀"区域，探索依托家庭医生签约服务团队，以"巡回医疗"模式提供日常诊疗和公共卫生服务。三是发展壮大农村卫生人才队伍。扩大队伍规模，充分考虑基本卫生服务内容以及居民健康服务需求的不断增加，合理测算农村医卫人员需求量。重视公卫人才需求，探索在基层医院专设公卫编制，扩大公共卫生专业人员队伍。提升服务老年人能力，引进与培育并重，着力提升基层医务人员急诊急救、康复、二级以下常规手术、老年科、基本公共卫生服务等业务水平。保障医务人员收入和待遇，参照同地区公务员薪酬福利保障乡镇卫生院医务人员待遇，参照村干部标准保障村医待遇。

3. 切实推动分级诊疗建设

明确各级各类医疗机构诊疗服务功能定位，通过医疗服务价格调整、医保支付、薪酬分配以及绩效考核等制度推进各级医疗机构落实相关功能定位。制定常见病种双向转诊的原则和流程，协调诊疗标准，保持转诊有效、畅通，确保医疗服务的连续性。推进农村家庭医生签约服务，增强农村医疗力量与居民黏性，提高基层首诊率。充分发挥公共媒体、农村医生、村社干部、群团组织、社会组织等的作用，强化"小病不出村，大病不出县，医疗在基层"宣传引导，提高农村居民分级就医意识。

4. 完善农村基本医疗卫生评价体系

建立以社会效益为基础的农村医疗卫生发展评价体系，强调维护基本医疗卫生服务的公益性，增加社会效益、服务供给相关内容权重。社会效益方面，强调基层医务人员发挥老年人健康教育、健康指导作用。服务供给方面，强调服务的积极性、首诊可及性、各级医疗卫生机构的协调性等。综合运用评价结果，考核结果与财政投入、医保支付、领导干部薪酬、任免和奖励、医务人员岗位聘用、职称评聘、薪酬待遇等挂钩。

参考文献

习近平：《全党必须完整、准确、全面贯彻新发展理念》，《求是》2022 年第 16 期。

习近平：《促进我国社会保障事业高质量发展、可持续发展》，《求是》2022 年第 8 期。

习近平：《加快建设农业强国　推进农业农村现代化》，《求是》2023 年第 6 期。

《重庆市人民政府办公厅关于印发重庆市农村养老服务全覆盖实施方案的通知》（渝府办发〔2021〕7 号），2021 年 2 月 3 日。

B.14
重庆市公共卫生体系建设形势分析和预测

胡宇峰*

摘　要：　重庆市公共卫生体系建设经历了漫长的发展过程，伴随着城市化进程和现代医疗设施的快速发展，该市公共卫生体系得到了显著提升，在应对突发公共卫生事件方面取得了重要成果。现阶段，重庆已建立了疾病预防控制中心（CDC）等重要机构，强化了传染病的监测、预防和应对机制。然而，也存在一些显著的不足，例如在人才培养、信息化建设和医防融合等多个领域仍有待加强。为应对问题，重庆市相关部门制定了"14483"公共卫生体系建设的总体工作框架，旨在不断努力适应变化的健康需求和应对未来的挑战，以期提升公众的健康水平和整体福祉。

关键词：　公共卫生体系　疾病预防控制　疾控体系建设　重庆

重庆市公共卫生系统历经多年变迁，展现了中国公共卫生体系的广泛转型。20世纪前，该地区主要依赖于传统中医药和地方习俗来满足医疗需求。20世纪初，受到西方医学的影响，现代医疗体系开始崭露头角，引进了新的技术和实践。到了20世纪中期，政府推动医疗改革，建立了更为集中的医疗系统和农村诊所网络，从而提高了医疗服务水平。20世纪末，随着城市化和经济改革的推进，医疗基础设施得到了快速发展，疾病预防和控制得到了重视。进入21世纪，重庆加大了对医疗保健系统的投资，包括推动现代医院和医学研究机构的发展，以满足日益增长的城市人口需求。在非典和

---

* 胡宇峰，重庆市卫生健康委疾病预防控制处处长。

新冠疫情等突发公共卫生事件中，重庆的公共卫生体系通过广泛的措施成功控制了疫情。现今，重庆的公共卫生体系持续发展，以满足不同人口的多样化医疗需求。这不仅反映了该地区丰富的传统医疗实践，也显示了中国各地在现代医疗保健方面的进步。随着城市化进程的加速和其他公共卫生问题的出现，持续加强公共卫生体系建设仍是重庆市的优先任务。

一 重庆市公共卫生体系建设现状

（一）组织架构更加完善

一是疾控中心（CCDC）设置实现区县全覆盖。全市共有疾控中心等疾病预防控制专业机构 54 家，其中疾控中心 40 家（含市 CDC、万盛 CDC，两江新区和高新区无 CDC）、结核病防治所 8 家、健康教育所 6 家，实现行政区划区县全覆盖。二是医疗机构公共卫生科室设置从无到有。截至 2022 年底，全市共有 347 家二级及以上医疗机构，其中 88.36%的机构设置了公共卫生科，配置专职工作人员 4.42 人/家。三是"15 分钟"基层疾病防控网基本建成。全市居民 15 分钟以内能够到达最近医疗点的家庭占 83.6%，20 分钟以上能够到达最近医疗点的家庭仅占 9.9%。城市、乡村 15 分钟以内能够到达最近医疗点的家庭占比分别为 90.9%和 73.9%。

（二）人才队伍建设成效明显

在疾病控制领域，人才队伍得到了显著的改善。首先，疾控中心的人员编制大幅增加，从 2016 年的 2705 个增长至 2022 年的 5165 个，增幅高达90.9%。在编人员也从 2392 人增长至 3244 人，增幅为 35.6%。每万常住人口在编疾控人员数从 0.90 人增长至 1.01 人，增幅达到 12.2%。其次，人员结构逐步改善，研究生和本科学历的比例分别由 2016 年的 5.3%和 43.0%提升至 2022 年的 14.1%和 64.1%，而大专及以下学历则从 51.7%下降至21.8%。高级职称人员比例也从 14.4%增至 20.6%。此外，基层医疗卫生机构的人员总数也稳中有升，从 2016 年的 8.51 万人增加到 2022 年的 10.85 万人，增幅达到 27.5%。

在人才引进方面，13 个区县采取了一系列政策措施，近 3 年引进了 756 名人才，其中 90.9% 为初级职称，而正高、副高和中级职称人才分别占比 0%、1.6% 和 7.5%。本科学历的引进人才占比 72.5%，而博士、硕士和专科人员分别占比 0.5%、25.1% 和 1.9%。

在人才培养方面，多地制定了政策文件和办法，成功培养了一批高层次人才，采用了多种方式，如外派进修、在职学历教育、规范化培训和挂职锻炼等。

在人才使用方面，各区县也制定了相关政策文件，包括后备干部培养、职称评审和绩效工资分配等方面的政策。这些措施突出了疾病控制领域在人才队伍建设、引进、培养和使用方面取得的成就，有助于提高疾病控制的能力和水平，以更好地应对公共卫生挑战。

（三）学科建设有较大进步

在重庆，疾病控制学科的发展势头强劲，特别是在学术研究领域。目前，7 个区县的疾控机构成功建立了 8 个市级重点学科或专科，而另外 6 个区县的疾控机构则建立了 22 个区县级重点学科或专科。值得注意的是，渝中区、巴南区、渝北区、璧山区和奉节县共提交了 7 个市级重点学科的申请。

在课题研究方面，2020~2022 年，39 个区县疾控机构共启动了 15 项市级课题，总经费达到 120 万元。同时，它们还启动了 133 项区县级课题，总经费为 457.7 万元。2020 年市级课题的数量最多，共计 11 项，而在随后两年，市级课题的数量稳定为每年 2 项。此外，中英学术论文及 SCI 论文数量也呈现逐年上升的态势，这反映了疾控领域在研究和学术交流方面的积极发展。

（四）运行和激励机制仍需不断完善

一是建立高效指挥决策机制，包括领导小组、指挥部、专家组等，以实现统一领导、统一指挥、统一行动。建立联防联控机制,包括政府和多部门联席调度机制、协同处置机制等,以加强四方责任。建立医防融合机制,明确医疗机构的公共卫生职责和评价标准。二是激励机制更加完善。首先,在待遇保障和"两个允许"政策执行方面,市级疾控中心的绩效有所提升,但与其他省份相比仍存在差距。一些区县已开始实施突破事业单位工资调控上限的政策,然而,还有一些区县未能跟进,主要受财政压力所限。其次,超额绩效核定问题值得关注。仅有少数区县实施了关于核定疾控超额绩效的政策,大多数区县未采取相关措施,财政困境可能是主要原因。有偿技术服务的提供遭遇一些困难。17个区县由于"两个允许"政策未得到执行,以及无法将有偿技术服务收入用作超额绩效经费,而未能提供有偿技术服务。另外,22个区县提供了多种有偿技术服务,但仅有13个区县将服务收入用于超额绩效经费,余下9个区县未采取相应措施。关于高层次人才激励,仅万州区和奉节县通过多样化的薪酬分配制度,如年薪制和协议工资制,来吸引高层次人才。然而,由于规模小、能力有限或缺乏政策及经费支持,37个区县未能采取高层次人才激励措施。人才评价机制方面,仅6个区县建立了包括人才培养、绩效工资、岗位竞聘和博士研究生引进等在内的综合人才评价机制。33个区县未能建立此类机制,主要因为缺乏上级指导和经费支持。

(五)传染病防控能力逐步提升

监测预警能力提升,包括扩大监测范围、提高实验室检测能力、新增具备基因测序能力的疾控中心等。应急处置能力提升,建立梯次化响应卫生应急队伍体系,培训专业流调队伍,创建快速反应机制。协同救治能力提升,新建应急医院,规范设置发热门诊和重症监护床位,建立协同救治机制。

实验室检测能力有所增强。疾病监测范围进一步拓展,开展国家级监测病种/项目49项,其中23项实现全覆盖;实验室检测能力进一步提升,全市拥有P3实验室1个,P2实验室实现区县疾控中心全覆盖,近三年市疾控中心检测项目增加38项、区县疾控中心平均增加72项;新增4家区县疾控中心具备基因测序能力。

监测灵敏度不断提升。建立传染病信息报告系统，实现传染病个案病例信息实时上报和疫情分析。打通与第三方检测机构的报告渠道，允许社会公众主动报告疑似传染病和异常健康事件。

信息化水平不断提高。建设全市传染病监测信息系统，包括子系统如突发传染病流行病学调查系统和重点人员核酸检测系统。实施智慧疾控建设，建立疾病预防控制信息平台，实现医疗卫生机构的传染病监测报告和实验室检验检查结果对接共享。

二　重庆市公共卫生体系建设存在的主要问题分析

（一）疾控体系建设还有短板，服务能力不强

疾控体系建设有短板，机构设置有缺漏。高新区、两江新区未设置疾控中心，12%的二级及以上医疗机构未设置公共卫生科，10 个乡镇街道无乡镇卫生院、社区卫生服务中心。部分区县疾控机构业务用房不达标。28 个区县疾控中心启动迁建（扩建）工程并竣工后，对照《疾病预防控制中心建设标准》（建标 127—2009），仍有江北等 8 个区县疾控中心业务用房面积不达标。部分区县疾控机构基本设备配备不足。对照国家标准和服务需求，各区县疾控中心 A 类设备均未达标（平均仅为 59.4%）。乡镇卫生院、社区卫生服务中心救护车、DR、彩超等设备配置不齐。

（二）疾控机构人才队伍总量不足、素质不优

人才队伍结构不优，重庆市疾控机构共核定编制 5497 个，现有在编人员 3520 人（空编率 36%），专业技术人员 2991 人（占比 85%），其中高级职称占比 22.1%，另外还有 12% 尚未取得专业技术职称，无法在疾控工作的落实中发挥承上启下的关键作用。辖区内公卫医师（含助理）在册数量仅 1642 人，且严重缺乏具有临床医学、公共卫生、信息学和法律等多重学科背景的复合型人才。

人才队伍数量少、质量低，截至 2022 年底，平均每万常住人口拥有 1.01 名疾控人员，低于其他直辖市；研究生学历仅占 11.2%（渝东南片区仅 2.8%）；非医学专业人员占 23.3%（主城新区高达 27.0%）（见表 1）。仅有 4 名省部级人才，仅占医学类省部级人才总数的 2.6%。监测预警能力有差距。疾病和健康影响因素监测覆盖面不足，53.1% 的国家级监测病种/项目、66.7% 的市级监测病种/项目尚未实现全覆盖，与其他直辖市相比还有差距（见表 2）。实验室检测能力不足，与国家标准 A 类（基本检测）项目比较，市疾控中心仅达到 87.9%、区县疾控中心平均达到 65.8%（见表 3）。应急处置能力还需加强。重庆市缺乏国家级传染病应急队伍。经过规范培训考核合格的流调骨干平均不到 4 人/区县，且均在疾控机构。

表 1   重庆市疾控机构人员学历专业构成情况

单位：%

地区	学历				专业类别			
	博士	硕士	本科	大专及以下	公卫类	检验类	其他医学类	非医学类
中心城区	0.4	23.6	63.1	12.9	42.8	20.9	15.3	21.1
主城新区	0.0	8.6	67.9	23.5	30.5	21.4	21.0	27.0
渝东北	0.2	5.7	63.8	30.2	30.0	21.0	26.9	22.1
渝东南	0.0	2.8	71.1	26.1	50.3	19.5	11.0	19.2
区县疾控	0.2	11.0	65.9	23.0	35.6	20.9	20.1	23.3

表 2   直辖市疾控监测病种/项目覆盖率情况

单位：%

监测病种	国家级监测点				市级监测点			
	重庆	北京	天津	上海	重庆	北京	天津	上海
病媒生物生态学	10.3	18.8	18.8	25.0	89.7	100.0	100.0	100.0
病媒生物抗药性	10.3	25.0	25.0	25.0	25.6	100.0	100.0	100.0
病媒生物病原学	7.7	18.8	18.8	18.8	0	0	0	0
艾滋病	41.0	37.5	50.0	100.0	43.6	100.0	56.3	50.0
性病	5.1	6.3	6.3	6.3	0	0	0	0

续表

监测病种	国家级监测点				市级监测点			
	重庆	北京	天津	上海	重庆	北京	天津	上海
丙肝	35.9	37.5	25.0	62.5	0	0	0	0
食源性疾病监测	69.2	100.0	100.0	100.0	0	0	0	0
饮水型氟中毒	15.4	100.0	100.0	100.0	0	—	—	—
布鲁氏菌病	5.1	25.0	25.0	12.5	59.0	—	—	—
土食源寄生虫病感染情况	5.1	18.8	18.8	18.8	94.9	81.3	81.3	81.3

表 3　重庆市各级疾控中心 A 类项目检验达标率

单位：%

机构类型	2020 年			2022 年		
	平均	最高	最低	平均	最高	最低
市疾控中心	83.7	—	—	87.9	—	—
区县疾控中心	62.4	83.1	30.1	65.8	83.1	33.1

人员流失严重，同样是专业技术人员，疾控机构与医疗机构绩效工资差距逐年拉大，人才引不来、留不住，近三年共 204 人离开疾控队伍。其中博士 1 人、硕士 21 人；高级职称 19 人，中级职称 35 人。

高端人才缺失，全市没有公共卫生专业国家级人才，仅有省部级人才 13 名。对比其他直辖市，北京、天津、上海市分别有国家级人才 2 名、3 名、0 名，省部级人才 68 名、8 名、22 名。

薪酬水平较低，市疾控人均绩效水平（14 万元）纵向比虽有较大幅度增长，但与天津市疾控（20.63 万元）、上海市疾控（24.68 万元）比仍有较大差距。以致对高职称、高学历人才吸引力不够，在内部也不能大力度、大范围实施科研人员科研业绩奖励等激励措施，难以培育数量众多的"枢纽人才"。

（三）薪酬政策推进缓慢

疾控机构的薪酬制度不完善影响员工的绩效激励效果。"两个允许"政策未完全落实：虽然有关"两个允许"政策已制定，但尚未在所有区县得到充分实施，可能受财政紧张等因素的制约。超额绩效核定机制不完善。超额绩效的核定机制尚未与全市科研院所、高校等机构的平均水平实现动态调整，这可能导致不公平或不合理的绩效分配。绩效补偿激励机制不健全。绩效补偿激励机制存在不健全之处，未能有效激发员工的积极性和创造性。财政绩效保障机制不健全，缺乏财政稳定投入和增长机制，导致疾控机构薪酬改革政策在一些区县难以落实，人才引进和设备购置受到严重影响。考核评价机制不健全。缺乏对区县政府在疾控机构建设投入和人员保障等方面的考核评价机制，可能难以形成健康的发展氛围。公立医院公共卫生职能弱化。公立医院的公共卫生职能存在弱化问题，目前的考核制度可能不足以促使公立医院积极履行公共卫生职责。公共卫生人员对临床医务人员指导受限。公共卫生人员在对临床医务人员的工作指导和考核中受到限制，可能影响传染病报告和绩效奖惩等方面的工作。

（四）学科科研建设发展落后

科研平台不足，全市疾控体系缺乏国家级重点实验室。仅有 2 个省部级重点实验室，分别依托市疾控中心和重庆医科大学。缺乏流行病学调查、卫生应急、公卫规培等实操基地。缺乏高校和疾控机构之间的有效联动，未形成医教研协同的科研创新平台。

学科发展滞后，新冠疫情前，全市仅有 2 个市级重点学科，分别为传染病防控和病原微生物检验。2022 年，首次建设了一批公共卫生重点专科（学科），但尚未形成在国家层面有影响力的学科团队，缺乏国家级重点学科。

科研产出和成果转化不足，近三年全市疾控机构人员仅在 SCI 期刊发表72 篇论文，平均影响因子 6.06。编写著作 35 部，制定国家标准 1 项、地方标准 16 项。缺乏对科研产出的凝练和对公卫科技成果转化的有效评价。近五年内，未获得省部级以上科技进步奖，与其他地区相比科研水平相对滞后。疾控中心科研职能弱化，影响研判能力、措施建议的科学性和及时性。

（五）信息化支撑不足

多点触发监测预警系统不完善，该系统尚未建成，导致监测和预警方面存在缺陷。信息平台仅覆盖不足5%的二级及以上医院，未能覆盖更广泛的医疗卫生机构。各部门的数据，包括海关、环保、市场监管、农业等，未能实现联通，影响信息共享和自动触发智能化系统的开发。业务流程方面，尚未实现全链条的信息化，存在断层。应急处置不畅通，缺乏一体化卫生应急指挥平台，导致动态实时指挥调度无法实现。监测发现信息共享不及时，流调研判和处置信息流转不顺畅。救治资源储备信息协同不足，部门之间的信息协同不及时，可能导致救治资源的有效协调和调配困难。

服务便民化程度不高，一些疾控公共服务平台尚未建立，如疫苗接种、结核病、艾滋病、高血压等方面，导致居民难以便捷地获取相关服务。居民的预约查询、检查诊断、治疗康复、随访管理、线上用药指导和健康教育等需求还没有实现全程信息化，可能限制了居民的健康管理和咨询。

（六）系统协同效率不高

医疗机构和疾控机构之间协同不够，信息共享不充分，包括诊疗信息、实验室检查信息、流行病学调查信息等未能实现实时有效的共享。缺乏人员交流制度，如医疗机构和疾控机构的人员交叉培训制度、交叉互派制度、疾控监督员派驻制度等尚未建立。医疗机构和疾控机构之间的人员不互通，协作机制不完善，分工不明确，导致协同效率不高。医疗机构对于公共卫生任务缺乏积极性，对落实公共卫生工作没有足够的动力和意愿。

评价制度不健全，缺乏切实的考核措施和约束机制，对医疗机构的公共卫生履职没有明确的考核和约束。缺乏明确的投入保障机制，未能有效支持医疗机构的公共卫生工作。

医疗机构内部医防协同不够，公共卫生科人员配置不足，专业构成偏向护理学和临床医学，与标准要求有差距。医院内部对于公共卫生科的定位和工作机制不清晰，公共卫生和临床诊疗工作协作程序不完善，导致公共卫生职责的履行效果不高。

疾控体系内部协同不够，市疾控中心工作任务繁重，服务人口多，缺乏区域疾控机构的支撑，影响了工作效率。

（七）监测预警体系不完善，预警效果较差

监测覆盖面不足，一是53.1%的国家级监测病种/项目、66.7%的市级监测病种/项目尚未实现全覆盖，与其他直辖市比较还有差距；二是实验室检测能力不足，与国家标准A类（基本检测）项目比较，市疾控中心仅达到87.9%、区县疾控中心平均达到65.8%。

现行系统整合难度较大，疾病监测系统包括多个子系统，如法定传染病网络直报系统、突发公共卫生事件信息报告系统以及多个单病种监测系统，导致系统整合复杂，标准不一致，数据抓取和分析面临困难。医疗机构的信息平台构成也较复杂，规范标准不一致，整合和数据分析难度较大。症状监测推广应用难度较大，症状监测在早期预警中具有重要地位，但其应用面临挑战。重庆市建成了多个症状监测系统，但症状监测信息需要实验室验证，消耗大量资源。针对不同传染病，预警模型的选择和临界值的设置对预警敏感度和特异度产生影响。监测系统有效利用程度不高，尽管重庆市传染病监测系统在综合评估方面从2004年的0.03%上升到8.70%，但与其他城市（如北京、上海、天津）相比仍然较低。这意味着监测系统在风险识别、预测预警、干预措施、应急处置等方面的有效利用程度有待提高。

三 全面加强重庆市公共卫生体系建设的对策建议

针对调研检视发现的问题，按照"14483"总体工作思路（见图1），加快公共卫生体系建设改革，进一步推进医防融合发展，不断提升疾病防控水平，为保护人民健康、保障公共卫生安全、维护经济社会稳定提供重要保障。

图 1　公共卫生体系建设"14483"总体工作思路

（一）聚焦"一个目标"

构建平急结合、医防协同、上下联动、反应灵敏、运转高效的疾控体系，综合能力达到西部领先水平。具体分年度工作目标见表 4。

表 4　公共卫生体系建设具体工作目标

指标分类	指标名称	2022 年	2023 年	2025 年	2027 年
疾控体系机构改革	—	—	完成	—	—
机构建设	三级疾控数（家）	—	4	7	9
	二级疾控数（家）	—	5	20	30
	公立医院公共卫生科规范设置率（%）	—	100	100	100
	县域医疗卫生次中心（个）	—	—	60	—

续表

指标分类	指标名称	2022 年	2023 年	2025 年	2027 年
人才队伍建设	疾控机构在编在岗人员（万人）	1.01	1.05	1.35	1.66
	首席公卫专家（人）	3	3	5	10
	疾控机构国家级人才（人）	0	0	1	2
	疾控机构省部级人才（人）	4	4	5	8
	疾控机构博士数量（人）	15	18	30	35
平台建设	市级公共卫生重点学科（专科）（个）	41	60	100	140
	疾控机构市级重点实验室（个）	1	1	2	3
	疾控机构博士后工作站（个）	1	1	2	2
检测能力	市疾控中心检测项目（项）	1526	1600	1700	1800
	三级疾控机构检测项目（项）	—	800	1000	1200
	二级疾控机构检测项目（项）	—	300	400	500
应急处置能力	市级传染病应急队伍（支）	2	2	5	8
	培训合格的现场流调骨干（人）	123	145	165	200
	120 平均响应时间（分钟）	16	15	12	10
智慧疾控一体化平台建设	公立医院数据联通覆盖率（%）	—	80	100	100
	乡镇卫生院、社区卫生服务中心数据联通覆盖率（%）	—	20	100	100

（二）建立"四个机制"

一是上下联动、分工协同机制；二是医防融合、医防协同机制；三是平急结合、藏战于基层机制；四是联防联控、群防群控机制。

（三）重塑"四个体系"

一是领导指挥体系。常态化保持各级党政主要负责人任双组长，相关部门分工合作的统一领导、权责匹配、运行高效的疫情防控指挥体系。二是疾控行政管理体系。建立疾控行政管理统一、运行高效、上下联动的市、区县两级疾控局管理体系。三是疾病防控体系。构建以市、区县两级疾控中心和专病防治机构为骨干，医疗机构为依托，基层医疗卫生机构为网底的疾控体系。四是应急救治体系。建立市级、区域、区县、基层四级的分层、分级、分类医疗救治体系。

（四）实施"八项行动"，提升"八个能力"

1. 实施疾控行政管理体制改革行动，提升统筹指挥能力

一是市疾控局机构改革，实施市疾控局的机构改革计划，严格按照中央改革目标和借鉴其他省级疾控局配置方案。初步考虑设置处室9个，编制数67个。二是保留市卫生健康综合行政执法总队，中央改革方案未明确要求省级监督（执法）机构与疾控局合并，多数省市考虑保留省级监督机构不变。三是区县疾控局机构改革，区县疾控局出台"三定"方案，实施机构改革。防止仅挂牌不增加内设机构、人员编制和领导职数。四是建立规范高效的管理运行机制，根据"权责统一，事权匹配"原则，建立规范高效的管理运行机制。制定实施市疾控局对区县疾控局、事业单位、同级医疗机构公共卫生工作领导管理运行程序，提升统筹指挥能力。

2. 实施疾控机构指标化建设行动，提升硬件保障能力

一是建强市疾控中心，启动市疾控中心二期项目建设，建设不少于1个生物安全三级（P3）实验室，实验室检测项目不少于1800项。积极创建国家区域公共卫生中心和职业健康国家医学中心，目标是建成西部领先的现代化省级疾控中心。二是建设区域疾控中心，分片区建设7家市级区域疾控中心，达到三级疾控中心标准，旨在辐射带动周边地区，实现区域协同发展。三是建设区县疾控中心，督促硬件条件不达标的疾控机构进行新改扩建，确保在"十四五"期间竣工验收，目标是使所有疾控中心达到二级或以上标准。每个区县疾控中心建设不少于1个生物安全二级（P2）实验室，其中负压实验室不少于5个，区县疾控中心检测项目不少于500项，至少10家疾控中心具备基因测序能力。四是建设基层医疗卫生机构，目标是在2025年前完成10个社区卫生服务中心（乡镇卫生院）的建设，确保"一镇一院、一街道一中心"。建设60个县域医疗卫生次中心。支持乡镇卫生院和社区卫生服务中心配备DR 198台和

救护车 175 辆。支持 14 个县域医疗卫生次中心购买 CT 设备，实现"乡镇检查、区县诊断"模式。

3. 实施疾控队伍提质行动，提升技术服务能力

一是扩充公共卫生医师总量，落实疾控机构用人自主权，实施疾控人员学历提升计划。加强与高校公共卫生学院合作，加速招录专业公共卫生人才，强化医疗机构公共卫生科人员的准入要求。推动属地化医学生公开招聘项目中公共卫生类专业毕业生占比提高，大力提升基层公共卫生（助理）医师数量。二是招录引进高水平公共卫生人才，扩大博士和博士后招录，引进国家级公共卫生人才，目标是 5 年内招录博士和博士后 35 人，增加硕士招录数量，重点引进急需紧缺高水平人才，推进"双聘"试点引进高校和科研院所的高水平人才。三是培育高层次公共卫生人才，遴选首席公共卫生专家，建立首席公共卫生专家工作规范和目标体系，省部级人才培育计划向公共卫生领域倾斜。推动国内外访学研修、互派学习和带头人培养，旨在培育公共卫生骨干人才。

4. 实施激励机制完善行动，提升科技创新能力

一是落实超额绩效核定政策，制定深化公共卫生机构薪酬制度改革指导意见，规范薪酬制度。建立动态调整机制，提高财政对公共卫生机构超额绩效的保障比例。参照全市科研院所、高校、同级公立医疗机构平均水平核定超额绩效。推广"三明经验"，实行"公益一类保障、公益二类管理"，拓宽绩效经费来源。二是落实科研机构创新激励政策，借鉴市预防医学科学院薪酬激励政策，支持专业技术人员申请科研项目。鼓励科学研究，提供劳务费、成果转化奖励等支持。市科学技术局在科研院所绩效激励资金项目中提供政策支持。三是完善公共卫生人才评价激励机制，建立以公益性、实践能力为核心的人才评价制度。将重要工作作为高级职称评审的代表作，提前一年申报高一级职称。实施分级分类岗位绩效评价制度，推行岗位能上能下制度。保障医疗机构公共卫生工作人员的待遇，提供专项津补贴。

5. 实施疫情防控工作优化行动，提升应急处置能力

一是健全领导指挥机制，维持双组长制度，党政主要负责人任双组长。建立多部门、跨地区、军地协调的联动协同处置机制。推行现场应急指挥官制度，加强领导干部应急指挥培训。二是加强监测预警机制，制定监测疾病目录和方案，布局监测哨点。建立多点触发机制，实现信息综合监测体系。实现国家—市—区县三级监测信息同步共享。利用大数据、智能化支持病毒溯源和疫情监测分析。三是强化应急响应机制，提高传染病报告时效，改进传染病源头发现机制。建立同步响应机制，实现边调查、边核实、边上报、边处置。建立疫情风险评估机制，实施"分级负责、分级响应、分区响应"的精准施策。完善传染病应急队伍建设，提升快速响应能力。

6. 实施防控救治协同行动，提升医防融合能力

一是建立平急结合的应急反应机制，制定基础设施、机构、人员和技术转换征用机制。建立应急床位使用机制，确保资源快速转换启用。进行应急训练演练，检验平急结合的应急反应机制。二是提升深度融合的医防协同能力，促进医疗机构、检测机构和疾控机构信息互通共享。建立医疗、防疫专业融合的应急救援队伍。推进医疗机构和专业公共卫生机构人才流动和服务融合。三是健全分层分级分类应急救治机制，建立分层分级应急救治体系，以重庆市为核心，区县级医院提供支撑，以基层医疗机构为基础，方舱医院作为补充，确保医疗资源的分配和协调。完善分层分级分类应急救治程序，包括医务人员传染病早期识别和应急处置的标准化流程，以及各级各类医疗卫生机构规范化处置能力的提升。建立现场应急救治队伍体系，包括院前急救队伍（120）、背囊化快速反应队伍、区县级卫生应急队伍、区域卫生应急队伍和市级卫生应急队伍，以应对不同级别的突发公共卫生事件。充分发挥中医疫病救治优势，利用中医药在治未病、传染病防治和卫生应急方面的重要作用。

7. 实施智慧疾控一体化建设行动，提升数字化治理能力

一是纵向集成监测预警信息，建立统一的四级疾病监测预警信息系统，包括数据采集、报告流程、分析研判、质量控制、应急值守、资源管理和指

挥调度信息平台。引入智能化预警多点触发机制，利用大数据和人工智能技术实现全市监测预警一张网。二是横向联通相关部门信息，实现不同部门间的监测信息横向联通，包括动物疫情、林业有害生物、学生健康、药品销售、入境人员和进口货物检疫检验、舆情监测等多渠道数据集成与共享。三是打通"医防研"信息壁垒，推动医防研信息的跨领域、跨机构协同和信息共享，完善传染病监测、慢性病管理、免疫规划等信息系统，实现病例或疫情信息、临床诊断、实验室检测及流行病学调查全程追踪管理。四是提升公众服务能力，优化疫苗接种数字便民服务，提供不同机构和人群的疫苗接种自助查验服务。改进慢病管理提醒和跟踪查询，智能推送健康管理知识。建立全生命周期的电子健康档案，覆盖医疗和公共卫生领域，提升群众自我健康管理素养。

8. 实施疫情防控法治建设行动，提高依法防控能力

一是完善地方立法，推动"重庆市突发公共卫生事件应急条例"的制定出台，以强化四方责任的履行，明确各级政府在公共卫生管理中的法定职责，规范政府职能，推动依法治理和监管。二是加强公共卫生执法，贯彻执行《传染病防治法》和《野生动物保护法》等法律法规，明确公共卫生在经济和社会事业发展中的法律地位，确保各级政府承担预防为主责任，医疗卫生机构履行公共卫生法定职责。三是加强公共卫生法制宣传，通过各级医疗卫生机构和新媒体等渠道，深入广泛宣传《传染病防治法》等法律法规，提高市民的法律法规意识，使他们能够自觉接受流行病学调查、监测、隔离观察、集中救治等防控措施。

（五）强化"三项保障"

强化组织保障。建立四级党委主抓、属地政府负责的疾控体系机制，明确各部门的责任分工，强化政府在公共卫生管理中的职责，成立公共卫生管理委员会和疾病预防控制专家委员会，提升统筹调度和咨询决策能力。

强化投入保障。提高政府公共卫生支出比例，建立长效投入机制，将公共卫生支出与消费者物价指数（CPI）挂钩，增加对疾控中心的稳定投入，允许疾控中心提供社会化服务以获得额外收入，对设有机场、港口、火车站的区县疾控中心设定专项经费。

强化考核保障。制定健全考核指标，将疾控机构建设和绩效保障列入政府年度考核目标，考核结果影响政府工作目标和各部门的年度考核，加大医疗机构公共卫生工作权重和力度，对疾控工作出现问题的单位进行通报、约谈和违法线索移交，建立相关激励和免责机制。

参考文献

楚安娜、许迎喜、吕全军等：《中国公共卫生体系建设面临的挑战与对策》，《中国初级卫生保健》2013 年第 12 期。

郭佳、孙华君、陈营等：《基层医疗卫生机构慢性病医防融合服务质量现场评价指标体系构建》，《中国全科医学》2023 年第 28 期。

潘丽娜、江菲、陈智高等：《公平原则下疾控机构绩效薪酬设计的案例研究》，《卫生经济研究》2022 年第 2 期。

魏凯：《疾控中心预算绩效体系构建分析》，《财会学习》2022 年第 19 期。

于青松、戴映雪、龙露等：《传染病监测体系和预警方式的研究进展》，《预防医学情报杂志》2023 年第 8 期。

赵丹丹、武英、李倩等：《新形势下公共卫生专业学位研究生培养模式探索》，《现代养生》2023 年第 16 期。

朱化儒：《我国公共卫生体系建设发展历程、现状、问题与策略》，《医学食疗与健康》2020 年第 4 期。

Aleksandrova O. , Gorenkov R. , Vasilieva T. , et al. , "Informatization in Public Health: from Standards to Expert Systems," 2020.

Baker, Edward, L, etc. , "Building the Legal Foundation for an Effective Public Health System," *Journal of Law, Medicine & Ethics*, 2002, 30 (3) .

Gabriel A. A. , Soto D. , Rodriguez-Morales A. J. , "Importance of Promoting Scientific Research in Public Health from Undergraduates," *Salud Publica de Mexico*, 2012, 54 (5) .

Spitz R. T. , Hillbrand M. , *Public Health Issues and Directions for Future Research*. 1997.

Wang L. , Jin L. , Xiong W. , et al. , "Infectious Disease Surveillance in China," *Early Warning for Infectious Disease Outbreak*, 2017.

B.15
重庆就业创业数字化发展形势
分析与预测*

袁 野 祖 纯 张法文 万晓榆**

摘 要： 党的二十大报告指出，实施就业优先战略，就业是最基本的民生。加快就业创业数字化转型是重庆市推进数字重庆建设和实现高质量充分就业的重要举措。数字经济时代，就业创业工作面临着新的发展形势。本报告对重庆市就业创业数字化发展的现状进行了分析，指出目前重庆市就业创业数字化发展面临的形势，分别从国内、市内、就业群体三个维度剖析重庆市就业创业面临的重大机遇和系列挑战。并从数字化系统顶层设计、数字化平台、数字化服务、高校和人力资源服务机构数字化转型五个方面出发提出相关政策建议，为持续推动重庆市就业创业高质量发展提供重要参考。

关键词： 就业 创业 数字化 重庆

推进数字化改革，是全面贯彻落实党的二十大精神的必答题，是全面深化改革的突破性抓手。2023年以来，重庆市委、市政府积极推进数字重庆

* 本文系重庆市高等教育教学改革研究项目"人工智能技术赋能经管类一流专业建设与复合型人才培养模式研究"（项目编号：234054）、2023年度数字经济国际合作与创新发展中心开放课题重大项目"重庆市数字就业发展模式与实现路径研究"（项目编号：P2023070）、重庆市教育科学"十四五"规划2022年度重点课题"新时代背景下重庆高校科研评价体系改革研究"（项目编号：K22YD206079）的阶段性研究成果。
** 袁野，重庆邮电大学教授，主要研究方向为技术创新与人才政策；祖纯，重庆邮电大学，主要研究方向为人才政策；张法文，重庆邮电大学就业指导服务中心副主任，主要研究方向为就业指导；万晓榆，重庆邮电大学教授，主要研究方向为高等教育人才政策。

建设，提出聚焦"一年形成重点能力、三年形成基本能力、五年形成体系能力"目标，加快建设"1361"整体构架，形成一批具有重庆辨识度和全国影响力的重大应用，打造引领数字文明新时代的市域范例。就业是最大的民生，也是经济发展最基本的支撑。推动就业创业工作数字化升级，是实现高质量充分就业的关键举措，对加强数字政府、服务政府建设，对促进全国统一人力资源大市场建设，对推动有效市场和有为政府更好结合、进一步完善高校毕业生就业创业工作体系，具有非常重要的意义。

一　重庆就业创业数字化发展现状分析

近年来，重庆围绕就业这个最基本的民生，加快构建多跨协同、数字赋能、便民高效的"大就业"工作格局，以数字化变革促进高质量充分就业，打造了全市一体化、业务在线化、服务智能化的"数字就业"重庆版本，有效提升了就业工作"整体智治"水平。2023 年上半年，全市城镇新增就业 41 万人，同比增长 2.3%，完成全年目标任务的 68.3%；全市城镇调查失业率平均值为 5.5%，总体稳定在政府调控目标范围内。

（一）数字化赋能就业创业工作稳步推进

一是搭建人力资源信息库，掌握海量就业数据。为全面提升就业服务质量，重庆市探索实施"一库四联盟"就业服务机制改革。"一库"是指"人力资源信息库"，而"四联盟"则分别指就业服务联盟、培训联盟、创业联盟和人力资本联盟，"一库"是基础，"四联盟"是具体举措。自该机制推行以来，重庆市就业服务管理局不断进行优化迭代，依托人社西部（重庆）数据实验室，分别打通层级、地域、系统、部门、业务之间的数据堵点。目前已实时共享社保参保、就失业登记、就业政策办理等内部信息，定期交换市场监管、公安、统计、教育、乡村振兴等外部数据，实现了包含市内3200 多万人口、2200 多万劳动力的基础信息库搭建和农民工、高校毕业生、专技人才、技能人才等人员信息的自动更新。同时从供给方发力，建立企业用工与需求数据库。现已掌握重庆全市2万多家企业的信息，并对全市3000多家重点企业开展了用工监测，打造了岗位信息库，推动缓解"就业难"和"招工难"并存的结构性难题。

二是高质量分析就业信息，提供定制化就业服务。人力资源信息库结合就业、培训、创业、人力资本"四联盟"，搭建了"重庆人才现状数据库""重庆人才需求数据库""全球人才供给数据库""人才政策库"四大数据库。人力资源信息库抓取人力资源信息数据录入且分析，通过重点人群标识配合就业创业工作的开展，与"四联盟"实现信息互通，汇聚了各类人才基础数据874万条、市外人才相关公开数据5万条、人才政策351项。还助力搭建了涵盖数据采集、整合比对、分析展示、成果运用的数据分析框架，设置98项基础数据指标，逐项生成到企业、到个人的"一人一档、一企一档"个人画像，为就业群体量身定制帮扶计划，实现精准服务。

三是信息库精准对接四联盟，线上线下赋能就业工作。"一库"数据与"四联盟"资源实现有效衔接，重庆的就业、创业、培训、人才招引等工作便步入了更加智能化和人性化的新阶段。从线下看，以大数据为依托，招聘会变得更加精准高效，供需双方经过筛选、匹配后再进场，针对性更强，达成就业意向的比例更高，开展效果更好。从线上看，智能匹配系统会根据企业需求和求职者"自画像"，实现双向智能推荐、智能匹配、精准推送。人力资源信息库"按需派单"，专业化服务队伍"精准接单"，大大提升了就业服务的精准性和便捷度。2023年1~7月，全市智能推送岗位、培训信息达8.7万条。与此同时，为了确保数据存储和运行的安全，每个数字区域都设置了不同级别的安全防护措施，实现数据加密，数据只在人社系统中可见，在其余地方显示的则是乱码。

四是人才图谱建设取得成效，加快"33618"产业人才集聚。在打造"数字人才人事"应用方面，重庆完成了人才产业链、人才库、人才画像、引才路径4个应用板块开发，建立涵盖全市重点产业、33条产业链、30万名高层次人才的"一库四中心"人才图谱品牌，搭建"人才—企业"精准供需对接平台，促进人才流、项目流、资金流、信息流汇聚融通。现已实现人才挂链 28.8 万人次、需求挂链 28.8 万人次，精准服务全市"33618"现代制造业产业集群，通过"引才数据库"自动汇集了 1.6 万名引进人才信息。目前，各区县人力资源和社会保障部门、人才大市场集团等人力资源服务机构，通过图谱获取精准引才信息 2000 余条。编制急需紧缺人才目录，引进各类人才 1.8 万人以上。进一步扩大"揭榜招贤"榜单范围，预计 2023 全年分批次发布岗位 500 个以上，涵盖半导体、航空航天、医药等重点行业领域。

在此次机制改革中，重庆人力资源和社会保障部门建立起集"大统筹、大数据、大平台"于一体的就业服务体系，通过数字思维、智慧赋能、科技助力，引领全市就业工作高质量发展。

（二）数字就业相关应用加速落地

重庆人社系统 2023 年迭代升级了"智慧人社"系统功能，丰富了"数字就业"等五个应用场景，构建了决策监管两大体系，推动全市人社数字化改革取得标志性成果。

一是推行"渝职聘"等就业小程序，为供需双方提供高效就业服务。为解决部分企业阶段性用工紧缺的问题，重庆人力资源和社会保障部门发布了为企业招工的"渝职聘"小程序，该平台是聚合式求职招聘平台，借助人社大数据优势，精准锁定结存失业人员、失业保险领金人员、长期社保断交人员等潜在求职者。同时汇聚全市用人单位招聘岗位信息，跨平台、跨场景开展求职招聘服务，将企业所需岗位信息和人力资源数据库中的求职者进行供需双向的精准匹配，再将信息智能推送给求职者，提高企业招聘效率。小程序运行初期，企业用户已有 6000 多家，后续将逐步推广到所有企业。

二是搭建"渝薪无忧"综合治理平台，科学防范欠薪行为。为方便劳动者适时、快捷投诉举报欠薪行为，及时维护劳动者合法权益，重庆市人力资源和社会保障局构建"渝薪无忧"欠薪综合治理体系，集成公共就业、社会保险、人力资源、市场监管等多维度数据，通过用工监管、欠薪预警、处置流程、治欠效能、集成服务"五重迭代升级"，形成"事前预警监测、事中过程监控、事后集成处置、全程信用监管"的智治闭环。劳动者可以随时扫描"渝薪码"登录"渝薪无忧"数字平台服务端反映欠薪讨薪情况。"渝薪无忧"平台开通两个月以来，已经累计接收欠薪问题反映3200余条，欠薪案件平均处置时长由此前的24天缩短为16天，欠薪纠纷数量下降34%。

三是优化人才评价方式，扩大劳动者就业渠道。专项职业能力考核是我国现行技能人才多元化评价体系的重要组成部分，是提升劳动者技能、助力职业技能培训的重要抓手。评价与产业或者职业领域相对应的专项技能人才不仅能有效解决就业问题，更能为乡村振兴提供人才保障。重庆市人力资源和社会保障局结合重庆市数字化进程和专项考核特性，主动作为，创新求变，在全国首创开展数字化评分。不同于传统的纸笔评分，专项职业能力考核数字化评分系统具备现场实时计分、统分、查分等功能，在提高统分精准度的同时，还大大提升了考评效率。截至2023年7月底，全市已实现专项职业能力考核数字化评分全覆盖，已开展专项职业能力考核数字化评分13192人次，占2023年全市专项职业能力考核总量的29.3%。

四是开发多元化数字服务应用，推动创业资源开放共享。重庆人力资源和社会保障部门统筹整合各市级部门资源要素，实现与公安、民政、市场监管等部门和担保机构、经办银行的数据互通。创业者在"重庆智能就业官方平台"微信小程序申请，或登录重庆人社App，就能在线申请创业担保贷款，整个过程实现"即申请、即审核、即刻办"。重庆市人力资源和社会保障局还开发了多种应用场景，以满足不同群体就业需要。包括困难人员就业援助"一键通"、农民工就业创业服务"一键办"、规模性裁员企业直报系统等，一体推进就业数据建、管、用。不断创新数字服务，推动全业务实现网上办理，就业领域33项政策和服务全部实现网上经办，7项就业政策实现"免申即享"、2项就业政策实现"直补快办"，惠及110.3万人、14.8万家企业。

二　重庆就业创业数字化发展面临的形势

（一）重庆就业创业数字化发展的重大机遇

从国内看，党中央、国务院高度重视就业工作，习近平总书记多次指出，党和国家要实施积极的就业政策，创造更多就业岗位，改善就业环境，提高就业质量。数字化时代的到来，正深刻地改变着人们的生活方式以及社会经济发展。数字技术的广泛应用，使得人们的信息获取和交流变得更为快捷、高效，同时也使产业结构发生了巨大的变化。在这个背景下，以习近平同志为核心的党中央明确提出数字中国战略，旨在构建全球领先的数字经济、数字政府和数字社会。出台了《网络强国战略实施纲要》《数字经济发展战略纲要》等文件，从国家层面部署推动数字经济发展。这些都为数字化赋能就业、推动实现高质量充分就业带来重大机遇。

从重庆市看，市委、市政府始终坚持以人民为中心，将"稳就业"和"保居民就业"作为重大政治任务摆在经济社会发展优先位置。同时积极学习贯彻习近平总书记关于数字中国建设的重要论述和党的二十大战略部署。于2023年4月25日，召开了数字重庆建设大会，提出建设目标和整体架构。以《数字中国建设整体布局规划》中的要求为引领，加快推动市域经济社会发展质量变革、效率变革、动力变革，持续提升群众的获得感、幸福感、安全感和认同感，实现市域治理体系和治理能力现代化。

从就业群体来看，数字经济催生出大量新产业、新业态、新商业模式，创造了大量新就业形态。2022年9月，《中华人民共和国职业分类大典（2022年版）》发布，共标注了97个数字职业，占职业总数的6%，人工智能、物联网、大数据、云计算、区块链、数字孪生等领域的新职业纷纷入选，平均年薪最高可达54万元。可见，数字经济不仅为当代中国社会经济发展提供了多种灵活就业的社会选择，推动就业机会增加，有助于解决大学生群体、农民工和困难群体等特定人群就业难题，还最大化地提升了个人的自由选择程度。同时，数字经济的蓬勃发展，掀起了新一轮"大众创业、万众创新"的浪潮，一些新创企业通过数字技术突破了传统商业模式的束缚，实现了自身价值的快速增加。

（二）重庆就业创业数字化发展存在的主要挑战

1. 数字化管理系统有待优化

一是数字资源管理配置协同效率不高。重庆市人力资源和社会保障局、市大数据应用发展管理局、市教委、学校、企业等市级层面总体规划之间的衔接和协同不足，全市数字就业建设统筹推进协同力度有待加强。缺乏一体化智能化的公共数据平台来更好地整合数据资源，实现共建共享。比如在具体实施中，不同市级部门出台的数字化转型规划或工作指导意见内容存在交叉重复、"多头管理"，组织机构职能边界在数字化转型过程中并不清晰，数字就业建设的统筹推进、建设难度较大。二是数字就业系统建设分工细化度不够。各区县园区数字就业和数字人力建设涉及多个部门，在建设任务、工作内容上分工还不够明确、责任不够明晰，容易出现效率低下、重复建设等问题，进一步明确责任、细化分工是当前数字就业系统建设需要解决的问题。

2. 数字化运行能力有待提升

一是数字化服务支撑系统欠缺。当前重庆市就业创业领域的服务事项尚未完全实现"受办分离""一窗综办""一网通办""无感智办"。就业招工、创新创业的政务服务办理便利程度仍需提升，就业创业的关键服务需求缺少数字化支撑，覆盖重点人群就业创业全生命周期的数字化服务体系仍需健全。二是数据库接口尚未完全互通。公共数据采集主体均是独立的利益体，不同层级政府之间、同一层级不同部门之间把收集的公共数据资源当作自身的"核心利益"，数据共享的积极性不高，存在不同区县无法通办的现象，群众办事需要"多地跑""折返跑"，同时就业群体在办事过程中重复填报、多次证明等现象仍然存在。三是信息发放接收不及时。大数据跑出来的数据分析情况目前只能通过每月报告的形式向区县下发，负责就业工作的基层人员尚不能在信息系统中自行查看和统计，信息不能及时反馈。

3. 数字化服务闭环有待完善

一是各主体协同度不够。当前，各个市级部门、产业园区、企业、高校主要围绕本部门核心业务来建设数字化就业创新创业的相关应用，以满足自身业务管理和服务需求。跨部门的业务领域因缺少牵头部门或机制，推进缓慢。跨部门、跨区域的应用协同和大系统、大平台建设比较薄弱，业务、系统、数据的壁垒仍未完全打破。二是统一治理平台有待建成。部分就业创业领域单点治理成效显著，但碎片化、分散化治理现象普遍存在，精细化、智能化的治理机制和平台系统尚未完全建立。没有形成"一窗受理、依法处置、分类协同、跟踪管理"的全闭环治理机制，不能有效解决就业创业过程中的一系列具体问题。

4. 重点群体就业质量有待提升

一是高校毕业生缺乏精准化的数字化指导。在校期间高校忽视了对学生社会实践能力和动手操作能力的培养，导致企业的现实需求和毕业生的职业目标、就业期望存在脱节。二是农村脱贫人口与低收入人口整体数字化素质普遍较低。参加就业数字化培训的积极性不高，存在"等、靠、要"思想，对新知识、新技能的学习掌握速度偏慢，难以适应企业转型需求，缺乏就业竞争力。三是部分重点群体就业渠道相对单一。当前农村重点就业群体大部分不会或较少使用现代信息网络，就业信息大多来自熟人介绍，不能及时获取最新并适合需求的岗位信息，导致其求职效率不高。

三　重庆就业创业数字化发展对策建议

（一）完善就业创业数字化系统顶层设计

一是搭建数字化就业综合服务系统。围绕人力资源信息库的现有基础，构建成渝地区一体化的数字化就业创业综合服务平台，实现互联网技术和人力资源管理的深度结合。优化迭代"一库四联盟"，汇集"公共+市场"数据，推动"数据就业"和"AI就业"应用建设，打通重点区域内政府、高校、企业间的信息共享渠道。二是打通"数据通道"、消除"数据孤岛"。将相对零散的应用资源、云网资源、数据资源、感知资源、组件资源等，综合成为一个有机整体，实现数字资源全量化编目、一体化申请、智能化开通和全周期管理，有效解决数字资源流动不畅、数字资源配置效率低的问题。三是推进人事管理"一件事"改革。持续推进"清事项、减材料、压时限"，做到群众办事异地业务"不用跑"、无谓证明材料"不用交"、重复表格信息"不用填"。推进就业服务事项"一网通办、全程网办"，"一屏掌握"全市劳动力、上万家重点企业用工需求数据。四是加快数据信息标准化建设。加强人社就业数据格式、字段的标准化建设，推动事项的名称、类型、依据、编码和指南统一规范。区县人力资源和社会保障部门做好统筹规划，提出跨机构、跨地区、跨层级办理业务的解决方案，确保改革措施的系统性、整体性、协同性。

（二）协同推进数字化就业创业平台建设

一是建设数字创业孵化平台。鼓励区县、产业园区及人力资源服务机构结合当地数字经济产业布局和发展实际，组织开展相关行业的创业创新大赛、成果展示交流等活动，邀请投融资机构、天使投资人、创业导师考察对接，为创业创新项目成果的转化孵化提供广阔平台。二是建立大学生创新创业信息共享平台。依托西部（重庆）科学城大创谷信息共享中心，利用云计算、大数据等信息化技术加强创新创业要素资源整合和数据统计分析，及时发布创新创业政策、市场发展趋势和产品需求等，为大学生精准推送行业市场动向和需求等信息。加强对大学生创新创业项目的线上跟踪服务，畅通对接渠道，积极举办适合项目需求的投融资对接会。三是推进数字就业系统建设。鼓励有条件的企业进一步加强与人力资源和社会保障部门、人力资源协会、培训机构、高校等建立紧密、稳定、全面的就业合作关系，助推"互联网+人社"高质量发展。依托"渝职聘"小程序，对重点群体的就业创业供需动向进行双向精准匹配，大大提高企业的招聘效率。

（三）加快提升就业创业数字化服务水平

一是提升供需匹配效率。针对特殊困难群体高校毕业生、农民工等重点群体，多方搭建劳动力供需对接平台，并以大数据智能化技术赋能。依托"重庆英才·职等您来""百万英才兴重庆"等直播招聘品牌、重庆智能就业平台，鼓励区县人力资源服务机构定期开展"云就业"直播招聘持续助力就业创业。开发就业援助"一键通"，优化农民工就业创业服务"一键办"等数字化智慧平台，为农民工等重点群体就业提供精准周到暖心服务。二是建立就业创业统计监测体系。加强就业创业服务与数字技术深度融合，充分运用网络大数据实时了解供需双方动态，预测产业走势和市场变化，建设动态变化图和基本信息库，以此提前做好人才培训和人才储备工作。

（四）加快高校就业创业工作数字化转型

一是提升智能匹配效率。依托西部（重庆）科学城、两江新区在数字产业化、产业数字化方面招才引才的优势，利用大数据对用人单位和毕业生的相关信息进行分析匹配，为应届毕业生提供合适的就业岗位。优化"高校毕业生一件事""灵活用工一件事"等集成化打包办服务。二是建立反馈机制。鼓励市内高校基于数字化平台实时动态跟踪毕业生就业情况，向就业困难学生提供个性化指导，引导并支持大学生"云创业、云就业"。三是建立重点学生群体信息台账。通过数字化手段，"一生一策"做好动态精准帮扶，关心未落实学生的痛点、难点和心理状况，做好精准就业岗位推送工作。

（五）加快推进人力资源服务机构数字化转型

一是提升就业创业服务效能。发动全市公共就业人才服务机构、人力资源服务产业园、大学生就业创业公共服务中心共同开展线上招聘、带岗直播、就业指导、职业体验等活动，加强企业、人才的供需对接，提升高校毕业生的就业能力，营造良好的就业环境。二是开展就业创业数字技能培训。积极推广"数字+"职业培训新模式，增强职业技能培训的适应性和灵活性。提升职业技能培训基础能力，建设公共实训基地和产教融合实训基地，推动各行业培训资源共建共享。

参考文献

习近平：《高举中国特色社会主义伟大旗帜 为全面建设社会主义现代化国家而团结奋斗——在中国共产党第二十次全国代表大会上的报告》，人民出版社，2022。

中共中央、国务院：《数字中国建设整体布局规划》，2023年2月。

《不断做强做优做大我国数字经济》，《人民日报》2022年1月16日。

《以数字化引领开创现代化新重庆建设新局面》，《重庆日报》2023年4月27日。

《同向发力协同攻坚 数字重庆建设开局良好》，《重庆日报》2023年7月28日。

袁家军：《加强顶层设计 突出实战实效 以数字化助力赋能现代化新重庆建设》，重庆市人民政府网，2023年2月24日。

《10项任务提前完成！上半年重庆人社完成这些工作》，重庆人社网，2023年7月28日。

B.16

重庆市网络综合治理形势分析与预测

李文富　李　松*

摘　要：　加强网络综合治理是管网治网的治本之策。以习近平同志为核心的党中央高度重视网络综合治理，多次部署"健全网络综合治理体系，推动形成良好网络生态"。重庆深入贯彻落实习近平法治思想和习近平总书记关于网络强国的重要论述，全面贯彻落实党中央决策部署，已基本建成网络综合治理体系。面对新形势新情况新挑战，应聚焦"谁来治、治什么、怎么治"，加强党的领导，深化法治强基、德治扬善、智治赋能、共治聚力"四治联动"，不断提升治理效能。

关键词：　网络综合治理　四治联动　重庆

一　2023年重庆市网络综合治理概况

2023年，重庆坚持以习近平新时代中国特色社会主义思想为指导，深入贯彻落实习近平法治思想和习近平总书记关于网络强国的重要论述，全面贯彻落实党的二十大精神，认真落实市委六届二次、三次全会精神，把健全网络综合治理体系放在坚定拥护"两个确立"、坚决做到"两个维护"的政治高度和胸怀"两个大局"的战略高度落深落细，取得明显成效。全市网络综合治理体系基本建成，获得中央网信办书面通报表扬。

---

* 李文富，重庆市委网信办政策法规和信息服务管理处处长；李松，重庆市委网信办政策法规和信息服务管理处干部。

（一）党的领导提供坚强政治保证

市委高度重视网络综合治理体系建设，切实把党的领导全面落实到工作全过程各方面，加大督促保障力度，为实现网络空间高效能治理提供坚强政治保证。一是强化统筹部署。市委主要领导多次作出指示批示，主持召开市委常委会会议，研究部署网络综合治理重点工作。市委网信委充分发挥统筹协调作用，召开六届市委网信委第一次会议，加强对网上正面宣传引导、依法管网治网等网络综合治理重大问题和重大任务的研究部署和推动落实。二是督促指导精准有力。市委强化专项巡视，将网络综合治理工作作为市委网络意识形态巡视工作重要内容，督促任务落地见效。网信部门强化具体统筹协调作用，推动各级党委（党组）扎实履行网络意识形态工作责任制和网络安全工作责任制，切实把党管互联网落到实处。三是队伍不断建强。深化重庆网信三级工作体系建设，网信部门主要负责同志实现双重管理。出台网信职称评价体系，探索开展网信领域人才职称评审。统筹开展网络传播、网络风险防范等专题培训，在系列重大任务中提升综治能力水平。加强互联网行业党建，推动全市互联网企业党组织在网络正能量传播、网络法治等工作中发挥重要作用。

（二）网络空间正能量充沛

始终坚持把习近平新时代中国特色社会主义思想网上宣传作为首要政治任务，强化工作创新、注重工作实效，党的声音始终成为网络空间最强音。一是党的创新理论宣传入脑入心。强化思想引领，精心做好习近平新时代中国特色社会主义思想和党的二十大精神网上宣传，持续办好"把习近平总书记殷殷嘱托全面落实在重庆大地上""全面推动党的二十大精神在重庆落地生根开花结果"等专题专栏，做亮"理响青年"等理论宣传品牌栏目，创作推出有思想、接地气的融媒体产品，推动理论资源数字化网络化传播，让党的创新理论通过网络"飞入寻常百姓家"。二是重大主题宣传出新出彩。围绕党中央决策部署及市委重点工作，紧紧围绕"新时代新征程新重庆"这一主题，创新做好网上重大主题宣传，策划开展"川渝奋楫谱新篇""大国基理"等网上重大主题宣传活动，精心做好西部陆海新通道、"33618"现代制造业集群体系建设、数字重庆等网上宣传，举办"渝论·青年说"大学生网评大赛等活动。"共舞长江经济带"等网络宣传活动成为全国重点网络宣传品牌。系列网上重大主题宣传活动营造出强信心、聚民心、暖人心、筑同心的浓厚氛围。三是网络主阵地不断壮大。健全央媒、市媒、区媒、商媒、自媒"五媒联动"全媒体传播体系，提升市属网络媒体能级，市属网络媒体连续11年获中国新闻奖，市属网络媒体移动客户端下载量达到1.5亿，全平台粉丝量达2.7亿。上游新闻在小红书平台影响力位列全国地方媒体第一，"多剧视频"App作为国内第五大影视视频平台，累计用户突破3亿。300余个自媒体账号组成的草根大号矩阵，累计粉丝量达2.8亿。

（三）网络生态治理水平明显提升

坚持管得住是硬道理，积极构建良好网络生态，营造更加清朗的网络空间。一是网络风险防范有力有效。强化风险意识和底线思维，健全网络风险防范机制，压紧压实网络意识形态工作责任制，有力批驳历史虚无主义等错误思想观点。深化全市重大决策网络风险评估，建强专家咨询委员会，健全评估规范流程，从源头上有效预防和减少风险。深化"网信交转办"，解决网民反映的系列民生困难和问题。二是网络专项治理成效明显。深入开展"清朗·巴渝"系列专项行动，坚决整治网络谣言、自媒体乱象等网络违法违规信息。联动市委统战部、市工商联开展"优化民营企业营商网络环境、保护企业合法权益"专项行动，清理网上涉民营企业、民营企业家虚假不实和侵权信息，依法查处侵害民营企业、企业家合法权益的网站平台和账号，坚决打击恶意炒作等网络侵权行为，为民营企业家专心谋发展营造良好的网络环境，赢得好评。三是网络传播秩序更加规范。压实平台主体责任，认真落实"两个所有"要求，推动将所有从事新闻信息服务、具有媒体属性和舆论动员功能的传播平台都纳入管理范围，所有新闻信息服务和相关从业人员都实行准入管理，推动平台健全内容审查机制，有效规范网络传播秩序。

（四）协同治理形成好局面

充分调动多主体参与，提高网络空间协同治理能力，形成共建共治共享的良好局面。一是强化网民互动自治。坚持以文化人，用健康向上的文化塑造网络空间，引导网民互动参与网络空间治理。连续四年举办"网络大 V 与艺术大咖的对话"网络直播活动，利用网络大 V 与优秀艺术家的叠加优势，打造成为网民热赞"1000 万+"的网络文化互动品牌。二是向上向善网络新风尚加速构建。深入推进"重庆好网民·天天正能量"争做中国好网民工程，连续六年荣获争做中国好网民工程优秀组织奖，统筹开展"职工、青年、巾帼、金融好网民"等系列活动，引导网民特别是青少年网民培育良好的文明上网习惯。深化网络诚信建设，发挥互联网行业党建作用，推动互联网企业强化自律、完善内部诚信规范与机制，大力传播诚信文化，营造诚信办网、诚信用网良好氛围。深入实施网络公益工程，开展形式多样的网络文明志愿服务和网络公益活动。三是共建共治效果逐渐显现。健全上下联动、左右协同的网上违法和不良信息举报体系，建立重庆市互联网违法和不良信息举报平台，共建川渝互联网联动辟谣平台，强化网络举报处置，不断增强全社会共同参与网络生态治理意识。加强网络人士团结引领，培育巴渝正能量网络名人队伍，办好网络名人重庆行活动，生动鲜活讲好新重庆故事。连续五年举办"我的新期待"网络互动活动，每届活动收集网民意见建议上万条，听民意、聚民心、集民智。

（五）网络空间法治化进程加快推进

坚持把依法治网摆在突出位置，统筹推进网络立法、执法、普法取得积极进展，使互联网始终在法治轨道上健康运行，不断夯实网络综合治理基础。一是网络立法稳步推进。突出"小快灵"，推动网络地方性立法，在已推动出台《重庆市数据条例》的基础上，积极推动网络安全立法。用好网络法治专家咨询委员会，充分发挥法律顾问、公职律师作用，持续为网络法规体系建设提供法治智力支撑。二是网络执法深受网民欢迎。加强网络执法力量配备，通过网络法治素养提升培训等多方式提升网络执法能力。健全网信、公安、文旅、市场监管、通管等职能部门联合执法机制，推动网络执法信息共享、执法协同，依法查处网上违法违规行为，加大依法管网治网力度。三是网络普法形成新气候。实施"互联网+普法"，创新打造《网信说法》《网信"法"言》等品牌专栏，累计推出微短剧 35 部，带动社会各界推出普法短视频 350 余部，点击量累计突破 4 亿人次，以点带面推动形成"人人普法 人人受益"网络普法新气候。持续开展网络普法创新案例年度评选，带动区县探索开展差异化、个性化、品牌化普法，推动网络普法"一地一品""一媒一栏"，形成网络普法"百花齐放、大放异彩"的生动局面。指导区县打造"永川乡贤"普法、"背篓检察官"普法、网红大 V 普法等特色普法项目。

二 网络综合治理面临风险挑战

当前，网络综合治理既有坚实基础，也面临新挑战。

一是网络综合治理体系理论更加完善。党的十八大以来，习近平总书记高度重视网络综合治理，多次明确提出要"加强互联网内容建设，建立网络综合治理体系，营造清朗的网络空间"。在 2018 年全国网络安全和信息化工作会议上强调，"必须提高网络综合治理能力，形成党委领导、政府管理、企业履职、社会监督、网民自律的多主体参与，经济、法律、技术等多种手段相结合的综合治网格局"；在 2019 年党的十九届四中全会上明确提出，"建立健全网络综合治理体系，加强和创新互联网内容建设，落实互联网企业信息管理主体责任，全面提高网络治理能力，营造清朗的网络空间"；在党的二十大报告中明确提出，"健全网络综合治理体系，推动形成良好网络生态"。这一系列新理念、新论断、新思想、新要求审时度势、高屋建瓴，为我们推进网络综合治理、建设良好网络生态、提升管网治网水平不断指明了前进方向、提供了根本遵循。

二是网络综合治理体制更加完善。2014 年之前，我国网络治理根据政府部门职责分工，将相关任务分解至不同机构，按条块进行管理，对充分发挥党委、企业、社会、网民等其他主体的重要作用重视不够，出现"多头管理、职能交叉、权责不一、效率不高"等问题。随着信息技术迅速发展，切块式的传统管理体制逐渐难以适应时代发展要求。2014年2月，中央网络安全和信息化领导小组应势成立，习近平总书记亲自担任组长。在领导小组第一次会议上，习近平总书记强调，网信事业"要从国际国内大势出发，总体布局、统筹各方、创新发展"。随后，各省区市也成立了相应的领导小组。从此，我国网络治理体制从分散迈向统筹。2018年，"领导小组"改为"委员会"，进一步加强了党对网信工作的集中统一领导和统筹协调。

三是依法治网法律法规体系更加完善。互联网不是法外之地。近年来，我国加快网络立法，先后出台了《中华人民共和国网络安全法》《中华人民共和国电子商务法》《中华人民共和国数据安全法》《中华人民共和国个人信息保护法》《关键信息基础设施安全保护条例》等法律法规，《互联网新闻信息服务管理规定》《网络信息内容生态治理规定》《儿童个人信息网络保护规定》《区块链信息服务管理规定》等部门规章，以及《网络音视频信息服务管理规定》《互联网用户公众账号信息服务管理规定》等规范性文件，再加上地方性立法和规范性文件的出台，完成了网络法律体系的基本构建。

四是网络意识形态斗争形势严峻复杂。当今世界，百年未有之大变局加速演进，互联网成为意识形态渗透最直接最便利的工具。在全球数字治理中，国际利益冲突、思想冲突、价值冲突等更加激烈，意识形态斗争形势严峻复杂，必然传导到网上，成为网络综合治理必须面对的深层次问题。中华民族伟大复兴进入关键时期，面临着不少风险挑战和不确定因素，各类社会风险向网络空间传导趋势明显，一些社会热点问题和突发事件在网上集聚、交织、扩散、发酵，成为泛意识形态化炒作的重点。网上舆论又反过来诱导、策动、激化网下问题，推动互联网日益成为各类风险的传导器和放大器，一次"圈群"里的"群情激愤"有可能让"茶杯里的风暴"瞬间骤变为现实社会的"龙卷风"。

五是网络生态乱象仍然不同程度存在。网络空间具有治理主体多元、利益关系复杂、信息内容海量、表现形式丰富、技术迭代快速等特点，带来治理难题。当前，网络诈骗、网络色情、网络暴力、网络个人信息和数据泄露等问题仍然较为突出，一些互联网平台过度收集、超范围使用数据，损害消费者合法权益；部分平台企业未能妥善处理、保管数据，导致数据泄露，滋生电信网络诈骗等犯罪行为，成为危害人民群众生命财产的重大隐患；一些"网络水军"从最初个体化、小作坊经营，朝着行业化、公司化、职业化方向发展，从最初的发帖"灌水"拓展到实施有偿删帖发帖等多种违法违规行为，破坏市场公平竞争秩序。

六是网络新技术新应用新业态加快迭代导致网络治理难度加大。当今时代，以互联网为代表的新一轮科技革命和产业变革加速发展，更广范围、更深层次、更强力度推动着思想、文化、信息的传播和共享，对生产生活、国家管理、社会治理等产生重大而深远的影响。比如，新技术新应用加快迭代深刻冲击了法治体系，人工智能、大数据、云计算等新兴领域的网络立法存在时间差、空白点，立法步伐赶不上新技术迭代发展。又如，新技术新应用加快迭代深刻影响传播格局和舆论生态，一些商业社交平台凭借庞大的用户基数和高度的用户黏性成为主要的舆论平台，舆论场域呈现"去中心化"，主流媒体在舆论场中凝聚共识、构建认同、主导社会舆论、进行社会动员的能力被削弱，传播权被部分让渡。如何更好地凝聚共识、形成一致的价值导向，真正实现以人为本的整体性治理，是网络综合治理必须面对的新问题。

三　进一步深化网络综合治理的对策建议

总体上，要深入贯彻落实党的二十大精神，聚焦"谁来治、治什么、怎么治"，坚持问题导向、目标导向、效果导向，重点要加强党的领导，深化法治强基、德治扬善、智治赋能、共治聚力"四治联动"，不断提升网络空间治理效能。

要深化"法治强基"，为网络综合治理提供强大法治保障。习近平总书记强调，"要坚持依法治网、依法办网、依法上网，让互联网在法治轨道上健康运行"。要健全完善互联网法治规范体系，推动出台依法治网重要政策，强化前沿问题研究，加快推进网络安全、数字经济、大数据、人工智能等新兴领域立法步伐，做到新技术新应用发展到哪里、法治建设就覆盖到哪里。要加快形成高质高效的互联网法治实施体系，动态更新网信行政执法权力和公共服务事项清单，建强网络执法专业化队伍，强化跨部门网络综合执法协调联动，加强老百姓反映强烈的重点领域执法，严厉打击电信网络诈骗等网络违法犯罪，查处一批典型案例、曝光一批重点典型，形成震慑效应。要深入实施网信"八五"普法规划，大力推进"互联网+"普法宣传教育，创新普法方式方法，深入开展"进机关、进企业、进学校、进社区、进农村、进军营、进网络"活动，增强全社会网络法治意识和素养。

要深化"德治扬善"，以网络正气推动网络综合治理提质增效。人无德不立，网无德则乱。必须让道德在网络空间滋养人心、凝聚力量。要注重教育引导，坚持典型示范带动，广泛开展时代楷模、道德模范、最美人物、身边好人和优秀志愿者等典型案例和事迹网上宣传，推动形成崇德向善、见贤思齐的网络环境。要注重实践养成，深入开展争做中国好网民工程、网络公益工程，深化网络诚信建设，强化"重庆好网民"矩阵建设，深入实施全民网络文明素养实践教育养成行动，重点培育青少年文明上网习惯，选树一批具有巴渝特色的网络文明素养实践教育基地，带动网民素养大提升。要注重成风化人，培育健康向上网络文化，持续办好"重庆网民文化季"等品牌活动，策划"网络大V与艺术大咖的对话"系列网络直播等网络文化互动品牌，让健康向上的网络文化始终充盈网络空间。

要深化"智治赋能"，以数字化改革提升网络综合治理效能。做好数字时代网络综合治理是一项时代新课题。做好这一课题，必须树牢数字化思维，以数字化改革推动网络综合治理体系重构、能力重塑，不断增强治理效能。要对照党的二十大部署及市委工作要求，坚持上接天线、下接地气，突出最现实、最紧要、最具支撑性的要求，梳理网络综合治理体系建设核心业务，做深做实"三张清单"。要打造智治体系，依托数字重庆"四横四纵两端"基本架构，建设"网络生态智治""网络传播智能分析"等多跨场景应用，推动网络综合治理全流程闭环管理，提升现代化治理能力和水平。要积极推动技术向善，持续开展对网信前沿技术发展的跟踪研究，强化互联网新技术新应用安全评估，加强网络安全审查工作，提升技术管网水平，切实防范化解网上风险。

要深化"共治聚力"，健全网络综合治理大格局。习近平总书记强调，"要动员各方面力量参与治理"。必须坚持多主体协同，推动网络综合治理格局迭代升级。要压实主管部门管理责任，健全责任体系，细化责任清单，明晰责任边界，完善责任链条，健全考评指标体系，提升考核刚性标准，进一步构建分工合理、衔接有序、齐抓共管的工作格局。要压实网络平台主体责任，督促网站平台健全内容审查机制，规范内部管理、提升内容质量。要完善社会监督机制，建好网络举报平台，发动网民针对违法和不良信息积极举报，持续加大违法和不良信息处置力度，形成协同监督的高效机制。要走深走实网上群众路线，创新推进"双网格化"治理，深化"网信交转办"，汇聚管网治网最广泛、深厚、持久和富有创新活力的强大力量。

要加强党的领导，强化网络综合治理政治保证。习近平总书记强调，"必须旗帜鲜明、毫不动摇坚持党管互联网"。要持续加强政治统领，健全党委领导、网信委统筹协调、网信部门牵头抓总、网信委成员单位各司其职、各部门履职尽责、社会力量有序参与的大网信格局，切实把党的领导贯穿网络综合治理工作的全过程和各环节。要压紧压实各级党委（党组）网络意识形态工作责任和网络安全工作责任，推动党委（党组）主要负责人亲自研究相关重要工作、解决相关重大问题。要全面强化领导干部数字化思维，提高知网用网能力。要健全大网信工作体系，系统锻造讲政治、懂网络、敢担当、善创新的网络综合治理队伍。要深化互联网行业党建，以高质量党建引领互联网行业深度参与网络综合治理。

参考文献

中共中央党史和文献研究院：《习近平关于网络强国论述摘编》，中央文献出版社，2021。

中央网络安全和信息化委员会办公室：《习近平总书记关于网络强国的重要思想概论》，人民出版社，2023。

盛荣华：《加快建立网络综合治理体系 全面提升治网管网能力水平》，《中国网信》2022 年第 3 期。

内陆开放高地篇

B.17

2023~2024年重庆加快建设内陆
开放高地形势分析与预测

刘晓敬　王立坦*

摘　要：　2023年，重庆深入学习贯彻党的二十大精神以及习近平总书记关于对外开放的重要论述和关于建设内陆开放高地重要指示批示精神，紧扣全面建设社会主义现代化新重庆目标任务，紧抓成渝地区双城经济圈与西部陆海新通道建设等重大战略契机，积极应对内外部环境复杂严峻挑战，全面融入共建"一带一路"，积极服务构建新发展格局，加快构建内陆开放高地"四梁八柱"。内陆国际物流枢纽和口岸高地建设实现新跃升，开放平台体系能级实现新提质，开放型经济体系激发新动能，对外开放营商环境展现新面貌，成渝地区双城经济圈携手打造区域合作和对外开放典范取得新成效，对外开放持续迭代升级，高质量发展不断取得新突破。2024年，重庆将进一步发挥成渝地区双城经济圈建设的开放引领力，进一步强化西部陆海新通

---

* 刘晓敬，研究员，重庆社会科学院对外学术交流中心主任；王立坦，助理研究员，重庆社会科学院对外学术交流中心。

道建设的开放支撑力，进一步凸显全面深化改革的开放驱动力，以打造内陆国际物流枢纽和口岸高地、高能级开放平台、开放型经济高质量发展示范区、国际一流营商环境样板城市为开放抓手，努力成为内陆省份改革开放探路先锋，开辟高质量发展新境界，开创对外开放新局面。

关键词： 新重庆　内陆开放高地　成渝地区双城经济圈　西部陆海新通道

2023年是全面贯彻党的二十大精神的起势之年，是开启中国式现代化新征程的开局之年，是实施"十四五"规划的关键之年，是新时代新征程全面建设社会主义现代化新重庆的起步之年，是落实市委六届二次、三次全会精神的奋进之年。重庆深学笃用习近平新时代中国特色社会主义思想，在中国式现代化宏大场景中、在新发展格局中、在现代化新重庆建设征程中，系统谋划、科学部署、扎实推进内陆开放高地建设，深化全方位改革开放发展，畅达"大通道"，打造"大平台"，促进"大开放"，培"国际投资沃土"，育"外商兴业宝地"，强"世界人才高地"，建"内陆开放前沿"，巴渝大地涌动蓬勃新生机，山水之城焕发时代新风采。

一　2023年重庆内陆开放高地建设总体形势

重庆紧扣习近平总书记关于对外开放重要指示批示精神，抓牢抓紧RCEP政策红利，用深用实开放通道枢纽，相继召开重庆市建设成渝地区双城经济圈工作推进大会、六届重庆市委全面深化改革委员会第三次会议、加快建设内陆开放高地工作座谈会、重庆市积极融入"一带一路"加快建设内陆开放高地领导小组会议、重庆市建设西部陆海新通道工作推进大会、中新（重庆）战略性互联互通示范项目重点项目签约视频会、"一带一路"陆海联动发展论坛、"贯彻二十大 建设新重庆"系列主题新闻发布会（第一场、第五场）——重庆市实施西部陆海新通道五年行动方案、重庆内陆开放高地建设情况专场、陆海新通道经济发展论坛暨国际物流博览会等系列重要会议和论坛，谋划推动更高水平对外开放。

（一）内陆国际物流枢纽和口岸高地建设实现新跃升

重庆紧扣国际性综合交通枢纽城市战略定位，加快建设大通道、大枢纽，持续强化综合货运枢纽补链强链能力，持续提升综合立体交通内畅外联水平，持续加快"五型"国家物流枢纽建设，牵引内陆国际物流枢纽和口岸高地建设实现新跃升。

一是南向联通方面，西部陆海新通道"牵头人"牵引效力实现新突破。重庆作为西部陆海新通道物流和运营组织中心，牵头推进"通道+枢纽+网络"的现代物流体系。2023 年 1~10 月，重庆经西部陆海新通道三种主要运输组织方式共运输 14.41 万标箱，同比增长 20%，货值 220.29 亿元；截至 9 月底，已累计运输 54.6 万标箱，货值 906.5 亿元。通道对内辐射我国 18 省 69 市 138 个铁路站点，物流网络已覆盖 120 个国家（地区）、473 个港口，增效显著；由重庆铁路口岸物流开发有限责任公司、陆海新通道运营平台公司牵头申报的西部陆海新通道集装箱多式联运示范工程入选"国家多式联运示范工程"，成果喜人。

二是西向北向联通方面，中欧班列（渝新欧）"标杆地位"呈现新亮点。作为中欧班列品牌的开创者，中欧班列（渝新欧）已建立起"3+8+N"集结分拨体系，形成"东南西北"多点扩散网络，境外辐射近 40 个国家的 100 余个城市，成为中欧班列（成渝）开行上量的重要力量。特别是，继 2022 年 5 月重庆获国家批准成为首个可开展中欧班列进口运邮的城市以来，2023 年，重庆继续做大国际邮包运输功能，截至 9 月，重庆中欧班列已累计运输国际邮包超 3000 万件，货值 20 余亿元，运邮总量全国领先，为众多商家"走出去"提供了重要渠道。

三是东向联通方面，长江黄金水道"赋智量"取得新增长。"长江 e+"正式上线，长江航运公共服务由"百花齐放"转为"一网整合"，服务效率显著提升；长江流域全覆盖水监控系统建设项目获国家发展改革委批复，中国首个数字孪生流域建设重大项目立项成功，数字赋能长江"黄金水道"高质量发展脉动强劲。依托智慧长江建设，长江上游最大的铁公水多式联运枢纽重庆果园港加快港口智慧转型步伐，2023 年前三季度，货物吞吐量为2044.2 万吨，同比增长 9.8%；集装箱吞吐量达 75.8 万标箱，同比增长 8.2%。

四是空中联通方面，国际航空门户枢纽建设迈出新步伐。重庆新机场场址正式获批，江北国际机场与重庆新机场"一市双核"目标加速实现。江北国际机场客货运能力进一步释放，目前，实际在飞国际（地区）客运航线 19 条、货运航线 14 条，已开通"一带一路"沿线航点 54 个，航空货运量复合增长率达到 46%。同时，重庆正积极布局"一带一路"RCEP 航线国家和地区客货运航线，计划到 2025 年基本实现 RCEP 成员国全覆盖。

五是铁公水空联通方面，多式联运与枢纽口岸综合效能得到新释放。西部陆海新通道跨境公路班车已形成 3 向 11 线 22 口岸通道格局。2023 年 1~9月，西部陆海新通道跨境公路班车共计发车 3532 车次、发运货物 7947 标箱，发运总货值约 23.22 亿元，分别同比上升 72%、72%、95%。跨境多式联运成绩再添"新表现"。重庆成功打通中塔公路联运通道，多式联运再添"新线路"。重庆果园港实现了全球 100 余个国家和地区的 300 余个港口快速通达，多式联运枢纽优势催生运能大幅提升，三年内首次出现内外贸货物双增长，恢复态势呈现"新亮点"。

（二）开放平台体系能级实现新提升

重庆着力布局多元化、高能级、综合性的对外开放平台，"战略平台+园区平台+功能平台+活动平台"开放平台体系作用叠加、效用倍增，平台数量位居内陆地区前列，平台能级不断提升。

一是中新（重庆）战略性互联互通示范项目走深走实。中新互联互通项目深入实施，对接合作机制务实高效，重点领域合作亮点纷呈，交流合作水平不断升级。7 月"新加坡·重庆周"活动、国际陆海贸易新通道区域合作论坛成功举办；中新（重庆）多式联运示范基地维持满仓运营，获评2023年服贸会发展潜力服务示范案例；截至10月，中新双方累计签约政府和商业合作项目280个、总金额达256.5亿美元，金融服务项目259个、金额约306.2亿美元。

二是中国（重庆）自由贸易试验区迭代升级。截至2023年6月，重庆自贸试验区累计注册企业超19万家，产业集聚效应凸显。颁布施行《中国（重庆）自由贸易试验区条例》，成立全国首家覆盖全域、专门化的自由贸易试验区法院，设立西部唯一的商标审查协作中心，启动建设重庆唯一授牌的涉外商贸区和首批专业服务业（法律服务）集聚示范区。

三是两江新区内陆开放门户和重庆智慧之城建设双翼齐飞。2022年，两江新区进出口总额首次突破3000亿元大关，全市占比提高至37.5%。2023年上半年，两江新区签约项目55个，合同投资额994.63亿元，开工项目40个，在全市招商引资"赛马比拼"中上榜次数位居第一；8月，新成立成渝RCEP跨境贸易中心。作为西部第一个国家级车联网先导区，重庆（两江新区）国家级车联网先导区已全面实现重庆车联网先导区智能网联规模化示范应用。

四是高新区西部（重庆）科学城建设高速推进。重大项目建设跑出"加速度"，2023年一季度，西部科学城重庆高新区分现场集中开工11个项目，第二、三季度分别集中签约14个与13个重点招商项目；2023年5月，金凤实验室首次集中发布实验室投用以来的7项科技创新成果，多项成果为世界首次发现或全国首创。产业转型升级迈上"新台阶"，实施软件信息服务业"满天星"行动计划，累计形成产业载体154万平方米，软信企业1301家，软信人才16963人。

（三）开放型经济体系激发新动能

重庆在稳外资外贸的基础上，内培外引优质市场主体，将通道优势化为经济优势，持续提升外贸外资外经工作水平，进出口总额近万亿美元，实际利用外资稳定增长，开放型经济规模水平位居中西部前列。

一是制度型开放稳步扩大。2023年1~7月，重庆关区享惠RCEP的进出口货物总值5.8亿元，其中，RCEP项下进口享惠货值1亿元，减让关税173.7万元，分别同比增长40%、100%和83%，制度型开放成效显著。对标RCEP、CPTPP等先进国际经贸规则与国际先进水平，重庆出台多项促进民营经济、优化营商环境政策举措，清理、改革与创设"三轨"并进，制度引领开放踏稳走宽。

二是开放与改革协同推进。中新（重庆）战略性互联互通示范项目、中欧班列（成渝）、西部陆海新通道等开放平台溢出效应渐显。成渝地区双城经济圈建设三年多来，全市外贸、实际利用外资总量排名西部前列。高水平开放有力促进了深层次改革。2023年，重庆自贸试验区151项改革试点任务全面落地，全面推行"提前申报""两步申报""两段准入"等通关模式改革，深化以企业为单元的海关税款担保改革。

三是外贸基本盘稳量提质。2022年重庆外贸进出口总值达8158.4亿元，创历史新高。2023年上半年，重庆对新兴市场进出口增速提升，重庆对其他金砖四国、东欧、非洲等市场进出口分别为284.7亿元、180.1亿元、136.2亿元，分别增长9.1%、15.7%、10.7%；出口成效显著，2023年上半年，重庆累计出口新能源汽车6139辆、7.9亿元，分别增长1.3倍、1.9倍。出口锂离子蓄电池28.3亿元，增长2.3倍。进口增量提高，2023年上半年，重庆全市消费品进口123.9亿元，增长34.3%。

四是外贸产业分类施策。重庆建立了市外贸外资发展协调机制，逐渐完善外贸政策支撑体系。针对生物医药、新能源汽车、新型显示等战略性新兴支柱产业，出台《重庆市进一步支持市场主体发展推动经济企稳恢复提振政策措施》，在国家级集群推荐、创新平台、产业项目等方面对战略性新兴产业给予大力支持；针对汽车摩托车等传统制造业，分类施策引导汽车、摩托车、通用机械等传统优势产业向高端化、智能化转型。

五是市场主体内培外引。重庆聚焦市级"专精特新"中小企业培育库，开展"千企贸易帮扶成长计划"，实施"渝城名企"提质行动，开展"排头兵"行动，努力培育一批国际化的龙头企业。同时，加快引进高能级外贸主体，2023年1~10月，重庆新增外商投资企业623家，同比增长19.81%。截至2023年7月，重庆已与224个国家和地区开展经贸往来，目前世界500强落户重庆319家。

六是鼓励渝企迎难出海。2023年初，重庆启动"百团千企"国际市场开拓行动与"渝贸全球"重庆出口商品展览会两项机制，支持推进"渝企出海"。全年将组织出国出境团组100个以上，支持1000家以上重庆外贸企业"走出去"。成功举办2023年中国（重庆）跨境电商交易会，共500余家企业参展，签约总金额超20亿元，同时举办川渝地区—湄公河国家地方合作论坛经贸对话交流活动，有力推动重庆企业跨境电商品牌"借船出海"。

（四）对外开放营商环境展现新面貌

重庆围绕市场环境、法治环境、政务环境、创新环境、要素保障环境，多方面加大改革和创新力度，持续优化对外开放营商环境，现已成功入选全国首批营商环境创新试点城市。

一是市场化营商环境更加高效便利。2023年5月，《重庆市2023年优化营商环境激发市场活力重点任务清单》出台，市场准入门槛进一步降低，为提高企业办事效率和投资便利化水平提供制度支持。2023年，《市场准入效能评估指标体系（重庆试点版）》中的27项指标继续沿用，其中16项通过"渝快办"实现数据自动采集。"渝快办"平台实现"全流程"升级，开设负面清单查询等专栏，推出移动端"E企办"小程序，建成企业注销"一网通办"平台，实现市场主体便捷参与。

二是法治化营商环境更加公平透明。近三年，重庆加大反垄断和反不正当竞争执法力度，累计查处不正当竞争案件692件。2023年，重庆开展"放心消费商店""放心消费企业""放心消费城市"创建活动，进一步加强市场监督，规范市场秩序，打击各类侵犯知识产权和制售伪劣商品等违法犯罪活动。截至2023年7月，在法治保障方面，重庆已出台8部地方性法规与8部政府规章，如社会信用条例、反不正当竞争条例、重庆市政务服务管理办法、规范行政处罚裁量权办法等。

三是国际化营商环境更加包容开放。国际投资公共服务平台持续发力，中国国际智能产业博览会、中国西部国际投资贸易洽谈会等国际投资公共服务平台加快建设。消费品牌持续拓展，首店经济、免税经济支持力度加大，"国际优品""世界名品"落地汇聚加快。在全国率先成立省级国际传播专业机构——西部国际传播中心，国际社交网络范围持续拓展，截至2023年10月，重庆已与共建"一带一路"国家结成国际友好城市29个、国际友好交流城市84个，接连举办"一带一路"陆海联动发展论坛、中俄青少年运动会、国际文化嘉年华等国际活动。

（五）成渝地区双城经济圈携手打造区域合作和对外开放典范取得新成效

成渝地区双城经济圈加速推进，两地不断深化基础设施互联、产业集群共建、公共服务共享，携手打造新时代区域合作新样板。重庆再加力，出台建设行动方案，提出"十项行动"，助推建设走深走实。

一是贸易投资稳中有增。两地加大力度推进重点项目开工建设，积极扩大有效投资，完善跨省域重大项目协调调度推进机制。2023年1~4月，川渝两省市货物贸易额达5463.6亿元，占全国比重提高到6%。截至2023年9月，两地完成共建经济圈年度投资2853.5亿元。2023年7月，两地联合印发《川渝自贸试验区协同开放示范区深化改革创新行动方案（2023—2025年）》，推出24条改革创新举措推动贸易投资便利化。

二是物流枢纽持续拓展。成渝两地积极构建现代化综合货运枢纽体系，推动建设重庆西部陆海新通道江津综保区冷链产业园、成都天府国际空港综合保税区等若干枢纽港站；共建区域物流集散体系，开行成渝地区双城经济圈公共货运班列、加快共建长江上游航运中心、加速打造长江上游港口联盟，持续提升国家综合货运枢纽补链强链能力。

三是产业发展协作共谋。近年来，成渝两地共建优势产业链，形成五大领域高质量协同共建实施方案，建成国家级成渝地区电子信息先进制造集群。2023年4月，第二届成渝地区双城经济圈全球投资推介会召开，"双城双百"投资机会清单和成渝地区双城经济圈协同招商十条措施发布。同时，248个标志性重大项目纳入共建经济圈重大项目清单，成渝合作进一步释放投资活力、激发市场潜力。

四是开放平台协同共建。2023年3月，川渝联合印发《推动川渝万达开地区统筹发展总体方案》，川渝毗邻地区规划的10个合作平台全部转入加快建设状态；2023年7月，成渝两地联合印发《川渝自贸试验区协同开放示范区深化改革创新行动方案（2023—2025年）》，推进五大领域协同改革开放合作。截至6月27日，成渝地区双城经济圈取得"34+10+35"的成果，协同合作推进3类34个合作事项、全面启动10个合作平台、提速建设35个产业合作示范园区。

五是营商环境更入佳境。成渝入选央视"2022城市营商环境创新城市"，营商环境建设成绩亮眼。2023年，成渝探索创建虚拟地址"云注册"模式，推出川渝"营商云地图"，联合印发《成渝地区双城经济圈"放管服"改革2023年重点工作任务清单》《川渝"一件事一次办"事项清单（第一批）》《川渝"免证办"事项清单》《川渝跨区域数字化场景应用清单》4个清单，推动"渝快办"平台、"天府通办"平台与国家部门业务系统联通，打通数据共享通道。

二 2023年重庆内陆开放高地建设面临的机遇与挑战

（一）重庆内陆开放高地建设面临的机遇

一是党的二十大报告提出"推动成渝地区双城经济圈建设"和"加快建设西部陆海新通道"机遇。"推动成渝地区双城经济圈建设""加快建设西部陆海新通道"作为促进我国区域协调发展、推进高水平对外开放的重要举措，被写入党的二十大报告，成渝地区协调发展获得更为强劲的战略牵引力和政策带动力。重庆被给予西部陆海新通道物流和运营组织中心的重任，肩负着组织沿线省区市协商合作、集聚资源和辐射带动的作用使命，

"主角"身份和"牵头"地位使重庆与其他省份以及沿线国家的联系更密、合作范围更广，助推重庆享受到更多西部陆海新通道发展红利。

二是新重庆建设高位起步、高速推进、高质发展机遇。2022年底，重庆市委六届二次全会高屋建瓴、提纲挈领、举纲目张，提出"5新"路径、"12新"要求，为新重庆发展擘画蓝图、指明方向。2023年，在党中央领导下，在规划要求引领下，成渝地区双城经济圈、西部陆海新通道加速推进，重庆跨境贸易新"亮点"接续涌现，"市场采购贸易方式"在渝落地并首次实现以跨境公路运输方式通关、中国首个"五型"国家物流枢纽城市建成、《重庆市、成都市国家综合货运枢纽补链强链三年实施方案（2022—2024年）》公布、可衡量且闭环式的赛马机制持续发力……新外贸模式、新城市标签、新政策规划、新竞争模式孕育培养跨境贸易、跨境物流新机遇，推动重庆对外开放实现1+1＞2的倍增效应，为重庆加快建设内陆开放高地蓄势积能。

三是部市合作、企市合作叠加机遇。一系列针对性强、含金量高的利好政策，引领助推部市合作、企市合作走宽、走实、走深，使稳外资、强外贸叠加效应深度释放。企市合作方面，重庆市与华为公司、中国大唐集团、国家石油天然气管网集团、21家金融机构等企业签署战略合作框架协议，聚焦对外贸易高附加值产品领域，为智能网联电动汽车产业、新能源产业等战略性新兴产业发展开辟新空间，助推数字化、绿色化、现代化新重庆建设。部市合作方面，中国社会科学院与重庆市人民政府签署战略合作协议，为国家级高端智库与省级地方政府互促共进提供新机会，为哲学社会科学研究和经济社会实践深度融合提供新机遇，为推进重庆市对外经济贸易发展提供新契机。

四是随着东盟替代美国成为我国最大贸易伙伴，重庆作为陆海新通道（中欧班列）创建者和运营者获得更多机遇。近年来，全球需求市场疲软、中美贸易依存度下降、全球贸易量下降、高息环境持续笼罩世界市场，世界经济形势严峻，东盟市场成为中国新的着力点。据中国海关数据统计，2023年前三季度，我国对东盟进出口4.68万亿元，比重达到64.3%，占我国外贸的15.2%，双边经贸往来保持良好发展态势。2023年，RCEP对印度尼西亚、菲律宾陆续正式生效。至此，RCEP包含的15个成员国已全部完成生效程序，并据此可互相实施关税减让，RCEP的优惠政策、红利效用将持续扩大。重庆与东盟有着良好的合作基础，西部陆海新通道境外端与RCEP高度重合，是RCEP经贸合作的最主要区域，也是落实运用RCEP金融规则的最优场景。"重庆造"既可以依托中欧班列向俄罗斯、中亚、东欧辐射，又可以利用西部陆海新通道辐射东盟，不断深化拓展同东盟国家间的贸易。

（二）重庆内陆开放高地建设面临的挑战

一是疫后全球经济下行动荡挑战。延续三年的新冠疫情，对世界经济造成巨大冲击且影响深远。2023年1月，联合国发布《2023年世界经济形势与展望》，指出疫情的持续影响、气候变化的恶化以及宏观经济结构性挑战，使得世界经济复苏的前景依然黯淡，面临着长期低增长的风险。经济下行将引发生产经营放缓、失业率升高、外需收缩、供应链阻塞，对开放型经济的高质量发展造成全面挑战。

二是单边主义和贸易保护主义持续蔓延挑战。疫后贸易保护和贸易壁垒有增无减、愈演愈烈。2023年7月，世界贸易组织（WTO）等国际机构研判，长期来看单边主义和贸易保护主义会造成全球经济5%的损失，对发展中国家来说这一损失为12%～14%。单边主义和贸易保护主义不断冲击并引发地缘政治紧张局势，将严重阻碍贸易流通和投资发展。

三是外向型经济产业竞争力有待提高。依托各类通道和开放平台，重庆外向型经济发展势头良好，但也存在外向型经济外贸总量偏小、外贸依存度不高等短板。2022年，重庆进出口总额为8158.35亿元，实际利用外商直接投资金额为18.57亿元，同北京、上海相比存在较大差距。重庆进出口总额占全国比重为1.9%，与GDP占全国比重2.4%相比还不相匹配。此外，在重庆出口制成品中，高技术含量、高附加值的出口商品竞争力还需进一步增强，产业结构和外贸竞争力还需进一步优化提升。

四是成渝地区双城经济圈与京津冀、长三角、珠三角城市群对接有待加强。从外部协调看，成渝地区双城经济圈与京津冀、长三角、粤港澳等城市群基于市场、产业、要素等关联而自发产生经贸联系和优势互补的协调发展水平还不高，同时，与上述城市群在协同开放联动、产业分工协作、高质量要素流动、创新资源开放共享等方面的互动还不多，在产业梯度转移、产业链协同配套、协作攻关"卡脖子"关键核心技术等方面的合作还不够，互呼互应、搭梯登高、连点成线、共促发展的硬联通与软联通还有待加强。

三　2024年重庆内陆开放高地建设
形势预测及对策建议

2023年，面对复杂严峻的国际环境和国内外多重超预期因素冲击，重庆认真贯彻落实党中央、国务院决策部署，立足新发展阶段，完整、准确、全面贯彻新发展理念，把内陆开放高地建设放在中国式现代化的宏大场景中谋划推进，开放型经济规模稳步提升，对外开放通道更加优化畅通，区域融合开放发展开创新局面，积极融入"一带一路"加快建设内陆开放高地取得新进展，为服务和融入国家构建新发展格局作出了积极贡献。2024年，重庆将准确把握系列发展机遇，积极应对内外部环境复杂严峻挑战，进一步发挥成渝地区双城经济圈建设的开放引领力，进一步强化西部陆海新通道建设的开放支撑力，进一步凸显全面深化改革的开放驱动力，以打造内陆国际物流枢纽和口岸高地、高能级开放平台、开放型经济高质量发展示范区、国际一流营商环境样板城市为开放抓手，加强改革创新，加强系统谋划，努力成为内陆省份改革开放探路先锋，开辟高质量发展新境界，开创对外开放新局面。做好2024年工作，建议从以下五个方面着力，不断拓展内陆开放高地的高度、广度和深度。

（一）进一步推动成渝地区双城经济圈释放更高层次对外开放辐射带动效力

一是共促开放平台提质升级。牢牢抓好开放平台这一发展开放型经济的重要载体，准确对标 RCEP、CPTPP 等高水平国际经贸规则，以持续推进四大战略平台创新发展和转型升级为引领，不断提质升级、做实做强综合保税区、保税物流中心以及"公铁水空"口岸等各类园区平台以及功能平台、活动平台，增强高端产业引育、科技创新策源、资源集聚外溢功能。二是共强产业集群，共拓市场空间。做强两江新区新型显示、西部科学城重庆高新区集成电路、两江新区新能源汽车等市级战略性新兴产业集群，加速布局全市战略性新兴产业。进一步加快构建现代产业体系，打造更多产业链条完备、辐射带动力强、具有较强竞争力的战略性特色性新兴产业集群，引领重庆开放型经济规模、质量和效益提升。三是合力打造一流营商环境。以助推成渝地区双城经济圈建设为目标，在实践中不断对标先进国际经贸规则、健全一体化税收管理模式、强化知识产权执法联动、推进跨区域信用监管体系建设以及加强司法协作，多方发力打造高标准的市场化、法治化、国际化一流营商环境。四是协同完善开放安全风险防范机制。携手四川努力打造跨区域合作开放风控样板，进一步增强风险防控意识，对重要改革开放事项特别是重大敏感事项，充分进行风险识别和风险评估，相应制定风险防控措施；进一步加大风险压力测试力度，对文化、教育、金融等敏感领域，依托自贸区等开放平台，加快开展更大力度、更大范围的风险压力测试，尽快健全改革开放安全保障体系。五是加强同京津冀等经济圈对接协作。坚持开放思维，通过畅通基础设施、用好科创资源、借力金融服务，以及加强要素资源、产业项目、开放平台协作等方式，加强成渝地区双城经济圈同京津冀、长三角、珠三角等城市群的对接协作，努力实现先进生产力的有效牵引，拉动本地区发展。

（二）进一步迭代西部陆海新通道"牵头人"作用，带动东西南北出海出境大通道畅流拓线、交互发力

一是持续强化西部陆海新通道建设牵引带动作用。充分利用陆路通道的线性物理性特征和枢纽节点，牵头会同沿线地区一体挖掘平台经济、枢纽经济、通道经济，提升沿线国家和地区的人员交流、经贸交往和产业互动，带

动形成高增长性、高带动力的区域经济发展势能。二是持续推进各类通道互联互通。不断提升通道互联互通和一体化水平，建设通道畅达、辐射内陆、联通全球的国际门户枢纽城市。突破"外通"瓶颈，有效释放东线通道客货共线、货运能力以及中线通道货运能力；打破"内畅"卡点，有效促进多式联运转换衔接，完全打通铁路进港"最后一公里"；发挥"体系"作用，不断推动物流成本与交易成本降本增效；同时，升级川渝两地交通基础设施，提高区域交通通行能力。三是持续促进通道与经济融合一体发展。以铁路、公路、水运、航空、信息等出海出境通道建设为支撑，着力打造"通道+"经济，以运输物流通道及交通物流枢纽为载体，促进交通、物流、商贸、产业深度融合，系统构建供应链、产业链、价值链深度关联的国际贸易走廊和国际经济走廊。四是持续深挖四向通道智慧、绿色、安全、人文功能。利用通道提升公共服务便利化水平，推动生态共建共保、绿色生产生活方式以及教育、医疗等资源共享，打造高品质生活宜居地；依托文化贸易展会推进旅游与商贸、文化融合，建设具有全球影响的文化服务产品交易市场；积极探索与沿线省份以及国家在高等教育、人力资源培训、国际赛事等方面合作，拓展人文交流渠道。

（三）进一步强化开放平台的创新集成、扩容引流

一是持续深化开放平台间的错位互补、资源互用、市场互联。注重各平台协同联动创新发展，不断推动平台之间基础设施互通、数据信息共享、产业招商联动、创新政策和成果共用，提升开放平台发展的整体性、系统性，不断促进全市开放平台相互支撑、提质增效。以建立健全全市各类平台规划衔接长效机制为重点，统筹集成口岸、通关、物流等开放功能和科学布局人才、信息、资本等开放要素，促进各类开放平台错位发展、协同发展、扩容引流。二是着力聚焦产出中新（重庆）战略性互联互通示范项目标志性成果。继续聚焦金融、航空、物流、信息等领域深化经贸合作，擦亮中新（重庆）战略性互联互通示范项目金融峰会、"新加坡·重庆周"等标志性交流活动。同时，在商务、农业、人才培训、文旅等方面积极拓展实施合作

计划，不断拓展双方合作的广度和深度，推动经贸合作和人文交流再出标志性成果。三是创新提升重大开放平台资源要素聚集力。充分发挥四大战略平台的先行先试优势，继续把战略开放平台作为突破口，加大改革创新力度，充分赋权赋能，狠抓产业项目"招引落"，做好创新人才"引留培"，推动高端产业和要素资源集聚，打造要素资源集聚和示范引领高地，凸显全市对外开放的主战场和制高点作用。

（四）进一步增强开放型经济的改革力、竞争力

一是强外贸经营主体，激发外贸活力。继续加大政策、制度、管理和服务创新力度，通过确立目标、建立筛选机制、夯实平台基础、加大引资支持、增强要素保障、优化外资环境、完善考核评价等措施，壮大外贸经营主体，激发外贸市场活力，加快培育外贸竞争新优势。促进民营经济高质量发展，发挥民营企业稳外贸关键作用，扶持民营企业通过技术创新、科技研发提高品牌美誉度和国际竞争力，支持民营企业"搭船出海"积极开拓国际市场，通过走访培训、发布风险提示、推广跨境金融服务平台等多种形式帮助民营企业在对外贸易中防范风险、降低成本。二是优外贸结构，提升贸易自主发展力。建好国家外贸转型升级示范基地、国家加工贸易产业园，巩固计算机、手机等传统产品出口规模，扩大新能源汽车、智能家居等新兴产品出口优势，加快推动产业向高端化、智能化、绿色化转型，更大力度推动外贸稳规模优结构；加快培育跨境电商、市场采购、外综服等外贸新业态，努力拓宽出口渠道；充分发挥市场采购贸易试点对外向型产业的带动引领作用，为个体工商户和小微企业搭建出口海外的桥梁；同时，把握服务贸易新机遇，高标准建设国家服务外包示范城市。三是拓海外市场，育优势产业，汇外贸动力。瞄准海外市场，稳出口、扩进口，在稳定传统优势产业外贸竞争力的基础上，大力支持新兴特色产业走向国际市场；有针对性地开拓RCEP成员国、金砖国家、东欧、东盟、非洲等新兴市场，有效降低重庆外贸企业对欧美传统市场的依赖；采取考察访问、招商推介、友城互访等方式，持续实施外资招商专项行动，开拓新外贸增长点。

（五）进一步提高开放环境的吸引力、影响力

一是对标《宜商环境评估体系》（BEE）优化营商环境。对照世界银行新的《宜商环境评估体系》（BEE），把握宜商环境评估的显著变化，按照新指标体系，补齐市场环境打造、政务服务水平、法治保障能力、相关领域立法等方面的短板弱项；清单化明确优化营商环境激发市场主体活力重点任务，不断提升政务服务水平、强化法治保障力度、帮助企业纾困解难，持续深化营商环境创新试点城市建设，持续打造高标准的市场化、法治化、国际化一流营商环境。二是打造市场化、法治化、国际化一流营商环境"标杆城市"。重庆要强化营商环境打造"上游意识"，勇创营商环境打造"标杆城市"。以经营主体需求为导向聚焦市场化，畅通市场主体准入和退出机制，提升市场主体融资便利度，强化公共资源交易监管，持续提升企业来渝投资意愿；以制度创新为核心聚焦法治化，强化法治保障，加大知识产权保护力度，提升司法程序质效，理顺企业破产审判体制机制，不断加强企业权益保护；以持续发展眼光聚焦国际化，提升对外开放能级，促进外资外贸发展，促进跨境贸易便利化，不断提升重庆的国际知名度和经贸吸引力。

参考文献

《重庆：西部陆海新通道跑出加速度》，人民网，2023 年 11 月 10 日。

《上半年中欧班列（成渝）开行超 2700 列》，金台咨询，2023 年 8 月 6 日。

《数字赋能为长江"黄金水道"发展提速》，中华航运网，2023 年 5 月 4 日。

《同比增长 7%　前三季度长江干线集装箱吞吐量稳中有进》，新华社，2023 年 11 月 12 日。

《重庆江北机场上半年出入境人次超 26 万　8 月将密集恢复多条国际航线》，上游新闻，2023 年 7 月 5 日。

《两江新区上半年招商引资各项任务"双过半"》，两江新区网站，2023 年 8 月 1 日。

《西部（重庆）科学城以科技创新为引领，全面融入成渝地区双城经济圈建设》，

《人民日报》2023年3月8日。

《2022年重庆对RCEP其他成员国进出口增长9.2%》，中国新闻网，2023年1月16日。

《2023上半年重庆外贸工作成绩单出炉》，中国网，2023年7月28日。

《川渝市场监管一体化合作纵深推进》，《四川日报》2023年11月30日。

《"渝贸全球"从"有效"看"有为"》，华龙网，2023年7月3日。

《重庆以创新试点为引领全力打造西部一流营商环境》，中宏网，2023年4月12日。

《重庆：高质量打造内陆开放高地》，中国发展网，2023年1月30日。

《川渝"一家亲"合作结硕果 成渝地区双城经济圈建设加快乘势跃升》，《四川日报》2023年6月26日。

《区域联动绘出自贸试验区发展新景》，《国际商报》2023年5月22日。

《全力加速跑 奋力开新局——从成渝地区双城经济圈看中国经济生机活力》，新华社，2023年4月4日。

《打造有实力有特色的双城经济圈 推动成渝地区双城经济圈建设重庆四川党政联席会议第七次会议举行成果发布会》，《重庆日报》2023年6月27日。

《重庆营商环境创新"出圈"》，上游新闻，2023年4月6日。

《下半年全球贸易预期疲软，供应链还有哪儿可能"爆雷"?》，第一财经，2023年7月2日。

《积极探索中国式现代化下区域协调发展的"成渝路径"》，《四川日报》2023年4月10日。

《在高水平对外开放中更好维护开放安全》，《中国经济时报》2023年6月21日。

B.18
推动西部陆海新通道迭代升级亟须
破解的问题及对策措施

刘嗣方　邓　靖　刘晓敬*

摘　要：　加快建设西部陆海新通道是党的二十大报告的重要内容。当前区域风险剧增，全球经济低迷，产业链价值链面临重构，新的全球治理体系加速形成，给加快建设西部陆海新通道带来新的形势新的变化，亟待提升统筹协调能力，优化物流网络，拓展通道功能，强化制度创新，促进国际传播，将西部陆海新通道打造成为陆海内外联动、东西双向互济的重要战略纽带。

关键词：　西部陆海新通道　制度型开放　数字经济　绿色国际合作

　　建设西部陆海新通道是以习近平同志为核心的党中央作出的重大决策部署，党的二十大明确提出"加快建设西部陆海新通道"。六年多来，通道建设取得了重大阶段性进展，推进机制不断完善，出海出境能力实现跨越式发展，改革创新持续突破，物流枢纽初步建成，开放型经济持续做大，对服务构建新发展格局、推进新时代西部大开发、扩大内陆改革开放和助力"一带一路"建设发挥了重要作用。伴随国际环境深刻复杂变化，通道建设面临一些新的形势变化和突出问题，必须着眼战略全局和长远发展，采取针对性措施，进一步拓展优化功能、提升通道能级。

---

　　*　刘嗣方，重庆社会科学院（市人民政府发展研究中心）党组书记、院长；邓靖，重庆社会科学院（市人民政府发展研究中心）国际经贸与物流研究所副所长、研究员；刘晓敬，重庆社会科学院（市人民政府发展研究中心）对外学术交流中心主任、研究员。

一　西部陆海新通道建设形势环境面临新的变化

一是区域安全潜在风险骤增，西部陆海新通道建设面临的不确定不稳定性增加。受贸易保护主义、单边主义以及俄乌冲突等多重因素影响，尤其是美国在亚太地区加紧拉拢日韩等国家，区域安全问题愈演愈烈，处于亚太区域平衡点且成员国综合实力不断增强、主体性快速强化，已成为世界格局演进重要力量的东盟，对西部陆海新通道建设表现出经济期待与安全质疑并存、参与冷热不均与防范不断加强的矛盾心态和摇摆立场。

二是全球经济形势持续低迷和国际经贸格局系统重塑，西部陆海新通道正以迅猛发展态势树立起全球化多边互惠共赢的新标杆。西部陆海新通道越来越成为国际认可的以中国发展理念推动全球治理体系朝着更加公正合理方向前行的最优范例，是我国与东盟共建国际经济走廊的坚实支撑，是实现与周边国家互利共赢的重要载体，有利于构建动态平衡的国际供需新体系，在推动中国与东盟深化互信合作、彰显澜湄国家命运共同体理念、先行先试人类命运共同体构建等方面发挥积极作用。

三是疫后全球经济呈现滞胀特征，西部陆海新通道建设日益成为我国与东盟共克"功能分工陷阱"在重构区域产业链价值链中实现链位攀升的利益契合点。疫后部分价值链链主国全面收短链条、强势回流，使我国与东盟陷入不同层级的"功能分工陷阱"，面临"锁链""断链"风险。同时，中低端产业链持续向东南亚、南亚特别是泰国、越南、马来西亚、印尼等贸易壁垒少、要素成本低的国家转移，与我国西部工业化进程中的产业链价值链创新链调整构建存在同质竞争。如何提前切入 CPTPP、DEPA 等新经济协定规则，共同提升国际分工地位，实现产业链供应链迭代升级，成为我国与东盟的共同利益诉求。

四是数字技术、绿色低碳、金融科技等新兴领域快速发展，"赋智""添绿""镀金"西部陆海新通道成为推动我国高水平对外开放、提升全球治理变革话语权的突围路径。抢抓主导数字经济规则、绿色低碳发展话语成为引领发展新趋势、掌握发展主动权的重要契机，以西部陆海新通道为载体，推动沿线国家共同探索区域性国际性绿色治理、低碳发展、数据治理规则标准、金融科技融合创新极有潜力成为通过区域性突破助力提升我国国际"硬实力"和话语权"软实力"的关键所在。

五是中国式现代化新征程全面启航，西部陆海新通道建设将在协同推进共建"一带一路"和国内区域重大战略中扮演更为重要的角色。新时代新征程对加快区域协调发展、破除内在循环阻滞、链接域外广阔市场、稳固国家安全战略纵深提出更高要求。西部陆海新通道不仅对内联动成渝地区双城经济圈与北部湾城市群、对外联动中东与欧亚，还能推动中印缅孟战略、深化大湄公河次区域经济合作，协调融合共建"一带一路"、长江经济带发展、新一轮西部大开发、成渝地区双城经济圈建设等国家重大战略，以大通道支撑加快形成内外大循环、带动区域大发展、构建统一大市场、铸牢战略大后方。

二 建设西部陆海新通道亟须破解的问题

（一）统筹协调力度不够，战略能级有待提升

从国家层面看，国家发改委牵头设立西部陆海新通道省部际联席会议，但这一机制更多停留于部门层面，在推动沿线地区统一建设方面作用有限。从省市协作看，在"13+2"框架下，四川、陕西、云南、广西、青海、西藏、内蒙古、海南等8个省份尚未设立区域运营平台，贵州、宁夏、甘肃、新疆、重庆、湖南、湛江等7个省份和地级市虽已设立区域运营平台和老挝海外公司，但未能实现集中统一控股，运营主体"小、散、弱"特征突出，整体优势难以有效发挥。从战略影响看，带动能力偏弱，经西部陆海新通道运输的货物超80%来自"13+2"合作省市，集散东中部地区货物比重偏低；辐射效应较小，国际供应链建设缓慢，仅越南、老挝、泰国设有分拨货站，缺乏高标准的海外仓、重点港口等配套设施建设项目；跨境协同较难，缺乏

国家级互信互利合作机制，与中南半岛、孟中印缅、新亚欧大陆桥、中国—中亚—西亚等国际经济走廊的联系互动较为松散，对接相关国家的重大战略不够紧密。

（二）物流网络需要优化，物流效率受到制约

一是线路节点能级不高。西部陆海新通道东中西三条主通道，承担了超过 90% 的货物运输，但与主通道形成配套的运力网络尚未形成。广西钦州港集装箱能力不足 20 万吨，进港航道仅能满足 10 万吨级的船舶通行，铁海转运效率较低。二是境外设施建设滞后。老挝、泰国、越南等中南半岛国家铁路线路相互独立、标准不同等问题尤为突出。东南亚国家高速公路少，等级普遍在三级以下，跨境公路运输不畅，短期内制约我国海外仓、分拨中心、国际产业园区等布局建设。三是多式联运推广困难。铁海联运"一单制"标准不统一，未获得各方认可，尚未以法律法规形式固化定型。推广应用国际贸易"单一窗口"平台不够，在关际合作、通关查验等方面还需深化。缺乏铁海联运综合信息平台，铁路、海关、港口等主体均采用独立的信息管理系统，实现数据开放和信息共享面临诸多难题。四是物流环节短板明显。其一，环节偏多，经西部陆海新通道铁海联运的集装箱物流环节达 29 个，比中欧班列（成渝）多 20 个。比如，重庆辖区就多出订舱、铅封、设备交接、短驳装卸、短驳运输、吊装、仓储等 11 个环节，广西辖区多出码头卸车、核放、设备交接、外贸箱卫检、重箱拖车、报关、仓单录入、报关、报检等 9 个环节。其二，费用偏高，如重庆经通道转运至香港，去程、回程分别为 1000 美元/标箱、1700 美元/标箱，相较经长江黄金水道分别高出 500 美元/标箱、800 美元/标箱。其三，时间偏长，如经西部陆海新通道承运的集装箱（重庆—钦州—新加坡，重庆—磨憨—万象—曼谷—吉隆坡—新加坡），相比中欧班列（成渝）（重庆—霍尔果斯口岸—哈萨克斯坦），平均时间多出约 95 小时。

（三）综合承载能力欠佳，通道功能需要拓展

一是产业带动较弱，产业链供应链稳定性竞争力存在短板。根据有关资

料统计，从 2018～2022 年通道运输产品均值看，超 80% 为汽摩、玻璃、煤炭、农产品等劳动密集型产品，服务沿线地区先进制造业集群发展能力明显偏弱；沿线的重庆、广西、贵州、四川对东盟的服贸规模占当年地区服贸总额的比重均值分别仅为 5%、3%、2.7%、7%，对东盟的农产品贸易占当年地区农产品贸易比重均值分别仅为 6.3%、4.5%、2.2%、5.1%，且 85% 为初级农产品，通道带动沿线地区现代服务业和高效特色农业高质量发展的能力同样不足。二是贸易支撑不强，与实现面向全球的高标准自由贸易区的目标定位存在距离。2018～2022 年，重庆、广西、贵州、四川经西部陆海新通道运往东盟的货物规模占地区贸易总额的比重均值分别为 5%、13%、4.2%、5%。通道运营货物超 80% 来自 "13＋2" 合作省市，东中部地区货物比重偏低；通道货物目的地为东盟的比重超 85%，国际市场辐射窄，全球市场影响力有待提高。三是数字赋能不够，深化与周边国家地区合作存在瓶颈。数字设施建设滞后，沿线地区数字经济比重均低于 25%，重要的物流枢纽、港口等尚未开展数字化升级改造。数字孤岛现象普遍，金融、海关、铁路等部门的数字信息规则不一，数字原始信息开放存在制度约束。四是金融功能不足，建设区域性国际金融中心存在短板。通道结算尚未接入国家数字人民币跨境清算系统；应用场景不丰富，人民币国际化推进不足。融资渠道窄，通道间接融资比重超 80%，融资方式主要为出口信贷、担保贷款等一般产品，债券、证券等直接融资规模较少。新兴业态少，沿线地区参与西部陆海新通道建设主要为银行、信托、证券等传统业态，天使投资、创业投资、信用评级、资产评估等新兴业态比重不足 15%。五是绿色低碳合作较少，推动区域性经济社会绿色低碳转型发展存在滞后。通道沿线地区单位 GDP 能耗高出东部地区均值近 20%，煤炭、天然气等传统能源消费占比约 70%，新能源产业和项目国际合作进展缓慢，构建绿色经济发展体系进展较慢，在推动共建公平合理、合作共赢的全球环境治理体系和清洁美丽世界方面需采取更加有力的政策和措施。

（四）开放领域需要突破，制度创新亟待加强

应对《区域全面经济伙伴关系协定》等的对外开放制度机制滞后，海

关、税务、检验检疫等部门尚未统一累计原产地规则，相关部门、沿线地区尚无拓展日韩等亚太市场的共商共建共享机制，对国内能源、电信等民生行业可能面临的负面冲击、贸易投资风险、跨境商事争端等方面缺少监测预警、联合处置机制和规则。国际数字贸易合作规则衔接较慢，对推动建设数字通道合作规则和管理标准缺乏整体谋划和系统建构。陆上贸易标准体系建设滞后，目前主要集中在汽车及零部件进出口领域，依托通道运用陆上贸易规则的范围较小。

（五）国际传播能力不足，通道影响力有限

目前东盟各国对西部陆海新通道的内涵界定较为含混，对于与国际陆海贸易新通道之间的关系尚无精准定位和阐释，多数人只知西部陆海新通道，而不知国际陆海贸易新通道。尤其受疫情影响，"网对网"替代了"面对面"，沿线国家企业受惠于通道而不知通道。近期美西方蓄意战略搅局，外部小动作不断，恶意污名化通道，意图编织"舆论铁幕"，竭力阻碍通道建设，挑唆沿线国家对通道的恐惧和对立情绪，需要我们发挥政府引导作用，支持高端智库、高校和民间组织参与进来，协同提升国际传播能力。

三　推动西部陆海新通道迭代升级的对策建议

（一）着力完善中央和地方统筹协调机制

一是强化中央层面统筹能力。建议由国务院直接牵头，一方面，提升西部陆海新通道与推动西部大开发形成新格局、长江经济带发展、推动成渝地区双城经济圈建设、中新（重庆）战略性互联互通项目的战略联动能力；另一方面，打造"重庆泛印度洋论坛"，成立泛印度洋协同发展联席会议，签订"泛印度洋地区合作框架"，推动西部陆海新通道与国际性经济走廊联动发展，更好地对接"一带一路"、中印缅孟、大湄公河流域等合作战略，打造辐射中东、亚欧大陆的国际经济圈。前瞻性布局战略分析和可视化平

台、陆海协同防空火控基地、网络环境与空天通信协同系统等国家级重大战备设施和战备平台，提升对南亚、中东、中亚等泛印度洋地区的主导能力，增强应对欧美围堵封锁的"撒手锏"。

二是建立平台公司高效治理结构。完善各区域西部陆海新通道运营平台，发挥西部陆海新通道物流和运营组织中心作用，通过控股等方式建立集团制下设子公司治理结构，更好地发挥平台的牵引功能。

三是构筑全流程协同机制。建设西部陆海新通道公共服务平台，依法依规及时便捷共享市场信息和货源集散、流通供应、产业配套等信息，引导职能部门和市场主体协同联动。

（二）着力提升通道体系物流运营的质量效率

一是提升主通道节点能级。制定西部陆海新通道基础设施建设三年攻坚行动方案，推进成渝中线、渝西、渝宜、渝贵等高铁项目和渝黔、渝遂、渝湘高速公路扩能等项目建设。推动平陆运河、嘉陵江、乌江、西江等航道改扩建工程建设，打造覆盖西部地区的支流航运网络，扩大西部陆海新通道货物集散范围。

二是打通境外运力堵点。加强与通道沿线国家基础设施建设政策的沟通和对接，采取服务外包、工程租赁等方式，推动共建高标准海外仓、转运中心等分拨基地。以央企为主体积极投资建设缅甸皎漂港，建设中缅国际物流基地，打通经缅甸出印度洋的大通道。依托中老铁路在万象建设国际陆港物流园。

三是大力推广多式联运。依托西部陆海新通道物流和运营组织中心，建立跨区域多式联运运营中心，构建安全、高效、便利的多式联运管理系统。依托国际多式联运标准体系，制定"门到门"一体化多式联运服务规则，加强水、空、铁、公运输方式在货物交接、合同运单、信息共享等方面的制度对接和规范统一，优化查验移箱、过磅、开箱等物流环节。整合信息平台资源，创建铁海、铁空联运"一站式"无纸化预约通关机制。发展标准化的多式联运装备，统一铁路箱与海运箱标准，推广标准化载货工具和快速转运换装设备，推广集装箱甩挂、甩箱等运输组织方式。加强与通道沿线国家在国际道路运输、国际铁路联运、国际班轮航线等方面的相互对接，推动与东盟国际货物"一站式"运输。

（三）着力拓展通道产业和经贸综合承载力

一是强化产业带动。推进中国—马来西亚"两国双园+陆海新通道"、中国重庆—老挝万象"一通道两园区"等国际产业链供应链合作；支持机电产品、高端商用车、冷链物流等企业面向东南亚市场建设新工厂、开发新产品；支持央企、地方国企共建粮食、矿产等产业园区；支持依托川渝地区智能网联新能源汽车产业优势，推动构建软硬一体的计算基础平台产业和技术平台生态圈，促进电力驱动、智能网联、移动出行等协同布局，与东盟、南亚合作制定新能源汽车产业国际分工协作、产业链供应链协同配套的"中国规则""中国标准"。

二是优化经贸格局。吸引湖北、江西等东中部省份共建西部陆海新通道；联动通道沿线国际物流运营企业在老挝、马来西亚等地设立境外公司，建设海外仓库、无水港、无轨站等；对接 RCEP 和澜湄流域经济发展带建设，与老挝、马来西亚等地合作建设国际产能合作高质量发展示范区；探索中亚经伊朗、土耳其等地绕开乌克兰地区，从南部连接欧洲的新通道。

三是创新金融手段。支持符合条件的西部陆海新通道项目发行专项债，不占用地方政府债务额度。设立西部陆海新通道中央专项资金、中央预算内资金等投资政策，支持入库项目建设。进一步发挥金融对通道建设的支持作用，在重庆改制组建陆海新通道国际商业银行。深入推进数字人民币跨境结算、本外币合一账户等改革试点，支持通道企业优先使用人民币跨境交易，争取东盟国家小货币直接挂牌在渝落地。

（四）着力推动建设数字通道、绿色通道

一是打造区域性数字经济发展高地。探索制定通道数字要素跨部门流动规范，推动海关、铁路、税务等公共数字资源依法依规开放；共建数字通道

建设公共平台，升级智慧通道、智慧口岸，新建智能仓库、智慧场站、无人驾驶道路等设施；深化国际数据合作，加强 5G、6G 技术合作，鼓励沿线国家整合基础性大数据资源库。

二是打造区域性绿色转型示范区。发行绿色债券、提供绿色贷款，探索开展绿色低碳供应链管理，不断提高能源资源利用效率和清洁生产水平。

（五）着力推进以制度型为重点的高水平开放

一是集成创新应对 RCEP 的制度规则。以越南、马来西亚、新加坡等为重点，共建 RCEP 国际合作示范区，探索搭建风险应急综合平台。

二是探索建立数字通道规则。组建国际数字贸易领域标准化工作的专业技术委员会，制定数字贸易标准，发布西部陆海新通道数字贸易指数。筹办"中国数字贸易博览会"，加快打造西部陆海新通道沿线数据要素枢纽集散基地。

三是扩面提级陆上贸易规则。推动陆上贸易规则扩展应用于电子零部件、机械设备、农产品等行业。依照国际供应链规则要求，创建陆上贸易货物损失补偿及风险分担机制。积极研究国际化相关条款，争取将陆上贸易标准纳入国际法适用条款。

四是优化涉外法务环境。成立西部陆海新通道国际商事法庭，召开沿线国家法治交流论坛，构建面向东盟和 RCEP 成员国的涉外法律服务体系。

（六）着力提升面向新时代的通道国际传播效能

一是引导阐释宣介西部陆海新通道战略定位。西部陆海新通道发端于国际陆海贸易新通道，前者为国内表达，后者为国际表达，两者本质是一致的。厘清西部陆海新通道与国际陆海贸易新通道的定义与关联，通过主流权威媒体正式规范阐释两者关系，以实现更好的同向发力、同频共振。

二是构建线上线下协同传播体系。构建次区域、小多边国际传播合作机制，加快构建区域性国际传播数字平台，打造面向通道沿线各国的国际一流新型主流媒体，加快设立通道文化交流中心，广泛利用新型社交媒体平台，为通道建设营造良好的国际舆论氛围。

三是推动通道沿线国家高端智库合作交流。创建沿线国家和地区智库联盟，聚焦共同关心的国际和区域性问题组织研究项目，面向沿线国家推介高水平研究成果，定期发布沿线别国投资指数、环境指数、市场指数等，探索设立区域性学术组织，支持和鼓励建立海外中国学术研究中心，支持国外学会、基金会研究中国问题。

（七）着力塑造更加和平稳定的通道安全运营环境

一是完善顶层设计。依托西部陆海新通道建立国际安全合作协调机制和框架，常设协调办公室，协同负责通道安全合作事宜，协同防范化解各类安全风险。

二是深化重点合作。在通道沿线布局粮食储备基地，在泰国、马来西亚、缅甸等共建粮油、蔬菜、蛋奶等生产基地，强化粮食安全国际合作。共建卫生医疗资源交流平台，提升共同处置公共医疗卫生事件应急水平。

三是推动共同执法。共建通道国际安全执法机构，配备专门力量，协同应对恐怖主义、跨国犯罪、化武扩散、网络犯罪等威胁，打造"平安通道"。

参考文献

《习近平著作选读》（第一卷），人民出版社，2023。
《习近平著作选读》（第二卷），人民出版社，2023。
裴长洪、刘斌：《中国对外贸易的动能转换与国际竞争新优势的形成》，《经济研究》2019 年第 5 期。
吕越、马明会、李杨：《共建"一带一路"取得的重大成就与经验》，《管理世界》2022 年第 10 期。
谭庆红：《西部陆海新通道建设的机遇、问题及路径》，《社会科学家》2022 年第 8 期。
唐红祥、夏惟怡、黄跃：《西部陆海新通道制造业与物流业协同集聚的影响因素识别及突破路径研究》，《中国软科学》2022 年第 8 期。

B.19
重庆推动西部陆海新通道高质量
发展举措及建议

胡红兵 *

摘 要： 近年来，重庆市深入贯彻落实党的二十大精神，加快建设西部陆海新通道，推进内陆国际物流枢纽和口岸高地建设，开放通道能级增强，国家物流枢纽扩容提质，口岸建设取得新进展，物流产业加快做优做强。但是也存在运输通道能力不足、枢纽设施功能不强、现代物流服务水平不高、物流企业普遍"小弱"、供需结构有待优化等问题，亟待采取措施解决。重庆市推动西部陆海新通道高质量发展，应从强化运营组织中心作用、推动中欧班列提质增效、提升长江黄金水道航运效能、巩固国际航空枢纽地位、做大做强物流产业等多个维度发力，确保内陆国际物流枢纽和口岸高地建设打开新局面、见到新气象。

关键词： 西部陆海新通道 高质量发展 开放通道

重庆市深入贯彻落实党的二十大精神，加快建设西部陆海新通道，推进内陆国际物流枢纽和口岸高地建设，"通道+枢纽+网络"的现代物流运行体系基本形成，为全市加快建设内陆开放高地、山清水秀美丽之地，努力推动高质量发展、创造高品质生活提供了有力支撑。

---

* 胡红兵，重庆市政府口岸物流办原党组成员、副主任，现任长寿区委常委、区政府党组成员。本文数据来源于重庆市商务委的相关统计。

一 发展现状

（一）开放通道能级增强

2022 年，重庆经西部陆海新通道运输 14.8 万标箱、货值 251 亿元，同比分别增长 32%、34%，占通道沿线地区总量的 28%。通道网络覆盖 119 个国家和地区的 393 个港口。召开第二次省际协商联席会议，审议通过跨区域运营平台方案、与东盟国家合作方案等 5 项重要文件。全国率先开行中老铁路去、回程班列，实现"周周班"常态化运行，首发中缅印国际联运班列。中欧班列克服俄乌冲突影响，实现逆势增长，中欧班列（成渝）全年开行 5000 列、同比增长 2.5%，占全国开行总量近 30%。成功测试中欧班列南通道班列，新增 3 处境外集散分拨中心，通道网络覆盖欧亚超百个城市。重庆市成为首批中欧班列五大集结中心城市，是全国唯一保持双向运输国际邮包的城市。智慧长江物流工程扎实推进，沪渝直达快线开行 1183 艘次、与上年基本持平，智慧长江物流工程助力提高船舶重箱装载率 8%，提高船舶周转效率 10%，压减集装箱运输成本 10%。国际航空枢纽建设有序推进，全年完成货邮吞吐量 41.5 万吨，排名全国第 8，国际货邮吞吐量 22 万吨、与上年基本持平，累计开通国际（地区）航线 109 条，川航物流重庆公司成立，重庆市航空货运基地公司达到 2 家。

（二）国家物流枢纽扩容提质

成功创建生产服务型国家物流枢纽，入选首批国家综合货运枢纽补链强链城市，积极申报商贸服务型国家物流枢纽。陆港型国家物流枢纽建成投用内陆国际物流枢纽展示中心，加快打造国际物流城"升级版"，园区累计在册企业超过 5000 家。空港型国家物流枢纽江北机场 T3B 航站楼及第四跑道工程完成总工程量 30% 左右。港口型国家物流枢纽鱼嘴铁路货运站建设有序推进，中新（重庆）多式联运示范基地一期建成运营。

（三）口岸建设取得新进展

2022 年 7 月，万州机场获批正式开放。出台优化口岸营商环境 21 条改革创新举措，全年进出口整体通关时间较 2017 年压缩 60% 以上。重庆铁路口岸成为全国首个可开展中欧班列进口运邮的城市；果园港口岸进境肉类、粮食指定监管场地通过海关总署验收；果园港进境水果指定监管场地、江北机场航空口岸综合性指定监管场地、铁路口岸进境肉类指定监管场地相继通过重庆海关预验收，现正按照要求申报海关总署验收。

（四）运输结构优化调整

重庆珞璜与万州港"双港联动、铁水一单、干支衔接、集散转换"多式联运示范工程纳入第四批国家多式联运示范工程创建项目名单。实施提高铁路货运量占比专项行动，推动港务集团水铁联运、博赛集团氧化铝、中铁特货商品车等重点增量项目，全年铁路货物发送量增长超过 230 万吨，全市铁路货运占比达到 1.4%。

（五）创新驱动行业发展

全国首创"单一窗口"区域平台——"单一窗口"西部陆海新通道平台，并上升为"单一窗口"国家标准版专区功能。会同重庆外汇管理部在跨境金融服务平台创新上线西部陆海新通道融资结算应用场景。探索开展中新铁海联运"一单制"数字提单测试，初步实现数字提单的签发、核验、查询等。积极推进重庆市国际物流体系建设及创新先行先试。

（六）物流产业做优做强

新培育重庆港股份有限公司、中国石油集团川庆钻探工程有限公司重庆运输总公司、渝新欧（重庆）供应链管理有限公司等 3 家 5A 级物流企业，全市 5A 级物流企业数量达到 10 家。新增三羊马物流 1 家上市物流公司，全市上市物流公司数量达到 3 家。沙坪坝获批重庆市首个国家骨干冷链物流基地，1000 家商超三级冷链物流销售节点加入冷链溯源体系，建成全市冷链物流公共信息平台。获批国家综合货运枢纽补链强链资金（第一批）5 亿元，用于支持江北机场报税港区航空货运站二期、果园港作业区重大件码头等项目建设。

二 特色亮点

（一）西部陆海新通道增量拓面，运营组织中心作用有效发挥

一是推进机制显著完善。运营组织中心作用不断强化。设立通道物流和运营组织中心实体化工作机构，牵头召开 2 次省际联席会议，审议通过了《西部陆海新通道沿线省区市与东盟国家合作行动方案（2022—2025）》《共建西部陆海新通道跨区域综合运营平台方案》等重要文件。跨区域合作共建多点开花。推动贵州、宁夏、重庆等 6 省（区、市）合资共建跨区域综合运营平台，同步设立 7 家区域公司，覆盖 8 个省（区、市）。国际合作机制凝聚共建合力。加强对接澜湄流域经济发展带，发布澜湄合作与国际陆海贸易新通道对接合作共同主席声明。中新两国发布国际陆海贸易新通道合作规划。二是基础设施不断完善。黔江至吉首高铁作为规划研究项目纳入国家规划，渝怀铁路增建二线建成。渝贵高铁将于"十四五"期间适时启动建设。重庆是全国唯一一个同时获批陆港型、空港型、港口型和生产服务型四型国家物流枢纽的城市。重庆已先后在越南、新加坡、中国香港设立 8 个海外集散中心，提高国际货源组织和集散分拨效率。三是运营质量加速攀升。2016~2022 年，重庆铁海联运班列年开行量从 48 列增至 2530 列，开行量增长 52 倍；跨境公路班车开行量从 106 车次增至 3366 车次，开行量增长31 倍；货物品类从 53 种增长到 948 种，物流网络由 33 个国家（地区）的59 个港口扩展至 119 个国家（地区）的 393 个港口。搭建西北地区、四川毗邻地区经重庆中转集散分拨模式，在遂宁、达州等地设立集散分拨中心，服务成渝地区双城经济圈建设。西部陆海新通道加速与中欧班列、长江黄金

水道在重庆高效衔接，2022 年联运超过 7 万标箱。四是创新应用持续突破。铁海联运"一单制"扩大应用。截至 2022 年底，累计签发铁海联运"一单制"提单超 2300 单。西部陆海新通道建设铁海联运"一单制"创新入选 2021 年中国（重庆）自由贸易试验区十佳制度创新案例。全国首创"单一窗口"区域平台——"单一窗口"西部陆海新通道平台，并上升为"单一窗口"国家标准版专区功能。会同重庆外汇管理部在跨境金融服务平台创新上线西部陆海新通道融资结算应用场景，将原来 1~2 天才能完成的国际结算单证核验时间缩短至 2 分钟以内，提升核验效率 90% 以上。截至目前，该应用场景已为 650 余家企业提供融资结算等便利化线上服务，累计金额超 253 亿元。发布通道发展指数，2022 年西部陆海新通道发展指数为 135.2，较 2021 年的 122.6、2020 年的 102.0 分别增长 10.3% 和 32.5%，表明 2022 年西部陆海新通道战略整体执行情况良好，运行成效递增。五是经贸合作逐步深化。长城汽车、海尔电器、浙江正凯加大在渝产能布局。中老经贸促进会、东盟商品集采城等 20 多个重点项目和机构争相落户重庆。重庆小康工业集团、宗申产业集团、环松集团等在印尼、泰国、越南投资设厂。大力推动产业升级与通道建设同频共振，重庆国际物流枢纽园区累计在册企业超 5000 家，营收超千亿元。推动中东进口整车首次直达甘肃，青海纯碱等化工产品扩大在东南亚市场销量，新疆蔬果大量进入泰国、意大利市场。2022 年，西部陆海新通道沿线省（区、市）与东盟国家完成铁海联运 8800 列，带动中国西部地区与东盟国家完成贸易进出口总额 8818 亿元。2017~2022 年，重庆经西部陆海新通道（三种主要运输组织方式）与东盟进出口贸易额增长了 37 倍。

（二）中欧班列（成渝）逆势增长，高质量发展势头更为明显

一是开行量居全国前列。在俄乌冲突影响亚欧贸易的情况下，中欧班列（成渝）2022 年开行 5500 列、同比增长 12%，占全国开行总量近 30%。二是境外网络持续拓展。成功测试中欧班列南通道班列，新增 3 处境外集散分拨中心，通道网络覆盖欧亚超百个城市。三是通道功能不断丰富。巩固提升

整车运输业务水平，成功开放新能源汽车运输，笼车整车实现常态化发运。重庆市成为首批中欧班列五大集结中心城市，是全国唯一保持双向运输国际邮包的城市，累计发运邮包 3000 万件。

（三）智慧长江物流工程一期项目投用，助力长江黄金水道挖潜增效

智慧长江物流工程一期已完成验收，智慧长江物流工程助力提高船舶重箱装载率 8%，提高船舶周转效率 10%，压减集装箱运输成本 10%，2022 年三峡过闸货物达到 1.6 亿吨，较上年增长 1100 万吨。

（四）成功入选五种类型国家物流枢纽，内陆国际物流枢纽地位持续巩固

2023 年 7 月，国家发展改革委正式发布 2023 年国家物流枢纽建设名单，重庆市商贸服务型国家物流枢纽成功入选。至此，重庆市已完成港口型、陆港型、空港型、生产服务型、商贸服务型"五型"国家物流枢纽布局，成为首个拥有"五型"国家物流枢纽的城市。

（五）口岸开放持续扩大，内陆口岸高地建设取得新突破

一是口岸体系不断完善。万州机场正式开放，成为重庆市第二个正式开放航空口岸，标志着重庆口岸开放由主城都市区向渝东北三峡库区城镇群、渝东南武陵山区城镇群全域拓展延伸。重庆港水运口岸扩大开放万州新田港区、涪陵龙头港区、江津珞璜港区 3 个口岸开放项目一次性纳入 2021/2022 年度国家口岸开放审理计划，进一步助力重庆市搭建一条横贯东西的水运口岸带。二是口岸功能加速拓展。重庆铁路口岸成为全国首个可开展中欧班列进口运邮的城市；果园港口岸进境肉类指定监管场地通过海关总署验收。

（六）铁路货运占比明显提升，运输结构优化调整收获实效

一是强化多式联运牵引。重庆珞璜与万州港"双港联动、铁水一单、干支衔接、集散转换"多式联运示范工程纳入第四批国家多式联运示范工

程创建项目名单。二是铁路货运量占比专项行动取得实效。坚持稳存量、提增量，大力推动大宗货物和集装箱运输"公转铁""铁水联运"，出台《重庆市提高铁路货运量占比专项行动计划（2022—2025年）》，推动港务集团水铁联运、博赛集团氧化铝、中铁特货商品车等重点增量项目，制定了有关市级奖补政策，协调铁路部门释放10余项运价下浮政策，引导开行了中缅、成渝等新的国际国内铁路班列，成功扭转了铁路货运量下滑趋势。2022年铁路货物发送量增长超过230万吨，全市铁路货运占比达到1.4%。

（七）"单一窗口"西部陆海新通道平台被海关总署在全国推广，促进沿线数据互联互通

一是智能通关方面。采用"人工智能+大数据"技术，将单证处理效率提高3倍以上，申报成本降低50%以上，耗时降低80%以上，准确率提高到99%以上，每票报关单可节约40元制单成本。截至目前，已在重庆、四川、广西开展试点应用，累计生成及申报单证量超30万票。二是业务协同方面。建设跨区域物流协同功能，实现生产、报关、仓储、物流、货代等线上协同，大幅降低各环节之间衔接的时间和经济成本。截至目前，平台累计完成业务协同8万余票，降低人工成本50%以上。三是数据应用方面。支持企业根据不同业务需求查询不同地区（当前支持重庆、宁夏、新疆、甘肃、贵州5个地区）班列计划情况。支持企业根据集装箱号、提单号查询班列在途信息，帮助企业实现物流作业全程动态可查、去向可溯，减少企业物流跟踪成本。截至目前，已实现通道相关区域累计订舱6.79万余单，箱动态跟踪344万余次。四是国际合作方面。率先与新加坡港（PSA）开展国际合作项目，共享集装箱进出新加坡港状态和国际海运船舶动态等8项关键数据，实现西部陆海新通道铁海联运物流动态全程可视化、可追踪。目前，累计共享集装箱、船舶动态数据已扩量至58万票。结合区块链技术，完成中新跨境无纸化电子提单贸易试点第一阶段测试。目前，双方已制定第二阶段试点测试方案，力争构建数字提单互认合作机制。此外，还与国家外汇局跨境金融区块链服务平台合作创新西部陆海新通道物流融资结算应用场景，提

升结算效率 50% 以上，累计便利 650 余家企业办理融资和结算业务超 253 亿元。

（八）成渝合作多点开花，口岸物流一体化发展走深走实

一是共建国际物流通道。重庆、成都首发中越、中缅国际班列。四川省港投集团与陆海新通道公司签订《共建跨区域综合运营平台合作协议》，共同推动实现运营、规则、品牌"三统一"。组建跨境公路班车联盟，共建成渝跨境公路运输平台，已形成"3 向 11 线 21 口岸"通道体系。联动做强中欧班列（成渝）品牌，中欧班列（成渝）累计开行超 20000 列，围绕德国杜伊斯堡海外仓开展共建共享试点，成功推动北线大宗商品回程班列互为境外代理，加大整车、化妆品、医药等高附加值回程货源挖掘力度。二是共建区域物流集散体系。以小南垭铁路物流中心为始发站，开行成渝地区双城经济圈公共货运班列，进一步优化两地市场资源配置，累计发运 1500 标箱。果园港在成都经开区布局建设"无水港"，全年无水港共开行约 712 班次。川航物流货运基地公司落地重庆。

（九）物流产业做优做强，市场主体竞争力持续提升

一是注重本地物流市场主体培育。新增 3 家 5A 级物流企业，全市 5A 级物流企业数量达到 10 家；新增三羊马物流 1 家上市物流公司，全市上市物流公司数量达到 3 家。二是强化招大引强。积极与中国物流集团对接，就在渝设立西区总部、深化国际货航领域合作、共建西部陆海新通道等领域达成实质合作意向；推动传化物流在渝落户 3 个公路港项目（璧山、荣昌、南川），逐步形成了多节点多层次的物流网络体系；策划引导京东集团和市政府加深战略合作。三是干支联运、层次分明的冷链物流网络基本形成。已有规模以上冷库（库容 100 吨以上）764 座、库容 210 万吨、较 2020 年增长 25.8%，冷藏车保有量约 3100 辆、较 2020 年增长 73.3%，已有 952 个三级销售节点加入全程追溯冷链物流体系，日均超过 2500 条溯源信息

滚动展示，完成冷链物流公共信息平台二期建设，34%的冷藏车辆、41%的冷库与冷链物流公共信息平台实现了实时数据接入。

三 存在的问题

（一）运输通道能力不足

川黔等普速铁路运能紧张，重庆市现有普速铁路干线多为客货混行（客运为主），且成渝、川黔、达万铁路等为单线铁路，设计能力、技术条件整体偏低，线路设施老旧。其中，川黔铁路图定利用率已处于饱和状态，襄渝、遂渝、成渝利用率近90%。渝怀、兰渝、渝利等铁路利用率低，图定利用率不足70%，运能相对富余，闲置率较高。长江三峡过闸船只拥堵，三峡船闸枢纽设计通过能力为1亿吨/年，超负荷46%运行，检修频率增加，船舶过闸拥堵已成常态；船闸维护水深4.3米，8000吨级船舶需减载过闸，船舶运行效率和效益明显下降。嘉陵江、乌江支流航运功能闲置率高，乌江按照四级航道标准建设，仅能通航500吨级船舶，嘉陵江受航道条件和梯级电站等限制，井口航道丰水期仅能通过1000吨级船舶，部分果园港班轮航线因水深问题难以稳定开行。

（二）枢纽设施功能不强

重庆陆港型国家物流枢纽集装箱堆场面积92.1万平方米，仅相当于西安陆港型国家物流枢纽的21.5%。果园港国家物流枢纽鱼嘴货运站南货场尚在建设中，现有设计不满足大件运输条件。空港型国家物流枢纽内尚未形成铁空无缝衔接、高效便捷的多式联运体系，毗邻空港枢纽的铁路枢纽东环线古路站尚不具备集装箱货运功能。多式联运资源配置过度向中心城区集中，涪陵、长寿、合川、永川、綦江—万盛、荣昌等主城新区尚处在多式联运设施功能完善阶段。渝东北、渝东南地区除万州、秀山具备一定多式联运能力外，其余区县多式联运发展基础薄弱，亟须统筹解决，优化布局建设。

（三）现代物流服务水平不高

枢纽内海关特殊监管区、保税监管场所面积均比武汉、郑州、西安等同类型枢纽少 1/2 以上，陆港型国家物流枢纽不具备综合保税区功能。数字物流、智能物流、智慧物流基础支撑不足，尚未形成完备的物流信息平台体系。内外贸集装箱还箱点不足，通道间尚未形成统一的集装箱调拨共享体系。相关运输主体受资金不足等因素限制，缺少全球性网络布局，海外操作能力较弱，国际物流供应链掌控能力不强。如渝新欧（重庆）物流有限公司欧洲方向仅在杜伊斯堡持有约 6000 平方米仓库作为渝新欧境外自主产权分拨集散中心，其他境外分拨集散服务均采用合作模式依靠第三方资源实现。陆海新通道运营有限公司虽在泰国、柬埔寨、新加坡等国家布局海外仓 8 个，但大部分处于挂牌阶段，尚未投入运营。

（四）物流企业普遍"小弱"

全市存续经营的物流企业（含货物运输、场站码头、仓储、邮政快递、多式联运、运输代理、装卸搬运企业）共 23810 家，较 2021 年同期增长 16.9%，但限上企业（年收入 2000 万元以上）仅占 3%。23810 家物流企业中，A 级以上物流企业仅 72 家、占全国的 0.96%，5A 级以上物流企业仅 10 家、占全国的 2.24%，落后于四川的 A 级以上物流企业 293 家。此外，受燃油涨价、人工成本上涨、合同运输价格走低等因素影响，物流企业利润率大幅下降，物流企业平均利润率为 2%。

（五）供需结构有待优化

货源过度依赖支柱产业。重庆市工业增加值占 GDP 比重较大，因此物流需求量也以工业品为主。从全市社会物流总额结构来看，工业品物流总额占社会物流总额的 70% 以上，农产品、进口货物、外省货物、单位与居民物品、再生资源等物流总额占比较低。2022 年以来，受疫情影响，笔电、汽车等生产零部件物流运输量下滑，进口货物和再生资源等其他物流需求虽有所增加，但总体占比仍在个位数波动，工业品物流需求仍是全市最主要的社会物流需求来源。国际航空货运货源结构单一。重庆航空国际出港货物近50%以上是笔电类产品，欧美市场笔电产品消费需求萎缩，导致笔电企业产量大幅下跌。笔电产能的持续走低将较大幅度影响重庆国际航空货运市场。

四　下一步重点工作

全面提升西部陆海新通道在全国开放战略中的地位和竞争力，全面提升重庆在西部陆海新通道建设中的战略地位和竞争力，加快实施建设西部陆海新通道五年行动方案，努力实现通道物流运输能力新突破、与通道沿线地区经济协同发展新突破、通道贸易规模新突破、通道服务效率新突破、以数字赋能推动内外资源整合新突破。

（一）推动中欧班列提质增效

完善通道运营网络，强化干线运输保障能力，积极争取中亚图定班列计划，织密渝满俄、南亚等区域班列线路。稳步提升渝甬、渝沪等沿江班列运行质量。壮大集结分拨体系，加快中欧班列集结中心建设，进一步优化境内外主要货源市场集结分拨点和海外仓布局。优化中欧班列（成渝）运行机制，实施枢纽联动共建，推动境外运控中心、海外仓等建设，加快推动成渝班列、自有集装箱共享共用、境外线路代理选聘、价格联盟等事项，巩固中欧班列（成渝）第一品牌地位。

（二）提升口岸综合效能

巩固国际航空枢纽地位。全力复航国际客运航线，尽快恢复欧美、日韩等国际骨干客运航线，逐步完善国际商务旅游航线，构建通达全球重要经济城市和主要航空枢纽的航线网络。积极拓展国际货运网络，加密至法兰克福、阿姆斯特丹、芝加哥等欧洲、北美货运枢纽航线，建设"强化亚太、巩固欧美"的航空货运大通道。提升航线品质和航班运力，持续推动"窄改宽""飞中转"。稳定开拓航空货源，持续壮大电子信息、芯片制造、生物制药等适航产业，推动航空跨境电商发展，挖掘国际航空货邮新增长点。加快推进万州机场航空口岸查验基础设施建设，积极争取重庆港水运口岸扩大开放万州新田港区、涪陵龙头港区、江津珞璜港区。加快果园港口岸、江北机场航空口岸综合性指定监管场地和铁路口岸进境肉类指定监管场地运营。统筹谋划新开口岸进境水果、粮食、肉类等特殊商品海关指定监管场地申报建设工作，满足区域特色产业发展和居民高品质生活需求。深化促进跨境贸易便利化工作，加强通关模式改革，进一步优化通关流程，为企业提供更加多样、更贴合需求的通关模式。

（三）提升长江黄金水道航运效能

提升水运物流智慧化智能化水平，加快智慧长江物流工程二期建设，组织沿江区县加强推广应用，促进航运时效和准点率双提升。持续优化沪渝直达快线运行品质，推动长江航运班轮化运营，巩固拓展重庆外贸集装箱运输主通道优势。强化重点港口枢纽地位，提升果园港、万州港、龙头港、珞璜港等枢纽港运营管理水平，差异化、特色化支持各港口发展集装箱运输、水水中转、铁水联运，增强对本地优势产业的服务保障能力。

（四）深化成渝口岸物流合作

全面落地落实《共建成渝地区双城经济圈口岸物流体系实施方案》各项工作内容，强化目标导向，项目化、清单化完成相关重点事项。共建出渝出川国际物流通道，深化成渝地区西部陆海新通道合作，提升供应链综合服务能力。推动中欧班列提质创新，共同提升班列开行组织水平，稳固班列开行数量，促进资源共建共享。助推长江黄金水道挖潜增效，加强与四川宜宾、广安、广元、南充等港口合作，推进重庆市枢纽港在四川布局"无水港"。

（五）拓展强化枢纽功能，做大做强物流产业

推进"五型"国家物流枢纽建设。充分发挥重庆市推进国家物流枢纽建设工作联席会议制度作用，统筹枢纽发展，解决建设中存在的重大问题。做大国际物流分拨。指导综合保税区、物流园区等，围绕机械及电子料件、汽车摩托车及零配件、大宗工业品、快消品、农副产品、药品及生物制品等品类，加强政策扶持和服务保障，推动企业扩大分拨规模。加强应急物流体系建设，建立健全部门沟通协调机制，围绕重大枢纽节点发展应急物流。

加快国际物流通道建设，构建国家物流枢纽、物流园区、物流中心三级节点网络，推动形成"通道+枢纽+网络"的现代物流体系。加快城乡冷链物流体系建设，全面推广全市冷链物流公共信息平台，推动沙坪坝国家骨干冷链物流基地建设。助推重点产业发展，推进产业补链强链，聚焦电子、汽车摩托车、装备制造、材料等支柱产业，强化供应链保障。推动多式联运组织创新，大力发展集装箱运输，推动化工品、冷链运输等专业化物流，打造以铁路运输为骨干的多式联运体系。大力培育物流市场主体，加大招商引资力度，建立招商引资项目库，强化通道招商、以商招商、供应链招商、平台招商。

（六）提升口岸物流信息化水平

以数字化变革为引领，按照数字重庆统筹规划，推进行业、部门管理服务系统信息化，坚持系统整合、数据导向，深化创新驱动行动计划，做好口岸物流信息化建设总体规划，谋划一批、建设一批、储备一批赋能型平台项目，有效提升口岸物流智能化、绿色化、集约化水平，着力构建数字化口岸物流通道衔接体系、产业支撑体系。

参考文献

《习近平谈治国理政》（第四卷），外文出版社，2022。

习近平：《新发展阶段贯彻新发展理念必然要求构建新发展格局》，《求是》2022 年第 9 期。

《习近平著作选读》（第一、二卷），人民出版社，2023。

中共重庆市委：《在新时代新征程全面建设现代化新重庆》，《求是》2023 年第 20 期。

《重庆市人民政府工作报告——2023 年 1 月 13 日在重庆市第六届人民代表大会第一次会议上》，《重庆日报》2023 年 1 月 20 日。

B.20
重庆推动制度型开放探索成效及路径建议

徐英俊　陈昌华　李　娟　郭亚萌*

摘　要：　　近年来，重庆加快建设内陆开放高地，以制度型开放为重点，加快建设更高水平开放型经济新体制。本文深入分析了重庆在推进制度型开放中取得的积极成效，如西部陆海新通道改革创新持续突破、中新互联互通项目创新引领作用不断增强、重庆自贸试验区提升改革加快实施、服务业扩大开放综合试点持续深化、国际消费中心城市培育建设创新深入推进、其他领域重点改革创新积极探索推进，但仍然面临西部陆海新通道制度型开放亟待强化、中新互联互通项目制度创新面临瓶颈、自贸试验区制度创新"靶向"不够清晰、服务业扩大开放综合试点创新集成度不够、国际消费中心城市建设政策制度创新不足等挑战，并提出提升通道规则制度标准"软联通"水平、打造中新互联互通项目改革创新策动新基点、加快实施自贸试验区提升战略、迭代升级服务业扩大开放综合试点、打造国际消费创新引领地等对策建议，助推重庆在贯彻落实新时代对外开放战略中实现新一轮高水平开放。

关键词：　　制度型开放　内陆开放高地　高水平开放　重庆

　　党的二十大报告提出，稳步扩大规则、规制、管理、标准等制度型开放。重庆市委、市政府高度重视，重庆市委六届二次全会、重庆市积极融入

* 徐英俊，重庆市商务委员会规划发展处处长；陈昌华，重庆市商务委员会规划发展处副处长；李娟，重庆市商务委员会规划发展处一级主任科员；郭亚萌，重庆市商务经济研究院研究员。

"一带一路"加快建设内陆开放高地领导小组会，对加快建设内陆开放高地、稳步扩大制度型开放进行了部署安排。新时代新征程全面建设社会主义现代化新重庆，要深刻领会制度型开放对于高水平开放的重要性，从制度、规则等方面打通各种壁垒，畅通国内国际双循环，进一步推动高质量发展。

一　重庆推动制度型开放探索成效

（一）西部陆海新通道改革创新持续突破

一是深化通关便利化改革。率先在西南地区开展"两步申报""两段准入"监管创新，在全国首次实现电子口岸用户认证服务跨关区代办，取消进出口环节验核84项证明事项，进出口货物申报项目由229项精简到105项。二是扩大应用数据单证。牵头共建"单一窗口"西部陆海新通道平台，单证处理耗时压缩80%，创设铁海联运"一单制"试点。三是开展金融创新。铁路提单融资入选全国自贸区"最佳实践案例"，跨境金融服务平台上线应用场景居全国前列。四是探索建立通道发展指数。2020年、2021年、2022年通道发展指数分别为104.8、112.2、135.7，稳步上升，彰显通道强大发展活力。

（二）中新互联互通项目创新引领作用不断增强

一是开展金融合作创新。首创铁路运单融资等改革新试点，推动中西部地区首笔狮城债券、亚洲首个奥特莱斯不动产投资信托（REIT）等项目落地，推动重庆企业首次获批新加坡金融类牌照。二是开展航空合作创新。全国首创中新关际合作及"以航空公司为单元"的保税航材海关监管模式制度创新，获"联合国亚太地区2022年度贸易便利化创新奖"。三是开展信息合作创新。开通我国首条针对单一国家"点对点"的中新国际数据通道，建设中新（重庆）大数据智能化产业示范园区，推动万国数据重庆数据中心落地运营。四是开展交通物流合作创新。建成中新（重庆）多式联运示范基地，创新开展国际贸易"单一窗口"试点，推进农特产品、新能源汽车及通用机械等国际贸易及区域物流供应链产业链合作。

（三）重庆自贸试验区提升改革加快实施

一是制定地方性法规。出台《中国（重庆）自由贸易试验区条例》，明确自贸试验区应当以制度创新为核心，探索可复制、可推广经验。二是加强重点制度创新。总体方案 151 项改革试点任务全面落地，累计培育重点制度创新成果 147 项，其中 7 项在全国复制推广，设立 15 个自贸试验区联动创新区。实践经验在习近平经济思想研究中心编著的《开放是当代中国的鲜明标识：开放发展典型案例》上发表。三是形成一批标志性创新成果。开立全球首份"铁路提单国际信用证"并实现批量化运用，弥补了全球贸易规则主要针对海运，而陆上贸易缺乏统一规范的空白。成立全国首家覆盖全域的自贸区法院，2022 年司法透明度指数位居全国专门性法院第一。

（四）服务业扩大开放综合试点持续深化

一是加快推进总体方案落实。国务院批复的试点总体方案 86 项任务，已落实 82 项，实施率达 95.3%。二是积极开展首创性差异化改革探索。累计开展首创性差异化改革探索 104 项，其中 11 个案例入选商务部《国家服务业扩大开放综合试点示范 2023 年度最佳实践案例》，13 个案例入选商务部《国家服务业扩大开放综合试点示范建设最佳实践案例》。三是全面深化服务贸易创新发展试点圆满收官。试点总体方案任务全部落实，3 家企业入选 2023 年服贸会服务示范案例名单，4 个案例入选国务院服务贸易发展部际联席会议办公室全面深化服务贸易创新发展"最佳实践案例"。

（五）国际消费中心城市培育建设创新深入推进

一是搭建创新政策体系。高标准编制完成《重庆市培育建设国际消费中心城市实施方案》和 23 条支持政策，配套出台国际购物、美食、会展名城建设实施方案和中央商务区提档升级行动方案、寸滩国际新城产业布局指导意见，统筹推进培育建设工作。二是加强创新示范引领。组织开展国际消费中心城市培育建设试点创建，评创出以渝中区、江北区、南岸区为代表的首批试点区县9个。持续推进市级智慧示范商圈、夜间经济示范区、美食集聚区示范创建及老字号创建等工作，持续引领行业发展。三是突出创新区域联动。加强成渝地区双城联动，整合两地资源，协同打造富有巴蜀特色的国际消费目的地。依托西洽会、智博会等国际性展会，深入推进区域互动和国际交流合作。

（六）其他领域重点改革创新积极探索推进

一是内外贸一体化试点稳步推进。出台《重庆市人民政府办公厅关于促进内外贸一体化发展的实施意见》，制定形成内外贸一体化工作评价体系，启动第一批内外贸一体化发展先行区、试点基地、"排头兵"企业评选工作。二是市场采购贸易方式试点有序推进。出台《重庆市市场采购贸易方式试点工作实施方案》，编制市场采购贸易配套管理办法汇编，含市场采购贸易方式综合管理办法、流程管理办法、商品认定体系配套办法等12个配套管理制度，截至目前，已实现贸易额近85万美元。三是积极开展合格境内有限合伙人（QDLP）、合格境外有限合伙人（QFLP）试点。目前已有9家企业获批重庆市QDLP试点资格，成功发行3支QDLP基金，QFLP试点企业累计52家，到位资金78.42亿元，实现创新资本跨境双向流通。

二 重庆推动制度型开放存在问题

（一）西部陆海新通道制度型开放亟待强化

一是陆海新通道相关规则、规制、管理、标准等制度型开放面临现实挑战，铁路与海运货物品名、分类标准、安全规范等存在较大差异，多式联运接驳转换不畅，铁水公空多式联运"一单制"尚未建立。二是陆海新通道全线缺乏统一的铁路运价下浮政策，中老国际铁路班列未享受铁路运价下浮政策。三是通道跨区融资存在困境，截至 2023 年，陆海新通道公司完成"一单制"融资服务 19 笔均在重庆市，且国家尚未针对陆海新通道设立跨区金融牌照，异地金融服务难突破。

（二）中新互联互通项目制度创新面临瓶颈

一是顶层设计和政策体系尚不完善。国家层面尚无中新互联互通项目专项指导性文件，重庆主要依照中新双方签署的原则性、框架性协议及有关备忘录等探索推动项目建设，缺乏方向性、系统性、专业性的顶层设计和具体指导。二是创新实践面临政策瓶颈。中新互联互通项目落地实施以来，国家部门给予 77 条创新政策支持，但原则性表态居多，具体支持政策较少（仅有 16 条），目前仅有 38 条创新政策和支持举措落地实施，占比 49.4%。由于金融、数据等领域跨境业务在国家层面管理限制比较严格，政策突破难度大，争取先行试点不易。

（三）自贸试验区制度创新"靶向"不够清晰

一方面，围绕市场主体诉求"自下而上"推动的制度创新还不够多，主要靠国家层面"自上而下"推动，且部分改革试点任务仍无市场主体承接，总体方案 151 项改革任务中，有 7 项国家已授权实施，但重庆无符合条件的市场主体适用政策。另一方面，改革创新和产业发展的融合度不够高。目前的制度创新主要是围绕效率提升、流程优化、时间压缩开展的"微创新"，而围绕特色产业开展全产业链的改革创新较少，"以贸带产"作用发挥还不充分。

（四）服务业扩大开放综合试点创新集成度不够

一是制度创新集成化质量有待提升。试点取得的创新成果大多是围绕物流、金融、人才等领域碎片式差异化探索，缺乏针对全产业链条的跨部门、集成式的一揽子改革创新，系统化创新突破较少。二是综合试点风险压力测试力度有待加大。对标国际先进规则开展压力测试不够，在市级层面较难开展对标国际先进做法的关于税制、数据、金融、教育、医疗等领域的开放措施，没有发挥出综合试点风险压力测试的作用。三是协同开放、联动发展不充分。与其他开放平台在政策共用、项目共建、举措共商、资源共享等方面协同发展不足，综合试点与自贸试验区、中新互联互通项目等开放平台、开放政策的叠加效应发挥不明显。

（五）国际消费中心城市建设政策制度创新不足

一是政策力度相对较弱。重庆促消费政策的资金规模和支持力度均与一线城市或周边省市存在较大差距。二是消费业态不够丰富。重庆消费供给仍显单薄，主题娱乐、文化演艺、创意展示等新业态、新模式、新场景供给不足，多功能复合型消费供给偏少；电子商务和跨境电商发展能级不高，对消费支撑能力较弱。三是工作机制不健全。市、区两级工作统筹推进力度不够，部门间协同联动不足，重点项目推进不够有力。

三 重庆推动制度型开放对策建议

（一）提升通道规则制度标准"软联通"水平

一是推动陆上贸易规则创新。推动将陆海新通道建设纳入中国—东盟自贸区3.0版谈判内容。围绕陆上贸易相关环节进行全方位探索，持续推动铁路运单物权化试点，有效对接贸易、金融等创新规则，强化铁路提单及其融资产品市场化运用。推动国际贸易"单一窗口"西部陆海新通道平台在"13+2"省市应用。二是完善通道规则标准体系。推动国际铁海联运规则体系创新，探索建立国际多式联运、陆海贸易规则等标准体系，促进通道跨境运输标准互认，推动铁路与海运运输标准规则衔接。三是促进投资贸易自由化便利化。对标高标准国际经贸规则借鉴学习海南自贸港、上海临港新片区和北京服务业扩大开放等改革创新举措，加快形成一批具有全国影响力、重庆辨识度的制度创新成果。

（二）打造中新互联互通项目改革创新策动新基点

一是加强政策引领。推动国家层面出台支持中新互联互通项目高质量发展的政策性文件，在设立服务陆海新通道银行、拓展中新国际数据通道应用场景、提质升级中新金融峰会等方面给予政策支持。二是创新合作机制。发挥中新双方联合工作委员会统筹作用，深化中新互联互通项目与成渝地区双城经济圈、陆海新通道建设融合发展。三是加强两国绿色转型发展战略对接。探索中新互联互通项目在东南亚国家共建产业园区、深化产业扶持政策对接。四是支持重庆与新加坡加强数字贸易合作。围绕跨境电商、贸易金融等数字贸易合作领域，探索跨境贸易交易、物流和金融等数据的高效交换，构建渝新在岸离岸金融服务一体化的金融服务网络。

（三）加快实施自贸试验区提升战略

一是深化陆上贸易规则创新。深入推进陆上贸易规则探索，强化铁路运输单证物权化试点与多式联运规则等有效对接，推动形成完整规则体系。二是对标高标准国际经贸规则。高质量实施《区域全面经济伙伴关系协定》（RCEP）行动计划，对标 DEPA、CPTPP 等高标准国际经贸规则，积极争取对接国际高标准推进制度型开放试点，深化数据创新与监管沙盒、金融科技与电子支付等领域探索。三是促进投资自由化便利化。全面落实自贸试验区外商投资准入负面清单，探索实施自贸试验区跨境服务贸易负面清单管理模式，确保"非禁即入"全面落实，破除跨境交付、境外消费、自然人移动等服务贸易模式下存在的各种壁垒。

（四）迭代升级服务业扩大开放综合试点

一是积极开展规则、规制、管理、标准等制度型开放的先行先试，出台服务业扩大开放综合试点方案 2.0 版。二是争创国家服务贸易创新发展示范区和数字贸易示范区，探索服务贸易要素流动、平台建设、体制机制等多维度制度创新，在规则、场景、模式、要素流动等方面探索形成数字贸易发展和治理成效。三是推动全产业链开放、全环节改革的迭代升级，在文化贸易、低空经济等领域推出一批新举措。

（五）打造国际消费创新引领地

一是培育新型消费场景。重点发展"智能+消费""文化+消费""艺术+消费""体育+消费""旅游+消费""休闲+消费"等新业态。二是创新消费业态模式。发展都市娱乐、主题乐园等潮流业态，积极推行餐饮定制、旅游定制、医疗健康定制等定制服务，丰富"吃喝玩乐购赏"一站式消费新体验。三是推进一体化创新，完善消费新制度。深化消费领域"放管服"改革，健全促进消费升级机制。积极对接 RCEP 政策措施，把培育建设工作与自贸试验区建设、服务业扩大开放综合试点等有机结合，打好政策"组合拳"。建立符合国际惯例的消费纠纷快捷解决机制，加强消费环境综合治理。持续开展国际消费中心区、区域消费中心城市、商文旅体融合发展城市试点示范工作。

参考文献

《习近平谈治国理政》（第二卷），外文出版社，2017。

《习近平主持中共中央政治局第二次集体学习并发表重要讲话》，新华社，2023 年 2 月 1 日。

《市委常委会举行会议 学习贯彻习近平总书记重要讲话精神 研究部署重庆自贸试验区建设等工作 市委书记袁家军主持并讲话》，《重庆日报》2023 年 5 月 12 日。

《袁家军在重庆市建设西部陆海新通道工作推进大会上强调 高水平推进建设西部陆海新通道 奋力谱写新时代内陆开放高地建设新篇章》，《重庆日报》2023 年 3 月 27 日。

《以制度型开放为重点建设更高水平开放型经济新体制》，光明网，2023 年 7 月 20 日。

《以制度型开放加速重庆"开放之城"建设》，《重庆日报》2023 年 7 月 31 日。

B.21
提升开放载体能级
助力内陆开放高地建设

马云辉*

摘 要: 以中新互联互通示范项目、重庆自贸试验区、两江新区、西部（重庆）科学城等战略平台为代表的开放载体能级不断提升，为重庆建设内陆开放高地、全面融入共建"一带一路"和长江经济带提供了强劲支撑，但仍存在开放发展不充分不平衡、制度创新水平不高、协同发展能力不强等问题，需要注重开放载体产业引领、资源配置、开放门户、创新策源、制度供给等多重发展能级的提升。

关键词: 内陆开放高地 开放发展 自贸试验区 重庆

党的二十大报告提出"坚持高水平对外开放，加快构建以国内大循环为主体、国内国际双循环相互促进的新发展格局"。依托"一带一路"和长江经济带联结点的独特优势，围绕高水平提升开放载体能级、优化全市开放布局、实施自贸试验区提升战略、创新推进中新互联互通项目建设、稳步推进制度型开放等任务要求，重庆内陆开放高地建设取得长足进步。其中，以中新（重庆）战略性互联互通示范项目、中国（重庆）自由贸易试验区、两江新区、西部（重庆）科学城、国家级经开区和高新区、开放口岸及国家物流枢纽等为代表的开放载体能级不断提升，汇集了全市近90%的涉外

---

* 马云辉，重庆社会科学院副研究员，主要研究方向为区域经济、应用经济。

经营主体、吸引了全市 70% 的外商直接投资、贡献了全市 80% 的对外贸易额，已成为重庆建设内陆开放高地的主战场。

一　重庆开放载体建设取得的成效

作为承载国家战略和高水平对外开放的具体载体，围绕国际交流与合作、制度完善与创新、要素集聚与配置、产业引领与科技支撑等能力的提升，各类开放载体积极开展先行先试和改革创新，并取得明显成效，为重庆服务和融入新发展格局、全面融入共建"一带一路"、在西部地区带头开放带动开放提供了重要支撑。

（一）聚焦多领域合作机制建设，中新（重庆）战略性互联互通示范项目成效显著

一是中新互联互通项目已成为"一带一路"合作典范和国际合作新名片。作为中国和新加坡第三个政府间合作项目，为保障中新互联互通项目顺利实施，中新两国政府建立了副总理级、部长级、地方政府三级合作机制，相继谋划开通了中新（重庆）国际互联网数据专用通道、西部陆海新通道、中新跨境融资通道、渝新国际航空运输通道、渝新人才交流培训通道等"五条开放通道"；组建了金融服务、国际投资贸易咨询、工程设计咨询、知识产权保护和人才培训等专业服务联盟；围绕金融服务、航空产业、交通物流和信息通信等重点领域，中新互联互通项目累计落地政府和商业合作项目 256 个、总金额 253 亿美元。西部陆海新通道物流和运营组织中心功能持续增强，牵头形成西部陆海新通道沿线"13+2"省市携手共建新格局。二是开创性、全方位、宽领域金融合作深入推进。持续推动跨境金融创新，实现中西部地区首笔跨境发债项目、首笔跨境不动产投资信托（REITs）项目、首笔跨境债权转让业务，中国首单非银金融机构借款及结汇业务、全国首家获得 QDLP 资格的新加坡企业（新加坡 ICH 公司）、中新机构间首笔"再保理"业务、西部陆海新通道首笔海铁多式联运进口信用证等多个中国

及西部地区首创性项目落地。中新双方金融领域合作项目已达到251个、金额304亿美元，其中跨境融资类项目217个、金额186亿美元。新加坡成为重庆第三大跨境人民币结算境外地域，双方之间人民币跨境收付金额累计超过600亿元。三是航空产业、交通物流、信息通信等重点领域实现互利共赢。航空产业领域，中新航空产业园建设提速，组建了中新（重庆）机场商业管理公司，DFS、DUFRY、LTR等三大世界重量级零售巨头国内首店纷纷入驻江北国际机场。交通物流领域，西部陆海新通道示范带动效应进一步增强，中新（重庆）多式联运示范基地已入驻中大型企业9家，2023年作业总量超1.6万标箱、总流通货值超30亿元。信息通信领域，依托中新国际数据通道，合作开展跨境数据传输安全、远程医疗等服务和智慧城市等多个应用场景创新。

（二）聚焦制度型开放，中国（重庆）自由贸易试验区亮点纷呈

一是按照可复制可推广的要求，制度创新取得丰厚成果。以提升政策引领能力和保障能力，建立了"1+5+N"的组织管理架构，形成了建设方案和专项政策相结合的政策制度体系。发挥改革创新"试验田"、风险压力"测试区"的作用，国务院印发的自贸区总体方案提出的151项改革试点任务全部落实，累计培育重点制度创新成果118项，其中，7项向全国复制推广、89项在全市复制推广。对接国际高标准经贸规则，推出线上RCEP综合服务平台和自贸协定信息查询App，为"引进来"和"走出去"的企业提供专业化服务。立足开放型产业集聚发展，重庆自贸试验区累计注册企业超19万家，集聚全市超过1/4的进出口企业。新兴产业不断聚集，信息传输、高技术服务等企业占比超过75%。二是积极探索陆上贸易规则，为多层次宽领域国际贸易合作奠定坚实基础。中欧班列和西部陆海新通道运营主体，结合通道发展需要，开展了一系列首创性探索和尝试，并在铁路运单物权化、多式联运"一单制"、铁路提单国际信用证等陆上贸易规则探索上取得突破和良好的实践效果。率先打破国际铁路60年来禁止运邮的禁令，成为国内首个铁路运邮试点城市，也是首个国际铁路双向运邮城市。释放外贸

新业态新模式发展动能，成功开通全国首趟跨境电商 B2B 出口专列。三是聚焦投资贸易便利化、金融创新、"放管服"改革、法治服务等领域，营商环境不断优化。海关特殊监管区域自主备案、自主核销周期、自主报核、自主补交税款和简化海关业务核准手续等"四自一简"创新做法被国务院和相关部门通报表彰。以提升企业退税办理质效、提高公共服务水平为目标，在全国率先推出全程电子退库系统。国际货运代理铁路联运作业规范等 3 项标准在全国推广。扎实推进商事制度改革，推动 41 项市级管理权限下放到重庆自贸试验区各区域。形成以大数据综合监管平台、信用体系以及"双随机"跨部门联合抽查机制为基础的新型市场监管机制。组建重庆国际商事一站式多元解纷中心，完成全国首例涉外商事案件诉讼与仲裁程序对接；"涉外商事诉讼、仲裁与调解'一站式'纠纷解决机制创新""科技跨境贷"等作为典型案例在全国推广。四是区域间协同创新能力稳步提升。聚焦目标、领域、产业、政策、机制等协同，积极推进川渝自由贸易试验区协同开放示范区建设，联合制定形成全国首创的关银"一 KEY 通"、多式联运"一单制"等跨区域、跨部门、跨层级制度创新机制；在全国首创中欧班列跨省域共商共建共享，中欧班列（成渝）成为全国中欧班列第一品牌。为更好地发挥重庆自贸试验区示范引领作用，提升"一区两群"区域协调发展水平，重庆自贸试验区共确定联动创新区 25 个。

（三）聚焦产业引领和资源要素集聚，两江新区全市对外开放"主阵地、排头兵"作用彰显

一是依托国家级新区、重庆自贸试验区和中新互联互通项目核心区等战略优势，内陆开放门户承载能力和开放要素集聚能力不断提升。建成两路果园港综合保税区、江北嘴金融中心、悦来国际会展城等开放平台。为进一步提升全球开放要素聚集能力和拓展国际合作交流空间，打造了中德、中瑞、中以等多个国际合作产业园和重庆上合组织多功能经贸平台、两江国际合作中心等国际合作交流平台。2022 年，全区新增市场主体 2.39 万户，年末市场主体总数达到 13.09 万户；世界 500 强企业已有 190 家落户两江新区，数

量占全市总数 50% 以上。二是大力提升高端科研资源要素聚集能力，打造具有全国影响力的科技创新中心核心承载区。充分利用国家自主创新示范区、全国首批双创示范基地、国家海外人才离岸创新创业基地等"国字号"招牌，对全球一流高校、高端研发机构、孵化平台、头部企业的聚集能力显著增强。两江协同创新区已建成创新空间 70 万平方米，引进 50 家新型科创研究机构、25 个院士团队、2900 多名科研人员；以中国国际智能产业博览会的实景体验地为依托，礼嘉智慧公园建成体验场景 60 个、体验项目 130 个；依托中新国际互联网数据专用通道和国家工业互联网标识解析顶级节点建设，腾讯、浪潮等一大批头部企业入驻两江数字经济产业园。三是积极打造先进制造业、现代服务业、数字经济三个发展高地，现代化产业体系为高质量发展引领区建设提供有力支撑。以构建万亿级汽车产业，打造重庆汽车产业主战场和智能网联新能源汽车的主阵地为目标，阿维塔、问界系列等中高端新能源汽车实现量产上市，深蓝 SL03 累计交付量突破 7 万辆大关；新型显示、智能终端、集成电路等三大电子信息产业集群不断壮大，京东方、莱宝、康宁、联创、万国半导体、奥特斯等电子信息产业龙头企业纷纷入驻。以金融、物流、科技、会展、工业设计、商贸文旅、服务贸易等为主的现代服务业快速发展，直管区第三产业增加值达 1282.1 亿元。实施软件和信息服务业建圈强链行动计划，以两江软件园、礼嘉悦来智慧园、重庆汽车软件园为核心，围绕工业软件、汽车软件、新兴平台软件、行业应用软件、数字内容等发展方向，积极推进软信产业创新发展集聚区建设和中国软件名园创建。

（四）聚焦科技创新，西部（重庆）科学城成为全市高质量发展新增长极和创新驱动新引擎

一是以科技创新为引领，打造科技创新资源聚集地。高校和科研院所集聚、人才智力密集优势持续增强，已汇集重庆大学等高校 28 所、国家重点实验室 5 个、西永微电园等产业园区 14 个、市级及以上研发平台 312 个。大力推进成果转化，先后开展赋予科研人员职务科技成果所有权或长期使用

权试点改革、以先投后股方式支持科技成果转化。全市首家知识产权检察保护中心及国家级重庆知识产权运营中心落地，为创新主体提供全链条、多元化知识产权运营服务。建设西部（重庆）科学城校地协同创新与成果转移转化中心，打造西部（重庆）科学城资源库、科学城成果转化品牌、校地协同创新联盟。推动超瞬态实验装置、中国科学院重庆科学中心、北京大学重庆大数据研究院、种质创制大科学中心、金凤实验室等 43 个校地院地合作项目签约落地，已建成投用 29 个。二是打造全市高端服务资源集聚地，加速现代服务业发展。持续推广"整车保税三个一"政策，全国首趟路虎整车在西永综保区完成进口保税仓储测试；进口整车保税集散分拨中心建设稳步推进，保时捷、宝马、奔驰改装品牌 ART、奥迪等品牌已在西永综保区内开展业务。全国增值税一般纳税资格试点、跨境贸易电子商务试点等多个试点取得成效，成功创建首批市级跨境电子商务示范区，落地西永跨境电商产业园（ebay 园）、抖音西部中心仓、中欧国际快递分拨中心三个项目。助力检验检测产业发展国家智能网联汽车质量检验中心（重庆）、中国检验检疫科学研究院西南分院等项目相继落地，建设运营西部国际检测认证服务贸易综合服务平台，打通"一次认证、多国通行"认证体系、提供"一站式"国际检测认证服务。为科技型企业量身定做创新金融产品"高新贷"，成为全市首个纳入国家融资担保体系的地区，"高新金服"平台已上线金融服务机构 42 家，上线企业近 6000 家。三是以优化营商环境为抓手，加速开放资源要素集聚。优化完善"金凤凰"人才政策体系，在全国率先试点人才认定"免评入库"、政策兑现"免申即享"机制，在全市率先实现外国人来华许可"一站式"签发，创新实行工作许可、工作类居留许可并行办理，人才流动便利性明显提升。打造良好的国际化社区软硬环境，加快科学城英才服务港建设，开工建设国际人才智慧社区。

（五）聚焦开放门户建设，开放口岸体系构建和功能提升全面深化

一是多点布局的口岸体系建设不断完善，服务"一带一路"和长江经济带建设的能力进一步增强。口岸集群布局初步形成，全市开放口岸数量达

到 4 个，其中重庆江北国际机场航空口岸、重庆港口岸、重庆万州机场已正式开放，重庆铁路口岸为临时开放。依托开放口岸，重庆已获批两路果园港、西永、江津、涪陵、万州、永川 6 个综合保税区，重庆万州保税物流中心（A 型）和重庆果园保税物流中心、重庆铁路保税物流中心、重庆南彭公路保税物流中心 3 个 B 型保税物流中心。口岸功能不断完善，集聚辐射作用进一步增强，果园港进境粮食指定监管场地顺利通过海关总署验收，全市口岸功能已涵盖进口汽车整车、肉类、水果、冰鲜水产品、食用水生动物、粮食、活牛、药品、金伯利进程制度指定实施口岸（毛坯钻石）等 9 类。二是围绕通关便利化，口岸"放管服"改革不断深化。积极推广应用"提前申报"模式，持续推进"两步申报""两段准入"改革试点；"7×24 小时"通关保障服务实现重庆所有口岸和监管场所全覆盖。探索开展"组合港""一港通"等区域通关便利化改革。在全国首次推行水运进口转关"离港确认"试点，在重庆口岸环节试点进口货物"船边直提"和出口货物"抵港直装"；持续优化"沪渝直达快线"过闸模式，物流整体时效明显提升。三是跨境贸易便利化改革持续推进。推动与东亚地区主要贸易伙伴口岸间相关单证联网核查，重庆"单一窗口"与新加坡港（PSA）实现互联互通，共享集装箱进出新加坡港和国际海运船舶动态等 8 项关键数据，实现国际供应链信息动态从国内段延伸到国际段。搭建全市电子口岸统一数据交换、统一应用接口等基础平台，建成中国（重庆）国际贸易"单一窗口"、重庆跨境贸易电子商务公共服务平台等 20 多个应用系统。重庆跨境贸易电子商务公共服务平台已实现跨境电商零售进口网购保税、海外直购、跨境电商零售出口、出口至境外企业、出口至海外仓等 5 种业务模式全覆盖。2022年，重庆跨境电商企业超过 2500 家，跨境电商交易规模达到 407 亿元，同比增长近 28%，已经成为中西部地区跨境电商最活跃的城市之一。

（六）聚焦构建高效能开放大通道，内陆国际物流枢纽建设成效显著

一是内陆国际物流枢纽建设取得新突破。以构建现代物流体系，打造国

内大循环、国内国际双循环的战略枢纽为抓手，积极推进国家物流枢纽创建，先后获批港口型、陆港型、空港型、生产服务型和商贸服务型国家物流枢纽，是全国首个兼具五种类型国家物流枢纽的承载省区市。二是依托"五型"国家物流枢纽和"四向"国际物流通道，重庆内畅外联的国际物流分拨网络进一步完善。在原有"1+3"分拨运营基地的基础上，进一步扩大规模和范围，基本形成"两主三辅多特色"分拨运营基地体系。围绕国际集散分拨物流通道、商品品类、模式、信息化等方面，积极开展内陆国际物流分拨中心试点示范，重庆国际物流枢纽园区、西永综合保税区、两路果园港综合保税区、重庆公路物流基地、长寿经济技术开发区等 5 个物流园区（综保区、经开区），保时捷整车保税分拨项目、和平物流进口药品分拨项目、德善新能源汽车零配件集散项目等 8 个项目入选第一批重庆市内陆国际物流分拨中心暨"一带一路"进出口商品集散中心示范基地、示范项目。三是多式联运转运设施和集疏运体系建设快速推进。已形成铁海联运、铁铁联运、江海联运、公铁联运、公水联运、空铁联运等多种运输模式。渝新欧多式联运示范工程、国际陆海贸易新通道集装箱多式联运示范工程、重庆果园港服务长江经济带战略铁水联运示范工程以及重庆珞璜与万州港"双港联动、铁水一单、干支衔接、集散转换"多式联运示范工程等先后纳入国家级多式联运示范工程创建名单。四是高能级物流市场主体聚集效应明显增强。发挥中新互联互通示范项目、重庆自由贸易试验区的政策优势，依托国家物流枢纽对物流资源的集聚和配置能力，国际国内优质多式联运、电商物流、快递快运等企业纷纷来渝设立西南地区总部，全球 50 强物流企业中，有 10 家在渝设立子公司、30 余家在渝开展业务。本土物流企业发展质量快速提升，截至 2022 年底，重庆累计获批 A 级物流企业 72 家，其中 5A 级 10 家、4A 级 17 家、3A 级 38 家。

二　重庆提升开放载体能级面临的问题

依托先行先试和政策叠加优势，各类开放载体在对外开放取得成绩的同时，仍存在开放发展不充分不平衡、制度创新水平不高、协同发展能力不强等问题。

（一）开放型经济发展不充分不平衡并存

虽然各开放载体承担了全市大量的对外贸易额，但无论是对外贸易方式还是贸易规模，都与内陆开放门户的要求有所差距，在西部地区带头开放带动开放的能力仍需加强。从对外贸易发展情况看，过度集中于制造业领域，其中，又以电子信息产品为主的加工贸易为主，一般贸易、转口贸易、跨境电商、服务贸易等开放型经济业态发展潜力还有待释放。从对外贸易规模看，外贸进出口额与东部发达地区存在较大差距；服务贸易发展仍处于起步阶段，服务贸易额低于相邻的四川，与北京、上海、广东等发达地区相比更是存在巨大差距。利用外资水平有待提升，从对某一开放载体的调研情况看，实际利用外商投资多以基金公司、类金融机构为主，而与高新技术产业、战略性新兴产业相关的外资主体引进明显不足。

（二）制度创新水平不足

重庆自贸试验区设立以来，虽然培育了118项制度创新成果，但具有全国可复制性的案例仅有7个，对标国际高标准经贸规则仍有差距。开放载体缺乏改革事权。扩大开放的权限不足，导致部分领域改革试点任务难以落地、制度创新难以取得实质性突破，如服务业扩大开放综合试点改革任务中的网络游戏属地审核试点、开展独立法人资格的中外合作办学、境外人员担任事业单位法定代表人等方面，由于涉及国家部门事权，只能配合相关工作开展；金融、信息及数据等涉及国家安全的领域，开放载体层级几乎没有进行主动改革突破的权限，导致创新性制度、政策、项目等无法落地。

（三）开放载体之间、区域之间协同发展水平仍显不足

开放载体之间、区域之间协同发展水平仍显不足表现为各类开放载体之间、开放载体与所在各区之间在政策共用、项目共建、举措共商、资源共享

等方面协同发展、联动发展不足，未能充分发挥政策叠加效应。产业同质导致开放载体之间、开放载体与所在各区之间在招商引资上相互竞争压力较大，招商和产业主管部门、开放载体各层级之间、条和块之间还需进一步统筹和协调。区域之间开放载体布局不平衡，除重庆自贸试验区、两江新区、西部科学城等战略性平台载体外，以国家级经开区和国家级高新区为代表的园区平台、开放口岸和国家物流枢纽等功能载体主要分布在主城都市区，渝东北和渝东南地区的产业聚集能力、开放发展能力严重不足。重庆自贸试验区虽然先后设立了25个联动创新区，但对联动创新区的实质性带动仍显不足。

三　重庆提升开放载体能级对策建议

充分发挥各类开放载体改革开放试验田作用，积极承接和探索国家、全市重大改革试点任务，大力提升开放载体的产业引领、资源配置、开放门户、创新策源、制度供给等多重发展能级。

（一）加强各类开放载体对现代产业链的聚合力，提升产业引领和资源配置能级

按照全市"33618"现代制造业规划部署，鼓励和引导各类开放载体结合自身产业发展基础和需求，同步推进传统优势产业转型升级和战略性新兴产业壮大，提升开放载体在上下游产业链企业招引、跨区域整合资源方面的能力，实现先进制造业集群化发展。加强协调沟通机制建设，提升开放载体之间、区域之间的联动发展能级。加强重庆自贸区、两江新区、西部（重庆）科学城等国家级开发开放平台对所涉各区产业发展的辐射带动，在产业链条打造、资源要素整合配置等方面增强双方协同发展、联动发展的能力。创新招商引资机制，可借鉴其他省市的先进经验，建立"首谈"激励机制。即对各自招商过程中产生合作意向，但又不适合在本区落地的项目，可推荐到其他园区，如果成功落地，给予首谈推荐一方一定奖励，或采取税收分成的方式弥补首谈的利益损失。充分发挥重庆自贸试验区示范引领作

用，围绕开放平台打造、开放主体培育、营商环境优化等方面，积极推动重庆自贸试验区改革试点经验的复制推广，实现联动创新区与重庆自贸区的产业协同、区域协同、创新协同发展，形成以点带线、以线促面的发展格局。

（二）进一步加强内陆国际物流枢纽和口岸高地建设，提升开放门户能级

高质量推进五型国家物流枢纽建设，发挥中新（重庆）多式联运示范基地带动示范效应，加快多式联运体系建设，实现四向开放通道、四种运输方式无缝衔接；构建辐射带动能力强、现代化运作水平高、互联衔接紧密的物流枢纽网络体系。深化国际贸易"单一窗口"建设，优化提升口岸通关监管效能。进一步强化海关特殊监管场所、跨境电商综合试验区、服务贸易出口基地的服务能力和监管能力，提升跨境电商、数字贸易、转口贸易、离岸贸易、保税检测维修等新产业、新业态发展能级。充分发挥国家物流枢纽和开放口岸对国际贸易资源的集聚效应，提升货物集散、分拨功能，打造整车、零部件、药品、肉类、"一带一路"特色产品等国际物流分拨中心，探索建立国际大宗产品集结中心和交易市场；加快推动金融、科技、电信、现代物流等生产性服务业发展，提升市场化程度，提高服务效率。

（三）加强科技创新集群建设，提升创新策源能级

加强两江新区、西部（重庆）科学城、高新区和经开区等开放载体持续推进产业创新、协同创新，加快推进科技研发、科技孵化、检验检测、创新成果转化等平台建设，提升对科技人才、资本、技术和数据等高端创新资源要素的集聚能力，打造数智科创高地。围绕加快建设具有全国影响力的科技创新中心核心承载区，加快将两江协同创新区、西部科学城金凤实验室、科学谷数智科创园等打造成为科技创新和产业创新重要策源地。

（四）拓宽试点权限，提升服务业开放能级

积极争取不涉及国家安全的领域改革事权下放，提升各开放载体在制度

创新、模式创新等方面的能动性。优化知识产权融资机制，推动知识产权证券化试点落地。进一步优化网络游戏内容审批流程，开展属地网络游戏内容审核试点。便利人才跨境交往流动，加快重点领域境外职业资格互认制度落地。深化中新数据合作，创新探索数据跨境流动制度体系，探索放宽数字贸易重点领域市场准入，扩大与"一带一路"沿线国家及城市的数字贸易合作。

（五）加大制度型开放力度，优化提升制度供给能级

促进与国际制度充分接轨。对标 RCEP、CPTPP、DEPA 等国际高标准经贸规则，着力打通投资管理、事中事后监管、贸易便利化等重点领域堵点卡点，重点开展金融、数据、科技、人才、医疗、通关服务等领域首创性、差异性探索，形成一批开拓性、可复制创新成果。用好国家营商环境创新试点城市先行先试权，推进各类开放平台载体对标对表世界银行营商环境评价指标体系 10 大类指标，进一步增强市场主体活力，建成与国际制度接轨、服务企业全生命周期的国际化、法治化、便利化营商环境。持续探索陆上贸易规则。积极参与国家多式联运标准规则研究制定，推动完善多式联运单证标准规则和法律制度，深入开展基于多式联运"一单制"的单证、金融、保险服务；大力推进西部陆海新通道集装箱共享分拨体系，扩大海运集装箱和铁路集装箱的共享和调拨规则覆盖面。推动形成陆上贸易法律问题裁判规则和贸易纠纷解决机制。

参考文献

《习近平谈治国理政》（第四卷），外文出版社，2022。

习近平：《新发展阶段贯彻新发展理念必然要求构建新发展格局》，《求是》2022 年第 9 期。

王文涛：《以党的二十大精神为指引 推进高水平对外开放》，《求是》2023 年第 2 期。

倪海清、刘小卉：《以高水平开放载体建设提升开放能级》，《群众》2021 年第 18 期。

B.22
重庆服务贸易创新发展成效、问题及对策

程 凯*

摘 要： 服务贸易作为国际经贸合作的重要领域，推进服务贸易创新发展对于构建国内国际双循环新发展格局具有重要意义。本报告以重庆服务业为研究对象，分析推动重庆服务贸易创新发展的成效、面临的主要问题以及重要领域，在此基础上提出相应的对策建议。研究发现，目前重庆服务贸易在产业基础、市场主体、高素质人才、市场开放程度等方面还存在堵点。为此，建议要创新服务贸易发展模式，加大市场主体引育力度，加快高素质人才引进培养，持续扩大服务业对外开放，全面探索完善管理体制，加强法治保障作用。

关键词： 服务贸易 创新发展 重庆

习近平主席在致 2022 年中国国际服务贸易交易会的贺信中指出："中国坚持以高水平开放促进高质量发展，不断放宽服务领域市场准入，提高跨境服务贸易开放水平，拓展对外开放平台功能，努力构建高标准服务业开放制度体系。"党的二十大报告强调，要创新服务贸易发展机制，发展数字贸易，加快建设贸易强国。重庆作为全国六大老工业基地之一，拥有制造业全部 31 个大类行业，发展服务贸易能够有效推动"重庆制造"向"重庆智

---

* 程凯，重庆社会科学院副研究员，主要研究方向为产业经济与国际贸易。若无特别说明，本文数据均来源于重庆市商务委、重庆市统计局等。

造"转变，加快全市实现新型工业化。然而，由于重庆贸易服务起步晚、基础差，竞争力不强，与自身经贸定位存在巨大的差距，因此加快服务贸易发展，已成为当务之急。基于此，本报告深入分析了重庆服务贸易发展取得的成效、面临的主要问题及其重点领域，并在此基础上提出了推动重庆服务贸易创新发展的对策建议。

一 重庆服务贸易创新发展取得的成效

（一）服务贸易发展"量""质"齐升

一是服务贸易规模不断扩大，增速加快。全市服务贸易总额从 2019 年的 678 亿元增长到 2022 年的 796.3 亿元，年均增长 5.5%；离岸服务外包执行额从 2019 年的 20.6 亿美元增长到 2022 年的 25.5 亿美元，年均增长 7.4%。两项数据均位居中西部第二。

二是新业态新模式加快培育。开展跨境电商综合试验，积极推进跨境电商 B2B 出口监管、跨境电商零售进口"前店后仓+快速配送"监管等试点，全市跨境电商备案企业超过 500 家。发展"保税+飞机租赁"业态，成立飞机租赁服务"单一窗口"，出台飞机租赁扶持办法，累计引进保税租赁飞机 9 架，货值超过 5.2 亿美元。大力发展文化贸易，重庆享弘影视股份有限公司、重庆帕斯亚科技有限公司被评为 2019~2020 年度国家文化出口重点企业，《梦舟少年志之西汉公主》被评为国家文化出口重点项目。积极拓展数字贸易，易海根商贸公司为瑞士南帝等欧洲大型超市提供全过程创意设计服务；以太视效培训学校面向日本、中国台湾地区出口数字游戏制作远程教育培训服务。

三是产业布局不断优化。主城都市区服务业增加值占全市比重超过 80%，以金融保险、软件信息、研发设计、文化创意、高端商务等为特色的现代服务业快速集聚；渝东北三峡库区城镇群和渝东南武陵山区城镇群大健康、大旅游等现代服务业提速发展。全市建成金融服务、大健康服务等八大类 33 个服务业集聚区，已基本形成以解放碑—江北嘴—长嘉汇为主体的金融核心区，以大都市、大三峡、大武陵为主体的全域旅游空间布局，以综保区+保税物流中心为主的保税服务贸易空间布局等，呈现较好的服务业空间集聚态势。

（二）贸易投资便利化改革持续推进

一是贸易便利化水平显著提升。重庆跨境贸易便利化水平居全国前列。启运港退税政策正式落地。截至 2021 年底，重庆关区进、出口整体通关时间较 2017 年分别压缩 73%、96%。拓展跨境金融区块链服务平台应用，累计办理贸易融资和结算 242.5 亿美元；拥有全国唯一的西部陆海新通道融资结算应用场景，减少企业跨境结算单证审核时间 90%。累计帮助 400 余家企业实现运费、融资结算 15.5 亿美元。

二是贸易便利化创新成果突出。创新海关税收担保模式，推出"企业增信担保""企业集团财务公司担保""关税保证保险"等多元化税收担保模式。首创"一保多用"管理新模式，进一步丰富担保主体及管理方式。实现外资银行参与进出口通关缴税和关税保函业务。深化国际贸易"单一窗口"运用，创新开展在线收付汇、服务贸易结算业务、智能报关系统等便利化服务。率先打破国际铁路 60 年运邮禁令，累计发送国际邮包居全国第一。上线"税港通"平台，全国率先与企业共享数据。创新"关银一KEY 通"一体化模式在全国首次实现电子口岸用户认证服务跨关区代办。

三是外商投资便利化水平持续提高。外资项目备案实现立等可取，覆盖率达到 100%。全面实施"多证合一""证照分离"改革和"基层注册官"制度。出台《重庆市外商投资企业投诉工作办法》，发布办事指南，建设外商投资智慧服务云平台，设立外商投资市场主体线上投诉协调专用通道，全市 38 个区县和 6 个开放平台均已建立外资投诉中心，外商投资合法权益保障有力。建立"外商投资行政服务管家"服务机制，建成"行政服务管家"队伍，实现外商投资企业专人服务全覆盖，外商投资企业服务水平持续提升。

（三）物流通关领域率先突破

一是交通枢纽地位进一步强化。重庆获批成为西南地区唯一空港型国家物流枢纽建设城市，率先成为全国唯一"水陆空"国家物流枢纽城市；完善节点功能，建成投用重庆江北机场国际快件监管中心，增开5条国际货运航线；建成重庆国际邮件互换局铁路口岸中心、西永国际贸易跨境快件分拨中心等区域性分拨中心；西部陆海新通道渝黔综合服务区重庆（万盛）内陆无水港正式开工建设。

二是通道优势进一步凸显。开通全国首列"中国邮政号专列"，中欧（渝新欧）班列累计运输国际邮包、邮件集装箱货值近20亿元，成为全国唯一常态化运营的国际铁路运邮线路。全年开行国际铁路班列居全国前列，国际航空货运领跑西部地区。完成重庆—德国国际快件运输测试；率先开行中老国际班列，率先成为全国唯一同时拥有国际公路运输系统（TIR）和大湄公河次区域（GMS）直通车牌照的城市。中欧班列和国际航空保障每年1亿台"重庆造"智能终端销往全球，占全市智能终端产量70%以上。西部陆海新通道累计建成海外仓8个，助力小康工业、宗申集团海外建厂，实现贸易利润双增长。

（四）营商环境持续优化

一是监管机制优化创新。建成市场主体信用风险分类监管模式，首创"山城有信"企业信用码，打造面向市场主体、消费者、第三方、监管人员使用移动互联终端"一键扫码、一码明信、一体监管"的云平台，截至2022年4月已服务市场主体47.19万户。实行新产业、新业态、新模式等"三新"经济包容审慎监管，建立市场主体数据库，实行"观察期""触发式"监管。

二是法治保障持续强化。重庆知识产权法庭正式揭牌成立，并在西部（重庆）科学城等7个重点园区和重点区域建立知识产权巡回审判站。印发全国首个法律服务业开放专项规划——《建设西部法律服务高地规划

（2021—2025年）》，重点部署建设对外开放发展的法律服务体系，提升涉外法律服务水平。创新"中国律师主导+外国法律顾问辅助"涉外法律服务模式，实现全国首例矿产权增资的涉外法律服务。制定实施《全面融入共建"一带一路"加快发展涉外法律服务业行动方案（2020—2023年）》，积极打造长江上游法律服务中心。深入开展知识产权保护国际交流合作，成立重庆市涉外知识产权调解中心，组建海外知识产权维权援助专家库，及时为企业提供维权援助服务。

三是数据领域开放探索加快。探索建立数据规则体系，新出台数据条例、公共数据分级分类指南等14项大数据地方标准，推动成立西部数据交易中心，制定西部数据交易中心数据交易规则、合规审核指南、数据评估指南等规定，探索建设数据交易服务体系。探索数据跨境流动分级分类指南、安全评估指南、申报流程等。探索数据跨境流动制度，创新开展渝新跨境数据流动合作，建立重庆新加坡数据保护标准互认和合作机制，形成中新国际数据通道的数据跨境流动工作指南，与新加坡签署个人信息保护合作备忘录。

二 重庆服务贸易创新发展面临的形势及问题

（一）面临的形势

从国际来看，当今世界正经历百年未有之大变局，保护主义、单边主义上升，全球产业链、供应链遭遇重大冲击，国际贸易规则和竞争优势面临重塑。同时，新一轮科技革命和产业变革不断深入，贸易新业态新模式层出不穷，为服务贸易发展带来巨大机遇。从全国来看，在习近平总书记和党中央的坚强领导下，我国已转向高质量发展阶段，正逐步形成以国内大循环为主体、国内国际双循环相互促进的新发展格局。我国经济社会发展具有独特的政治优势、制度优势、发展优势和机遇优势，治理效能提升，经济稳中向好、长期向好的基本趋势没有改变，服务贸易发展仍处于重要机遇期。产业体系完备，劳动力资源丰富，中等收入群体不断扩大，国内需求潜力不断释放，以国内大循环为主体、国内国际双循环相互促进的新发展格局加快形成，为服务贸易发展提供了广阔空间和强劲动力。从重庆自身来看，以习近平同志为核心的党中央十分关心、高度重视重庆发展，给予有力指导和重大支持。共建"一带一路"、长江经济带发展、西部大开发及扩大内需等战略深入实施，供给侧结构性改革稳步推进，为重庆服务贸易创新发展创造了更为有利的条件。成渝地区双城经济圈建设加快推进，带来诸多政策利好、投资利好、项目利好，极大提振了市场预期、消费预期。与此同时，重庆服务贸易处于结构性调整转变期，如何稳定总量、优化结构、提升质量是重庆服务贸易创新发展必须解决的重大问题。综合来看，尽管外部环境和自身条件发生了明显变化，不确定性显著提升，但重庆服务贸易创新发展的基础依然坚实、条件优越，总体上机遇大于挑战。要深刻把握新发展阶段、新发展理念、新发展格局对服务贸易创新发展的新要求，准确识变、科学应变、主动求变，围绕打造新发展格局战略支点，扎实推动重庆服务贸易创新发展，以高质量发展的确定性应对外部环境的不确定性，在危机中育先机、于变局中开新局。

（二）面临的问题

一是产业基础略显薄弱。2022 年重庆对外贸易总额为 8158.4 亿元，但其中服务贸易总额仅 796.3 亿元，占全市对外贸易比重不到 10%，占全国服务贸易总额的比重为 1.3%，低于上海（39.4%、27.6%）、广东（12.8%、17.8%）、浙江（10.9%、8.5%）、四川（11.9%、2.0%），全市服务贸易发展基础亟须夯实。[①] 另外，在产业结构方面，重庆服务贸易产业结构仍然不够优化，在服务贸易中占据领先地位的项目主要是旅游、物流运输等劳动密集型、附加值低的项目，而金融、保险、专利等技术密集型、附加值高的

---

① 由于上海和广东服务贸易总额的统计口径是美元，因此我们按照美元兑人民币的年度平均汇率（即 2022 年为 6.7261）将其换算为人民币之后进行计算。

服务业，发展速度相对缓慢。知识密集、数字技术特征鲜明的服务贸易需进一步发展，服务出口竞争实力需进一步增强，价值链需向高端延伸。

二是市场主体实力偏弱。重庆大部分服务贸易与外包企业存在规模偏小、执行额低、接包能力弱、业务往来具有偶发性等问题，贡献能力差距较大，市场主体整体竞争实力需要提升。例如2021年全市新增了重庆平和精工汽车部件有限公司、重庆伊诺生化制品有限公司等具有服务贸易实绩的企业，但同时也减少了重庆可兰达科技有限公司、普洛斯金融控股（重庆）有限公司、重庆翙宝智慧电子装置有限公司等企业与相应业绩。此外，市内部分规模较大、实力较强的企业多为分公司，如中国东方航空股份有限公司重庆分公司、中国国际航空股份有限公司重庆分公司、重庆爱派克斯国际物流有限公司等，总部经济引进与发展较弱，国际、国内知名头部企业较少，本土企业小而散，服务品牌和口碑在国际市场上影响力有限，未形成新业态集群与联动发展效应。

三是高素质人才支撑不足。大多数服务贸易行业具有高人力资本含量、高技术含量和高附加值的特点，高素质人才是推动其发展的基础，因此服务贸易对劳动者的素质和技能提出了更高的要求。近年来，尽管重庆在人才引进培养方面投入了大量的人、财、物，在部分企事业单位积极引进人才的同时，一些院校也调整专业方向，加大培养力度，但受到长三角和珠三角等东部相对发达地区强烈的人才吸收作用，短期内服务贸易从业人员的素质还远不能适应其快速发展的需要。尤其是新兴服务业和知识型服务业，如现代物流、电子商务、信息服务业、房地产管理业、中介服务业等所需的创新人才、技能型人才和经营管理人才更是缺乏。人才短缺已成为制约重庆服务贸易发展的关键因素之一。

四是市场开放程度相对有限。重庆吸收的外商直接投资主要集中在劳动密集型的制造业领域，服务贸易领域吸收的外资所占比例很低。而现代服务贸易竞争激烈的热点行业，比如金融保险、通信邮电、专业服务、计算机和信息服务、服务外包等行业，要么外资还没有进入，要么进入的时间晚、规模小，因而这些领域的服务贸易还处于十分薄弱的起步阶段。从对外投资看，虽然重庆也在国外设立了许多境外企业和机构，但这些企业以小型加工贸易为主，服务贸易型企业仅占少数。与发达国家相比，重庆服务业的贸易潜力还没有被挖掘出来，服务贸易、服务外包合作国家（地区）数量、范围、业务类型和规模等均有较大的提升与优化空间。据统计，2022年重庆服务业增加值15423.12亿元，但其中服务贸易总额仅796.3亿元，占全市服务业增加值的5%左右，服务业贸易潜力明显未被充分挖掘。

五是发展系统性、协同度、创新力有待提升。重庆服务贸易系统的整体产业规划体系尚待建立，融入"临空经济示范区""自贸试验区""中新互联互通示范项目"等国家平台建设方面还需加强。各部门深化创新试点"纵向协同、横向联动"的机制尚待优化健全，在强化组织领导、协同推进，加大政策、资金和人才支持力度等方面还缺乏系统性、联动性。此外，RCEP、CPTPP等新经贸规则背景，也对重庆服务贸易高质量发展提出一系列新要求新挑战。

六是制度体系建设比较滞后。除了传统贸易壁垒以外，新型贸易壁垒如制度性壁垒、知识产权壁垒等正成为国际服务贸易的主要壁垒。重庆虽然先后颁布了一系列涉及服务贸易领域的法律法规，但是在实际运用过程中，这些法律法规较抽象、可操作性较差，一些条文与国际规定不太吻合。同时，针对外国对服务贸易设置壁垒、实行歧视性待遇等现象，目前重庆尚未形成一个关于服务贸易的一般性法律体系，相当一部分领域法律仍处于空白状态，已有的规定主要表现为各职能部门的规章和内部文件，不符合国际运作惯例，不仅立法层次低，而且缺乏协调，从而影响重庆服务贸易立法的统一性和透明度。

三 推动重庆服务贸易创新发展的对策建议

（一）创新服务贸易发展模式

推动制造业与服务业融合发展，服务"芯屏器核网"全产业链构建，积极引进人工智能产业研发、制造、检测、应用中心。积极开展高技术含量、高附加值的境内外检测、全球维修和再制造业务，支持探索境内境外交叉的"X型"保税维修模式，积极探索开展飞机零部件、工程机械、数控机床等入境维修和再制造。对综合保税区内企业进口自用机器设备、研发检测所需进口料件实行保税监管，进一步优化监管流程。深入推进大数据、人工智能、5G网络、区块链等新一代信息技术和实体经济深度融合；加快构建"云联数算用"全要素集群，积极拓展智慧政务、智慧交通、智慧医疗、智慧旅游和智慧社区等公共服务。创新有利于生物医药产业研发平台和跨境电商发展的进出境监管服务模式，进一步做好跨境电子商务B2B出口试点。

（二）加大市场主体引育力度

依托"智博会""西洽会"等交流合作平台，吸引国际知名服务贸易企业来渝开展项目合作，搭建对外推介、展示和沟通渠道，积极引进先进服务、技术、标准和管理经验，充分放大展会平台的带动效应和溢出效应。实施服务贸易示范企业和重点企业培育计划。聚焦技术、文化、国际物流、服务外包、专业服务等重点领域，分别培育一批"高端化、国际化、品牌化"的服务贸易品牌企业，重点给予平台建设、融资、项目、市场、人才等方面政策支持，打造"中国服务"国家品牌的重庆样板。完善服务贸易促进体系，鼓励企业通过多种形式建立海外研发中心。支持本土制造业龙头企业"走出去"，促进与共建"一带一路"国家建设国际技术转移中心等创新载体和国际产业合作展示中心。

（三）加快高素质人才引进培养

加强对服务贸易工作的人员、经费等保障，支持从事服务贸易创新发展相关领域人员的国际交流、合作、培训。实施更加开放的引才引智制度，制定外籍"高精尖缺"人才认定标准，完善国际人才评价机制，探索建立关键核心技术高端人才"一事一议""一人一策"靶向引进机制。支持数字经济用人单位申报"鸿雁计划"等人才政策。对经认定的境外高端人才，给予个人所得税税负差额补贴。创新服务贸易人才培养模式，加大人才引进和国际交流力度，鼓励高校服务贸易相关学科建设，支持企业加强专业人才培训，开展服务贸易战略研究和智库建设，为服务贸易发展提供有力智力支撑。

（四）持续扩大服务业对外开放

围绕重庆市"一基地一枢纽四中心"建设，推动相关领域逐步放宽和取消对服务贸易的限制措施，构建与国际规则相衔接的服务业扩大开放基本框架。鼓励服务贸易企业积极开拓"一带一路"国际市场，探索适应试点需要的风险防范机制。构建与国际规则相衔接的服务业扩大开放基本框架。建立重点面向"一带一路"的国际职业教育创新试验区，推进中外合作办学，持续完善外籍教师、专家、技师等的引进便利政策。积极推进国际服务贸易合作园区建设，发挥在服务业开放合作上先行先试的优势，引进跨国公司国际或地区总部、功能性机构，加强与重点服务贸易伙伴的项目合作。

（五）全面探索完善管理体制

建立重庆服务贸易发展联席会议制度，定期召开工作推进会，协调各部门服务贸易政策，解决工作推进中遇到的重大问题，通报工作进展情况。建立市、区联动的服务贸易发展绩效评价与考核机制，探索服务贸易工作考核路径与模式。推进联动合作，探索有利于科学统计、完善政策、优化监管的信息共享机制。将技术贸易管理事项和服务出口退税事项纳入国际贸易"单一窗口"，探索实施无纸化受理方式，推动"单一窗口"向口岸物流、贸易服务等环节拓展。探索构建以数据分级分类规则、数据跨境流动安全评估规则、数据保护能力认证规则、数据跨境交易规则和数据沙盒监管机制为主体的数字经济规则体系，促进数据跨境安全有序流动。

（六）加强法治保障作用

建立健全服务贸易、技术贸易等法律法规体系。对已建立的服务贸易法律法规进行审核、修改，使其符合国际要求。对服务贸易领域尚未制定的法律法规，应该尽快填补这些空白。加快推进设立重庆知识产权法庭，完善知识产权审判专业化体系。深化知识产权民事、行政、刑事"三合一"审判机制改革，加大知识产权犯罪惩治力度。开展诉调对接试点，实现诉与非诉相衔接的纠纷多元化解决机制，构建纠纷解决"一站式平台"。探索允许境外知名仲裁及争议解决机构在试点地区开展仲裁业务。

参考文献

冯语迪：《长三角城市群服务贸易发展的现状问题及对策》，《江苏商论》2020 年第9 期。

许唯聪、李俊久：《中国服务贸易的发展现状、问题及对策》，《区域经济评论》2020 年第 5 期。

彭楚文：《重庆服务贸易存在的问题及对策研究》，《产业创新研究》2020 年第17 期。

汤婧、夏杰长：《我国服务贸易发展现状、问题与对策建议》，《国际贸易》2016 年第 10 期。

杜荣：《重庆服务贸易发展现状、问题与对策》，《重庆师范大学学报》（哲学社会科学版）2008 年第 3 期。

余升国、安怡欣、汪长宏：《海南自贸港服务贸易创新与经济高质量发展》，《南海学刊》2023 年第 5 期。

李小牧：《创新服务贸易发展机制》，《经济日报》2023 年 7 月 5 日，第 5 版。

朱灵盈、王利文、张莹：《RCEP 框架下中国服务贸易创新发展的路径研究》，《全国流通经济》2023 年第 10 期。

杨雨衡：《中蒙俄经济走廊旅游服务贸易创新发展研究》，《北方经贸》2023 年第5 期。

赵福军：《做实服务贸易创新发展的底盘》，《发展研究》2022 年第 8 期。

孙黎：《中国服务贸易发展：历史进程、热点回顾与形势展望》，《全国流通经济》2022 年第 19 期。

B.23
重庆内外贸一体化进展及展望[*]

马晓燕[**]

摘　要： 内外贸一体化作为贸易高质量发展的抓手，对于强大贸易主体、畅通贸易循环、优化贸易管理体制、服务新发展格局具有重要意义。在加快构建以国内大循环为主体、国内国际双循环相互促进的新发展格局中，受外部不确定性因素影响，国际经贸环境发生变化，外贸端承压明显，对经济增长的贡献度趋于下降，重庆市内外贸一体化面临着新形势新要求。因此，要持续提升企业一体化经营水平、加快推进内外贸规则一体化建设、加快推进内外贸一体化物流体系建设、高水平打造内外融合发展平台、进一步提升内外贸一体化政府治理能力，加快推进重庆内外贸一体化发展，高质量服务双循环新发展格局。

关键词： 内外贸一体化　新发展格局　重庆

近年来，我国不断推进内外贸一体化发展工作。2022年1月，国务院办公厅印发《关于促进内外贸一体化发展的意见》；2023年1月，商务部等14个部门办公厅（室）发布《关于公布内外贸一体化试点地区名单的通知》，重庆被确定9个试点地区之一。目前，重庆市内外贸一体化进展顺利，取得了阶段性成效，但与实现高质量发展目标仍存在一定差距，在企业内外贸一体化发展

---

[*] 本文系2021年度重庆市社会科学规划重大委托项目（重庆社会科学院自主研究项目）"中国特色对外开放理论及内陆地区实践研究"（项目编号：2021WT40）阶段性成果。

[**] 马晓燕，重庆社会科学院国际经贸与物流研究所所长、研究员。

能力、内外贸一体化市场生态、内外贸一体化治理能力等方面还有提升空间。因此，要持续提升企业一体化经营水平、加快推进内外贸规则一体化建设、加快推进内外贸一体化物流体系建设、高水平打造内外融合发展平台、进一步提升内外贸一体化政府治理能力，加快推进重庆内外贸一体化发展，高质量服务双循环新发展格局。

一　重庆内外贸一体化发展基础不断夯实

（一）内外贸市场规模不断扩大

1. 国内市场

2022 年面对复杂的外部环境，重庆积极应对国际经贸环境变化，克服疫情、高温、限电等超预期因素冲击，以有力举措稳住国内市场，出台服务业恢复发展 56 条、促进消费恢复 19 条、促消费措施 30 条，举办"爱尚重庆"系列主题消费活动，推动汽车、绿色智能家电以旧换新。全年实现社零总额 1.39 万亿元，与 2021 年基本持平；新能源汽车、智能家电零售额分别增长 137.1%、6.3%，餐饮住宿营业额增长 1.9%；网络零售额 1688.1 亿元，增长 3.7%，高于全国 2.1 个百分点。①

2. 国际市场

为进一步拓展国际市场，重庆积极实施推动外贸高质量发展三年行动计划，出台加快发展外贸新业态新模式实施方案，建立 192 家外贸企业"白名单"制度。2022 年实现外贸进出口 8158.4 亿元，增长 2%；一般贸易占比提升 2.3 个百分点，对东盟、欧盟、美国和共建"一带一路"国家进出

---

① 《社零总额 6%↑，新引进 1~2 家世界 500 强……目标"四季红"》，https://mp.weixin.qq.com/s?＿＿biz＝MzA4MzA0MTA4NA＝＝&mid＝2658634021&idx＝2&sn＝6c7e534d8351029bb7f8ccdb2c17d0b0&chksm＝847fa776b3082e609b575757572ae12a87c0d77e97484d0739198a272c2f499f8f43a8b0d3c6。

口分别达到 1266.3 亿元、1247.6 亿元、1134.8 亿元、2214 亿元，先后吸引 319 家世界 500 强企业来渝投资，形成多点支撑格局。①

（二）内外贸一体化发展能力不断增强

1. 主导产业内外贸协同发展成效显著

一是电子信息产业向万亿级产值规模迈进。重庆抢抓共建"一带一路"机遇，深度融入全球产业分工体系，吸纳全球各类要素资源，成为全球重要的电子信息产业基地，2022 年，重庆电子信息制造业产值规模 7356.3 亿元，进出口 4951.2 亿元，占同期重庆外贸进出口总值的 60.7%。② 二是进出口产品结构稳步调整。受复杂的国际政治、经济局势影响，重庆依托支柱产业优势，稳步调整进出口产品结构。出口方面，汽车出口量、出口值分别增长 44.1%、77.5%，拉动重庆出口值增长 1.8 个百分点，其中：电动载人汽车出口 13.81 亿元，增长 1.1 倍；手机出口 338.38 亿元，列全国第 7 位，增长 15.2%。高新技术产品出口特别是生命科学技术、材料技术产品出口值分别增长 56.8%、1.3 倍。进口方面，电子元件进口 1292.56 亿元，增长 3.9%。高新技术产品进口 1957.12 亿元，增长 6.3%，占全市进口值的 67.2%，拉动重庆进口值增长 4.1 个百分点。③

2. 外贸新业态为内外贸一体化试点注入新动能

调查显示，跨境电商等新型贸易企业在开展外贸的同时推进内贸。重庆不断完善政策体系，出台了加快发展外贸新业态新模式等政策文件，完善跨境电商专项促进政策，持续推进"跨境电商+产业带"模式，推动邮局、渝

---

① 《社零总额 6%↑，新引进 1~2 家世界 500 强……目标"四季红"》，https://mp. weixin. qq. com/s? __biz = MzA4MzA0MTA4NA == &mid = 2658634021&idx = 2&sn = 6c7e5 34d8351029bb7f8ccdb2c17d0b0&chksm = 847fa776b3082e609b575757572ae12a87c0d77e97484d0 739198a272c2f499f8f43a8b0d3c6。

② 《对外开放走深走实 高质量发展特征显现》，https://tjj. cq. gov. cn/zwgk_ 233/fdzdgknr/ tjxx/sjjd_ 55469/202308/t20230831_ 12293817. html。

③ 《对外开放走深走实 高质量发展特征显现》，https://tjj. cq. gov. cn/zwgk_ 233/fdzdgknr/ tjxx/sjjd_ 55469/202308/t20230831_ 12293817. html。

州、机场等辖区海关均可开展跨境电商出口业务，实现跨境电商出口全域发展。持续优化拓展重庆跨境地方公共服务平台功能。认定了5个市级跨境电商示范区，深入推进跨境电商产业园区建设，构建起"1+N"的跨境电商产业发展体系。高质量举办了两届中国（重庆）跨境电商交易会，推动重庆跨境电商生态圈完善升级。跨境电商企业队伍不断壮大。支持引导传统生产企业、外贸企业开展跨境电商业务。同时，加大对跨境电商平台、卖家、海外仓和配套服务等龙头跨境电商企业的招引力度，GoogleAds（谷歌）跨境电商出海中心、菜鸟供应链等项目相继在重庆落地运营，全市现有跨境电商企业2500多家。2022年，重庆实现跨境电商交易额407.1亿元，同比增长27.9%，其中跨境电商出口347.5亿元，增长37.8%。[①]

3. 内外贸数字化发展水平

一是平台经济规范健康发展。市政府建立促进平台经济规范健康发展联席会议制度，出台《重庆市关于促进平台经济规范健康发展的实施意见》《重庆市数字经济"十四五"发展规划》《关于加快线上业态线上服务管理发展的若干意见》《关于促进平台经济规范健康发展的实施意见》等政策文件，加快构建"五十百千万"数字产业发展体系，大力培育平台经济增长点。二是实体企业与电商产业融合发展。市大数据发展局加大对国家生猪市场、猪八戒网、易宠商城、医流巴巴、药交所等细分市场电商龙头企业支持力度，累计建成国家电子商务示范基地4个、市级电子商务示范基地13个、各类电商集聚区66个。截至目前，全市共计培育建设电商企业1.28万家、电商（网商）近66万家，带动创业就业人数超170万人。三是推动数字贸易发展。按照跨境电商数字服务贸易的统计口径，2020~2022年，数字服务额约为331.9亿元、612.2亿元和687.1亿元。[②]

4. 内外畅通物流网络

随着重庆对外开放水平的不断提升，重庆开放通道量质同步提升，东西

---

① 《释放新机遇，重庆开启跨境电商交易合作"高速通道"》，https://www.comnews.cn/content/2023-05/18/content_ 26440. html。

② 《重庆市商务委员会关于市政协六届一次会议第0487号提案办理情况的答复函》，https://sww. cq. gov. cn/zwgk_ 247/zfxxgkml/jyta/202309/t20230916_ 12344686. html。

南北四个方向、铁公水空四种方式，通道基础设施建设持续强化，物流运输模式进一步丰富，围绕"通道带物流、物流带经贸、经贸带产业"的发展思路，重庆成为全国唯一兼有港口型、陆港型、空港型、生产服务型、商贸服务型的"五型"国家物流枢纽城市。2022年，重庆加快构建陆港开放通道新纵深，东向，建设上游航运中心，推动建设智慧长江物流工程，沪渝直达快线开行数量保持较高增速，渝甬班列稳定开行。西向，中欧班列（成渝）开行5000列以上，占全国开行总量的近30%，新增3处境外集散分拨中心。南向，西部陆海新通道建设走深走实，新通道发展指数为135.2，较2021年的122.6、2020年的102.0，分别增长10.3%和32.5%；开通线路78条，创通道运营5年来的新高；目前，物流网络已覆盖全球120个国家和地区的465个港口，中老班列实现常态化运行。北向，渝满俄班列开行2000列，较上年增长91%。①

（三）内外贸一体化平台能级不断提升

1. 开放平台

一是中国（重庆）自由贸易试验区建设迈上新台阶，自贸试验区151项改革试点任务全部落实，区内累计注册企业超18万家。首批10个自贸试验区联动创新区建设进展顺利。川渝自贸试验区协同开放示范区建设加快推进，形成"关银一KEY通"川渝一体化模式等创新成果。二是国家级开发区高质量引领开放。2022年，重庆国家级开发区发挥先行先试优势，用好国家赋予的更大改革自主权，推动开放型经济高质量发展，实际使用外资6.44亿美元，占全市实际使用外资额的34.7%。其中：重庆经济技术开发区实际使用外资4.96亿美元，增长21.1%，拉动全市实际使用外资增长3.9个百分点。三是综合保税区进一步积聚外贸发展新动能。2022年，重庆综合保税区持续推进改革创新，在承接国内国际产业分工、促进外贸保稳提质中发挥积极作用。做大做强"保税+"新业态，以研发带动制造业升级，

---

① 《对外开放走深走实 高质量发展特征显现》，https：//tjj.cq.gov.cn/zwgk_233/fdzdgknr/tjxx/sjjd_55469/202308/t20230831_12293817.html。

形成"保税+加工"模式，货值突破 600 亿元，位居全国第一。6 个综合保税区合计进出口 5358.21 亿元，占全市外贸总值的 65.7%。四是中新（重庆）战略性互联互通示范项目持续深化合作，2022 年高标准实施中新互联互通项目，促进国际国内两个市场的资源要素高效流动，进一步加大在金融服务、航空产业、交通物流、信息通信等重点领域的合作力度，累计落地政府和商业合作项目 234 个、总金额 252.6 亿美元，金融服务项目 235 个、总金额 291.3 亿美元。①

2. 载体平台

一是聚焦国际消费中心城市培育建设，统筹实施"巴渝新消费"八大行动。2022 年，重庆立足自身特色优势，促进消费提质扩容，加快培育建设富有巴渝特色、彰显中国风范的消费市场，消费平台不断提质升级，消费供给体系持续优化。二是聚力改革创新，试点示范作用明显。服务业扩大开放综合试点有序开展，试点任务实施率达 87%，带动 400 余个现代服务业项目落地。服务贸易创新发展试点任务落实率达 88%。② 把握 RCEP 机遇，出台高质量实施 RCEP 行动计划，全年对 RCEP 成员国进出口 2585.3 亿元，增长 9.2%，高于全国 1.7 个百分点。③ 唱好"双城记"，与四川联合印发打造内陆开放高地、建设国际消费目的地实施方案，深入推进开放一体化。

3. 展会平台

发挥西洽会、智博会、中新金融峰会等国际经贸平台作用，第四届西洽会签约一批重大项目，投资金额达 2228.5 亿元。④ 成功举办 2022 年中国

---

① 《对外开放走深走实 高质量发展特征显现》，https://tjj.cq.gov.cn/zwgk_233/fdzdgknr/tjxx/sjjd_55469/202308/t20230831_12293817.html。

② 《对外开放走深走实 高质量发展特征显现》，https://tjj.cq.gov.cn/zwgk_233/fdzdgknr/tjxx/sjjd_55469/202308/t20230831_12293817.html。

③ 《社零总额 6%↑，新引进 1~2 家世界 500 强……目标"四季红"》，https://mp.weixin.qq.com/s?__biz=MzA4MzA0MTA4NA==&mid=2658634021&idx=2&sn=6c7e534d8351029bb7f8ccdb2c17d0b0&chksm=847fa776b3082e609b575757572ae12a87c0d77e97484d0739198a272c2f499f8f43a8b0d3c6。

④ 《第四届西洽会重大项目 重庆市内共集中签约正式合同投资额达到 2228.5 亿元》，https://m.gmw.cn/baijia/2022-07-22/35902837.html。

（重庆）跨境电商交易会，搭建起西部地区规模最大、产业带最多、产业链最全的国家级跨境电商专业展会平台，吸引了14个国家展团、13个省市代表团、24个国际国内知名跨境平台、25个产业带共648家企业参展，涵盖跨境电商全产业链。依托进博会、投洽会、东博会、博鳌亚洲论坛等积极招商引资，促成国际航运龙头马士基等项目落户重庆。① "代参展" "线上展" "线上国际化推广平台" 等新形式为企业不断拓展获客渠道，全年开展各类展会和推广活动超400场。

（四）内外贸一体化市场生态不断健全

1. 市场环境

市场活力进一步释放。深化准入准营一体化改革，加强跨部门业务协同和数据共享，优化办事流程和在线系统，提供更加便捷、高效的企业开办和注销服务。开办企业一网、一票、一次、一日全流程办结，全过程不到2小时。建成"信易货·渝惠融"信用信息数字金融平台，推动涉企数据全面归集、融资服务全城覆盖、银保对接全网通办。持续清理破除政府采购领域不合理门槛和限制，全面提升电子化水平，降低供应商交易成本，进一步推动交易活动规范化、制度化、便利化运行。

2. 法治环境

法治保障持续加强。全面推广法治化营商环境司法评估指数体系，推动办案和管理质效双升。深化川渝两地知识产权合作，依法保护各类市场主体产权和合法权益。获批设立成渝金融法院并落户重庆，成为全国首个跨省域管辖的法院。加快建设西部地区首个破产法庭，累计清理债务2133亿元、盘活资产961亿元。② 监管规则和标准不断完善，全面实施"双随机、一公

---

① 《第二届中国（重庆）跨境电商交易会暨中国（重庆）跨境电商发展高峰论坛在重庆成功举办》，https://www.tdb.org.cn/zhdt/6831.jhtml。

② 《重庆市发展和改革委员会关于市六届人大一次会议第1131号建议办理情况的答复函》，https://fzggw.cq.gov.cn/zwgk/zfxxgkml/jytabl/jygk_53511/202305/t20230515_11964778_wap.html。

开"监管、"互联网+监管"和信用分级分类监管,监管的精准性和有效性进一步提高。知识产权政策体系不断完善,知识产权创造质量和运用效益持续提升,知识产权保护、公共服务能力全面加强。

3. 开放环境

推动通道、平台、环境等开放要素协同发展,促进人流、物流、资金流、信息流加速聚集,持续巩固开放型经济高质量发展态势。开展跨境贸易全链条改革,水运转关手续办理时间压减90%以上、三峡船闸过闸时间压减50%以上、物流整体时效提升40%以上。[①] 优化外商投资服务,出台《重庆市外商投资企业投诉工作办法》,建设外商投资智慧服务云平台,设立外商投资市场主体线上投诉协调专用通道,有力保障外商投资合法权益。建立"外商投资行政服务管家"服务机制,全市建成"行政服务管家"队伍共416人,实现外商投资企业专人服务全覆盖,外商投资企业服务水平持续提升。

4. 政务环境

政务服务提质增效,"渝快办"实现政务服务事项全覆盖,全市95%以上的行政许可事项"最多跑一次"。政务大厅集中进驻事项覆盖率82.3%,一窗综办窗口和事项数量占比均超过90%。聚焦自然人、法人和项目三个全生命周期,优化配置"新生儿出生""企业开办""大学生创新创业"等67个市级主题集成套餐,通过流程再造实现材料、时限压减50%以上。推出首批1600余项服务标准化、500余项高频事项"全渝通办",实现了共311项政务服务"川渝通办",推进34类高频电子证照在川渝互认共享。[②]

---

① 《营商环境"优"无止境》,https://m.12371.gov.cn/content/2022 - 07/15/content _ 417615. html。

② 《重庆市发展和改革委员会关于市六届人大一次会议第1131号建议办理情况的答复函》,https://fzggw.cq.gov.cn/zwgk/zfxxgkml/jytabl/jygk _ 53511/202305/t20230515 _ 11964778 _ wap. html。

二 重庆内外贸一体化发展面临的挑战

（一）企业内外贸一体化发展能力亟待提升

一是产品开发能力不足。内外贸企业对国内国际市场的熟悉度不同，内贸企业熟悉国内市场而对国际市场普遍缺乏认知，外贸企业，尤其是OEM企业对国际市场需求缺乏敏锐度，对国内市场不了解，绝大部分企业没有形成"市场分析—产品开发—生产制造—销售推广—反馈改进"的闭环经营体系。二是缺乏自主品牌。部分出口企业长期从事外贸OEM或OEM代工，缺乏自主品牌及国际知名度。调查显示，超过50%的企业没有自主品牌，对国外市场需求变动风险的抵御能力弱，转型难度大。而部分拥有自主品牌的企业仍处于品牌培育初期阶段，品牌的影响力弱、知名度低。三是企业开拓国际市场意识和能力亟须进一步提高。企业普遍缺乏内外贸一体化运营的能力，统筹国内国际两个市场、两种资源的能力和意识有待加强。

（二）内外贸一体化市场生态还需优化

一是国内市场主体信用体系建设水平还需提升。不诚信的环境影响企业开拓国内市场的信心，同时，缺乏专业化的信用服务机构，企业信用作为优化资源配置的新要素作用尚未得到充分发挥，企业公共信用信息应用边界需进一步界定。二是部分小微外贸企业融资困难仍未解决。作为外贸企业主力的中小微企业，部分企业缺乏合格抵质押品，抵质押贷款获取困难。部分企业财务管理不规范，银企间信息不对称，缺乏准确识别企业真实生产经营和财务状况的用水、用电、社保、进出口等关键信息。三是国内市场知识产权保护意识亟须强化。相比国际市场，国内市场知识产权保护意识仍有待提高，大部分企业知识产权保护意识不强，企业知识产权管理能力弱，知识产权维权结果不理想，基层行政执法水平亟须进一步提升。四是第三方专业服务机构缺乏，能够帮助企业快速实现内外贸切换的专业服务机构较少，特别是缺乏商务咨询、品牌培育、知识产权服务等专业服务机构。

（三）内外贸一体化治理能力还需提高

一是内外贸一体化管理水平还需进一步提高。外贸业务相对集中在商务、海关、外管、税务等部门，内贸业务则存在多头管理问题，涉及多个政府部门归口管理，各部门间业务存在不同程度的交叉，可能会给外贸企业开展内贸业务带来障碍。二是内外贸一体化法治水平还有很大提升空间，商务行政执法面临无法可依问题。外贸领域已形成的以《对外贸易法》为基础的法律框架，为重庆市对外贸易的发展提供了根本遵循；内贸领域还处在政策管理阶段，上位法的缺失导致市级层面对地区分割、行业垄断、流通成本高等问题难以统筹协调。此外，立法也未能实现对内贸领域的全覆盖，商品物流、商会及行业管理等领域仍存在空白。三是内外贸一体化规则标准还需进一步统一。我国的标准水平与国际先进水平存在不小差距，部分国家标准低于国际标准或与国际标准存在较大差异，阻碍企业实现内外贸一体化；此外我国标准转化为国际标准的比重不高，标准缺失问题没有解决，导致市场无序竞争，内销企业产品在国际市场缺乏竞争力。

三 重庆内外贸一体化发展的思考与展望

（一）持续提升企业一体化经营水平

一是提升企业国际化水平。以实施"渝城名企"提质行动为引领，全力构建内外贸转换自如的企业运营体系。大力提升企业国际化水平，培育一批以工业为龙头、工贸结合的具有国际竞争力的大型企业集团和跨国公司，以及一批对标国际先进农产品种植和生产标准种养加、产供销、内外贸一体化的现代农业企业，在内外贸一体化协同上发挥示范带动作用，带动中小企业特别是"专精特新"中小企业向兼容内外贸市场、具有较强市场竞争力、成长空间较大的"独角兽"中小企业发展。

二是提升供应链服务水平。积极拓展供应链服务，支持龙头企业搭建产业供应链平台，共建现代供应链体系，推动内外贸企业数字化转型及贸易链条数据化改造，提升企业利用两种市场、两种资源的能力。

三是充分发挥电商平台作用，拓展企业线上线下营销渠道。鼓励支持有条件的汽车、摩托车制造类企业在境外建设工厂店、直营店、连锁店，完善全链条服务，增强供应链自主可控能力，提升制造业在全球产业链价值链的地位和国际竞争力，进一步提升汽车、摩托车品牌国际知名度与竞争力。加快构建跨境电商产业集群，聚焦重庆荣昌眼镜服饰、大足五金工具、九龙坡汽摩配、江津机械工具等区县消费品工业园区和特色产业带，开展"渝贸全球跨电赋能"跨境电商助力产业带出海行动。

（二）加快推进内外贸规则一体化建设

一是加快构建高水平重庆标准体系。深入实施标准化战略，加快构建高质量发展标准体系，全链条建设标准强市。按照政府引导、市场驱动、社会参与、协同推进的思路，进一步激发产、学、研、社各方力量，推进大数据智能化、农业农村现代化和服务业高质量标准化建设，进一步增强产业核心竞争力和创新力。充分发挥龙头企业引领带动作用，在区块链、物联网、云计算、软件、新能源汽车、种植业、畜牧业、水产业、农业机械化、农产品加工及流通、服务业等领域，探索制定先进适用的标准，对标国际标准、国家标准、行业标准，提高重庆标准水平，增强重庆在国际国内的标准话语权。

二是加快建设通道规则标准体系。加强 RCEP、CPTPP、DEPA 等国际高水平经贸规则的研究与对接，积极推动构建与国际通行规则相衔接的标准制度体系。完善通道物流规则制度，建立西部陆海新通道集装箱共享分拨体系，探索海运集装箱和铁路集装箱的共享和调拨规则；探索陆海贸易规则、数字通道等标准规则体系，推广健全陆上集装箱技术、物流装卸信息化技术等标准规范体系，探索建立西部陆海新通道物流标准化联盟，推动陆海新通道与中欧班列逐步统一标准；强化陆海新通道与湄公河五国发展战略和规划、运作机制等方面的对接。建立标准化区域间协作机制和统一的市场准入标准，推动质量、资质互认，减少不必要的地方性市场壁垒。

三是加强国际国内多式联运标准化示范引领。深入推进国际多式联运"一单制"改革，加快开展多式联运服务规则标准体系研究，探索制定以铁路为主的多式联运票据地方服务规则，积极参与国际标准制定，在全球标准制定中发挥领跑作用，进一步提升国际多式联运标准规则在"一带一路"沿线、东盟等国家和地区的认可度。

（三）加快推进内外贸一体化物流体系建设

一是完善全链路跨境物流体系。加快发展重庆物流集团，把重庆物流集团打造成为具有国际竞争力的跨国物流企业，提升企业跨境物流运输能力；依托西部陆海新通道、中欧班列加快布局海外物流基地、海外仓、配送中心，搭建国际供应链综合服务平台，构建内外畅联的消费供应链体系，提升海外运营能力；加快完善西部陆海新通道、中欧班列跨境物流基础设施，优化完善"四向"通道及空中通道建设，加快构建内外通、安全高效的物流网络。

二是推进"五型"国家物流枢纽联动发展。聚焦设施联通、枢纽联结、标准联接、多式联运，进一步优化运输结构和枢纽布局，推动技术装备升级和标准衔接，深化数字赋能和信息共享，强化多式联运经营模式和市场主体培育，培育具有国际竞争力的供应链服务商，加快构建内畅外联、智能高效、深度融合的现代物流体系。

三是提升大数据赋能物流水平。以数字化改革为契机，搭建大数据智能物流服务平台，推动一站式物流公共信息服务发展。加强海关、铁路、港口、民航、船公司、货代企业等系统对接和数据共享，实现多种需求和资源的高效匹配。推进口岸物流全流程互联共享、全链条智能协同。以市场定制化应用为导向，在物流信息共享、铁海联运订舱一次办、内贸集装箱一件运、园区港区联动等方面丰富面向市场的应用场景。

（四）高水平打造内外融合发展平台

一是推动开放平台高标准对接国际经贸规则。大力实施自贸区提升战略，利用好压力测试机制，在货物、服务、资本、技术流动等方面主动对接国际高标准经贸规则，形成一批内外贸法规规章、监管体制、经营资质、质量标准、检验检疫、认证认可等方面的创新成果。突出两江新区引领作用，发挥7个国家级开发区的带动作用以及6个综合保税区的先行作用，持续开展内外贸集装箱同船运输，提升内外贸一体化服务效率和货物状态转换效率，促使货物贸易、服务贸易和数字贸易领域的国内标准与国际对接，实现内外贸的产销衔接，提升国内外市场一体化水平。

二是继续发挥大型国际展会作用。依托中国国际智能产业博览会、中国西部国际投资贸易洽谈会等大型国际展会，灵活利用线上虚拟展馆和线下实体展区等渠道，设立出口转内销商品专区、国潮品牌商品专区等，推动外贸进出口企业与商贸流通企业开展供需对接，增进国内外企业交流机会，实现以会兴商、以会兴贸。

三是打造商品集聚平台。以商品交易市场转型升级为契机，培育一批运营模式与国际接轨的国内商品交易市场，打造区域或国际商品集散中心。加快建设解放碑中央商务区、江北中央商务区、寸滩国际新城等标志性商业商务载体。发展"首店经济"，建设离境退税示范街，做亮"不夜重庆""山水旅游""美食之都"特色消费品牌，培育创建一批国际消费中心、区域消费中心夜间经济示范区，加快集聚国内外优势商贸资源。

（五）进一步提升内外贸一体化政府治理能力

一是加快推动内外贸法律法规体系完善。在全面梳理内外贸法律法规、政策体系的基础上，在国家层面，推动制定内外贸、内外资统一的法律法规；在市级层面，探索制定相关规章、制度，从市场准入、信息引导等方面为企业公平竞争创造法律环境，实现内外贸立法与国际贸易法律的无缝对接。

二是深化内外贸管理体制改革。从各政府部门反垄断、反不正当竞争、维护市场秩序等方面的职能职责入手，加快融合内外贸管理业务。维护各类市场主体权利营造公平竞争环境，加快构建内外贸统一、均衡、协调的监管体制。进一步优化商事登记流程，提高服务质量和办事效率，降低市场准入门槛。以数字化改革提升政府治理效能，整合部门、市场以及第三方平台资源信息，迭代升级内外贸一体化治理场景应用。

三是全面提升内外贸一体化政府治理体系能级。深入实施内外贸一体化专项行动，推动发改、商务、交通、市场监管等部门间信息数据共享、互通，为内外贸企业经营资质对接、简化外贸经营权备案流程等创造良好政务环境，构建市区联动工作机制、内外贸服务衔接机制。实施出口品牌提升战略，加强品牌培育和运营，加快建设完善出口品牌公共服务平台，解决企业开拓国内市场品牌障碍。建立发展评估机制，加快构建内外贸一体化评估指标体系，指导内外贸一体化工作推进。

参考文献

王嫒：《新发展格局下自贸试验区促进内外贸一体化发展的思考》，《对外经贸》2023 年第 8 期。

黄奇帆：《推进高水平对外开放 增强内外双循环联动效应》，《清华金融评论》2023 年第 4 期。

罗珊珊：《打通内外贸 构建双循环》，《党史文汇》2022 年第 7 期。

贾康：《高质量推进内外贸一体化》，《中国外资》2022 年第 6 期。

陈丽琴、张新政、李雨欣：《新发展格局下完善内外贸一体化调控体系的难点与着力点》，《国际贸易》2022 年第 2 期。

李豫新、代敏、王鹏：《中国内外贸发展与产业结构互动关系的实证检验》，《统计与决策》2022 年第 2 期。

阎逸：《建设"一带一路"重要枢纽 促进内外贸一体化发展》，《浙江经济》2021 年第 11 期。

金俊：《赋能供应链 助力双循环——浙江省中小企业内外贸一体化研究》，《上海商业》2021 年第 9 期。

山清水秀美丽之地篇

B.24

2023~2024年重庆筑牢长江上游
重要生态屏障形势分析与预测

杨 洋*

摘 要： 习近平总书记高度重视长江经济带发展，对重庆寄予了"筑牢长江上游重要生态屏障"的殷切希望。沿着总书记指引的前进方向，重庆坚持从全局谋划一域、以一域服务全局，通过深化生态优先绿色发展认识、增进生态环境民生福祉、保持生态系统原真性和完整性、提升生态环境现代化治理水平，奋力谱写长江经济带绿色发展新篇章。但以高品质生态环境支撑高质量发展具有长期性和艰巨性特征，当前应在系统谋划推进基础上，聚焦已经形成良好工作基础的重点领域、重要方面强化措施、提升水平，点线面结合，为新时代全面推动长江经济带高质量发展提供有力支撑。

---

* 杨洋，重庆市发展和改革委员会长江办秘书处干部，主要研究方向为长江经济带发展、山清水秀美丽之地建设、生态产品价值实现等。

关键词： 长江经济带发展　长江上游重要生态屏障　污染治理　生态环境保护修复

推动长江经济带发展是习近平总书记亲自谋划、亲自部署、亲自推动的重大区域发展战略。党的十八大以来，总书记先后四次主持召开推动长江经济带发展座谈会，从明确提出"共抓大保护、不搞大开发"方针，到系统阐述推动长江经济带发展的"五个关系"，到赋予长江经济带"五新三主"的新历史使命，再到中国式现代化宏大场景下"进一步推动长江经济带高质量发展"，充分彰显出总书记"一张蓝图绘到底，一茬接着一茬干"的治国理政方略。筑牢长江上游重要生态屏障是习近平总书记对重庆的殷殷嘱托，是在推进长江经济带绿色发展中发挥示范作用的必然要求，是美丽中国战略部署投影在巴渝大地的生动实践。

重庆作为长江上游生态屏障的最后一道关口和"共抓大保护、不搞大开发"战略导向的首次提出地，具有好山好水的自然基础，生态优势突出、生态地位重要，必须更加深化对习近平生态文明思想的全面领悟和系统运用。全市坚持用习近平新时代中国特色社会主义思想凝心铸魂，深入贯彻党的二十大精神和全国生态环境保护大会精神，坚持"生态优先、绿色发展"战略理念，谋划"绿水青山就是金山银山"行动路径，坚决做到"总书记有号令、党中央有部署，重庆见行动"，从政治上、思想上、行动上、制度上全面发力，迭代升级生态环境保护工作体系，加快形成绿色低碳的生产生活方式，不断在长江经济带绿色发展的更高层次、更多领域取得突破。

一　重庆筑牢长江上游重要生态屏障主要做法及成效

（一）坚持靶向施策，着力解决生态环境突出问题

发挥生态环境保护督察"利剑"作用。构建完善生态环保督察工作体

系，出台生态环保督察工作实施办法，配套制定实施 20 余项规章制度，连续 4 年制作市级生态环境警示片并在重要会议上播放，形成有力震慑。完善生态环境保护督察机制，建立以例行督察为主体，专项督察、驻点督察、日常督察、暗查暗访、川渝联动督察为补充的"1+5"督察工作矩阵，构成全市生态环境问题有效解决的重要抓手。目前两轮次中央生态环保督察反馈问题整改率达到 98.6%，交办的 5687 件群众举报总体办结率为 100%，督察整改落实真正转化为环境质量提升的实际成效。

推进长江经济带生态环境突出问题动态清零。将警示片披露问题整改放在长江大保护工作的首要位置，以钉钉子精神逐项落实整改目标、时限、措施、责任，综合运用通报、督办、约谈、暗查明访等多种手段压实各方责任，五年度警示片披露的 46 个问题已整改 35 个，其中 6 个因整改成效明显被选作 2021 年、2022 年警示片正面典型案例。强化举一反三、追根溯源、自查自纠，建立长江、嘉陵江、乌江"三江"流域常态化巡访暗访机制，系统构建跨区域、跨流域、跨行业的全盘联动工作格局，全市自查的 845 个问题已完成整改 821 个，有力排查整治了一批关联性、衍生性生态环境问题及风险隐患。

遏制重点领域生态环境问题多发势头。着力排查长江经济带发展当前面临的突出问题，将其纳入党建统领"八张问题清单"常态化落实，印发实施《重庆市推动解决长江经济带发展面临突出问题的工作措施清单》，加快形成问题发现、清单管理、督查检查、验收销号、责任落实的全过程闭环管理机制。实施缙云山生态环境综合整治提升，采取退地入城、异地迁建方式从根本上缓解生态负荷，340 个问题全部整改到位，修复保护区内外生态 77.4 万平方米，形成了一套具有重庆辨识度的生态治理经验。标本兼治解决以秀山县为重点的锰污染问题，坚持一手抓锰污染系统综合治理、一手抓锰行业绿色转型发展，在全国率先印发《历史锰渣场环境风险管控技术指南（试行）》，推进电解锰渣综合利用中试攻关，全市锰行业落后产能全部淘汰退出。大力提升城镇污水处理能力，实施污水处理设施"补短""补空"工程，中心城区基本实现旱季不溢流、雨季有缓解的目标。

（二）坚持标本兼治，持续提升生态保护修复水平

着力打好污染防治攻坚战。系统推进生态环境污染要素协同治理，连续3年获国家污染防治攻坚战成效考核优秀。着力打好碧水保卫战，长江干流重庆段水质连续6年保持为优，长江出渝断面总磷污染物浓度持续下降。坚决打赢蓝天保卫战，突出控制交通、工业、扬尘和生活污染，持续提高污染天气应对能力，连续5年无重污染天气，空气质量优良天数保持在320天左右。扎实推进净土保卫战，深化全域"无废城市"建设，协同推进固体废物减量化、资源化和无害化，全面推进城乡一体生活垃圾分类工作，首创危险废物跨省转移"白名单"制度并在全国推广，"无废城市"建设经验做法入选全国典型模式。

实施生态环境污染治理"4+1"工程。强化城镇污水垃圾处理，建立管网排查GIS数据库和厂网可视化"一张图"，下大力气解决污水管网"老旧破"、雨污管网"混错接"问题，城市生活污水集中处理率超过98%，生活垃圾无害化处理率保持在100%。强化化工污染治理，建立企业和园区两张清单，严格落实依证排污制度，全市7个建档立册化工园区均实现集中式污水处理设施全覆盖。强化农业面源污染治理，实施化肥农药减量增效行动，加快建设规模化养殖场畜禽粪污处理配套设施，化肥农药使用总量连续7年"双递减"。强化船舶污染治理，全力推进长江船舶污水"全接收、零排放"，完成1352艘运输船舶岸电设施改造，实现主要港口码头信息系统全覆盖。强化尾矿库污染治理，开展尾矿库及重点渣场隐患排查和综合整治，完善废水收集处理和截排水设施，完成18个长江经济带尾矿库闭库工作。

构建长江流域绿色生态廊道。全面推深做实林长制，推进"两岸青山·千里林带"工程建设，全市森林覆盖率达到55%、跻身全国前十，城市建成区绿化率达到42.5%。严格落实长江"十年禁渔"重要决策，加强水生生物多样性保护修复，提前一年完成退捕任务，胭脂鱼、岩原鲤等珍贵濒危物种比例持续增高。打造最美长江岸线，系统推进109公里"两江四岸"岸线治理提升，加快实施生态护坡、湿地公园等重点工程，打造美丽

宜人的生活岸线、生态岸线、景观岸线。率先在全国实施中心城区生态保护修复，成功创建 6 个国家生态文明建设示范区和 5 个"两山"实践创新基地。稳步探索消落区治理修复模式，因地制宜开展分类分区管理保护，出台的三峡库区消落区管理办法成为全国首个消落区管理政府规章。加大湿地保护修复力度，推进湿地公园基础设施建设，率先出台省级湿地保护修复制度实施方案，梁平区荣获"国际湿地城市"称号。

构筑生态安全屏障。严守长江上游生态屏障的最后一道关口，持续强化生态环境领域除险清患，连续 16 年未发生重特大突发环境事件。大力推进危岩地灾防治，开发"库区危岩风险管控"数字化应用，创新建立地质灾害"点线面"一体化风险管控机制，安装 GNSS、裂缝计等专业监测设备865 台（套），实现 50 处威胁长江航道安全的危岩隐患点专业监测全覆盖，建成国家重点省市地质灾害综合防治体系，安澜长江基础更加巩固。强化饮用水安全保障，持续开展饮用水水源地保护专项行动，有效防范化解环境安全风险，城市集中式饮用水水源水质达标率连续 7 年保持 100%。

（三）坚持转型升级，加快形成绿色发展方式

逐步完善绿色低碳政策体系。构建"1+2+6+N"政策体系，完成重点行业建设项目温室气体排放环评试点，组建全国首个区域性气候投融资产业促进中心，两江新区入选国家气候投融资首批试点城市。开展绿色低碳重大科技攻关，组建碳捕集与利用等技术创新中心。深化地方碳市场建设，累计交易碳配额 4586 万吨，成交额突破 10 亿元，充分发挥碳市场强制减排和激励减排作用。获批全国首个省域全覆盖绿色金融改革创新试验区，创建"长江绿融通"绿色金融大数据综合服务系统，全市绿色贷款余额超 6300亿元，碳减排支持工具累计支持贷款 64 亿元。

加快构建绿色产业体系。坚持高端化、智能化、绿色化发展方向，推动传统产业绿色低碳改造升级，有序实施高耗能行业重点领域节能降碳改造升级工程，累计创建国家级循环经济示范基地（园区）8 个、绿色工厂81 家。大力培育发展绿色低碳产业，加快构建"33618"现代制造业集群体系，高

技术制造业、战略性新兴产业增加值占规上工业比重分别达到 19%、31.1%。加快数字化智能化绿色化协同转型，累计实施 5578 个智能化改造项目，建设 127 个智能工厂、734 个数字化车间。升级打造"芯屏端核网"数字产业集群，2022 年数字经济核心产业增加值超 2200 亿元，数字经济跻身全国第一方阵。

加速构建清洁低碳安全高效的能源体系。完善能耗总量和强度调控，引入单位能耗产出效益评价机制，推动全市单位 GDP 能耗降至 0.332 吨标准煤/万元。有序推进能源绿色低碳转型，持续推进燃煤减量替代，煤炭消费占比低于全国平均水平 13 个百分点。积极发展风电和太阳能发电，可再生能源装机规模达 1133 万千瓦，"十四五"以来提高 16%。积极推动"绿电"入渝，深化与国家电投集团、国家电网、中煤能源集团等央企战略合作。

持续推动形成绿色生活方式。加强绿色生活宣传教育，持续开展全国生态日、节能宣传周、低碳日等主题宣传活动。常态化开展节约用电宣传，截至 2023 年 7 月底已有 58.4 万城乡居民用户选择执行分时电价。全面推进城乡一体生活垃圾分类，中心城区入选全国"无废城市"建设试点名单，累计创建节约型机关 2403 家、绿色社区 1605 个，新能源汽车保有量突破 30 万辆。坚决遏制"两高"项目盲目发展，加快形成绿色低碳生产生活方式，创新绿色设计产品 60 种、绿色供应链 8 条，绿色建筑在城镇新建建筑中占比超 7 成。

（四）坚持改革创新，全面提升生态环境治理水平

系统构建政策规划体系。立足生态优势突出、生态地位重要的"上游"定位，制定实施筑牢长江上游重要生态屏障、"两岸青山·千里林带"建设等特色专项规划，构建贯彻落实"十四五"长江经济带发展"1+N"规划政策的细化实施体系，系统设计"十四五"期间长江生态环境保护的重点任务和重大工程。全面深化实施长江经济带发展战略，坚决打好长江经济带污染治理和生态保护攻坚战，迭代升级治水、治气、治土、治废、治塑、治山、治岸、治城、治乡等生态环境治理体系，着力提升生态环境保护和绿色

发展体系和能力建设水平，开启新时代推动长江经济带高质量发展新征程。

完善生态环境综合管控机制。持续释放国土空间布局优化效应，正式启用"三区三线"成果，依托重庆特色山水"骨架"构建"三带四屏多廊多点"总体生态安全格局。在全国率先印发生态环境分区管控实施意见，划定 785 个管控单元，上线运行"三线一单"智检服务系统，指导地区产业布局、发展规模和开发强度。严格落实长江干支流岸线管控政策，与四川省共同制定出台长江经济带发展负面清单实施细则，加大对不予准入、限制准入类产业投资的管控力度。

健全法治保障体系。全面落实《长江保护法》，开展贯彻实施情况执法检查，出台《关于加强嘉陵江流域水生态环境协同保护的决定》，形成以《重庆市环境保护条例》为支柱的地方环保法规制度体系。累计发布 5 道市级总河长令、3 道市级总林长令，落实河长制条例、全面推行林长制的实施意见，建立三级"双总河长"制和四级林长制，加强河流、森林、草原等重要生态系统保护管理。积极配合台盟中央对口重庆开展长江生态环境保护民主监督工作，建立各民主党派市委会、无党派人士开展长江（重庆段）生态环境保护民主监督工作机制。健全生态环境损害赔偿制度，建立损害赔偿磋商办法、赔偿资金管理办法等 13 个改革配套制度，着力破解"企业污染、群众受害、政府埋单"困局。

构建生态环境多元治理格局。优化横向协同纵向联动工作机制，市长江办、市生态环保督察办、市河长办、市锰整改办等单位通力协作，联合开展督查督办。推进生态环保整体智治，着力编制全市生态报表，积极推进"数字生态环保大脑"建设，整合五大环境综合应用系统和多个专项业务管理系统，以及 35 个大类、294 项生态环境数据资源目录，构建生态环保数据资源池。提升生态环境治理智慧化管理水平，聚焦污染防治、绿色低碳发展等重点，打造"巴渝治水"等重大应用场景，构成数字水生态智能感知网，实现全市 120 条河流水环境状况智能监控。引入生态环保市场力量，完善环境治理付费机制，改进企业环境信用评价制度，实施差异化监管和审慎容错柔性执法，壮大生态环保产业，培育新中天环保公司等一批重点企业。

探索生态产品价值实现路径。创新生态资源权益交易，首创森林横向生态补偿机制和生态地票制度，累计成交森林面积指标 39.62 万亩、交易金额 9.9 亿元，累计交易生态地票 7135 亩、交易金额 13.8 亿元，两项探索均纳入自然资源部第一批生态产品价值实现典型案例。上线全国首个集"碳履约、碳中和、碳普惠"三项功能于一体的"碳惠通"生态产品价值实现平台，累计成交自愿减排量 359 万吨、交易金额 9193 万元，平台累计注册人数达 150 万人，搭建起生态产品供给侧和需求侧转化通道。建立覆盖全市500 平方公里以上河流的横向生态保护补偿机制，激发地区流域保护治理的内生动能和协同性，首轮横向补偿累计交易 5.8 亿元。

二 存在的困难和问题

当前，重庆市持续巩固长江上游重要生态屏障，推动长江经济带发展和山清水秀美丽之地建设工作取得了阶段性成效，同时也要清醒看到全市生态环境保护工作依然存在一些现实问题，亟待精准发力、重点突破，持续提升生态环境质量和经济社会发展效益。

（一）三峡库区保护修复任务依然艰巨

三峡水库是全国重要的淡水资源战略储备库，是重庆长江生态环境保护的主控节点，维系全国 35%淡水资源涵养和长江中下游 3 亿多人饮水安全，保护好"一江碧水、两岸青山"的任务依然十分艰巨。其一，地质灾害治理面临不少挑战。长江流域近年来的气候变化容易导致水流水质状况改变，地质灾害面临不少挑战。三峡库区每年 30 米水位的涨落导致库岸地质环境改变、地质灾害高风险区面积较多，同时库区危岩崩塌隐蔽性强、突发性强、防治难度大。其二，消落区治理难度大。库区水位落差大、季节性气候反差大，消落区生态环境极其脆弱，同时存在长效管理机制尚不健全、种植尚未彻底消除、生态修复缺少科技手段、植物物种结构不合理等问题。其三，库区生态系统结构和功能退化。水陆交替生境导致水库消落区植物多样性降低，植物群落较单一，草本物种占比超过60%，三峡蓄水后库区渔获物种类组成与规格均有所下降，长江特有物种白鲟灭绝，白鳍豚功能性灭绝，胭脂鱼、"四大家鱼"等鱼卵和鱼苗大幅减少。

（二）污染治理能力仍然存在短板

其一，面源污染治理受山地农业生产条件制约。重庆山地丘陵面积占比高达98%，其中15度以上坡耕地占全市耕地总面积的39%，土地零碎、地块分散，持续提高农药化肥减量仍需挖潜。此外，畜禽水产养殖主体量多面广，尾水排放量大，目前尚未出台"水产养殖尾水污染物排放标准"，环境执法监管难度较大。其二，山地城市污水处理能力有待提升。城镇污水管网病害改造实施困难，重庆山地地形特殊，部分排水管网路径长、跌水多、埋深大，一些排水通道已上盖住宅、桥梁等建构筑物，勘探测绘难度高、改造减量代价大。其三，船舶水污染物"零排"体系建设还需推广。全市已实现船舶污染物零排放全覆盖，但是部分船舶污水处置体系未能与城市污染物处置体系有效衔接，与全面"零排"要求还有差距，同时还需要加强对外来未实现零排放船舶的监管，加大"零排"标准推广力度。

（三）生态系统质量和稳定性有待提升

其一，受喀斯特地貌影响石漠化面积广。石漠化治理难度大、易反复，是一项长期、复杂的系统工程。重庆市是全国8个石漠化严重发生地区之一，第四次石漠化调查结果显示，全市36个区县均存在不同程度的石漠化土地，现有总面积约718.47万亩，占全市岩溶土地面积的14.74%，其中渝东北、渝东南地区较为严重。其二，矿山生态系统环境问题仍然存在。全市经应急管理部门认定的尾矿库有28座，部分尾矿库监测监控措施不完善，污染防治设施管理不到位，渗滤液处理设施不完善，导致排洪泄洪和防渗系统功能受到一定影响。中央生态环境保护督察、长江经济带生态环境警示片均指出过尾矿库污染问题。其三，小微湿地生态系统稳定性差。全市共有国家湿地公园22个，普遍存在基础设施不完善、岸线退化、水位调节能力不够、管理手段薄弱等问题。部分小微湿地人为干扰较为严重、生态功能退化，水生生物栖息地受到一定程度的影响，湿地动态监测体系有待完善。

三　对策建议

党的二十大报告明确了未来五年乃至更长时期构建新发展格局、促进区域协调发展、推进绿色发展的目标和任务，长江经济带的生态优先绿色发展主战场作用、畅通国内国际双循环主动脉作用、引领经济高质量发展的主力军作用必将更加突出。2026年1月将迎来长江经济带发展战略实施十周年，面临新时代推动长江经济带高质量发展的形势任务，必须进一步深学笃行习近平生态文明思想和习近平经济思想，深刻领会把握这一重大区域发展战略的内涵特征和时代要求，更高质量筑牢长江上游重要生态屏障，更高水平建设山清水秀美丽之地，更好地在推进长江经济带绿色发展中发挥示范作用。

（一）深入推进突出问题整改攻坚

坚持对标对表、标本兼治，统筹抓好中央生态环保督察反馈问题整改和长江经济带生态环境警示片披露问题整改，建立清单式闭环问题管理机制，举一反三解决区域性、流域性、行业性环境问题。以"生态环境保护督察问题清单"管控机制为抓手，形成主动发现问题、及时解决问题、防范化解风险的滚动机制，形成全流程、闭环式、智能化的问题发现处置体系，把"问题清单"转化为"成效清单"。

（二）体系化推进污染防治和生态保护

把修复长江生态环境摆在压倒性位置，坚持综合治理、系统治理、源头治理，坚持山水林田湖草沙一体化保护和系统治理，强化目标协同、多污染物控制协同、部门协同、区域协同、政策协同，统筹上下游、左右岸、干支流、地上地下水环境协同治理，深入推进嘉陵江、乌江、武陵山区等重要支流和区域保护修复，加强自然保护地管理和江心绿岛保护利用，维系三峡库区水源涵养重要区、秦巴山区水源涵养重要区的生态功能。大力实施长江经济带污染治理和生态保护攻坚行动，一体推进治水、治气、治土、治废、治塑、治山、治岸、治城、治乡，深入开展"4+1"污染治理工程，确保长江干流重庆段水质稳定保持在Ⅱ类。

（三）加快推进绿色低碳高质量发展

自觉践行"绿水青山就是金山银山"理念，积极稳妥推进碳达峰碳中和，大力发展绿色制造、数字经济和循环经济，全面提升绿色低碳发展体系和能力，多元化探索拓展"两山"转化新通道，加强长江文化保护传承，弘扬绿色文化，加快探索一条具有重庆特色的生态优先绿色发展新路子。积极融入和服务新发展格局，全面融入共建"一带一路"和长江经济带发展，加快打造长江中上游产业备份基地、建设长江上游综合交通枢纽。深入推进成渝地区双城经济圈建设，做大做强主城都市区，着力推动渝西地区一体化高质量发展，扎实推进山区库区强县富民，建立健全与新发展格局相适应的区域协调发展新机制，打造长江经济带协调发展样本。

（四）健全完善体制机制保障措施

全面落实《长江保护法》，强化长江经济带发展负面清单管控。用好信息化手段，健全监测数据共享机制，建设"数字生态环保大脑"，推进生态文明建设整体智治。健全生态环保地方法规体系，推进生态环境司法保护修复示范基地建设，按年度发布市级总河长令和市级总林长令。引入生态环保市场力量，完善环境治理付费机制，积极推行生态环境第三方治理。健全绿色发展投融资保障，深化投融资体制改革，统筹利用中央资金、地方政府专项债、人民银行再贷款等资金。建立健全生态产品价值实现机制，着力完善生态保护补偿制度，深化地方碳市场建设，积极开展生态环境领域国家级试点，探索将生态产品总值指标纳入区县政府高质量发展综合绩效评价。完善区域协调联动机制，坚持"一盘棋"思想，深化与周边省市的交流互动，加强生态环境共保联治。

参考文献

《习近平：走生态优先绿色发展之路 让中华民族母亲河永葆生机活力》，《人民日报》2016年1月8日，第1版。

《习近平在深入推动长江经济带发展座谈会上强调 加强改革创新战略统筹规划引导 以长江经济带发展推动高质量发展》，《人民日报》2018年4月27日，第1版。

《习近平在全面推动长江经济带发展座谈会上强调 贯彻落实党的十九届五中全会精神 推动长江经济带高质量发展》，《人民日报》2020年11月16日，第1版。

《习近平主持召开进一步推动长江经济带高质量发展座谈会强调 进一步推动长江经济带高质量发展 更好支撑和服务中国式现代化》，《人民日报》2023年10月13日，第1版。

B.25
重庆深入打好污染防治攻坚战
形势分析与展望

重庆市生态环境科学研究院（中国环境科学研究院西南分院）课题组 *

摘 要： "十四五"以来，全市坚持以习近平新时代中国特色社会主义思想为指导，深学笃用习近平生态文明思想，全面贯彻落实习近平总书记对重庆所作重要讲话和系列重要指示批示精神，紧扣进一步把习近平总书记殷殷嘱托全面落实在重庆大地上这条主线，坚决落实"总书记有号令、党中央有部署，重庆见行动"的实践要求，深入打好污染防治攻坚战，国家污染防治攻坚战成效考核连续3年获"优秀"，生态环境质量稳定性和坚韧性不断增强，山清水秀美丽之地气质更佳、颜值更高，为全面推进长江经济带高质量发展和美丽中国建设贡献了重庆力量。但是，全市生态文明建设当前仍处于压力叠加、负重前行的关键期，生态环境保护结构性压力依然较大、生态环境质量持续改善复杂艰巨、生态环境治理能力现代化还有差距等问题仍需系统治理、合理攻坚。未来五年，重庆将坚决扛起在推进长江经济带绿色发展中发挥示范作用的重大使命，迭代升级治水、治气、治土、治废、治塑、治山、治岸、治城、治乡等生态环境治理体系，坚决打好长江经济带污染治理和生态保护攻坚战，全面筑牢长江上游重要生态屏障，高水平建设山清水秀美丽之地，高质效建设美丽中国先行区，奋力打造人与自然和谐共生现代化的市域范例。

* 课题组成员：唐燕秋、杨振峰、刘影、林玲、丁佳佳、杨春、袁秋平、牛晋兰、刘婷、车智涛、何轶杰。主要执笔人：唐燕秋，重庆市生态环境科学研究院（中国环境科学研究院西南分院）环境政策与规划研究所所长，正高级工程师，主要研究方向为环境规划与政策；杨振峰，重庆市生态环境科学研究院（中国环境科学研究院西南分院），助理工程师，主要研究方向为环境规划与政策。

关键词： 污染防治 长江经济带高质量发展 美丽重庆

良好生态环境是实现中华民族永续发展的内在要求，是增进民生福祉的优先领域，是建设美丽中国的重要基础。党的二十大报告提出，深入推进环境污染防治，持续深入打好蓝天、碧水、净土保卫战。2023年7月17~18日，习近平总书记在全国生态环境保护大会上强调要"持续深入打好污染防治攻坚战，坚持精准治污、科学治污、依法治污，保持力度、延伸深度、拓展广度，深入推进蓝天、碧水、净土三大保卫战，持续改善生态环境质量"。市委六届二次全会对标对表党的二十大精神，明确提出未来五年重庆生态文明建设的思路目标和具体举措，强调要"深入打好污染防治攻坚战，全面激发生态文明建设活力"。2023年8月16日，市委书记袁家军在美丽重庆建设大会上强调要"着力深化打好蓝天碧水净土保卫战，全力建设美丽幸福河湖，全力守护美丽蓝天，全力筑就净土家园"。

一 重庆深入打好污染防治攻坚战的总体形势分析

加快推动绿色低碳发展。开展重点行业绿色低碳升级行动，实施制造业高质量绿色发展行动计划，在全国率先发布"三线一单"成果，率先研发投入使用"三线一单"智检服务系统、实现项目"云上选线选址"。持续推进绿色工厂等绿色制造示范体系建设，获批全国智能建造试点城市。加快推进新能源开发利用，印发实施推动川渝能源绿色低碳高质量发展协同行动方案，推动"绿电"入渝，新增风、光等新能源装机规模超30万千瓦，清洁能源电量消纳占比超过50%。[①] 促进大宗货物"公转铁""公转水"，成为

---

① 《重庆市发展和改革委员会关于市政协五届五次会议第0001号提案的复函》，http://fzggw.cq.gov.cn/zwgk/zfxxgkml/jytabl/tagk_53512/202207/t20220705_10888668.html，2022年7月5日。

全国唯一兼有港口型、陆港型、空港型、生产服务型和商贸服务型五种类型国家物流枢纽的承载省区市，获批全国首批新能源汽车换电模式应用试点城市。推进绿色低碳技术创新，高质量建设广阳湾智创生态城，提速打造长江模拟器、长江上游生态航道国家野外科学观测研究站，启动建设广阳湾实验室，加快建设碳捕集碳中和、绿色智能环保技术与装备技术创新中心。积极稳妥推动碳达峰碳中和，编制碳达峰实施方案和 6 个重点领域实施方案，"1+2+6+N" 政策体系更加完善。制定减污降碳协同增效实施方案，以及钢铁、水泥等八大重点行业减污降碳工程指南。作为西部唯一省份参与全国碳市场联建联维。进一步提升碳排放权交易市场能级，"碳惠通" 平台获评"美丽中国·我是行动者" 2022 年十佳公众参与案例。

深入打好碧水保卫战。全面推行河长制，在全国率先以地方性法规形式对河长制专门立法，率先实行市、区县、镇街三级"双总河长"架构，加快推进水环境智慧管理平台升级，创建市级美丽河湖 17 个。[①] 长江干流重庆段水质自 2017 年起连续 6 年达到 Ⅱ 类，74 个国控断面水质优良比例连续 2 年达到 98.6%，高于国家考核目标 1.3 个百分点；2023 年 1~9 月，国控断面水质优良比例达到 100%，同比上升 2.7 个百分点[②]，水环境质量改善成效明显。加强重点水环境综合治理，持续推进污水处理提质增效三年行动，基本消除城市生活污水收集处理设施空白区，"三江"干流 4012 个入河排污口全部完成监测、溯源[③]，完成 200 艘 100 总吨以下船舶生活污水收集处置设施改造[④]，实现码头船舶垃圾、生活污水、含油污水接收设施全覆盖，全市城市生活污水集中处理率达到 98% 以上[⑤]，码头船舶污染物接收设

---

① 《重庆市贯彻实施国家〈"十四五"生态环境保护规划〉中期评估报告》。
② 《重庆：筑牢长江上游重要生态屏障》，https：//baijiahao. baidu. com/s？id＝17798744441780180003&wfr＝spider&for＝pc，2023 年 10 月 16 日。
③ 《重庆"三江"干流排污口整治完成率达 80%》，https：//baijiahao. baidu. com/s？id＝1762604774825367384&wfr＝spider&for＝pc，2023 年 4 月 8 日。
④ 《重庆市情概览（2022）》（生态文明建设：污染防治），http：//www. cqdfz. cn/shtml/cqdqw3/sqgl/cqdqgg/2023/02/01/686910. shtml，2023 年 2 月 1 日。
⑤ 《2022 年重庆市生态环境状况公报》。

施覆盖率达到100%。① 修复水生态扩大水环境容量，实施最严格的水资源管理制度，编制完成嘉陵江、乌江、涪江等9条跨省河流生态流量保障方案②，累计建成"清水绿岸"河段约400公里③，建设全国黑臭水体治理示范城市。严格保护饮用水水源地水质安全，依法开展集中式饮用水水源地保护区调整划分，全市乡镇集中式饮用水水源地规范化建设覆盖率达到95%以上。④

深入打好蓝天保卫战。深化细颗粒物和臭氧污染防控，强化"一区一策"精细管控，突出控制交通、工业、扬尘和生活污染。2022年，全市空气质量优良天数为332天，评价空气质量6项指标均达到国家环境空气质量二级标准，无重污染天气。⑤ 2023年1~9月，全市空气质量优良天数为245天⑥，在4个直辖市中排名第1位。深化工业废气污染控制，鼓励涉挥发性有机物企业、水泥和玻璃等行业企业开展深度治理，完成治理408家⑦，加快推进钢铁、水泥行业超低排放改造。强化交通污染控制，优化调整运输结构，强化新车（机）源头管控和在用车排放监管，累计淘汰老旧车25.4万辆，新增新能源汽车约30.7万辆⑧，严格落实中心城区高排放车辆限行，实施1050座加油站夏秋季"夜间错峰加油"优惠措施⑨。加强扬尘和生活

① 《长江黄金水道释放"黄金效益"：重庆聚焦港口船舶污染防治，发展多式联运，推广新能源》，https：//baijiahao.baidu.com/s? id = 1721439578090953516&wfr = spider&for = pc，2022年1月9日。
② 重庆市人民政府关于《重庆市人大常委会对〈重庆市人大常委会执法检查组关于检查《重庆市人民代表大会常务委员会关于加强嘉陵江流域水生态环境协同保护的决定》实施情况的报告〉的审议意见》研究处理情况的报告（2023年5月30日在市六届人大常委会第二次会议上），https：//www.cqrd.gov.cn/article? id = 4586567566609093，2023年9月8日。
③ 《重庆中心城区累计建成约400公里"清水绿岸"》，http：//www.cq.gov.cn/ywdt/zwhd/bmdt/202310/t20231020_ 12450106.html，2023年10月20日。
④ 《重庆市生态环境保护"十四五"规划（2021—2025年）中期评估报告》。
⑤ 《2022年重庆市生态环境状况公报》。
⑥ 《重庆：筑牢长江上游重要生态屏障》，https：//baijiahao.baidu.com/s? id = 1779874444178018003&wfr = spider&for = pc，2023年10月16日。
⑦ 《重庆市生态环境保护"十四五"规划（2021—2025年）中期评估报告》。
⑧ 《重庆市生态环境保护"十四五"规划（2021—2025年）中期评估报告》。
⑨ 《鼓励错峰加油 4月—9月重庆车主夜间加油有优惠》，http：//my.lifeforever.cn/? g = home&c = newsdetail&a = index&id = 971499，2023年3月25日。

污染控制，突出智能监管和施工扬尘"红黄绿"标志分类管控，2021年以来累计创建和巩固扬尘控制示范工地860余个、扬尘控制示范道路860余条①，主要道路机扫率稳定保持在90%以上②，深化餐饮油烟综合整治，2021年以来累计新增高污染燃料禁燃区118平方公里③。加强督导帮扶和联防联控，持续开展冬春季大气污染防治攻坚和夏秋季臭氧污染防控行动，开展常态化指导帮扶和"5+6+N"强化督导帮扶，深化川渝两地及中心城区毗邻区域联建联治。

深入打好净土保卫战。2022年，全市土壤环境质量总体稳定，受污染耕地安全利用率达到国家要求，重点建设用地安全利用率得到有效保障。安全利用受污染耕地，持续推进农用地土壤污染状况详查，建立受污染耕地"区县—乡镇—村社"三级工作台账，落实农用地分类管理措施，实施耕地地力保护提升工程。严格建设用地土壤污染风险管控和修复，持续推进疑似污染地块土壤污染状况调查、土壤污染风险评估和污染地块治理修复工作，严格执行并动态更新建设用地土壤污染风险管控和修复名录。治理农业农村环境污染，持续推动化肥农药减量增效，建成"村、乡、镇回收转运—区县分拣贮运—区域性加工"废弃农膜回收利用体系，推进农作物秸秆综合利用。加强固体废物安全处置和区域转移合作，深化废铅蓄电池集中收集转运试点和危险废物综合收集试点，危险废物利用处置能力满足实际处置需求。建立医疗废物协同管理机制，实现镇级及以上医疗卫生机构医疗废物集中无害化处置全覆盖。持续开展尾矿库隐患排查整治，在全国率先印发实施《历史锰渣场环境风险管控技术指南（试行）》，全市30个锰渣场有序推进整治。深化"无废城市"建设，实施全市域"无废城市"建设。推动开展新污染物治理，新化学物质登记制度落实和新污染物治理工作得到生态环境部认可。

---

① 《326天优良！2021年重庆空气质量"成绩单"出炉》，https://baijiahao.baidu.com/s？id=1720733969220892977&wfr=spider&for=pc，2022年1月1日；《332天！重庆2022年空气质量优良天数同比增加6天》，https://m.thepaper.cn/baijiahao_21404475，2023年1月3日。

② 《2022年重庆市生态环境状况公报》。

③ 《2021年重庆市生态环境状况公报》《2022年重庆市生态环境状况公报》。

深入实施噪声污染防治行动。围绕建筑施工、交通运输、社会生活和工业等噪声污染管控，有效解决群众反映的突出噪声扰民问题，构建宁静和谐的文明意识和社会氛围。2022 年，全市声环境质量总体保持稳定，功能区声环境达标率为 97.1%。[①] 2023 年前三季度，功能区声环境质量达标率为 97.6%，同比上升 0.9 个百分点。[②] 夯实噪声环境管理基础，持续完善声功能区噪声监测网络，启动声环境功能区优化调整，布设功能区声环境质量监测点位 274 个、区域声环境质量监测点位 3834 个，道路交通声环境质量监测点位 908 个。[③] 推进施工噪声污染防治，持续开展"严查噪声污染，确保高中考环境"专项执法，对重点热点施工工地采用现场指导、部门联合管控等方式进行帮扶。深化交通运输噪声污染防治，强化城市轨道噪声综合治理以及中心城区摩托车"飙车炸街"治理，安装 35 套声呐抓拍设备实时曝光机动车禁鸣区违法鸣喇叭行为[④]，完善隔声屏建设，推进道路低噪声路面改造。有效减少社会生活噪声污染，加强噪声污染防治宣传引导，开展广场舞、夜市经营扰民点等重点区域整治，创建安静居住小区 73 个、复查安静居住小区 174 个[⑤]，噪声污染防治经验被写入《2022 年中国噪声污染防治报告》。加强工业噪声污染防治，督促企业通过采取隔声降噪措施、优化生产布局和生产工艺、调整作业时间、加强过程管理等方式确保厂界噪声稳定达标。

切实维护生态环境安全。构筑生态安全空间格局，优化调整生态保护红线和自然保护地，持续开展"绿盾"自然保护地强化监督工作，涉自然保护地问题整改完成率达到 97%[⑥]，积极创建神农架国家公园（重庆片区）。

---

① 《2022 年重庆市生态环境状况公报》。
② 《2023 年 3 季度重庆市功能区声环境质量状况》，https：//sthjj．cq．gov．cn/hjzl_ 249/shjzl_2/，2023 年 10 月 16 日。
③ 《重庆市生态环境保护"十四五"规划（2021—2025 年）中期评估报告》。
④ 《乱按喇叭近九千人被罚 重庆交巡警提醒：路上安有声呐抓拍设备》，https：//www．sohu．com/a/623366188_ 120454341，2023 年 1 月 3 日。
⑤ 《重庆市贯彻实施国家〈"十四五"生态环境保护规划〉中期评估报告》。
⑥ 《对话重庆市生态环境局副局长刘明，看重庆如何"保护生物多样性，促进人与自然和谐共生"！》，https：//www．cenews．com．cn/media－article．html？aid = 19786&mediaID = 1848，2023 年 10 月 30 日。

全面推行林长制，建立四级林长＋网格护林员"4+1"责任体系，探索建立"林长＋检察长"机制，扎实推动"两岸青山·千里林带"、国家储备林等重点生态工程建设，全市森林覆盖率达到55.04%。① 定期开展湿地资源调查，累计建成湿地自然保护区10个、国家湿地公园22个、市级湿地公园4个、市级重要湿地3个，梁平区获评西南地区唯一国际湿地城市。② 成功申报"十四五"国家第二批山水林田湖草沙一体化保护和修复工程，统筹推进水土流失、石漠化、废弃矿山治理和生态修复，水土保持率提升至70.39%③，铜锣山矿山公园入选中国生态修复典型案例集。加力构建生物多样性保护格局，建成阴条岭、武陵山、金佛山等地生物多样性综合观测站，完成全市外来入侵物种调查，专题片《巴山渝水 万物生灵》在《生物多样性公约》第十五次缔约方大会（COP15）第二阶段会议期间展播。积极防范化解生态环境领域重大风险，率先建立省级生态环境部门安全生产工作集体领导机制、领导班子环境安全工作责任清单、"八个一"环境安全工作制度，构建"1+7+42"应急响应网络，全面推广"南阳实践"经验，全市连续2年实现突发事件响应数、突发环境事件处置数"双下降"，连续16年未发生重、特大突发环境事件。④

不断提升生态环境治理现代化水平。严格执行"党政同责、一岗双责"规定，印发市级部门和各区县生态环保责任清单，印发生态环境领域市级与区县财权事权和支出责任划分改革方案，基本建立市、区县、乡镇三级生态环保责任体系。强化法治保障，修正《重庆市环境保护条例》，推进土壤、固废污染防治地方立法和噪声污染防治办法修订，率先启动生态环境损害惩罚性赔偿试点，成渝地区双城经济圈生态环境标准统一取得积极进展。开展生态产品总值（GEP）核算试点，生态地票制度、森林横向生态补偿被自

---

① 《2022年重庆市生态环境状况公报》。
② 《人民网：重庆现有湿地420万亩 生物多样性不断丰富》，http://lyj.cq.gov.cn/zwxx_237/mtbd/202302/t20230202_11563078_wap.html，2023年2月2日。
③ 《2022年重庆市水土保持公报》。
④ 《2022年重庆市生态环境状况公报》。

然资源部纳入典型案例，水权交易实现零突破。推行长江生态检察官制度，首创生态环境公益诉讼跨区域专门管辖机制，在全国率先实现排污许可证全覆盖。制定生态环保督察工作实施办法、五年工作计划，"1+5"工作机制形成全国品牌，两轮次中央生态环保督察整改完成率达到98.6%。① 基本构建涵盖1500余个点位和多要素的"天—空—地"生态环境智能感知体系②，生态环境大数据平台获"全国党政信息化最佳实践案例"、中国地理信息科技进步二等奖等荣誉。创新环境治理模式，重庆经开区、江津区、北碚区、沙坪坝区入选国家EOD项目试点，两江新区、潼南区入选国家清洁生产审核创新试点，获批建设全国首个省域绿色金融改革创新试验区。持续提升公众生态环保意识，生态文明建设内容纳入各级党委（党组）理论学习中心组学习内容和市委党校主题班教学计划，长江生态文明干部学院即将建成，全市中小学开展生态文明教育比例达到100%。③ 积极践行绿色低碳生活方式，轨道交通在公交出行中占比超过42%④，创建国家生态文明建设示范区6个、"绿水青山就是金山银山"实践创新基地6个⑤、节约型机关2403家、绿色社区1605个、绿色商场39个⑥和国家级中小学环境教育社会实践基地6个⑦。

大力推进成渝地区双城经济圈生态共建环境共保。重庆、四川两省市政府签订长江流域川渝横向生态保护补偿协议，两地生态环境厅（局）签订

---

① 《2022年重庆市生态环境状况公报》。
② 《重庆市贯彻实施国家〈"十四五"生态环境保护规划〉中期评估报告》。
③ 《重庆市贯彻实施国家〈"十四五"生态环境保护规划〉中期评估报告》。
④ 《轨道交通TOD建设，重庆已全面启动！》，https：//m. thepaper. cn/baijiahao_ 19256783，2022年7月31日。
⑤ 《生态文明建设"国字号"荣誉，重庆这些地区和个人榜上有名！》，https：//baijiahao. baidu. com/s？id＝1750166249762632551&wfr＝spider&for＝pc，2022年11月22日；《生态环境部公示第七批生态文明建设示范区和"绿水青山就是金山银山"实践创新基地拟命名名单》，https：//baijiahao. baidu. com/s？id＝1779421262305058630&wfr＝spider&for＝pc，2023年10月11日。
⑥ 《重庆58.4万户自愿选择执行居民"分时电价"》，https：//baijiahao. baidu. com/s？id＝1774367098408834947&wfr＝spider&for＝pc，2023年8月16日。
⑦ 《重庆市贯彻实施国家〈"十四五"生态环境保护规划〉中期评估报告》。

合作协议 25 项①，生态环保领域累计签订落实合作协议超 110 项②。共同建立区域环境准入协商机制，联合印发长江经济带发展负面清单实施细则，实现一张负面清单管两地。携手推动降碳，出台《成渝地区双城经济圈碳达峰碳中和联合行动实施方案》。共同修订两省市重点保护野生动物名录，加快毗邻地区森林城市群建设，共同营造"两岸青山·千里林带"超 280 万亩③。围绕嘉陵江流域水生态环境保护开展协同立法，两省市人大联合开展嘉陵江流域生态环境保护执法检查，设立全国首个跨省市联合河长制办公室，川渝联合治水典范获评"全国 2020 年基层治水十大经验"。签订深化大气污染联合防治协议，建立全国首个跨区域跨部门联动推进"两高"水泥行业常态化错峰生产制度。首创川渝两地跨省域"无废城市"共建先例，5 项经验入选全国典型模式④，首创危险废物跨省转移"白名单"制度并拓展延伸至云南、贵州。签订全国首个跨省市生态环境保护联动督察协议，共同设立环资司法协作巡回法庭。共同倡导绿色生活方式，建立健全生活垃圾跨省市收运处置体系。推动绿色低碳出行，协同推进成渝"电走廊""氢走廊""智行走廊"建设，打造具有全国影响力的清洁能源沿江走廊。

二　重庆深入打好污染防治攻坚战面临的挑战

生态环境保护结构性压力较大。重庆集大城市、大农村、大山区、大库区于一体，保护、治理、发展、城乡统筹协调等方面任务重，产业结构"偏重"、能源结构"偏煤"、运输结构"偏公路"问题较为突出，统筹发展与生态环境保护的难度不断加大，给加快减污降碳协同增效进程带来挑战。

---

① 《重庆市贯彻实施国家〈"十四五"生态环境保护规划〉中期评估报告》。
② 《签订合作协议超 110 项，川渝四大协同共建高水平环境保护协作样板》，https：//finance. sina. com. cn/jjxw/2023-06-06/doc-imywiftk2580781. shtml，2023 年 6 月 6 日。
③ 《重庆市贯彻实施国家〈"十四五"生态环境保护规划〉中期评估报告》。
④ 《重庆交出"环境保护成绩单"：长江干流重庆段水质居 11 省市首位》，https：//baijiahao. baidu. com/s？id=1738949097301934835&wfr=spider&for=pc，2022 年 7 月 21 日。

生态环境质量持续改善复杂艰巨。全市水环境质量改善成效还不稳固，部分河流系统治理、综合治理、源头治理效能不高，部分河流支流水质还不能稳定达标。区域性大气污染特征明显，细颗粒物浓度改善成效不稳固，臭氧污染形势依然严峻复杂，空气质量持续改善压力大。土壤、农业农村和地下水生态环境保护基础薄弱，农村面源污染治理困难。

生态环境治理能力现代化还有差距。城市污水管网、乡镇及农村污水处理设施建设等领域还有短板，中心城区排水系统问题突出。农村污染治理设施运维不稳定，农村生活污水治理率与先行地区差距明显。生态环境执法、监测能力有待提升，数字生态环保建设不够健全，生态环保科技创新仍有不足。生态文明学校教育、社会宣传、文化培育体系还不健全，社会组织与公众参与制度不够完善。

三　2024年重庆深入打好污染防治攻坚战的对策建议

进一步发挥绿色发展示范作用。促进产业结构绿色低碳转型，积极推行"生态+""+生态"发展新模式，全面拓宽绿水青山转化金山银山的转化通道，大力发展绿色制造产业、高效生态现代农业产业、生态服务业。加快构建清洁低碳安全高效能源体系，推动能源供给体系清洁化、低碳化转型，加快现有燃煤机组超低排放改造，有序推动"煤改电""煤改气"，加快市内清洁能源开发，推动航电枢纽、光伏发电等项目建设。推动交通运输结构绿色低碳转型，加快提升铁路运输、水运比例，推进"公转铁""公转水"，构建内畅外联的多式联运体系。聚焦围绕钢铁、化工、有色金属等重点行业，推进园区循环化建设。深化国家低碳城市试点，突出减污降碳协同增效西部地区示范模式，推进市级近零碳园区试点建设。加强"碳惠通"平台产品开发供给，建立健全生态产品价值实现机制，抓好气候投融资等试点示范。

持续改善生态环境质量。突破碧水、蓝天、净土保卫战关键环节，不断增强生态环境质量持续改善的稳定性和坚韧性。在水环境方面，聚力推进不达标河流全面达标，开展临江河、濑溪河等不能稳定达标河流综合治理；持续加强跨界河流联防联治，推进生活、工业、农业面源等污染协同治理；有序开展"零直排"工业园区建设，抓好主城排水系统溢流整治，健全完善入河排污口"源—网—厂—口—河"全链条、全过程监管体系；巩固城市黑臭水体治理成果，加强集中式饮用水水源地保护，积极创建美丽河湖。在大气环境方面，以挥发性有机物治理和工业炉窑综合整治为重点，深化工业污染控制；以柴油货车治理和纯电动车推广为重点，深化交通污染控制；以绿色示范创建和智能监管为重点，深化扬尘污染控制；以餐饮油烟综合整治和露天焚烧管控为重点，深化生活污染控制；以区域联防联控和科研管理支撑为重点，提高污染天气应对能力。在土壤环境方面，严控耕地、在产企业、化工园区等领域新增污染；加强地下水安全源头预防和风险管控，扎实推进典型污染地块土壤和地下水风险管控和修复治理；加强农业面源污染治理，加快推进一般工业固体废物、危险废物、医疗废物全域治理、精准管控。

加快推进生态环境治理能力现代化进程。积极探索符合重庆特色、时代特征的生态环境治理模式，突出共建共治共享，充分发挥企业的主动性和自我约束作用，调动社会组织和公众的积极性、主动性、创造性。构建完善全民行动体系，进一步深化社会宣传活动，增强公众生态环保意识，健全公众监督机制，完善环境信息公开制度。构建完善法规标准体系，加快推动生态环境、资源能源等领域地方性法规和标准的制定（修订）。构建完善监管体系，坚持生态环保督察、执法、监测等一体发力。深入开展生态环保督察，运行好生态环保督察有关管控机制及相关工作规范，提高发现问题、解决问题的能力和水平。夯实生态环境监测基础，抓好区县监测人员、监测设施支撑、监测技术保障体系建设，持续提高生态环境监测辅助决策的水平。持续推进生态环境保护综合行政执法队伍建设，推行审慎包容监管，进一步落实差异化监管措施，加快推进数字执法建设，大力推广非现场执法；深化生态环境行政执法与刑事司法衔接机制，严厉打击生态环境违法犯罪行为。加快生态环保数字化转型，建设"巴渝治水""巴渝治气""巴渝治废"等数字生态环保重大应用。加强科研创新平台建设，谋划建设一批重点实验室、技术创新中心、科学观测站，形成适应综合决策的观测网络。

参考文献

《习近平：高举中国特色社会主义伟大旗帜 为全面建设社会主义现代化国家而团结奋斗——在中国共产党第二十次全国代表大会上的报告》，2022 年 10 月 16 日。

《习近平在全国生态环境保护大会上强调 全面推进美丽中国建设 加快推进人与自然和谐共生的现代化》，https：//www.ccps.gov.cn/xtt/202307/t20230718_158686.shtml，2023 年 7 月 18 日。

《中国共产党重庆市第六届委员会第二次全体会议决议》，2022 年 12 月 22 日。

《袁家军在美丽重庆建设大会上强调 高水平建设美丽重庆 打造人与自然和谐共生现代化市域范例》，https：//www.12371.gov.cn/Item/633214.aspx，2023 年 8 月 16 日。

《生态环境部部长黄润秋在 2023 年全国生态环境保护工作会议上的工作报告》，https：//www.cenews.com.cn/news.html? aid=1036341，2023 年 2 月 23 日。

《当好美丽重庆建设排头兵》，https：//baijiahao.baidu.com/s? id=1774803402762809604&wfr=spider&for=pc，2023 年 8 月 21 日。

《重庆市人民政府关于 2022 年度环境状况和环境保护目标完成情况的报告》，https：//www.cqrd.gov.cn/article? id=457934676586565，2023 年 9 月 6 日。

《2022 年重庆市生态环境状况公报》。

B.26
重庆市河长制推行下的河湖
保护成效及展望

重庆市河长办公室*

摘　要： 全面推行河湖长制，是以习近平同志为核心的党中央立足解决我国复杂水问题、保障国家水安全，从生态文明建设和经济社会发展全局出发作出的重大决策。总书记有号令、党中央有部署，重庆见行动。重庆市深学笃用习近平生态文明思想，全面落实党中央、国务院决策部署，深入实施"一河一长""一河一策""一河一档"，全市河湖面貌显著改善，水生态环境质量持续提升，河道乱占乱建乱堆乱采现象全面遏制，长江上游重要生态屏障不断夯实筑牢。2022 年，长江干流重庆段水质连续 6 年稳定保持在 Ⅱ 类，全市纳入国家考核的 74 个国考断面水质优良比例达 98.6%、排名全国第五，高于国家考核目标。

关键词： 河长制　河长　河湖治理　幸福河湖

一　重庆市河长制推行以来全市河湖
保护取得的新成效

重庆地处长江上游、三峡库区腹心地带，水系发达、河流纵横，有河流 5300 余条、水库 3000 余座，流域面积 50 平方公里以上河流 510 条、大中型水库 133 座，是长江上游生态屏障的最后一道关口。全面推行河长制以来，

＊ 执笔人：吴大伦，重庆市水利局水生态建设与河长制工作处处长。

重庆市全新构建管河护河组织体系、全面强化法治保障、全方位多层级推进协作联动，全市河湖管理保护取得明显成效，丰都龙河被评为全国示范河，璧山璧南河、荣昌荣峰河荣获"全国最美家乡河"称号，永川临江河、长寿桃花溪先后纳入全国幸福河湖建设试点，龙溪河流域水环境治理经验作为国务院第五次大督查典型受到通报表扬。

（一）全新构建组织体系，"一河一长""一库一长"实现全域覆盖

建立市、区县、镇街三级"双总河长"制，其中市级双总河长，由市委书记、市长共同担任，各区县参照市级做法，全面推行落实双总河长制。全面建立市（21 名）、区县（891 名）、街镇（6428 名）、村社（11046 名）四级河长体系，市委、市政府、市人大常委会、市政协主要领导和全部市委常委、市政府副市长均任市级河流河长，各区县也对照设置，全市分级分段设河长 1.83 万余名，实现 5300 余条河流、3000 余座水库"一河一长""一库一长"全覆盖。河长体系建立以来，各级河长巡河 470 万余人次、协调解决问题 12 万余个。

（二）系统搭建工作机构，管河护河统筹能力得到全面增强

一是全面建立各级河长办。设立市、区县、镇街三级河长办公室，主要职责为组织协调、分办督办，落实本级总河长决策事项，拟定河长制年度工作任务，制定工作制度并推动实施，组织开展河长制宣传、教育、培训工作，统筹编制"一河一策"方案，建立"一河一档"，建设、维护河长制信息化系统，承办河长制工作监督、考核、表彰及河长制社会监督工作，协助本级河长做好巡河等日常工作。市河长办公室主任由市级副总河长、分管水利的市政府副市长担任，34 个河长制相关责任部门作为重庆市河长办公室成员。市河长办每年印发《河长制工作要点》，滚动编制实施"一河一策"方案，将河长制六大任务细化落实到市级责任部门，推动形成各负其责、协同推进河湖管理保护的良好工作格局。各区县参照市级做法，健全完善各级河长办公室。二是创新建立流域河长办。市委、市政府明确将 26 个河长制

市级部门作为 21 条市级河流河长制牵头单位，1~2 个市级部门协助市级河长分别负责统筹推进对应市级河流河长制工作，督促落实市级河长交办事项，编制实施"一河一策"方案，调度、督促流域地区推进河湖管理保护，形成"流域河长办"工作模式。各区县参照市级做法，健全完善"流域河长办"设置。三是率先建立联合河长办。与四川省在全国率先组建川渝河长制联合推进办公室，签订《川渝两省市跨界河流联防联控合作协议》，发布《川渝跨界河流管理保护联合宣言》，在强化河流联合治理、夯实河湖管理保护基础工作等 10 个方面加强合作，对 81 条跨界河流联合开展整治污水"三排"、河道"四乱"问题专项行动，推动 25 个跨界河流国考断面水质达标率实现 100%、较实施联合河长制前提高 4 个百分点，该做法获评"2020全国基层治水十大经验"，列入全国"2022 年度强化河湖长制网上专题班"培训内容，作为国家发改委总结成渝地区双城经济圈建设跨区域协作的 18条经验做法之一，在全国推广。依托川渝河长制联合推进办公室，深入落实长江流域省级河湖长联席会议、长江流域片河湖长制协作机制，与贵州、湖北、湖南等省建立左右岸、上下游联动机制，形成跨省市河流全面共管新格局。

（三）建立健全法规制度，管河护河实现有法可依、有章可循

一是制定规章制度，明晰责任。颁布实施河长制地方法规《重庆市河长制条例》，印发《重庆市河长制工作规定》《重庆市全面强化河长制工作实施方案》等党内法规制度性文件，形成地方法规、党内法规双向监督，构建起"1（地方法规）+2（党内规范性文件）+N（配套制度）"制度体系，全面明晰河长制责任部门、河流牵头单位、各级河长办、各级河长、地方政府职能职责和工作要求。如明确市、区县、镇街、村社四级河长均要巡查责任河流，市级河长每年不少于 2 次，区县级河长每年不少于 4 次；总河长每年要主持召开 1~2 次总河长会议；河长制责任单位、河流牵头单位要落实上级和本级河长、河长办公室交办事项。二是细化工作机制，压实责任。建立考核机制，市委、市政府将河长制实施情况纳入对区县党委政府经

济社会发展业绩考核及市级党政机关目标管理绩效考核内容，考核结果作为各区县和市级有关部门单位年度考核评优的依据；实施对区县级及以下河长个人考核，将考核结果作为地方党政领导干部综合考核评价依据。建立河长述职制度，由市级河长带头，各级领导干部在班子民主生活会上对照检查履行河长责任情况，对检查出的问题实行清单化整改；每年底，区县总河长通过媒体向社会公示年度履行总河长责任情况，区县党委、政府向市委、市政府书面报告年度推动落实河长制工作情况。建立责任追究制度，明确河长失职问责的几种具体形式，对河长制工作履职不到位的实施约谈、通报、问责；将河长制实施情况纳入领导干部自然资源资产离任审计范围，加强监督问责。建立河长工作交接机制，采取签署《离任交接清单》、公告河长信息等方式，确保河长在工作调整时所负责河流的管理保护工作无缝衔接、有序推进。三是强化表彰奖励，以奖促干。将河长制纳入市政府督查激励范围，每年安排资金，奖励河长制工作推进力度大、河流管理保护成效明显的区县。联合市委宣传部、市文明办开展"最美河湖卫士"评选、"最美河湖卫士"党的二十大精神宣讲，宣传推广基层河长先进事迹。联合市人力社保局表彰河长制工作先进个人、先进单位，激励河长制工作者再创佳绩。联合市总工会连续三年开展"助推绿色发展、建设美丽长江"劳动技能竞赛，表彰最美护河员、标兵单位、最美河流管护集体。2020年以来，何登琼、陈健等10名同志获评全国"最美河湖卫士"，100名河长制工作先进个人、50家先进单位获市级表彰，160个最美护河员、50家标兵单位、30个最美河流管护集体在"助推绿色发展、建设美丽长江"劳动技能竞赛中获得荣誉。

（四）全面推进数智管河，管河护河人海战术得到彻底扭转

聚焦河湖管理难点、河长管河重点，建成市级统建、四级共用的重庆市"智慧河长"系统平台，全面开启河湖管理保护智能化时代。一是立体式构筑"感知网络"，掌握河湖信息。运用卫星遥感、大数据、物联网等现代技术，在长江及三峡库区重要干支流、重点区域网格化建设智能摄像头，全流

域、全覆盖智能识别河道"四乱"、捕鱼垂钓、非法采砂、水质超标异常等问题，为河道管理、非法采砂开通"千里眼"，实现"天上看、云端管、地上查、智慧治"。2022年以来，"智慧河长"系统成功预警、处置相关问题1000余次，问题办结率100%。二是全方位构建"数据中心"，打通信息壁垒。全覆盖信息化全市5300余条河流基础数据、矢量化流域面积50平方公里以上的510条河流，整合共享水文水质、工业企业、畜禽养殖等市级部门涉河涉污数据100余项，完整、系统、综合性地反映河湖特征和发展规律，为河湖管理保护提供数据支撑。三是系统性打造"智慧中枢"，突出整体智治。综合运用污染溯源、河道"四乱"视频分析、卫星遥感解译、水动力等模型算法，实时开展污染溯源、"四乱"预警、决策辅助、会商研判，让前端"感知"、让数据"说话"、让系统"思考"，实现河湖管理从信息化、数字化协同向智能化、智慧化驱动转变，初步实现河湖管护"天上看、云端管、地上查、智慧治"目标，重庆"智慧河长"被中国国际智博会评为"十大'智慧政务'精选案例"，中央电视台《新闻联播》以《重庆：科技赋能 智慧守护一江碧水》为题作专题报道。

（五）重拳治理河湖顽疾，河湖管理突出问题实现清仓见底

2019年以来，连续四年发布市级总河长令，在全市先后开展污水"三排"（污水偷排、直排、乱排）、河流"三乱"（污水乱排、岸线乱占、河道乱建）、提升"三率"（污水收集率、处理率和处理达标率）以及"三实"（查河要实、治河要实、管河要实）专项行动，全面肃清全市河湖顽疾。一是全覆盖排查。通过常态巡查与暗访督查相结合、常规手段与新技术手段同步运用、关键行业与重点领域排查同步推进等多种方式，全覆盖排查点位40万余个、整治问题万余个。市河长办牵头以"四不两直"方式，派出暗访组100余批次，对河长履职等落实河长制不力情况进行检查督导，发出问题督办函170件、交办单400余次，并委托第三方对乌江、龙溪河、琼江、郁江、梁滩河等大江大河、重点河段开展全覆盖暗访督导，排查整治突出问题200余个。二是常态化督导。建立市、区县、镇街三级定期调度机

制，各级采取现场巡河交办、召开专题会议、印发工作通报等多种方式专题调度暗访发现问题，确保整改到位，并对整改不力的相关单位和责任人严肃追责问责。三是责任化整改。分类建立问题整改台账，做到定责任、定时限、定任务、定措施，实行动态管理、闭环处置、定期销号。针对跨领域、跨区域等复杂问题，加大沟通协调力度，形成整改合力。2020年以来，妥善处置了江津区长冲渔场养殖污染、渝中区菜园坝沿江乱搭乱建和江北区"鑫缘至尊"、巴南区"巴滨一号"侵占河道等一大批群众反映强烈的突出问题。

（六）全方位团结护河力量，管河护河实现全民共治

一是实行"河长+检察长"，设立市、区县检察院派驻河长办检察联络室，建立线索移交等6项工作机制，以涉河检察建议、公益诉讼推动解决涉河重难点问题。二是实行"河长+警长"，设立市、区县、镇街三级河库警长1000余名，重拳打击水域乱采、乱排、乱捕等违法行为，立案侦查破坏环境资源刑事案件。三是实行"河长+监督员"，全市聘请1600余名河长制社会监督员，参与河湖管理保护的监督工作，其中市级聘请河长制社会监督员69名。四是实行"河长+民间河长"，通过购买服务、设置公益岗位等方式，落实河道保洁员、巡河员、护河员1.6万余人；通过设置"河小青""巾帼护河员"等护河志愿岗位，全市2.3万余名民间河长参与一线巡河护河。

二　新形势下深入推进全市河湖管理保护的展望及建议

习近平总书记在全国生态环境保护大会上指出，要把建设美丽中国摆在强国建设、民族复兴的突出位置，以高品质生态环境支撑高质量发展，加快推进人与自然和谐共生的现代化。袁家军书记在美丽重庆建设大会暨市总河长会议上强调，要牢固树立和践行"绿水青山就是金山银山"的理念，筑

牢长江上游重要生态屏障，建设山清水秀美丽之地、建设美丽中国先行区，打造人与自然和谐共生现代化的市域范例，为美丽中国建设贡献更多重庆力量。河湖管理保护是美丽重庆建设的重要内容，只有把全面强化河长制、管理保护好全市河湖融入美丽中国、美丽重庆建设大局中去谋划、去思考、去推动，不断迭代升级河长制工作体系、河湖治理体系，整体跃升河湖管护治理能级，全面打造幸福河湖，才能更好地交出保护三峡库区和长江母亲河、筑牢长江上游重要生态屏障的高分报表。

（一）强化思想引领、制度推动，全面强化河长履职体系

一是强化河长履责。推进河长履责全量化、清单化、规范化，对履职不力的河长和有关单位负责人实施追责、问责，坚决杜绝巡河查河形式主义、官僚主义。深化离任交接制度，防止责任落实存在空挡和缺失。二是强化河长述责。持续将同级河长履职情况纳入年度领导班子民主生活会对照检查内容，全覆盖公示区县级总河长个人履职情况，接受社会监督评议。三是强化河长督责。以问题为导向，常态化开展暗访、进驻式督查。强化三级会商调度，重点问题提请市政府常务会议、市级河长调度督办，推动河长履责清单化、务实化、高效化。四是强化河长考责。将河长履职、"一河一策"方案实施、问题整改落实、幸福河湖建设等河长制常规工作纳入河长考责体系，精准设置考核内容、评价指标、分值权重，差异化开展考核工作，推进以考促干。

（二）突出因河施策、惠民有感，全面构建幸福河湖共建共享体系

一是统筹"五水共治"。以第5号市级总河长令《关于在全市实施幸福河湖建设"百千行动"的决定》为抓手，围绕"防洪保安全、优质水资源、健康水生态、宜居水环境、先进水文化"五个方面，持续整治河湖顽疾，提档升级河湖治理，全域推进幸福河湖建设，到2027年建成100条、到2035年建成1000条以上具有区域特点、流域特色、重庆辨识度的市级幸福河湖。二是突出因河施策。统筹考虑河湖本底、人民群众现实需求和经济社会发展水平，根据河湖的自然特性、功能定位，因地制宜确定河湖建设目标

和治理重点，精准施策、精心组织，构建"一村一溪一风景、一镇一河一风情、一城一江一风光"各美其美、美美与共的幸福河湖画卷。三是坚持惠民有感。引导发动社会各界广泛参与幸福河湖建设各环节、全过程，探索建立幸福河湖建设群众全过程评价、全流程参与的共管共评工作机制，落实一批绿色富民、景观悦民、文化惠民的实实在在举措，让人民群众真正从幸福河湖建设中得到实惠、获得收益、看到变化、见到成效。

（三）抓实流域共治、联防联控，完善多跨协同共治体系

一是深化部门合治。深化三级河长办、流域河长办、河长制责任单位作用，走深走实"河长+警长""河长+检察长"联动机制，常态化开展联合巡查、联合办案、线索移交、公益诉讼等，筑牢筑稳河湖管护"防护网"。二是强化跨界联治。按照"河流下游主动对接上游、左岸主动对接右岸、干流主动对接支流"原则，深入推进跨界河流联防联控，常态化、全覆盖共督共管跨界河流，规范化开展联合巡河、联合保洁、联合执法，强化对跨界水域的监督、监测和监控，消除责任盲区、管理死角，全力打造跨界河流河长制协作加强版。三是实化社会共治。全面施行《重庆市河长制社会监督员管理办法（试行）》，深化河湖管理保护社会监督工作。强化巡河员、护河员、巡库员、保洁员队伍建设，发挥工会、共青团、妇联等群众团体和社会组织作用，推动河湖管理保护向中小河流延伸、向农村基层延展、向全民参与拓展。

（四）突出科技赋能、智慧管河，全景重塑河湖数智体系

紧扣"一河一长""一河一策""一河一档"，聚焦河长管河治河过程中管护范围广、问题发现难、监管难度大、协同处置难、群众参与不足等问题，打造"河长管河治河一件事"应用及"河湖全景感知""智能研判分发""联动协同处置""管河治河评价"4个多跨场景，提升河湖管护整体智治水平。"河湖全景感知"场景，针对河湖管护范围广、问题发现难、监管难度大等问题，建立涉河事件感知识别汇集一体的动态预警机制，构建"事件监测""事件识别"子场景，形成涉河涉水问题蓄水池、任务清单库，

实现河湖问题全量感知、精准预警。"智能研判分发"场景，针对过去研判能力不足、问题分发不精准等问题，优化完善问题任务精准分析研判机制和扁平化分级分类推送模式，构建"多源分析研判""涉河任务清单""分级分拨"子场景，实现涉河涉水事件精准研判、智能分拨。"联动协同处置"场景，针对河湖问题责任部门多、协同处置难等问题，构建横纵贯通的多跨协同处置工作体系，依托三级数字化城市运行和治理中心，扁平化跨流域、跨部门、跨层级闭环处置流程，实现事件一键智达、跟踪一贯到底、结果一键反馈。"管河治河评价"场景，针对过去评价不精准、不量化等问题，构建"河长履职""河湖健康""幸福河湖"评价场景，助力幸福河湖惠民有感。

（五）坚持问题导向、精准施治，全域提升治理效能体系

一是建立"健康档案"精准治。开展河流健康"赋码"行动，建立河流健康评价体系，对流域面积50平方公里以上510条河流全方位开展健康"体检"，找准河湖健康问题、掌握河湖健康状态。二是抓实"一河一策"系统治。紧盯"一河一策"方案确定的管护目标、任务和措施，定期调度，对推进速度慢、任务落实不力的及时通过现场督办、暗访巡查等方式，推进任务落实，确保方案落地。同时，实时分析研判河湖治理保护面临的突出矛盾，实事求是、动态调整目标任务和工作措施，确保"一河一策"方案制定的总体任务、年度目标、工作措施具有针对性、可操作性。三是实施"总河长令"深入治。以问题为导向、以流域为单元、以水质稳定达标为重点，常态化推进落实市级总河长令，运用卫星遥感、无人机等智能化手段，通过自主排查、上级抽查、群众举报、部门联动、跨区域联查等多种方式，深入排查河湖管理保护存在的问题，针对排查出的问题，分类建立市、区县、镇街三级问题台账，以督办函、交办单等方式督促问题整改，持之以恒清除问题存量、遏制问题增量，夯实河湖管理保护的底板。

（六）强化全员参与、唯实争先，全面优化要素保障体系

一是强化组织保障。紧扣"河长制"是"责任制"这个河长制的根本属

性，强化河长制制度体系、工作体系、保障体系的迭代升级，确保各级党委、政府负责同志担任河长，组织领导、统筹协调河湖管理保护工作，监督政府相关部门依法履行职责的良好工作做法延续永固。二是深化闭环落实。以总体目标为核心、以数字应用为场景、以复盘改进为路径，建立完善河长制"目标决策—任务定量—推进执行—跟踪督办—定期复盘—改进反馈"全过程闭环管理机制，清单化、项目化、闭环式推进河湖管理保护目标实现、任务落实。三是量化赛马驱动。围绕河长制"六大任务"落实、河长高效履职、幸福河湖建设等方面，科学设置比拼指标，合理确定分值权重，精准统计成效数据，常态化进行争先创优、赛马比拼，激励先进、鞭策后进。四是细化宣传引领。通过简报编写、公众号推送、新闻媒体采访、典型案例推荐等方式，总结推广好经验好做法，充分展示各地在强化河长制、深入推进河湖治理保护等方面的成绩。持续深入开展爱河护河志愿服务活动，拓宽群众参与管河护河渠道，营造全社会关心支持河湖管理保护的良好氛围。

参考文献

《习近平在全国生态环境保护大会上强调 全面推进美丽中国建设 加快推进人与自然和谐共生的现代化 李强主持 赵乐际王沪宁蔡奇李希出席 丁薛祥讲话》，《共产党员》2023 年第 15 期。

张珺：《高水平建设美丽重庆 打造人与自然和谐共生现代化市域范例》，《重庆日报》2023 年 8 月 17 日。

孟博、付琦皓、袁萍洋：《强化河湖长制背景下湖泊协同治理管护模式研究》，《水利发展研究》2023 年第 10 期。

郎劢贤、李禾澍：《流域统筹区域协同河湖管理机制构建——以长三角和川渝地区跨界河流联防联控为例》，《中国水利》2022 年第 20 期。

《关于在全市实施幸福河湖建设"百千行动"的决定》，《重庆日报》2023 年 5 月 25 日。

B.27
重庆开展长江流域"十年禁渔"
工作的对策建议*

罗伟华　卢向虎**

摘　要：　长江流域"十年禁渔"是党中央从中华民族长远利益出发，为全局计、为子孙谋作出的国家战略决策，是保护长江生态环境与生物多样性的重要举措。重庆作为长江上游生态屏障的最后一道关口，实施好长江十年禁渔，对推动长江经济带绿色发展、保障国家生态安全意义重大。2023年重庆市委一号文件明确要求"实施好长江十年禁渔"，相关部门高效协同、有力有序扎实推进，十年禁渔"三年强基础"取得了阶段性成效。为确保重庆长江"十年禁渔"持续发力、久久为功，迫切需要从加快补齐执法能力短板、做好退捕渔民生计保障、规范处置"三无"及自用船舶、严厉打击涉渔违法行为形成震慑、强化"十年禁渔"工作区县考核等五大方面加以推进完善，持续巩固"四清四无"成果，为推动长江经济带高质量发展，实现中国式现代化提供高品质生态环境支撑。

关键词：　"十年禁渔"　长江经济带　绿色发展　生态安全

以习近平同志为核心的党中央高度重视长江"十年禁渔"工作。2016年1月5日，习近平总书记在重庆召开推动长江经济带发展座谈会，强调

---

* 本文系重庆市重大决策咨询研究课题委托课题"重庆实施长江十年禁渔工作面临的问题及对策研究"成果。

** 罗伟华，西南政法大学国家安全学院博士生，中共重庆市委党校重庆经济社会发展研究所、科学社会主义教研部讲师；卢向虎，重庆社会科学院智库建设处处长、研究员。

"推动长江经济带发展必须从中华民族长远利益考虑，把修复长江生态环境摆在压倒性位置，共抓大保护、不搞大开发"。2020年1月，农业农村部下发《长江十年禁渔计划》，宣布从2020年1月1日零时起开始实施长江"十年禁渔"计划。2021年1月，长江流域水生生物保护区开始实施全面禁捕，正式开启"一江两湖七河"十年禁捕周期。2022年，"实施好长江十年禁渔"被写入党的二十大报告，进一步彰显了党中央推动长江大保护和长江经济带绿色发展的决心。"十年禁渔"全面启动以来，重庆市坚持以习近平新时代中国特色社会主义思想为指导，深入贯彻党中央、国务院决策部署，紧紧围绕"一年起好步、管得住，三年强基础、顶得住，十年练内功、稳得住"总体目标聚力打造"稳得住、禁到位、保到底、能致富、可持续"十年禁渔长效工作机制路径，巩固"四清四无"（清船、清网、清江、清湖；无捕捞渔船、无捕捞渔网、无捕捞渔民、无捕捞生产）成果，筑牢长江上游水生态保护屏障，助推长江经济带绿色发展，保障国家生态安全。

一 重庆"十年禁渔"重要举措及成效

（一）结合专项行动，加强日常执法监管

为扎实推进"十年禁渔"工作，重庆紧扣"三年强基础、顶得住"的目标任务，多措并举坚持不懈打好长江"十年禁渔"持久战。一是开展禁渔执法专项行动。各区县重点组织开展"春雷行动""利剑行动""零点行动""清源行动"等专项行动，持续开展保护野生动物资源"清风行动"，常态化开展清船、清网、清违规垂钓、清涉渔市场"四清"整治，全方位巡查。二是组建群防护渔队伍。加强护渔队伍业务培训和工作考核，不断提高护渔队员履职能力和业务水平，严肃处理护渔人员监守自盗或利用职务之便通风报信、侵占公有财物等行为，持续净化护渔队伍。三是提升渔业执法监管能力。实施"亮江工程"，布设沿江渔政AI高清预警视频点位937个，

全天候监控。统筹区县公安局、林业局、市场监管局、长航公安等单位部门对江面、市场、餐饮企业开展联合执法，严厉打击各类涉渔违法行为，重点打击"捕运销"团伙链条，以及"泥鳅钓"、潜水电鱼、无人机无人船等新型捕捞违法犯罪行为。四是健全禁渔网格化管理。压实区县、镇街、村社三级网格员责任，明确网格化巡查监管任务，打造共建共管、共治共享的管理格局，提升禁捕执法监管效能，保障群防群控网络机制运行顺畅。

三年来，全市建立专职巡护队伍近 1000 人，依托河长制明确区县、镇街、村社三级网格员 10017 人，累计查办涉渔行政案件 4500 余起，侦破刑事案件 1700 余起，取缔禁捕水域"三无"船舶 2955 艘，清理残留网具 5633 张，劝导制止违规垂钓 25 万余人次，整改市场涉渔突出问题 7290 个，禁渔工作"三年强基础"取得阶段性成效。

（二）清源头、斩链条，持续消除捕捞隐患

持续开展"四清四无"回头看，水面网具明显减少，涉渔市场和餐馆基本规范，渔具店销售禁用渔具行为得到有效遏制。统筹交通、属地乡镇等对上岸后的"三无"船舶回头看，对再次下水的"三无"船舶进行拆解、联系船主销售给有关公司展览等分类处置。三年来，全市公安机关侦破非法捕捞案件 1700 余起，抓获犯罪嫌疑人 3430 余人，收缴非法捕捞工具 3430 余套，查获渔获物 6420 余公斤，打掉非法捕捞犯罪团伙 310 个，获公安部贺电表彰 4 次，长江、嘉陵江、乌江干流发案率从 2020 年的 53% 下降至 2023 年的 9.7%，有效遏制了市内非法捕捞犯罪活动。

（三）健全渔民安置政策，保障退捕渔民生计

根据人力资源和社会保障部、国家发展改革委、民政部、财政部、农业农村部印发的《关于进一步做好长江流域重点水域退捕渔民安置保障工作的通知》，重庆以广大渔民"愿意上岸、上得了岸"为出发点，把退捕渔民安置保障工作作为当前重大政治任务，出台《关于进一步做好长江流域退捕渔民安置保障工作的通知》等，从就业帮扶、精准培训、兜底保障、风

险化解、宣传引导等七个方面对退捕渔民安置工作做了详细规定。同时，人力社保、民政等部门组织开展宣传入心、就业舒心、培训贴心、社保安心、兜底暖心"五心行动"，通过实施精准就业帮扶一批、针对性培训一批、动员提档参保一批、兜底政策救助一批"四个一批"，确保上岸渔民生计有保障、有出路。截至 2023 年 10 月，有就业意愿的 7429 人全部就业，符合参保条件的 10414 人全部参加养老保险。

（四）狠抓涉渔案件办理，强化水生野生动物保护

根据《关于发布长江流域重点水域禁用渔具名录的通告》（以下简称《禁捕通告》）等国家文件要求，出台实施《重庆市人民代表大会常务委员会关于促进和保障长江流域禁捕工作的决定》《重庆市禁捕水域休闲垂钓管理办法（试行）》等法律法规，为打击非法捕捞、违规垂钓提供更加坚实的法治保障。加强对涉渔重点领域的监督检查，在禁捕管理秩序专项清理整治行动中进一步对涉鱼市场主体和涉鱼市场环节进行摸排，重点摸排辖区贩鱼人群、运鱼车辆等信息，强化风险管控预警。重点摸排检查监管薄弱环节及问题高发领域采用线上线下、人力技术相结合等检查形式，调动一切资源手段，开展拉网式排查。同时，系统开展水生生物资源监测，完成长江、嘉陵江、乌江干流鱼类产卵场调查；启动长江上游水产种质资源库建设，胭脂鱼、岩原鲤等珍稀特有鱼类保种和人工繁育水平居全国前列。科学制订放流方案，加强放流苗种监管，规范实施增殖放流。三年来，全市累计放流各类水生生物 5100 余万尾，有效补充了长江鱼类资源。

（五）规范水产养殖，助推渔业高质量发展

农业农村部门将水产养殖执法纳入日常执法检查计划，实施水产养殖用投入品专项整治三年行动，严格检查水产养殖兽药、饲料等投入品和苗种检疫；开展水产养殖投入品监督抽样，开展水产品质量安全执法监督抽样；严管渔业船舶特别是水域牧场、生态渔业养殖船舶公司的安全监管与检查。推进养殖尾水治理，联合技术部门养殖业主进行技术讲解，规范养殖投入品使

用，打击"肥水养殖"等污染养殖水体行为。联合西南大学等专业技术团队对当地鱼类产卵场开展调查；联合市场监管局开展经营水生野生动物溯源机制；对渔政执法案件中对生态环境造成损失的行为，严格进行水生生物资源损害评估，要求当事人进行生态补偿；对辖区内的涉水工程生态补偿回头看，督促业主单位按照水生生态影响专题评价报告落实生态补偿措施；放生、救助无主网具中和违规垂钓的渔获物，助推渔业健康高质量发展。

（六）开展有奖举报工作，加强宣传舆论监督

通过举办活动、制作标语、印发资料、召开座谈会等多种方式，宣传《中华人民共和国渔业法》《禁捕通告》《重庆市人民代表大会常务委员会关于促进和保障长江流域禁捕工作的决定》《重庆市禁捕水域休闲垂钓管理办法（试行）》等法律法规，多次举办"禁用渔具集中销毁暨禁钓期联合执法宣传活动"，充分利用各类新闻媒体平台宣传禁捕退捕相关政策知识；通过"进小区、进市场、进单位"落实常态化宣传，利用楼宇视频、户外LED等宣传政策法规，建立完善涉渔 110 警情及举报线索信息研判工作机制，营造良好氛围，让长江"十年禁渔"深入人心；市农业农村委员会、公安局联合市场监督管理局出台《关于长江流域重庆段"十年禁渔"违法行为有奖举报制度的通告》，细化和明确了有奖举报奖金发放流程，形成了社会全方位监督良好局面。

二　重庆"十年禁渔"工作面临的主要问题

（一）"禁渔"执法力量仍有不足

2021 年 11 月，长江禁捕退捕专班印发《关于加强长江流域"一江两湖七河"渔政执法能力建设的指导意见》，要求健全执法机构、配备执法人员、强化执法装备。2022 年 8 月，市农业农村委印发《关于贯彻落实加强长江流域"一江两湖七河"渔政执法能力建设的指导意见的通知》明确要

求各区县"综合执法机构内设渔政执法机构基础配置不少于5人","根据不同水域的江河岸线长度须增配一定数量的渔政执法人员","原则上按照每单元（20公里河段）配备必要交通工具、配置4~6名巡护队员"。但调研发现，各区县渔政执法人员配备严重不足，如某县承担了长江88公里、23条溪河、522.6公里禁捕水域的渔政执法工作，现有在岗人员39人，但既持有渔政执法证又持有综合执法证的人员仅有11人；按通知要求渔政执法力量配备人员应不少于20人，但重庆某区仅配备4人。同时，各区县基层执法和护渔人员多采取兼职方式，以"挂名"居多，特别是因长江"十年禁渔"相关政策而大量设立的新型生态公益岗位在设置上缺乏顶层设计，目前在市级层面尚未出台统一的管理方案，且各地组建的护渔队岗位数量设置（按河流公里设置或按行政地段设置）、岗位性质（全职或兼职）、工作内容、选聘条件、工资标准、监管考核、奖惩制度等标准不统一，部分管护地域交叉或不清晰、管护责任不均等问题突出，护渔人员作用发挥受限。

（二）退捕渔民就业难

由于渔民过着"白天一张网、晚上一条船、终日水上漂"的生活，长期与岸上社会生活脱节，年龄普遍偏大、学历水平低、生存技能单一、社会关系网络弱、人力资本质量不高，退捕面临转产转业难、再就业难等实际困境，特别是在奉节、万州、酉阳、江北等区县的上岸"失地"渔民，受水利交通等基础设施建设规划的影响，还面临"耕地少、鱼禁捕、林禁入"等就业障碍。据调研，长江干流某区县共有退捕渔民345人，其中年龄50岁以上的265人，占比高达77%；初中及以下学历331人，占比高达96%；退捕渔民中实现稳定就业的245人，接近30%的退捕渔民未实现稳定再就业。即使实现再就业渔民仍大量存在就业质量不高、社保缴纳层次低等实际问题，再加上各区县相关负责单位在具体宣传、执行中央政策时，并不能与当地实际有效衔接，未对上岸渔民进行长期合理安置，存在新型群体返贫上访风险。

（三）"三无"及自用船舶管理有待规范

受水上非法交通、违规修理、非法捕鱼等利益驱使，长江干流部分水域盘踞各类"三无"船舶，给沿江生态环境和水上交通安全带来严重隐患。在部分偏远农村地区，使用农用船或货船进行非法捕捞的行为屡禁不止。据调研，长江干流某区县自 2020 年 12 月 3 日开始对辖区内"三无"船舶开展专项排查工作，截至 2021 年 5 月，共查出"三无"船舶 149 艘、自用船舶689 艘。目前，已规范处置"三无"船舶 145 艘，仍有 4 艘因未达成一致而未拆解；自用船舶作为农户的交通船或农用船，仍有不少船舶未按规定进行上牌，自用船舶农户仍未签订禁捕承诺书，还有一些货船会在运输过程中实施非法捕捞，存在涉渔隐患。

（四）休闲垂钓难管理

2021 年 9 月，市农业农村委印发《重庆市禁捕水域休闲垂钓管理办法（试行）》，对禁钓区、禁钓期、钓获物进行了明确规定，以此规范广大市民的休闲垂钓行为，维护禁捕管理秩序。由于宣传不到位、社会知晓度不高，部分区间违规垂钓行为仍屡禁不止，存在一人多杆、使用禁止诱饵、视频杆等违法现象。加之休闲垂钓分布分散，要达到渔政执法"渔获物+渔具+捕鱼行为"兼备的执法要求，公安机关实施抓捕和固定证据存在较大困难，管理打击难度大，警示和惩戒效果有限。

（五）不法分子顶风作案时有发生

随着禁渔后鱼类生物资源的恢复，一些不法分子受利益诱使，趁机返江捕鱼。特别是重庆市与贵州、湖南等地交界的渝东南地区，不法分子利用偏远江面水流复杂、交界地区执法协调机制不完善、各地禁捕力度不统一等漏洞开展团伙流动作案，给"十年禁渔"后续工作开展带来巨大挑战。2021年以来，重庆某区共查处非法捕捞刑事案件 37 起，查获涉案人员 53 人。其中 2021 年查获了以陈某为首的非法捕捞犯罪团伙，该团伙盘踞在长江干流重庆江津至巴南段，使用电鱼机、三层网等禁用渔具，2个月非法捕捞近20次，捕获渔获物1000余公斤，非法获利20余万元。

三　加强重庆"十年禁渔"工作的对策建议

（一）加快补齐执法能力短板

一是建议市农业农村委牵头，联合市编办、市人社局开展摸底调研，切实摸清各区县执法人员配备情况。市、区县编办严格按照《关于贯彻落实加强长江流域"一江两湖七河"渔政执法能力建设的指导意见的通知》要求核定编制，市农业农村委、市人社局督促长江干流区县通过招录、遴选等多种方式配齐配强执法人员，配备必要的护渔人员，建立协助巡护队伍，确保重庆市长江沿岸渔政执法机构全部达到"六有"标准。二是建议借鉴公安民警值班备勤制度，建立渔政执法人员轮班备勤、快速反应处置的工作保障机制。加强经费保障，确保重庆市每个渔业执法机构实现基础配备1辆渔政执法车，每个长江干流区县配备1架无人机、1套视频监控，多渠道筹集配备用于日常巡查的电动摩托车、头盔、巡查记录仪、对讲机、喊话器、反光背心、强光手电、雨衣雨鞋等装备，确保渔业渔政执法力量迅速到位。三是建议重点构建"人防+技防""专业队伍+社会共治""水上巡查+岸上整治""联合执法+交流共建"等"四个结合"禁渔机制，由市公安局、市农业农村委等部门联合肩负禁渔执法监管任务的各区县和部门，合理配置执法力量，在执法队伍中引入渔业专业人才，不断提升行政执法的专业性。同时，发动群众参与禁渔工作，构建"人人参与、人人共管"的网格化管理格局。推广奉节技防经验，让"会执法"变"慧执法"，加强渔政执法码头、重点水域远程监控、执法无人机、渔政船艇等装备和能力建设，实现全天候、无死角监管。

（二）做好退捕渔民生计保障

一是建议由市、区县农业农村委与人力资源和社会保障局指导长江干流沿江镇街建立退捕渔民信息资料库。加强退捕渔民跟踪走访，实时掌握退捕渔民生活现状，根据退捕渔民的实际情况分层分类地开展有针对性的帮扶。一方面，对年龄不大且有外出务工意愿的退捕渔民，相关部门组织开展烹饪、保洁、家政、护理、安保等技能培训，提升外出就业能力。另一方面，对年龄偏大要留在上岸地就业的退捕渔民，推荐到一些商超、物业、物流等公司从事保洁员或保安员等服务性工作，或推荐到生活区域附近工厂开展季节性务工。同时，对于谋事创业转型成功且有意愿的渔民，可考虑将其吸收纳入党组织，提升上岸渔民的政治荣誉感、自豪感，更好激发和带动其他上岸渔民谋事创业的激情。全力确保上岸渔民能够退得出、稳得住、能带头、能致富。二是建议由市农业农村委研究制定"重庆市护渔队标准化管理手册"，明确护渔队员的基本选聘条件、工作职责、工资标准、绩效考核等。各区县应根据自身实际编制护渔队管理手册，结合各地护渔面积、岸线、任务、难度等因素，合理确定各地的护渔人员数量，对全市护渔人员进行统一规范又差异化的指导和管理。长江干流区县针对退捕渔民设置公益性"禁渔"岗位，充分利用退捕渔民熟悉水情、渔情的优势，加强对退捕渔民"禁渔"知识培训和技能培训，帮助退捕渔民尽快转变为护渔人员，形成一支支配齐配强、协助有力的巡护队伍。同时，整合与护渔队职能密切相关的河长制、林长制等生态公益岗位职能，探索生态公益岗位"一职多能、一岗多责"模式，充分发挥各类生态公益岗位效能。同时，考虑适当提高生态公益岗位人员的工资水平，通过"精兵简政"缓解基层政府在公益岗位安置上的财政支出压力。

（三）规范处置"三无"及自用船舶

一是建议市农业农村委在全市范围内对长江干流沿江区县集中开展一次"三无"船舶专项整治行动，彻底摸清全市"三无"船舶底数，根据实际情况进行分类规范，确保"三无"船舶清零。二是建议市农业农村委在全市范围内对长江干流沿江区县集中开展自用船舶摸底调查，指导各区县督促自用船舶主签订禁捕承诺书，推动自用船舶全部登记上牌，实现自用船舶的规范管理。三是指导长江干流沿江区县建立长江禁渔期渔船管理台账，落实"集中停靠""定人联船""定期点船"等管理措施，从根本上杜绝非法捕捞隐患。

（四）严厉打击涉渔违法行为形成震慑

一是加强长江干流沿江区县联动和跨部门协同，采用白天检查与夜间检查相结合、正常检查与突击检查相结合的方式，不定期与交通、水利、环保、公安、农业、应急、城管等行业部门开展联合执法，加强对涉渔违法行为高发区域的联合执法检查，重点加强对省市、区县、镇街交界地区的管护，在省级层面加强与贵州、湖南等地的联系，实现对秀山、彭水、酉阳等地偏远小流域违法捕捞的一体化联合监管。对顶风作案的涉渔违法行为从严、从快、从重打击，加强行政执法和刑事司法衔接，对涉嫌犯罪的案件及时移送，形成强大的社会震慑力。二是针对长江流域屡禁不止的垂钓行为，建议由市农业农村委联合相关部门开展规范垂钓专项整治行动，形成一批典型案例，以典型案例宣传鼓励广大垂钓者规范垂钓行为。同时，向广大群众宣传相关法律法规，告知群众休闲垂钓政策、公安机关举报方式和途径，鼓励群众踊跃举报涉及非法捕捞的行为。三是针对江鲜河鲜上桌现象，按照"打团伙、捣窝点、斩链条"的思路，有序开展专项执法检查，从源头上阻断、在过程中砍断，引导社会在"水上不捕、市场不卖、餐馆不买、群众不食"方面形成共识，真正杜绝非法捕捞渔获物市场销售行为。

（五）强化"十年禁渔"工作区县考核

一是探索建立"十年禁渔"工作科学考核体系。建议由市农业农村委牵头建立健全资源调查监测体系，定期对长江水生生物开展监测，强化监测结果应用；建立长江水生生物完整性指标评价体系，加大客观指标的考核权重，量化细化考核指标，科学评估禁渔成果。二是目前重庆市已将"十年禁渔"工作纳入河长制考核，建议进一步纳入长江干流沿江区县、镇街年度绩效考核，适时实施"一票否决"。

参考文献

《习近平：高举中国特色社会主义伟大旗帜 为全面建设社会主义现代化国家而团结奋斗——在中国共产党第二十次全国代表大会上的报告》，2022年10月16日。

《农业农村部关于长江流域重点水域禁捕范围和时间的通告》，2019年12月27日。

《关于加强长江流域"一江两湖七河"渔政执法能力建设的指导意见》，2020年11月7日。

盛方富、李志萌、龚梦玲：《长江"十年禁渔"长效机制建构研究》，《生态经济》2023年第6期。

B.28
重庆市碳排放权交易形势分析与展望

李雪梅 简高武 杨涛*

摘 要: 碳排放权交易市场是助推实现碳达峰碳中和目标的重要工具，对推动经济社会绿色转型具有重要作用。我国先后启动了包括重庆在内的8个省市碳排放权交易试点，为全国碳市场的建设运行探索路径。经过十年的发展，重庆碳市场试点不断深入，取得一定成效。本报告通过对重庆碳排放权交易市场运行现状进行梳理和总结，发现重庆碳排放权交易市场面临碳市场法律体系不健全、碳交易活跃度不够、地方碳市场规模逐渐萎缩、缺乏市场评价体系、碳市场能力有待提高等问题，下一步应推动重庆碳交易立法、谋划扩大纳入领域、加强碳金融创新、研究设立碳市场发展基金。

关键词: 碳市场试点 碳排放权交易 碳市场建设 重庆

碳排放权交易市场，指将碳排放的权利作为一种资产标的，来进行公开交易的市场。碳市场通过配额总量控制、价格调节，形成具有约束和激励作用的市场体系。碳市场可分为强制减排市场和自愿减排市场。强制碳市场是碳市场运行的核心，自愿减排市场是碳市场的重要补充。国家采取试点先行、稳步发展的思路推进我国碳排放权交易市场建设。2011年启动地方试点，2021年完成全国碳市场建设，目前已形成了1个全国碳市场、8个地方

---

* 李雪梅，重庆市生态环境局，高级工程师，负责碳市场管理工作；简高武，重庆市应对气候变化发展中心（重庆资源与环境交易中心），高级工程师，负责碳排放管理及碳交易技术支撑工作；杨涛，重庆联合产权交易所集团股份有限公司，高级工程师，负责碳排放权交易工作。

试点碳市场并行的基本格局。为发挥地方试点示范作用，2011 年国家批准在北京、天津、上海、重庆、广东、湖北、深圳 7 省市启动碳排放权试点，2016 年福建省作为生态文明改革试验区加入试点范围，2021 年生态环境部明确地方不应再建设新的区域性碳市场，由此，重庆碳市场成为西部地区唯一地方试点碳市场。各试点省市组建机构、搭建平台、构建体系，结合地方实际设定了碳市场管理纳入门槛和行业范围，相继于 2013~2014 年启动交易。试点市场覆盖了电力、钢铁、水泥 20 多个行业近 3000 家重点排放单位。截至 2023 年 9 月底，8 个试点省市碳市场累计配额成交量约 6.24 亿吨二氧化碳当量，成交额约 174 亿元。

一　重庆碳市场建设历程

2011~2014 年，筹划建设阶段。2011 年，重庆获批成为全国碳排放权交易试点城市。2014 年 4 月，《重庆市碳排放权交易管理暂行办法》（渝府发〔2014〕17 号）印发，6 月正式启动交易。同时，重庆市碳排放权交易中心（挂靠在重庆联合产权交易所）揭牌，获准成为全国 9 个温室气体自愿减排交易机构之一。

2015~2018 年，试点运行阶段。初期纳入温室气体排放量规模 2 万吨/年以上的工业企业 242 家。因配额分配宽松、监管约束弱等因素，交易量、交易价格在各试点碳市场中排名靠后。

2019~2021 年，体系完善阶段。2019 年重庆碳市场管理职能由发展改革委部门转隶至生态环境部门，2021 年上线重庆"碳惠通"生态产品价值实现平台，建立起本地自愿减排量交易机制，交易品种增加重庆"碳惠通"核证自愿减排量（CQCER），体系更加完善。配额分配进入紧缺阶段，加上狠抓履约等因素，履约率从 63% 提升到 95% 以上，交易量价齐升，2021 年度交易量在国内试点碳市场中排名第二。为了缓解市场供需矛盾，首次组织政府储备配额有偿出让。由于"关停并转"和发电行业重点排放单位转入全国碳市场等，纳入重点排放单位减至 152 家。

2022 年以来，扩容升级阶段。全面修订升级原有政策，构建全新政策体系。2023 年 2 月印发修订后的《重庆市碳排放权交易管理办法（试行）》，6 月公告温室气体排放量纳入标准由 2 万吨/年调整为 1.3 万吨/年，7 月公布了扩容后 308 家重点排放单位名单。随着新政策逐步落地，交易恢复活跃，9 月成交碳配额 175 万吨，居全国 8 个地方试点碳市场首位（见图1），累计交易额突破 10 亿元。

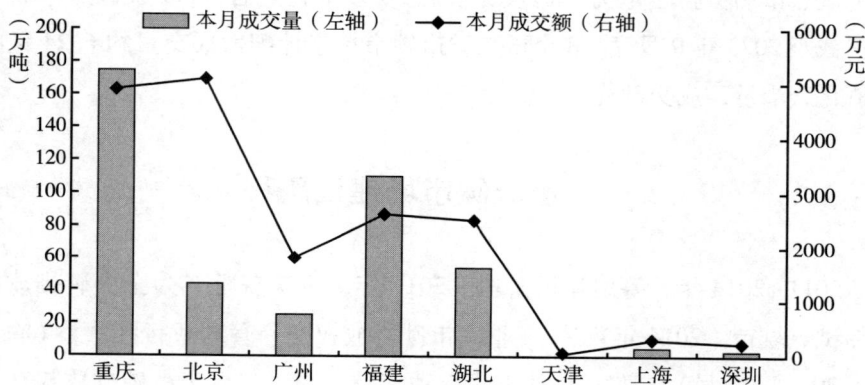

图1　试点碳市场 2023 年 9 月配额成交对比

资料来源：各试点碳市场交易机构。

二　重庆碳市场建设的主要做法及成效

2011 年获批试点后，重庆碳市场从无到有，已运行 10 个履约年度，逐步形成制度体系、运行体系、保障体系等方面经验，为继续推进碳市场发展打下了坚实基础。截至 2023 年 9 月，重庆碳市场累计成交配额约 4044 万吨，累计交易金额约 9.0 亿元，累计配额交易均价 22.3 元/吨，2023 年配额成交均价为 29.2 元/吨（见表1、表2）。随着碳金融市场的逐步发展，众多投资机构和个体积极参与，重庆碳市场投资机构和个人开户数量已增长至近千户。

表 1 重庆碳市场及试点碳市场配额交易情况

省市	累计配额交易量（万吨）	排名	累计配额交易金额（亿元）	排名	累计配额交易均价（元/吨）	排名	2023年配额交易均价（元/吨）	排名
北京	5287	4	26.3	3	49.7	1	98.8	1
上海	4872	5	12.5	5	25.7	3	60.8	3
天津	3753	7	9.6	6	25.6	4	32.1	6
重庆	4044	6	9.0	7	22.3	7	29.2	7
湖北	10819	2	27.1	2	25.0	6	41.6	5
广东	22082	1	61.6	1	27.9	2	77.8	2
深圳	7333	3	18.5	4	25.2	5	58.1	4
福建	3676	8	8.1	8	22.0	8	22.8	8

资料来源：重庆碳排放权交易中心。

表 2 2014~2023 年重庆市碳市场交易数据汇总

年份	成交量（万吨）	成交金额（万元）	碳排放权均价（元/吨）	其中：碳配额成交量	其中：碳配额成交金额	配额均价（元/吨）	其中：CCER成交量	其中：CCER成交金额	CCER均价（元/吨）	其中：CQCER成交量	其中：CQCER成交金额	CQCER均价（元/吨）
2014	12.5	384.3	30.7	12.5	384.3	30.7	0	0	—	0	0	—
2015	22.1	347.7	15.7	22.1	347.7	15.7	0	0	—	0	0	—
2016	46.0	366.5	8.0	46.0	366.5	8.0	0	0	—	0	0	—
2017	743.7	1675.4	2.3	743.7	1675.4	2.3	0	0	—	0	0	—
2018	26.9	117.5	4.4	26.9	117.5	4.4	0	0	—	0	0	—

续表

年份	成交量（万吨）	成交金额（万元）	碳排放权均价（元/吨）	其中：碳配额成交量	其中：碳配额成交金额	配额均价（元/吨）	其中：CCER成交量	其中：CCER成交金额	CCER均价（元/吨）	其中：CQCER成交量	其中：CQCER成交金额	CQCER均价（元/吨）
2019	140.1	2437.2	17.4	140.1	2437.2	17.4	0	0	—	0	0	—
2020	191.8	2798.0	14.6	191.8	2798.0	14.6	0	0	—	0	0	—
2021	1993.7	49044.8	24.6	1621.5	43487.3	26.8	181.4	1564.6	8.6	190.9	3992.9	20.9
2022	822.7	26316.7	32.0	687.3	22399.1	32.6	3	124.5	41.5	132.4	3793.0	28.6
2023	587.4	17535.1	29.9	551.7	16127.6	29.2	0	0	—	35.6	1407.4	39.5
合计	4586.9	101023.2	22.0	4043.6	90140.6	22.3	184.4	1689.1	9.2	358.9	9193.3	25.6

注：2023年数据截至9月底。

资料来源：重庆碳排放权交易中心。

（一）建章立制推试点

在制度设计方面，试点之初建立了"1+3+N"的碳市场制度框架体系（"1"为碳排放权交易管理办法，"3"为配额管理细则、碳排放报告与核查细则、交易细则，"N"为系列配套制度），2022年开始开展碳市场制度改革工作，2023年2月起陆续修订印发了《重庆市碳排放权交易管理办法（试行）》《重庆市碳排放配额管理细则》《重庆市碳排放核查技术指南》《重庆市企业温室气体排放核算方法与报告指南》等政策文件和技术规范，进一步完善了管理体制、衔接了全国碳市场、调整了名录管理、优化了分配方式、强化了监督管理，碳市场制度体系日趋完善。在覆盖范围方面，重庆碳市场以工业企业为控排范围，覆盖七种主要温室气体：二氧化碳（CO_2）、甲烷（CH_4）、氧化亚氮（N_2O）、氢氟碳化物（HFCs）、全氟碳化物（PFCs）、六氟化硫（SF_6）和三氟化氮（NF_3），是试点碳市场中唯一管控七种主要温室气体的省市。在管理体系方面，形成市委市政府统一领导、市生态环境局牵头、其他有关部门配合、各区县属地负责的碳市场管理格局，落实重庆市应对气候变化发展中心（重庆资源与环境交易中心）、重庆联合产权交易所分别承担碳排放权登记机构和交易机构职责，实现全市统一登记管理和交易结算模式。

（二）多措并举促改革

创新配额分配方式，市生态环境局会同市财政局出台碳排放配额有偿发放工作方案，共实施3次配额有偿发放，累计发放配额量1159万吨，累计成交金额3.36亿元。创新自愿减排交易机制，建成全国首个集碳履约、碳中和、碳普惠于一体的重庆"碳惠通"生态产品价值实现平台，截至2023年9月底已注册登记75家企业，注册用户突破150万，备案非水可再生能源、绿色建筑、林业碳汇等六大类型方法学共13个，低碳场景达到15个，重庆"碳惠通"核证自愿减排量（CQCER）累计成交358.9万吨、9193.3万元。创新开展碳金融服务，出台《重庆市碳排放配额抵（质）押融资业务指南（试行）》《重庆市林业碳汇预期收益权抵（质）押贷款业务指南（试行）》，搭建服务平台，中信银行、重庆银行、重庆农村商业银行等金融机构积极参与，10家次企业质押碳配额42.46万吨，贷款5.46亿元。培育碳市场参与主体，规范引入证券公司，自营参与碳排放权交易超70万吨。作为西部唯一省市参与全国碳市场联建联维，由重庆发展投资有限公司代表重庆市作为股东出资参与全国碳排放权交易机构和全国碳排放权登记结算机构联建。

（三）强化监督保质量

强化日常监管，采取"双随机、一公开"的方式对重点排放单位碳排放及配额履约清缴情况进行监督检查。强化交易监管，对违规参与市场交易的市场主体采取有效的监管，保证市场的公平性。强化数据质量监管，建立对核查技术服务机构的考评制度，公开考评结果，提高碳核查数据质量。强化履约监管，将重点排放单位碳配额清缴情况纳入企业环境信用评价体系，并公开重点排放单位年度碳排放配额清缴情况。改革第三方核查机构遴选方式，由"短名单"制调整为公开招投标，保证客观公正。

（四）能力建设强保障

以重庆联合产权交易所为载体组建了重庆碳排放权交易中心，获批西部首个全国碳市场能力建设（重庆）中心。推动重庆市生态环境局直属事业单位重庆市应对气候变化发展中心（重庆资源与环境交易中心）全面参与，开展碳排放权注册登记、碳排放核查（复核）、配额分配、履约管理等系列工作，强化技术支撑。每年开展三方核查机构、控排企业及生态环境系统有关人员培训，初步培育了一批本地碳市场相关专业服务企业，吸引了一批碳减排、碳核算、碳认证等国内知名服务企业在渝开设分支机构。在系统建设方面，参照全国碳市场做法，登记系统和交易系统分开管理、独立运行。配合碳市场制度改革工作，打造数字化"双碳"管理平台，完成重庆市碳排放业务管理系统和碳排放权交易系统升级，上线新版"重庆碳排放权交易中心"网站，实现在新制度体系下企业碳排放报告、碳排放核查、碳排放权登记与交易等工作一体化管理和全流程线上综合服务。

三 重庆碳市场发展存在的主要问题

（一）碳市场法律体系不健全

重庆碳市场尚无法律支撑，建设运行的主要依据只是市政府一般规范性文件，对企业的约束力有限，不利于碳排放交易制度的推行和整体功能的发挥。以对企业未按时履约行为的惩处措施为例：原《重庆市碳排放权交易管理暂行办法》仅规定公开通报、3年内不得享受相关财政补助资金及不得参与相关评先评优活动等措施；修订后的《重庆市碳排放权交易管理办法（试行）》仅规定纳入企业环境信用评价体系；北京、深圳等地方碳市场已开展了碳交易立法。

（二）碳交易活跃度不够

由于政策性强、交易产品单一等多方面因素，全国碳市场和8个地方碳市场普遍存在市场流动性不足、活跃度不够的问题，重庆碳市场这方面问题同样突出，影响碳价发现和市场机制作用的发挥。重庆碳市场发挥的功能还局限于满足控排企业的履约需求，参与机构投资者有270余家、个人投资者400余人，交易量价在试点碳市场中多年处于下游位置。

（三）地方碳市场规模逐渐萎缩

全国碳市场纳入发电行业企业后，计划逐步纳入建材、钢铁、有色、石化、化工、造纸等其他行业企业。纳入全国碳市场的企业原则上不再参与地方碳市场，随着全国碳市场覆盖范围的扩大，地方碳市场规模将逐步萎缩。尚待研究继续降低纳入门槛增加工业企业数量，以及将城乡建设、交通运输等领域排放源纳入市场。北京、上海、深圳已将交通运输、建筑、服务业等非工业企业纳入碳市场，北京、广东、福建、深圳碳市场纳入门槛已等于或低于重庆。

（四）缺乏市场评价体系

重庆碳市场交易制度、交易机制、交易体系基本建立，市场运行整体良好，但在市场运行效果以及碳市场对重点排放单位碳减排的促进作用等方面还缺乏定量的指标评价体系和评价结果，不利于市场运行不断改进和良性发展。运行过程中公开信息主要围绕交易数据，其他信息公开较少，未常态化发布碳市场年度报告，不利于控排企业、投资机构和个人等市场主体把握碳市场动向。

（五）碳市场能力有待提高

人员配备方面，碳市场建设涉及气候、环境、金融、法律等多个领域，深层次问题研究欠缺，缺乏研究型专业技术支撑团队。资金保障方面，地方碳市场在政策研究、建设运行、人才培养等方面缺乏专项资金支持，不能有效支撑地方碳市场长远健康发展。专业服务方面，企业排放信息核算、减排方案策划、排放核查、碳资产管理、碳交易咨询等都需要专业知识与服务，经调研发现，目前检测、咨询、核查等专业服务方面机构和人员合格有效供给不足。

四 对策建议

一是推动重庆碳交易立法。国家正加快出台"碳排放权交易管理暂行条例"，能够很好支撑全国碳市场建设，也将为地方碳市场提供立法依据。顺势推动重庆碳交易立法，有望补上重庆碳市场法律支撑不足的短板。

二是谋划扩大纳入领域。衔接全市经济社会发展情况和"双碳"目标要求，结合全国碳市场扩大行业进度，研究将交通、建筑、数据中心等领域纳入地方碳市场。建立市场运行成效评价指标体系，构建模型综合评价市场运行效能，推动市场机制迭代升级。

三是加强碳金融创新。加快碳配额回购、碳远期、碳置换等碳金融产品设计与开发，帮助企业盘活碳资产。推动绿色金融改革创新试验区建设，建立"碳账户"，加快形成以"碳账户"为核心的碳金融生态。

四是研究设立碳市场发展基金。有效运用碳市场碳配额有偿发放等收入撬动财政资金和多元社会资金进入绿色低碳领域，推动建立基于碳市场发展基金的政府碳配额回购机制，落实专项资金支持碳市场能力建设。

B.29
"双碳"目标下重庆推进林业碳汇资源
开发利用形势分析与对策建议[*]

吕　红[**]

摘　要： 森林是提升区域碳汇能力的主要类型，也是"两山"转化的重要途径。重庆市森林资源丰富，重视林业碳汇开发对助力"双碳"目标实现和美丽重庆建设具有现实意义。相比于其他省市，重庆市在林业碳汇资源开发的实践探索中面临资源本底不清、开发能力不足、亟待完善开发制度和增强市场主体开发能力等系列挑战，因此提出尽快开展林业碳汇资源普查、加快打造林业碳汇应用场景、组织开发符合重庆实际的方法学、推动完善林业碳汇资源开发机制等建议。

关键词： "双碳"　林业碳汇　生态产品价值实现

"林业碳汇"指通过植树造林、森林管理等活动，将地表大气中的二氧化碳"吸收"并固定到树木或土壤里，增加"额外性"碳汇的一种机制。增加的额外碳汇量可按照相关规则监测、计量、核证后交易创造经济效益。林业碳汇是实现"双碳"目标的途径之一，也是森林生态系统实现经济价值的一种手段。2022年3月，习近平总书记在首都义务植树活动中指出"森林是水库、粮库、钱库，现在应该再加上一个碳库"。党的二十大报告要求"提升生态系统碳汇能力"。重庆森林资源丰富，加强

---

　　* 本文系重庆社会科学院自主项目"碳达峰碳中和理论研究与路径探索"阶段性研究成果。
　　** 吕红，重庆社会科学院生态与环境资源研究所副所长，重庆市首批新型重点智库"生态安全与绿色发展研究中心"研究员，主要研究方向为资源与环境政策、应对气候变化。

林业碳汇资源开发，对助推"双碳"目标实现和美丽重庆建设均具有重要的现实意义。

一 我国林业资源及林业碳汇开发情况

（一）我国森林资源总体较为丰富

森林生态系统包含的物种多、功能丰富，是陆地上最复杂和庞大的生态系统，林业碳汇是高质量实现"双碳"目标的必要手段。中国科学院研究结果显示，2001~2010年，我国森林生态系统碳汇量约占全国陆地生态系统碳汇总量的81.3%。国家温室气体清单指南数据显示，2014年我国林地碳汇量每年为8.4亿吨二氧化碳，约占全国陆地碳汇总量的80.7%。《2022年中国国土绿化状况公报》表明，我国森林面积2.31亿公顷，森林覆盖率达24.02%，草地面积2.65亿公顷，草原综合植被覆盖度达50.32%，是全球森林资源增长最多的国家。《中共中央　国务院关于完整准确全面贯彻新发展理念做好碳达峰碳中和工作的意见》提出"要持续巩固提升生态系统碳汇能力，到2025年森林覆盖率达到24.1%，森林蓄积量达到180亿立方米；到2030年，森林覆盖率达到25%左右，森林蓄积量达到190亿立方米"。预计到2035年，我国森林覆盖率将达到26%、森林蓄积量达到210亿立方米、天然林面积保有量稳定在2亿公顷左右。

（二）我国林业碳汇开发实践探索

1. 林业碳汇开发政策体系持续完善

我国林业碳汇开发在政策层面大致分为两个阶段：2007~2020年探索阶段、2021年至今全面推进阶段。

2007~2020年探索阶段。2007年，我国发布《中国应对气候变化国家方案》，提出"通过继续实施植树造林、退耕还林还草、天然林资源保护、农田基本建设等政策措施和重点工程建设，到2010年，努力实现森林覆盖率达到20%，力争实现碳汇数量比2005年增加约0.5亿吨二氧化碳"。2012年6月，国家发改委颁布《温室气体自愿减排交易管理暂行办法》，标志着我国林业碳汇资源开始开发，文件明确经备案核证后的自愿减排量（CCER）可参与碳交易，其中林业碳汇是CCER备案核证的主要项目类型。2014年印发《国家应对气候变化规划（2014—2020年）》，明确要求"增加森林及生态系统碳汇"。但由于其在实施过程中存在项目不规范、减排备案远大于抵消速度、交易空转过多等问题，2017年发改委宣布暂停CCER项目备案审批。

2021年至今全面推进阶段。2021年4月，中共中央办公厅、国务院办公厅印发《关于建立健全生态产品价值实现机制的意见》，提出探索碳汇权益交易试点。2021年10月，国务院新闻办公室发表《中国应对气候变化的政策与行动》白皮书，提出"统筹推进山水林田湖草沙系统治理，严格落实相关举措，持续提升生态碳汇能力""巩固提升森林、草原、湿地生态系统碳汇能力"。2021年10月，国务院发布《2030年前碳达峰行动方案》（国发〔2021〕23号），部署碳汇能力巩固提升行动，明确要求建立健全能够体现碳汇价值的生态保护补偿机制，研究制定碳汇项目参与全国碳排放权交易相关规则等。2023年7月7日，生态环境部气候司发布《关于公开征求〈温室气体自愿减排交易管理办法（试行）〉意见的通知》，同月，全国统一的CCER交易系统上线并开通开户功能。对于林业碳汇项目，办法提出，2017年3月14日前已获得备案的林业碳汇减排量仍在北京绿色交易所等9家交易机构继续交易。2023年9月，中共中央办公厅、国务院办公厅印发《深化集体林权制度改革方案》，提出建立健全林业碳汇计量监测体系，形成林业碳汇核算基准线和方法学，支持符合条件的林业碳汇项目开发为温室气体自愿减排项目并参与市场交易，建立健全能够体现碳汇价值的生态保护补偿机制，林业碳汇在全国层面迎来新的发展机遇。

2.林业碳汇开发面上推进点上探索并行

我国林业碳汇开发实践分为全国核证自愿减排市场和地方（省、市）核证自愿减排市场两个层面。

在国家核证自愿减排市场（CCER），2017 年 3 月国家发改委暂停 CCER 备案申请之前，全国累计备案的林业碳汇 CCER 项目 15 个，主要分布在广东、河北和内蒙古等地。其中 2014 年 7 月广东长隆碳汇造林项目是全国获得备案的首个 CCER 项目，实施产生碳汇 34.7 万吨，交易收入可达 694.6 万元。2023 年 7 月 7 日，生态环境部气候司发布《关于公开征求〈温室气体自愿减排交易管理办法（试行）〉意见的通知》，同月，全国统一的 CCER 交易系统上线并开通开户功能，标志着全国 CCER 交易系统重新上线。据不完全统计，已签约涉及林业碳汇 CCER 项目有内蒙古自治区兴安盟突泉县众鑫林业投资有限公司与华能蒙东能源公司签订的林业碳汇增汇量交易合作协议，首批交易额 100 万元。内蒙古自治区鄂尔多斯市 CCER 林业碳汇开发项目，由中朴高科（北京）投资有限公司联合净零投资有限公司与乌兰陶勒盖村签订 CCER 林业碳汇开发合作协议，首批交易额为 200 万元等。

在地方核证自愿减排市场，较早开展的地方不多。以较早启动林业碳汇的省份之一浙江省为例，2010 年在杭州成立全国第一家林业碳汇交易试点平台——华东林权交易所，2011 年交易了全国首批 14.8 万吨林业碳汇。2021 年 6 月，浙江省发展改革委、省林业局发布《浙江省林业发展"十四五"规划》，提出持续加强林业碳汇能力，探索将林业碳汇纳入生态保护补偿范畴，推动省域范围森林碳汇增量横向补偿机制建立的规划建议后，2022 年 1 月开始启动林业增汇碳汇试点，公布了首批 4 个林业增汇试点县和 11 个林业碳汇先行基地，成立了全国首个县级竹林碳汇收储交易平台——安吉两山竹林碳汇收储交易中心，实现了碳汇县内交易和市内跨县交易。2022 年底，浙江省安吉、衢州和丽水入选首批国家林业碳汇试点市（县）。

二　重庆林业资源及碳汇开发情况

（一）重庆林业资源丰富

森林、草原、湿地等陆地生态系统具有固碳增汇功能，且陆地碳库约为大气碳库的 3 倍，是减缓大气二氧化碳浓度上升和全球气候变暖的有效途径。截至 2022 年，重庆森林覆盖率为 55.04%，在西部地区位居贵州、广西、云南之后排名第 4 位，在全国排名第 10 位。相较于 2017 年全市森林覆盖率增加 8.74 个百分点。2022 年，全市森林面积 0.045 亿公顷，森林蓄积量为 2.5 亿立方米，比"十三五"末净增 900 万立方米。森林植被总碳储量 1.19 亿吨，与"十二五"末相比增加约 0.165 亿吨，年均增长 3.2%，森林年碳汇量约 0.12 亿吨。2022 年 4 月，重庆市委、市政府印发《关于完整准确全面贯彻新发展理念做好碳达峰碳中和工作的实施意见》提出，到 2025 年全市森林覆盖率达 57%，森林蓄积量达 2.8 亿立方米；到 2030 年森林覆盖率保持稳定，森林蓄积量达 3.1 亿立方米，并要求巩固生态系统碳汇能力，提升生态系统碳汇增量。2023 年 5 月，重庆市人民政府、国家林业和草原局联合印发《重庆市科学绿化试点示范市建设实施方案》，提出到 2025 年，实施造林 285 万亩以上，森林质量精准提升 1000 万亩，森林覆盖率稳定在 55% 以上，森林蓄积量达到 2.8 亿立方米的目标，重庆林业资源具备较好开发基础。

（二）重庆林业碳汇开发情况

相比于较早开展林业碳汇开发及交易的省份，重庆林业碳汇资源开发总体仍处于初步发展阶段，目前在国际和国内碳减排市场尚无可交易的林业碳汇项目。

林业碳汇开发和交易方面，2016 年，重庆在永川区开展桢楠碳汇造林项目开发试点，项目造林规模 5500 余亩，经初步估算，项目第一个周期 20 年计入期内，预计产生碳汇量约 8.74 万吨二氧化碳当量。2021 年，市林业局与市发展改革委联合印发《关于推进我市林业碳汇交易工作的指导意见》，提出建立林业碳汇计量监测体系，积极推进重庆 CDM 林业碳汇项目、林业碳汇自愿交易项目的开发和交易。2021 年 10 月，重庆市上线"碳惠通"生态产品价值实现平台，将林业碳汇纳入核证自愿减排量（CQCER）开发范畴。截至 2022 年底，重庆仅签发广阳岛碳汇造林项目 1 项，实现碳汇 119 吨，用于岛内自身碳中和。2023 年 8 月，中林集团所属重庆林投公司"重庆巫溪县和城口县森林经营碳汇项目"顺利通过审核备案，项目位于重庆林投公司下属巫溪林开公司、城口大巴山公司的经营林区，面积 10 万亩，计入期为 20 年，通过林分抚育、补植补造等营林措施，增强森林的生态功能，预计产生总减排量 48.4 万二氧化碳当量，年均 2.4 万二氧化碳当量，是重庆首个获得备案的国储林"碳惠通"项目，为增强重庆国家储备林森林资源的碳汇能力提供示范。

在监测与核算体系完善方面，2023 年《重庆市碳排放权交易管理办法（试行）》（渝府发〔2023〕6 号），提出研究制定林业生态产品价值核算规范，将林业碳汇项目开发试点纳入全市林业改革工作要点，定期开展全市林草生态综合监测。2023 年 7 月，市规划和自然资源局、市林业局印发《重庆市生态系统碳汇能力巩固提升行动方案（2022—2030 年）》，提出到 2025 年，基本摸清全市生态系统碳储量本底和增汇潜力，初步建立生态系统碳汇监测评估与计量核算体系；到 2030 年，不断完善生态系统碳汇调查监测与计量核算体系，生态保护修复取得显著成效，生态系统碳汇能力稳步提升。未来，重庆市林业碳汇开发重点为开展全市森林碳储量和碳汇量调查和评估、探索林业碳汇方法学开发、依托重庆市碳排放权交易中心和"碳惠通"平台开展林业碳汇产品交易等内容。

三　重庆林业碳汇开发面临的挑战

重庆森林资源丰富，但受"额外性"限制，并非所有森林资源都能转化为碳汇并实现经济价值。目前，重庆林业碳汇开发面临四大挑战。

（一）重庆林业碳汇资源本底不清

重庆的林业碳汇研究基础相对薄弱，对全市各种森林、草地、湿地等生态系统碳储量和碳汇对生态系统的碳储量、碳汇速率、过程机理和服务功能缺乏足够了解。一是尚未对森林、草地、湿地等生态系统碳汇资源本底进行全面调查，全市生态系统的碳储量以及可供开发的碳汇量还未实现可量化的基础。二是尚未积累建立起一套符合本地实际的系统估测方法，对生态系统碳汇价值评价缺乏量化的条件和能力。

（二）林业碳汇资源开发能力不足

一是林业碳汇资源管护要求较高。林木具有一定的生命周期和生长规律，碳汇形成也有自身的周期和规律。通常在中幼林时期固碳能力逐渐增强，成林期后固碳能力减弱。重庆林业碳汇资源主要集中在渝东北和渝东南地区，大部分森林资源已经固化，因管护要求限制难以逐渐更新，新增碳储量较小。二是林业碳汇类项目开发方法学较少。目前仅有碳汇造林、竹子造林、森林经营、竹林经营、可持续草地管理 5 类方法学可供选用，且对项目资格条件限制严格，监测水平要求高、碳汇核算方式复杂，加上具备丰富开发经验的专业机构不多，导致碳汇项目开发难度较大、周期较长。

（三）林业碳汇开发制度亟待完善

林业碳汇开发涉及林业建管、资源开发、碳汇交易等多个环节。生态环境部门需要对碳汇资源交易的要求和规则进行指导，自然资源、林业等主管部门需要深刻了解掌握碳汇项目的内涵外延和通行的测算规则，牵头统筹组织实施碳汇资源的整合、开发和监督。另外，重庆虽依托"碳惠通"平台打通了包括林业碳汇在内的生态产品价值实现路径，但促进林业碳汇开发交易的政策法规、技术标准、计量监测等制度仍需按国家新的政策和要求不断完善，配套的技术手段、服务水平、队伍建设等基础保障仍需进一步加强和规范。特别是在探索推进竹林碳汇开发管理机制创新、技术研发和市场建设方面，还需要学习借鉴先进地区的经验。

（四）林业碳汇市场主体有待培育

林业碳汇开发专业性较强，《联合国气候变化框架公约》对碳汇项目开发有明确的认定标准和规则，林业碳汇开发本身涉及 CCER 方法学的问题，涉及一系列上市流程问题，需要通过第三方机构对碳汇资产的定性审定和定量核定，开发主体需要具备专业的碳汇开发及运营管理能力的团队或者机构来处理符合 CCER 标准的森林资源证券化相关的一系列问题，对专业知识和开发能力要求相对较高。相比于浙江、福建等林业碳汇资源开发地区，目前，具备高水平开发能力的重庆市场主体还有待培育。在建管环节，主要有林投公司、区县平台公司、各村集体三类。其中林投公司主要实施重庆国家储备林项目，在林业资源开发方面以"林业+"产业为主，较少涉及碳库建设和碳汇资源开发。区县平台公司、村集体和林农的建管水平十分有限。在林业碳汇项目开发环节，目前市场主体小而散，市场行为也有待进一步规范。另外，重庆具备林业碳汇审核认定的机构也较少。

四 推动重庆林业碳汇资源开发的对策建议

（一）统筹抓好森林碳库建设，健全机制体制

一是建议市"双碳"领导小组办公室牵头，锚定"双碳"目标，统筹好开发与保护、提效与增汇；把森林碳库建设纳入"双碳"工作统一部署、统一推进，健全规章制度，理顺管理机制。二是市规划自然资源局、市林业局等制定全市生态系统碳汇能力巩固提升行动方案，把森林碳库建设作为重点任务，细化措施、明确路径。对标重庆"双碳"目标，梳理形成一批重点碳汇工程，分步实施。三是市林业局牵头做好森林、草地、湿地资源保护建设，稳步提升森林覆盖率；科学培育森林，宜抚则抚、宜造则造、宜封则封；优化森林"固碳"树种，提升森林碳库质量；加强森林管护，避免发生森林火灾，减少无谓碳排放。四是市发展改革委、市规划自然资源局、市林业局推动川渝跨流域跨区域生态保护合作，提高区域森林生态系统质量和碳汇能力。

（二）深化林业碳汇机制研究，开展资源普查

一是市林业局、市科技局等牵头组织开展森林碳汇、碳源转化的影响因

素、作用机理、过程机制及固碳效应研究，形成固碳潜力测算方法。二是市规划自然资源局、市林业局、市生态环境局等探索开展森林、草地、湿地岩溶等生态系统碳储备量本底调查、碳汇能力评估和潜力分析、生态保护修复碳汇成效监测评估，推进生态系统资源监测，构建生态系统碳汇资源数据库。准确掌握全市生态系统碳库储量、分布特征、影响因素、演化趋势等。三是市发展改革委、市林业局协同四川省自然资源厅、省林草局等开展森林、湿地等碳汇本底调查和碳储量评估，探索林业资源普查区域合作机制。

（三）加快推动林业碳汇开发，实现资源变现

一是借鉴福建等地先进做法，市生态环境局牵头建好用活"碳惠通"生态产品价值实现平台，加快打造林业碳汇应用场景，为林业碳汇增值变现发挥好平台作用的同时，提高平台的影响力和知名度。二是市林业局、市生态环境局推动组织开发符合重庆实际的方法学，制定好林业碳汇开发"准绳"。鼓励符合林业碳汇方法学的生态林建设参与林业碳汇项目，推动形成林业生态资产化示范，形成带动效应。三是市生态环境局、市金融监管局等做好林业碳汇市场建设，建立健全以碳履约、碳中和、碳普惠为导向的林业碳汇消纳市场，探索建立林业碳汇国际交易合作路径。四是市生态环境局、中国人民银行重庆营管部等组织金融机构开发碳汇金融产品，开展林业碳汇质押信贷、融资租赁、碳远期等业务，增强林业碳汇的金融属性。

（四）加大市场主体培育支持力度，推动资源开发

目前，重庆林业碳汇资源市场总体规模偏小。在供给侧，鼓励市场主体做大做强；在需求侧，增加市场主体数量，共同推动林业碳汇市场增量提质。一是引进专业性强、开发经验丰富的国际国内企业积极参与重庆林业碳汇资源开发的全过程，带动林业碳汇市场蓬勃发展。二是支持村集体、区县平台公司、林业公司等开展市场化合作，推动重庆林业碳汇资源集约化管理和规模化开发。三是借鉴北京碳市场经验，适度降低碳交易市场进入门槛，将目前非管控的工业行业、服务业、公交地铁等公共服务单位，以及国有企

业等纳入碳交易市场管控，增加市场交易主体数量、增大碳汇需求。四是发挥"碳惠汇"交易平台作用，鼓励企业、团体和个人购买。

参考文献

曹先磊、程宝栋：《中国林业碳汇核证减排量项目市场发展的现状、问题与建议》，《环境保护》2018 年第 15 期。

方恺、李程琳等：《碳汇生态产品的科学内涵、价值评估与实现路径》，《中国环境管理》2023 年第 3 期。

牛玲：《碳汇生态产品价值的市场化实现路径》，《宏观经济管理》2020 年第 12 期。

张伟伟、高锦杰：《碳汇林供给的经济条件分析——兼论政府在碳汇交易机制中的作用》，《东北师大学报》（哲学社会科学版）2019 年第 3 期。

B.30
重庆市改善农村人居环境的
成效经验、困难问题与政策建议

刘 明[*]

摘 要： 改善农村人居环境，是乡村振兴的第一场硬仗。重庆立足自身实际，坚持分类分档整治，以保留原自然风光、原村庄格局、原住民风俗、原民居特色为前提，创新工作举措，久久为功，农村人居环境整治成效进一步彰显，连续五年获得国务院督查激励，位于全国第一方阵。但还存在规划引领作用发挥不明显，"重面子轻里子""重建设轻管理""重点轻面线"等问题，下一步建议聚焦"把农民群众调动起来"这个前提，坚持"不调高胃口不提过高目标"这个原则，顺应"农村人口变化趋势"，以人口聚居地、产业集聚地、生态脆弱区为重点，分类分档整治，持续改善农村人居环境，不断满足农民群众对美好生活的向往，助力宜居宜业和美乡村建设。

关键词： 农村人居环境 和美乡村 重庆

改善农村人居环境，是实施乡村振兴战略的重要任务，是乡村振兴的第一场硬仗。2022年，重庆市坚持以习近平新时代中国特色社会主义思想为指导，深入学习贯彻习近平总书记关于改善农村人居环境的重要指示批示精神，认真贯彻落实党中央、国务院决策部署和市委、市政府工作要求，学习运用"千万工程"经验，在巩固农村人居环境整治三年行动成果基础上，

---

[*] 刘明，重庆市农业农村委员会人居环境与社会事业处处长。

紧扣农村人居环境整治提升五年行动各项重点任务，坚持分类分档整治，接续实施"千村宜居计划"，农村人居环境整治成效进一步彰显，连续五年获得国务院督查激励，位于全国第一方阵。

一　主要成效与创新举措

截至目前，全市成功创建市级美丽宜居乡村1482个，累计新改建户厕435万户，全市卫生厕所普及率达到85.55%，高于全国12.55个百分点（全国卫生厕所普及率为73%），累计建设农村公厕8161个；行政村生活垃圾收运处置体系都已实现全覆盖，行政村生活垃圾有效治理率为100%，高于全国10个百分点（全国行政村生活垃圾有效治理率为90%），累计开展生活垃圾分类的行政村达到4005个，占全市行政村总数的50.4%；以污水源头减量化、分级分类就地处理、生态循环利用为导向，积极推进农村生活污水治理工作，全市农村生活污水处理率达到39.7%，高于全国8.7个百分点（全国农村生活污水有效治理率为31%）。

（一）健全机制，切实履行"牵头抓总"职责

发挥领导小组总揽全局、牵引各方的统筹协调作用，构建"183"工作体系，确立1个总抓手，组建8个专项工作组，用好3个推进手段，推动全市农村人居环境整治提升走深走实。1个总抓手，即以充分发挥领导小组统筹协调作用为总抓手，自上而下建立"市级主导、区县主责、乡镇主事、村社主体、农民主角"的责任落实机制，形成了"四级书记"高位抓、各级政府具体抓、条块结合统筹抓，一级抓一级、层层抓落实的工作推进机制。8个专项工作推进组，即组建农村改厕、农村生活垃圾治理、农村生活污水治理、村容村貌提升等8个工作推进组，分行业、分部门细化分解农村人居环境整治目标任务，开展"双月协商"，不定期开展组间交流，强化数据共享，精细化掌握推进情况，高效推进。3个推进手段，即调度：年初调度工作任务，围绕困难问题双月开展一次工作协商，季度调度工作进展，半年

通报工作成效，确保工作抓得"紧"。督导：组建督查督办组，建立蹲点调研、定点联系制度，开展"四不两直"明察暗访、区县交叉观摩学习、问题反馈整改销号，确保工作抓得"实"。考核：发挥考核指挥棒作用，层层传导工作压力，压实工作责任；采取区县亮成效、市级部门评分、领导小组办公室综合评价和激励奖补的"1+3"联合考评激励机制，确保工作抓得"严"。

（二）分类分档，实现各美其美美美与共

2019年，重庆市率先在全国提出并推行"县分类村分档"整治模式。2021年以来，重庆顺应农村人口变化趋势，深化分类分档整治经验，在全国又创新性开展"村分类组（社）分档"整治工作，将全市约8000个行政村划分为三类、2万个村民小组（社）分成三档。整治目标上，一类村建成宜居宜业和美乡村；二类村加强基础设施建设和公共服务提升，争取提档升级；三类村做到村庄环境总体干净整洁。整治标准上，重庆市研究制定了9个方面共101项整治内容。其中，一类村9个方面22项内容，二类村9个方面36项内容，三类村9个方面43项内容。同时，对每个村民小组（社）也进行相应分档，按照精准施策、分类指导、梯次推进的工作要求，逐村逐社建立整治台账，细化整治措施。

（三）创新方式，保持村庄全域常态化干净整洁

紧扣春节、丰收节、国庆节等时间节点，以"三清一改"为重点，针对不同季节策划不同主题活动，广泛开展清洁村庄四季"战役"，引导农民群众积极参加村庄清洁行动。通过干部群众的共同努力，全市农村人居环境持续改善，建设了一批生态宜居的美丽乡村，保持了全域常态化干净整洁的良好农村人居环境，其中梁平、璧山、巴南、铜梁、北碚、潼南、九龙坡等7个区已获批全国村庄清洁行动先进县。

（四）突出"原"味，打造独具巴渝特色的"桃花源"

以保留原自然风光、原村庄格局、原住民风俗、原民居特色为前提，在

村庄规划上，注重保护乡情美景，充分挖掘、保存好乡村文化、民族文化等具有地方特色的文化基因，着力打造富有巴渝特色的农村原生态画廊。在房屋改造上，突出"小青瓦、坡屋顶、青瓦房、白粉墙、雕窗花、转角楼、三合院"等巴渝民居特色风貌。在环境美化上，坚持不砍树、不拆房、不推山、不填井的"四不"原则，采用微介入低投入的"绣花"工夫，开展小规模、渐进式有机更新和精致改造，打造具有乡村特征、文化特质、地域特点的村庄风貌，引导村民在院坝前后建小菜园、小果园，用本地四季常用青菜和果树绿化、美化环境。

（五）注重建管，培育改善农村人居环境的持久动力

"建"的方面，区县对项目实行"任务+清单"式管理，鼓励农村居民投工投劳，支持村级组织通过"一事一议"等方式和农村"工匠"带头人等承接入户道路、庭院整治等小型工程项目。"管"的方面，建立全市农村生活污水处理设施运管、农村生活垃圾作业管理等长效机制，推广农村人居环境"积分制"，建立"垃圾兑换银行"等制度，在条件成熟的地方探索依效付费、乡村物业管理等。

（六）搞好结合，打好第一场硬仗引领乡村全面振兴

一是与产业振兴相结合。按照"乡乡有创意、村村有特色、组组有新招、户户出亮点"突出业态培育，形成一批"一院一景""一院一韵"的农家新貌。二是与巩固脱贫攻坚成果相结合。刚脱贫的村重点开展村庄清洁行动，治理"脏乱差"突出问题，以干净整洁的环境风貌提振脱贫群众的精神面貌。三是与乡村旅游相结合。按照"可看、可玩、可参与"原则，配套完善以院落为基础的污水处理和垃圾收运等设施，形成集"吃、住、行、游、购、娱"于一体的生态绿色产业链。四是与乡村治理相结合。通过环境整治推进乡村治理，引导群众及时整理家什杂物，整齐堆放生产生活用品，保持院内外干净整洁，以良好家风带动村风民风。

二 主要困难与问题

（一）"重规划轻落地"

村庄规划引领作用发挥不够。大部分村规划由乡镇（街道）聘请专业机构进行编制，村民主体融入参与和村情民意体现不足，难以得到群众认可支持。部分村庄规划编制机构对"三农"政策把握不够精准，加之成果评审流于形式，导致规划"高大上""美而全"，与当地实际脱节。有的区县因规划执行不到位导致无序开发、违法建设乱象时有发生。规划编制专业性强、要求严，有的区县重视不够，仅为村庄单个编制规划，未点、线、面、片统筹考虑。大部分乡村没有编制多规合一的实用性村规划，分别编制乡村建设、产业发展等专项规划，难以形成兼容互补、完整闭合的实施效果，有的甚至出现了彼此冲突、重复规划等现象。

（二）"重面子轻里子"

个别地方片面将村容村貌提升等同于农村人居环境整治，偏好抓"亮点"，搞"示范"，热衷给农房整齐划一"穿衣戴帽"、修门墙亭廊、搞人工造景，轻视了农村厕所革命、生活垃圾治理、生活污水治理等基础工作，忽视了引导村民改变不良生产生活习惯，室内"脏乱差"突出，农村人居环境底子不牢固，村容村貌细节不经看。

（三）"重建设轻管理"

尽管全市目前卫生厕所普及率为85.55%（全国73%）、农村生活污水治理率39.7%（全国31%），超过全国平均水平，但农村户厕无害化处理、改厕与污水治理衔接不够，部分改厕没有同步实施粪污资源化利用，污水处理设施闲置等时有发生。虽然各区县探索建立了相应的管护机制，但受资金、技术所限，大部分无法支撑管护机制的有效运行。

（四）"重看点轻线片"

农村人居环境整治侧重于示范"点"，串点、连线、成片谋划推动不够。2019年启动成片整治和市级美丽宜居乡村创建以来，共建设示范片区42个，创建美丽宜居乡村1482个，覆盖率仅为18.5%。而浙江93%的村庄达到新时代美丽乡村标准，基本实现标准化、普惠化、全域化。

三　政策建议

改善农村人居环境，是以习近平同志为核心的党中央从战略和全局高度作出的重大决策部署，是实施乡村振兴战略的重点任务，事关广大农民根本福祉、事关农民群众健康、事关美丽中国建设。2018年农村人居环境整治三年行动实施以来，各区县各部门认真贯彻党中央、国务院决策部署，全面扎实推进农村人居环境整治，扭转了农村长期以来存在的"脏乱差"局面，村庄环境基本实现干净整洁有序，农民群众环境卫生观念发生可喜变化、生活质量普遍提高，为全面建成小康社会提供了有力支撑。但是，重庆集大城市、大农村、大山区、大库区于一体，农村人居环境总体质量水平不高，与农村现代化要求和农民群众对美好生活的向往还有差距。要紧密结合重庆市情特点、区域特征和发展现状，加强宜居宜业和美乡村建设的顶层设计，明确工作重点，建立健全具有重庆特色的目标体系、政策体系、工作体系和评价体系，形成共建共治共享强大合力。

（一）总体思路及目标

坚持以习近平新时代中国特色社会主义思想为指导，深入贯彻党的二十大精神，全面贯彻落实习近平总书记关于"三农"工作重要论述，坚持农业农村优先发展、坚持党建统领、坚持以人民为中心的发展思想，践行"绿水青山就是金山银山"的理念，深入学习运用"千万工程"经验，以农村厕所革命、生活污水垃圾治理、村容村貌提升为重点，巩固拓展农村人居环境整治三年行动成果，全面提升农村人居环境质量，为全面推进乡村振兴、加快农业农村现代化、建设美丽中国提供有力支撑，形成"百乡引领、千村示范、万院和美"的建设局面，打造具有重庆辨识度、各具山区库区特色的现代版"桃花源"。

百乡引领。实施"强镇带村"工程，增强重点乡镇承载功能，强化公共服务供给，推动更好发挥连接城乡、服务农民的桥头堡作用。到2027年底，把100个以上重点乡镇建设成为人居环境百佳范例区。

千村示范。实施"千个宜居宜业和美乡村示范创建行动"，推动农村基本具备现代生活条件。到2027年底，建成1000个以上独具巴渝特色的宜居宜业和美乡村。

万院和美。实施"院落微治理"工程，以自然村落为基础，构建一大批干干净净、和和美美的幸福乡村场景。到2027年底，建成10000个以上和美院落。

（二）基本原则

学习推广浙江"千万工程"经验，深挖"千万工程"蕴含的理念真谛，深刻感悟习近平新时代中国特色社会主义思想的真理力量和实践伟力，找准全市宜居宜业和美乡村建设的真经妙招，再打一场乡村振兴漂亮仗。

坚持党建统领，高位推动。坚持党政"一把手"负责制。建立党政"一把手"亲自抓、分管领导具体抓，一级抓一级、层层抓落实的分级负责责任制，形成"市级主导、区县主责、乡镇主事、村社主体、农民主角"的宜居宜业和美乡村建设良好态势，引导基层党员干部干在先、走在前，团结带领基层群众共同建设宜居宜业和美乡村。

坚持群众主体，共建共享。始终自觉站稳人民立场，突出农民主体，从农民群众角度思考问题，尊重民意、维护民利、强化民管，推动政府、市场、集体、农民各尽其能、各得其所、各就其位，真正把好事办好、实事办实。

坚持分类指导，精准施策。锚定战略目标，按照未来五年、2035年、本世纪中叶的持续安排，顺应村庄发展规律和演变趋势，优化村庄布局，强化规划引领，合理确定村庄分类，科学划定整治范围，把握好整治力度、建设程度、推进速度和财力承受度、农民接受度五个度的关系，坚持求好不求快，既尽力而为，又量力而行。

坚持立足农村，突出乡土特色。遵循乡村发展规律，体现乡村特点，注重乡土味道，保留原自然风光、原村庄格局、原住民风俗、原民居特色，不搞大拆大建，实施村庄微改造，留住田园乡愁。

（三）重点抓好"五大工程"

1. 顺应变化趋势，实施乡村规划引领工程

一是分类管理行政村。顺应乡村人口流动趋势，做好村庄分类，加快编制完善以国土空间规划、功能分区规划、城乡发展规划为核心，多规合一的村庄规划。对现有规模较大的中心村和其他仍将存续的一般村按集聚提升类管理；对城市近郊区以及区县城所在地的村按城郊融合类管理；对历史文化古村、传统村落、民族村寨等按特色保护类管理；对生存条件恶劣、因重大项目建设需要搬迁、人口流失特别严重的村按搬迁撤并类管理。二是做大做强重点乡。实施乡镇优化提升工程，稳慎推进行政区域优化调整改革，突出发展一批区位优势较好、经济实力较强、未来潜力较大的重点镇，有条件的打造成为县域副中心、发展成为小城市，充分发挥乡镇连接城市与农村的节点和纽带作用、农村转移人口市民化的示范带动作用，增强对周边的辐射带动力和县域发展的支撑力。三是培育发展中心村。结合发展潜力、综合承载能力等因素，每个乡镇因地制宜培育确定一批重点发展的中心村。坚持"中心村重点倾斜、非中心村保基本"，建立农村基础设施和公共服务差异化扶持机制。探索建设"千人村""亿元村""共富村"等发展模式，制定集中居民点建设管理办法，增强中心村、集中居民点对周边偏远村村民的集聚效应。

2. 围绕源头减量，实施农村生活垃圾分类工程

落实好国家、市级农村生活垃圾分类制度措施，严禁在农村水体周边乱

倒乱堆生活垃圾，加强沿岸生活垃圾和水面漂浮垃圾清理，已有的需限期整改。因地制宜采用统一收运、集中处理、就近就地处理等农村生活垃圾收运处置模式。积极推行农村生活垃圾分类前端减量和农村厨余垃圾就地就近堆肥处理，可回收垃圾纳入再生资源回收利用体系。优化收运处置设施布局，每个乡镇原则上要建设1~2座垃圾转运站，相邻乡镇可共建共享。推进农村垃圾分类先锋村（庭院）创建。2023年，农村生活垃圾分类行政村覆盖率达到60%，2025年达到75%，2027年巩固提升达到90%。

3. 坚持动态清零，实施农村黑臭水体治理工程

一是实施农村黑臭水体清淤疏浚行动。对淤积严重或存在翻泥、冒泡现象的黑臭坑塘和废弃闲置鱼塘，应调查底泥污染状况，明确清淤范围和深度，采用机械或人工等方式开展清淤。清淤底泥实施分类处置，严禁底泥随意堆放倾倒，防范二次污染风险。定期清理河床淤泥、杂草、杂物、垃圾等物质，收割水生植物，恢复水体的流动性和通透性。面积较小和自净能力弱的坑塘、沟渠，应因地制宜建设人工湿地、自然湿地、氧化塘等，安装曝气增氧、人工浮岛等设施，通过水体净化、水生修复、水系恢复等"人工+自然"的方式消除黑臭，逐步恢复水体健康生态系统。二是实施农村生活污水治理提升行动。以农村常住人口200户（或500人）以上的聚居点为重点，持续推进聚居点污水集中处理设施及管网补短板建设。统筹推动农村生活污水资源化利用，鼓励有条件的农户采取沼气净化池、堆肥等方式综合利用。加强污水治理与"改厕"有效衔接，在"愿改则改、能改则改"的基础上，做到黑臭水体周边农户"改厕"全覆盖。强化设施的运行管理和监管执法，组织开展水质监督性监测和常态化效果评估，提升数字化管理水平。加强项目储备，统筹纳入流域治理项目。2023年，农村生活污水治理率达到43%以上，2025年达到50%以上，2027年巩固提升达到60%以上。三是实施农业面源污染治理行动。开展规模畜禽养殖污染治理行动。以20头生猪当量及以上畜禽养殖户和200头生猪当量及以上畜禽养殖场环境管理为重点，指导畜禽养殖场户配套建设粪污处理设施设备，落实粪污资源化利用计划、台账管理制度，2023年，畜禽粪污综合利用率达到80%以上，

2025年达到81%以上，2027年巩固提升达到82%以上。实施水产养殖尾水治理达标行动。以30亩以上规模池塘养殖或工厂化水产养殖场环境管理为重点，持续实施尾水处理设施改造，强化养殖场所清淤管理，2023年，规模化养殖场尾水综合治理达标率达到30%，2025年达到50%，2027年巩固提升达到70%。实施种植业面源污染治理行动。因地制宜推进精准施肥。推进科学用药，推广运用高效低毒低残留农药。鼓励以循环利用与生态净化相结合的方式控制种植业污染。规范农膜肥料农药等农业投入品包装物回收管理，从源头控制和减少白色污染。健全秸秆收储运用体系，推动秸秆就地就近高值化综合利用。2023年，化肥农药利用率、农作物秸秆综合利用率、农膜回收率分别达到42%以上、90%、88%；2025年，三项指标分别达到43%、91%、92%；2027年，三项指标分别巩固提升达到43%以上、91%以上、95%。

4. 保持原村落格局，实施村容村貌提升工程

一是改善村庄公共环境。全面清理私搭乱建、乱堆乱放，整治残垣断壁，通过集约利用村庄内部闲置土地等方式扩大村庄公共空间。科学管控农村生产生活用火，加强农村电力线、通信线、广播电视线"三线"维护梳理工作，有条件的地方推动线路违规搭挂治理。健全村庄应急管理体系，合理布局应急避难场所和防汛、消防等救灾设施设备，畅通安全通道。整治农村户外广告，规范发布内容和设置行为。关注特殊人群需求，有条件的地方开展农村无障碍环境建设。二是推进乡村绿化美化。深入实施乡村绿化美化行动，突出保护乡村山体田园、河湖湿地、原生植被、古树名木等，因地制宜开展荒山荒地荒滩绿化，加强农田（牧场）防护林建设和修复。引导鼓励村民通过栽植果蔬、花木等开展庭院绿化，通过农村"四旁"（水旁、路旁、村旁、宅旁）植树推进村庄绿化，充分利用荒地、废弃地、边角地等开展村庄小微公园和公共绿地建设。支持条件适宜地区开展森林乡村建设，实施水系连通及水美乡村建设试点。三是加强乡村风貌引导。大力推进村庄整治和庭院整治，编制村容村貌提升导则，优化村庄生产生活生态空间，促进村庄形态与自然环境、传统文化相得益彰。加强村庄风貌引导，突出乡土特色和地域特点，不搞千村一面，不搞大拆大建。弘扬优秀农耕文化，加强传统村落和历史文化名村名镇保护，积极推进传统村落挂牌保护，建立动态管理机制。

5. 强化乡村善治，实施农民主体激发工程

一是深化"三制一化"工作品牌。深化推广"清单制""积分制""院落制""数字化"，推广"三事分流"等机制，激发村民积极参与，切实减轻村级组织负担，提高群众满意度认可度。到2027年底，全市有条件的行政村（涉农社区）乡村治理"积分制""清单制"全覆盖，"院落微治理"覆盖率达60%。二是建立健全农民群众参与机制。聚焦"把群众组织起来"这个关键，搭建农民参与的机会和平台，支持组建公益性、志愿性社会组织，建立村民表达、政府回应机制，加大力度推行"一事一议"、以工代赈等村民自建项目，做到农民有需求、政府就推动，农民愿意干、政府再支持，最大限度调动农民积极性。三是加强农民文明习惯养成。把环境整治同乡村文明结合起来，从花钱少、见效快、利民生的小切口出发，通过开展"门前三包"、垃圾分类积分制、星级文明户评选、志愿服务活动等形式，激发村民内生动力，养成文明习惯。

（四）建立健全"四大体系"

1. 健全完善工作体系

一是建立"一把手"责任制。成立由市委、市政府主要领导任组长的全市巴渝和美乡村建设领导小组，带动各级党政"一把手"亲自抓、分管领导具体抓，形成"市级主导、区县主责、乡镇主事、村社主体、农民主角"的宜居宜业和美乡村建设格局。二是建立日常工作专班推进机制。市委副书记、市政府分管领导任专班召集人，相关市级部门为成员单位，市委农办负责日常工作统筹指导。三是建立现场推进会议机制。每年组织召开一次全市巴渝和美乡村建设现场推进大会，晾晒工作成效亮点，市委、市政府主要领导到会部署。四是建立定期表彰激励机制。每年表彰一批先进集体和先进个人，激励带动和美乡村建设。五是建立典型案例推广机制。及时总结一批最佳实践案例，推广一批有效经验做法，示范引领全面推进乡村振兴。

2. 健全完善政策体系

在现有政策举措基础上，完善优化、迭代升级，着力构建"1+38+N"的政策体系。"1"，即市委、市政府制定下发《关于学习运用"千万工程"经验加快推进巴渝和美乡村建设的实施意见》，明确建设巴渝和美乡村的方向、目标、重点、路径、举措。"38"，即38个涉农区县结合实际，出台本区县实施方案。"N"，即市级有关部门围绕自身职能职责，出台一系列具体政策措施。

3. 健全完善要素保障体系

一是坚持财政牵引、多元投入。建立政府投入引导、农村集体和农民投入相结合、社会力量积极支持的多元化投入机制。积极整合衔接资金、农村水利、农村危房改造等各类资金，下放项目立项审批权，调动基层政府积极性。坚持以政策性财政项目资金为牵引，全面优化招商投资环境和营商环境，用活用好"三变"改革等政策，进一步畅通乡村资源整合、社会资本引入、金融资本融入参与通道，形成"财政资本+资源资本+社会资本+金融资本"整合投入的共建格局。二是坚持用地集约、资源整合。坚持集约节约用地原则，盘活存量土地，全力保障农村生活污水治理设施建设等必要的用地需求。支持鼓励乡村通过农地整理、村庄整理、宅基地置换等多种方式获取非农建设用地指标，用于乡村建设项目开发或入市交易。三是坚持农民主体、培育人才。总结推广丰都县"新农人"经验，推动原乡人在乡就业、归乡人返乡创业、新乡人下乡兴业，让多元化的村民成为改善农村人居环境、建设和美乡村的真正主人。

4. 健全完善评价体系

一是坚持目标导向，科学制定标准。综合考量人口变化趋势、生态保护、资源盘活、群众满意度等因素，分类分档优化人居环境整治标准，各村各社（村民小组）"一村（社）一策"制定各具特色的执行标准，有力有序推进。二是坚持问题导向，常态督查督导。将改善农村人居环境纳入市政府督查激励重要内容，从严从实开展常态化督查督导，全链条查找困难问题与短板弱项，开展赛马比拼推动责任、政策、工作落实。三是坚持示范导向，打造典型案例。坚持先行示范、典型引路、以点带面，加快推进100个范例区、1000个示范村、10000个和美院落建设，通过差异化打造、特质化发展、全域化提升，高质量打造一批示范典型项目，在建设宜居宜业和美乡村上创精品、创特色、作示范。四是坚持结果导向，严格考核评价。制定改善农村人居环境绩效评价办法，合理设置约束性、引导性指标和共性、个性指标，系统构建评价指标体系。加强结果运用，健全正向激励和通报约谈惩戒机制，将考评结果纳入各级党政干部绩效考核的重要内容，对考核靠前的予以激励、对考评靠后的予以通报约谈。

B.31
渝东南武陵山区文化产业和旅游产业
融合发展示范区路径探索

重庆市文化和旅游发展委员会产业发展处 *

摘　要：　重庆市委、市政府作出打造渝东南武陵山区文旅融合发展示范区的部署以来，全市各级相关部门与渝东南各区县在区域联动、政策保障、产业融合、供给升级、创新赋能等方面强力推进，示范区建设取得了重要进展，并积累形成了宝贵经验。但横向、纵向相比，在资源开发利用、基础设施建设和政策扶持力度等方面还存在诸多问题。为进一步加快示范区建设，根据区域经济和文化、旅游产业融合发展规律，在提升推进动力、优化开发策略、强化有效供给等方面提出了一系列对策建议。

关键词：　武陵山区　文化产业　旅游产业　文旅融合

　　位于中国腹心地带，地处重庆直辖市东南部的渝东南武陵山区，与鄂西、湘西、黔东南三省边区接壤，是整个大武陵山区的重要组成部分。该区域集全国著名革命老区、土家族苗族集中连片聚居区于一身，拥有丰富文化资源、优越自然生态、独特区位优势，与长江三峡、张家界国家森林公园、凤凰古城等周边大型景区有较强关联性和互补性。区域内各区县相似的地理背景、相似的资源基础、相近的经济发展水平，使其成为重庆市区域协同发展战略格局中的重要组成部分。但是，受到多种因素制约，其经济社会发展长期处于比较滞后状态。

---

　　* 执笔人：王榆、钟瑞涵。

鉴于此，重庆市委、市政府提出，渝东南武陵山区要充分利用"文化"和"生态"两个宝贝，大力发展民族文化和生态旅游产业。2016年作出打造渝东南武陵山区民俗文化旅游产业带的战略部署。2017年，在国家民委、国家旅游局等有关部门指导下，启动筹建武陵山文旅发展联盟，并组织召开了武陵山旅游营销联盟大会，发出"深化旅游大协作、共建美丽武陵山"总动员。2018~2019年，建立渝东南武陵山区文旅融合发展联席会议制度。2020年，重庆市出台《重庆市国土空间总体规划（2020—2035年）》和《关于建立健全"一区两群"协调发展机制的实施意见》，明确提出将整个"渝东南武陵山区"建设成为文化产业和旅游产业融合发展示范区（以下简称"示范区"）。当年9月，重庆市委、市政府召开渝东南武陵山区城镇群工作座谈会，响亮提出加快打造文旅融合发展新标杆，这标志着整个"示范区"建设进入全面发力新阶段。

几年来，重庆市加强市级统筹，渝东南武陵山区城镇群加强区域联动，上下协同共下"一盘棋"，努力克服疫情带来的不利影响，持续推进各项工作，整个"示范区"创建取得明显成效。截至2023年8月，渝东南武陵山区域拥有1个世界自然遗产地、1个国家级旅游度假区、4个5A级景区、31个4A级景区、60余个全国性称号（国家级文保单位、国家级非遗项目、中国历史文化名镇、中国传统村落、中国少数民族特色村寨等）。

一 推进情况

近年来，市委、市政府高度重视渝东南武陵山区城镇群建设发展，将"推进渝东南武陵山区城镇群文旅融合发展"纳入《重庆市国民经济和社会发展第十四个五年规划和二〇三五年远景目标纲要》进行专章部署，纳入市委六届二次全会重点目标任务落地落实，指明了渝东南武陵山区城镇群建设的定位使命、发展理念和方向路径。市文化旅游委专门成立渝东南协作办，不断加强资源要素整合，联动区域协同发展，释放文旅融合动能，持续打造"大武陵"文旅发展升级版，助推渝东南武陵山区城镇群文旅融合发展取得长足进步和积极成效。

（一）建成大舞台，区域联动更加密切

渝东南武陵山区自古山水相连、人文相亲、发展相依，具有联合、融合、契合的天然优势。2021年3月，市文化旅游委应势牵头成立武陵山文旅发展联盟（以下简称联盟），理事会成员涵盖渝黔湘鄂川五省（市）文旅部门及武陵山区域内的22县（市、区）人民政府和重庆市委宣传部、市发展改革委等13家市直单位。市委、市政府分管领导亲自担任理事长高位推动联盟工作，连续三年在渝东南举办中国武陵文旅峰会，吸引了渝鄂湘黔川五省（市）73县（市、区）政府、文旅部门、文旅企业及相关国际组织、业界知名专家学者1600余人参与；联动五省（市）文旅部门共同签署发布《中国武陵文旅目的地共建计划》，联合联盟9个区县及相关企业在渝中区中山四路建成武陵文旅推广中心，全面统筹各方资源，形成工作合力，推动武陵山区文旅融合发展迈出坚实步伐。

（二）谱就进行曲，政策保障更加充分

立足渝东南武陵山区资源禀赋、产业基础和经济社会发展条件，不断加大政策创新和落实力度。2022年，《重庆市文化和旅游发展"十四五"规划（2021—2025年）》《重庆渝东南武陵山区文化和旅游产业融合发展规划（2021—2035年）》等总体规划相继出台，并进一步制定了《推动渝东南武陵山区文化产业和旅游产业融合发展三年行动方案（2023—2025年）》《"大武陵"旅游发展升级版实施方案》《乌江旅游线路整体开发和运营整合工作总体方案》等专项工作方案，市级层面文旅融合发展政策保障基础不断巩固。实施"十四五"旅游营销推广奖励政策，单独设置渝东南文旅融合示范区专项奖和武陵山文旅发展联盟专项奖。

（三）奏响交响乐，产业融合更加聚力

着力引导文化和旅游产业生产要素合理集聚，全力支持武陵山区相关区

县联合申报国家级文化产业和旅游产业示范区。印发《酉阳县桃花源旅投集团投融资改革试点方案》，为推进县域旅游投融资平台转型进行有益探索；武隆喀斯特旅游景区成为首单在市场上公开表态发行公募 REITs 的国家 5A 级旅游景区，待文旅部、上交所预审后按程序审批后实施。重大文旅项目建设加快推进，渝东南 18 个项目纳入 2022～2024 年市级重点文旅产业项目名单，9 个文旅融合项目纳入 2022 年市级重大建设项目；举行武陵山重大文旅项目推介会，实现招商引资签约总金额 1676.74 亿元。民族特色工艺品逐步实现产业化、商品化发展，3 家非遗工坊入选全国"非遗工坊典型案例"。2021 年 5 月，顺利组建重庆武陵文旅融合发展有限公司，市文化旅游委每年给予 2000 万元项目补助资金，成为推进武陵山区文旅融合的有力市场抓手。截至 2022 年底，渝东南武陵山区文化企业 3557 家、旅游企业 1773 家，其中规上文化企业 63 家、旅游企业 27 家。渝东南文化产业、旅游产业增加值分别达 43.49 亿元、86.25 亿元，分别同比增长 1.7%、5.9%，均超过全市平均增速（见表1）。2023 年上半年接待过夜游客 366.37 万人次，同比增长 69.1%。

表1　2022 年渝东南武陵山区城镇群各区县文化和旅游产业增加值情况

单位：亿元，%

区域	区县	文化产业		旅游产业	
		增加值	增速	增加值	增速
渝东南武陵山区城镇群	黔江区	6.07	-11.6	14.70	2.5
	武隆区	8.84	-2.0	19.84	4.9
	石柱县	4.08	-7.3	8.61	0.6
	秀山县	15.30	9.5	19.73	9.9
	酉阳县	3.04	9.7	11.22	9.5
	彭水县	6.16	7.3	12.14	6.3
合计		43.49	1.7	86.25	5.9

（四）推出连台戏，内容供给更加丰富

充分挖掘渝东南武陵山区独特文旅资源，加快文旅产品提质扩容和大众

文旅产品供给。印发《加快推进武隆旅游国际化实施意见》《以国际化为引领的武隆旅游"三次创业"发展规划（2022—2035 年）》，推动武陵区全面建成世界知名旅游目的地。持续推动渝东南创建国家级旅游度假区，指导编制《重庆黄水旅游度假区总体规划（2020—2035 年）》，邀请文化和旅游部领导专家莅临重庆实地指导石柱黄水、彭水摩围山等创建工作。按照"一区县一品牌"工作目标，相继推出《印象武隆》《天上黄水》《梦回桃源》《娇阿依》《濯水谣》等大型山水实景演出，成功举办 2021 中国原生民歌节、2022 武陵山原生民歌大赛、2022 武陵山国际森林音乐季、2023 武陵山冰雪季、渝东南生态民族旅游文化节等重大节会活动。充分发挥旅游载体渠道作用，常态化举办"最炫武陵风"文旅融合系列产品推介活动，评选推出武陵山区"红色经典""康养休闲""民族人文"等十大旅游精品线路，邀请央视《乘着大巴看中国》《艺览吾"遗"》节目组走进渝东南拍摄，推动渝东南优质文旅产品走向全国、走向世界。

（五）掀起大合唱，文旅赋能更加多元

坚持"文旅+"深度融合引领，促进文旅消费新型业态和各类场景多元融合。秀山西街、西沱古镇、鞍子苗寨等 11 个特色村镇、民俗景区入选 2022 年全国非遗与旅游融合发展优选项目，武陵山区（渝东南）土家族苗族文化生态保护实验区创建成效显著。武隆荆竹村入选联合国世界旅游组织"最佳旅游乡村"，酉阳车田乡、武隆荆竹村入选"世界旅游联盟—旅游助力乡村振兴案例"，石柱县不舍九洞水民宿入选全国乙级旅游民宿，9 个村镇获评全国乡村旅游重点村镇，乡村休闲旅游硕果不断。石柱黄水连续六年成功举办中国·重庆（石柱）康养大会，石柱县、武隆仙女山获评"国家森林康养基地"，彭水摩围山、石柱大风堡等 5 地入选市级森林康养基地，生态康养旅游蓬勃发展。武隆仙女山归原小镇、石柱冷水康养小镇、秀山洪安"边城"文旅小镇纳入 2022 年度重庆市特色小镇创建名单，文旅融城行动纵深推进。

二　经验总结

一是加强顶层设计，实行高位推动，才能确保"示范区"建设"行稳致远"。重庆市委、市政府结合"一区两群"协调发展战略，明确提出建设渝东南武陵山区文旅融合发展示范区的要求，及时成立由市委、市政府分管领导任理事长的武陵山文旅发展联盟，实施跨区域资源整合、跨层级资源调度，形成"党委领导、政府主导、区县主抓、部门联动、社会参与"的良好发展态势，为"示范区"建设提供了体制支撑、制度支撑和政策支撑，保障了"示范区"建设行稳致远。

二是加强文旅互融，实行文旅共荣，才能确保"示范区"建设"事半功倍"。渝东南各区县高度重视用好用活"文化""生态"两大宝贝，全面推进"生态织锦，文化添花，旅游提档"行动。充分调动和发挥广大文化艺术工作者的积极性，深入开展民族文化资源发掘、提炼、创新、转化工作，编辑出版民歌精选专集，创作出版一批本土题材长篇小说，征集一批原创旅游歌曲，采用本域题材和主场景观拍摄上映多部影视作品，创作一批上演大型旅游演艺剧目，组织举办多个大型文旅品牌活动，将"以文塑旅、以旅彰文、文旅互融"理念落到实处，并以游客喜闻乐见的方式活化转化，提升景区文化氛围和游客互动体验。在"示范区"的每一个重点景区和度假区，都配套建有民族文化广场、游客休闲书吧、民间工艺作坊、非遗项目传习所等公共文化空间，游客总能获得丰富多彩的文化享受。

三是加强区域联动，实行错位竞争，才能确保"示范区"建设"相融共生"。重庆市委、市政府通盘考虑、全局谋划，提出构建"一个中心城市（黔江）、一个桥头堡城市（秀山）、四个节点城市（武隆、石柱、酉阳、彭水）"城镇空间格局，充分考虑2区4县各自的区位优势、资源禀赋、发展基础等重要因素，围绕总体发展目标，赋予各区县在示范区建设中的"先行区、引领极、支撑点、拓展极"等不同的功能定位、角色担当，从根本上解决同质雷同、重复建设带来的资源浪费和恶性竞争问题，努力实现高品质、差异化发展。

四是加强内涵发展，实行营销创新，才能确保"示范区"建设"优质高效"。通过高标准升级老景区、打造新景区、建设度假区，强力优化旅游吸引物的内涵品质，努力增加高能级文旅产品供给。通过智能导游、电子讲解、在线预订、信息推送等功能完善，提升全过程智慧化旅游服务水平。在重庆主城中心城区建设武陵文旅推广中心，在山东和北京布局武陵山文旅发展联盟营销中心，打造武陵山文旅展示营销窗口，积极拓展客源市场。多渠道、立体化开展媒体宣传，强力提高旅游品牌知名度，增强旅游产品聚客能级。有计划、有节奏、持续性举办特色文化活动，实行年历化营销推广，尽量消弭淡旺季落差，提高旅游资源利用率。完善快旅慢游交通体系，打造特色餐饮、特色村宿，发展月光经济和夜间消费，优化旅游产品结构，提高旅游经济效益。

三 存在问题

渝东南武陵山区作为全市文旅资源富集区和文旅消费集聚地，文旅政策支持力度空前，文旅融合发展态势良好，文旅经济增长空间巨大。但横向比照主城都市区和渝东北三峡库区城镇群，渝东南武陵山区经济基础仍然较为薄弱，2022年渝东南6区县GDP为1628.68亿元，仅占全市的5.6%。向上对标国家文化产业和旅游产业融合发展示范区评价指标体系，部分区县短板差距也较为明显。

一是文旅资源整合开发不够。文化和旅游资源缺乏整合，表现为多领域的同质化竞争和碎片化发展。在开发理念上依然局限于传统的观光旅游思维，依赖门票经济。在业态表现形式上，对于地域文化和民族特色的彰显不够，文化内涵挖掘不够充分。武陵山地区没有形成能识别、易识别、在全国乃至国际上有号召力、以该地区整体面貌为核心的强势品牌。各区县文旅资源尚未形成优势互补、利益共享、协同发展、共享发展的局面。

二是旅游交通设施建设滞后。渝东南武陵山区尚无一条能贯穿全境的高速铁路，高速公路建设尚未实现网络化，目前只有沪渝高速、渝湘高速两条主干线，各区县及各大景区还未形成真正意义上的互联互通。两个区域性机场仅仅开通几条国内航线，游客覆盖面和运量有限。域内坐拥乌江等多条河流，但乌江航运从未得到有效开发和利用，乌江等武陵山区众多河流的文旅价值亟待开发。

三是政策扶持力度不够。资金方面，各区县财政资金有限，缺乏产业扶持基金，无法有力拉动社会投资。用地方面，某些项目实施过程中无法避开耕地、林地和生态红线，导致项目落地难。人才方面，文旅相关的专业人才匮乏，缺乏从事文旅融合发展策划、旅游服务与管理等的中高级专门人才。宣传营销方面，形式手段单一，不利于树立渝东南武陵山区整体文旅形象。

四　对策建议

（一）强化高位推动和责任落实，促进一体化发展

当前，应全面促进渝东南全域文化旅游发展理念融合、业态融合、品牌融合、市场融合、服务融合，实现文景产城全面融通，力争早日建成民族风情浓郁、自然生态美好、生态经济富足、人民生活幸福的国家级示范区。

1. 强化高位推动

充分发挥市旅游经济发展领导小组、渝东南武陵山区城镇群建设联席会议、"一区两群"对口协作机制的平台作用，进一步整合区域文旅要素资源，推进跨区域优势互补、密切合作、协同发展、错位发展。做实"武陵山文旅发展联盟"，做强"武陵文旅融合发展公司"，做亮"武陵山文旅交流中心"，制定完善"示范区"建设工作方案和推进计划，建立完善武陵山文旅发展联盟常态化运行机制，实行专项督查制度。统筹启动"示范区"整体品牌设计，统一制定"示范区"创建专项激励措施，统一搭建"示范区"专属智慧旅游平台，组织编制"乌江画廊"文化生态旅游示范带、"武

陵原乡"民俗风情旅游示范带建设实施方案，分解落实市级有关部门、渝东南各区县工作任务，刚化目标管理，严格督查考核。

2.强化责任落实

一是加快培育"示范区"标杆项目集群。由市文化旅游委牵头，武陵文旅发展联盟各成员单位密切配合，深入实施《武陵山区（渝东南）土家族苗族文化生态保护实验区总体规划》，加快创建国家级文化生态保护区；制定实施乌江旅游整合方案，打造乌江画廊精品线路；抓好《重庆市旅游景区品质提升行动方案》实施，支持石柱万寿山、彭水蚩尤九黎城、黔江峡谷城、武隆白马山、酉阳龚滩、龙潭古镇、黔江—酉阳神龟峡、秀山洪安边城创建国家 5A 级景区，支持石柱黄水、彭水摩围山、秀山川河盖创建市级、国家级旅游度假区；加强革命文物保护利用，推动长征国家文化公园（重庆段）建设，策划推出渝黔红色旅游线路；筹备办好一年一度的中国武陵文旅峰会、中国（重庆）康养大会等大型文旅活动；布局线上线下一体化营销服务体系，推出渝东南"文旅一卡通"惠客产品，提升游客幸福体验。

二是全面筑牢"示范区"生态屏障。由市生态环境局牵头，财政局、农业农村委等有关部门配合，统筹山水林田湖草系统治理，打造"秀美武陵·乌江画廊"生态范例；选择武隆、黔江等地开展生态产品价值实现机制试点；持续推动重点河岸防洪护岸和水土流失综合治理，推动流域横向生态保护补偿机制落地见效；推进农用地分级分类管理，开展受污染耕地安全利用示范项目建设；巩固武隆"绿水青山就是金山银山"实践创新基地创建成果，推动石柱、秀山、酉阳、彭水等地开展生态文明示范工程建设。

三是加快完善"示范区"旅游交通。由市交通局牵头，市发改委等部门紧密配合，拓展大通道、畅通主动脉、完善微循环，构建"快旅漫游"交通网络体系。争取黔江至吉首高铁、万（州）黔（江）高铁及早开工；加快推动渝宜高铁前期工作，研究论证重庆—秀山—铜仁城际铁路建设方案；推进彭水至石柱、黔江至贵州务川、秀山至贵州沿河等高速公路，黔江三塘盖现代有轨汽车、武隆仙女山旅游轨道等项目建设；开工建设秀山至印江、酉阳至永顺等高速公路；加快黔江机场改扩建工程，争取早日建成投用。

四是全力打造"示范区"绿色产业集群。由市农业农村委牵头，发改委、民宗委、商委等部门密切配合，结合乡村振兴和共同富裕战略，持续培育"小规模、多品种、高品质、好价钱"的现代山地特色高效农业，推动渝东南加快建设金银花、黄连、黄精、天麻、青蒿、油茶、银杏等中药材产业带，做大牛羊产业，建设具有全国影响力的中华蜜蜂产业带。培育发展一批田园综合体、休闲农业和乡村旅游示范单位；做特做实农副产品精深加工、道地药材加工，打造具有全国影响力的"巴味""渝珍""渝药"品牌；支持"匠心生活"非遗工坊连锁发展，开展蜡染、木雕、剪纸等少数民族手工艺保护与发展培训，培育壮大民族手工艺品、民族轻纺服装等消费品加工业，打造规模宏大的土家族苗族"彩色娘子军"；推动"文旅兴商"工程建设，加快建设黔江正阳新城、石柱新天地等商圈项目，提升秀山边贸中心功能和品质。

（二）强化品牌培塑和IP打造，促进高质量发展

渝东南山水清新、文化绚烂、民风淳朴，堪称世外桃源，应能成为当下人们心驰神往的梦中原乡。针对渝东南各区县文旅品牌众多、IP强度不足、不利于整合营销的现状，下决心培塑统一的渝东南文旅大品牌，下功夫打造渝东南文旅强IP。

1.强化品牌培塑

将"武陵原乡，走心之旅"作为总的品牌定位，着力打造六大高能级主题旅游产品集群。一是萃取武隆仙女山高山草场和白马山云中王子的形象意境，串联仙女山、白马山、后坪天池苗寨、羊角古镇等资源，打造"仙女白马、牧心之旅"旅游精品。二是萃取石柱黄水国家森林公园和高山避暑胜地的形象意境，串联大风堡、千野草场、西沱古镇、万寿寨、中益乡等资源，打造"天上黄水、养心之旅"旅游精品。三是萃取彭水阿依河、九黎城景区、摩围山度假区和苗族民歌娇阿依的形象意境，串联鞍子苗寨、茂

云山、郁山古镇等资源，打造"九摩苗乡、醉心之旅"旅游精品。四是萃取黔江小南海和濯水古镇的形象意境，串联土家十三寨、城中大峡谷、蒲花暗河、阿蓬江神龟峡、水车坪、三塘盖等资源，打造"云上瀛海、濯心之旅"旅游精品。五是萃取酉阳桃花源和乌江画廊的形象意境，串联大酉洞、酉水河、龚滩古镇、龙潭古镇、后溪古镇等资源，打造"梦里桃源、觅心之旅"旅游精品。六是萃取沈从文小说名著《边城》的形象意境，串联秀山洪安镇、川河盖、石堤古镇、西街、凤凰山等资源，打造"浪漫边城、萌心之旅"旅游精品。

通过以上六大支撑性主题旅游产品集群的打造，使广大游客真正体验到"武陵原乡，走心之旅"丰富底蕴和鲜活内涵，使整个渝东南旅游的联动发展、一体化提升真正落地生根、开花结果。

2. 强化 IP 打造

"示范区"建设，贵在"铸魂"，重在"强芯"。渝东南各区县都在深入研究、积极探索、倾力培塑高能级景区的核心 IP 体系。武隆面向旅游国际化方向，借鉴《哈利·波特》"小说—电影—主题景区"链条化模式，组织创作拍摄面向国际市场的旅游影视作品：一是以武隆喀斯特地理知识为素材的儿童科普动画片《喀斯特萌》，二是发掘仙女山、白马山爱情神话故事资源，以"仙女阿妹""白马阿哥""乌江阿龙"之间旷世情缘为线索的《喀斯特王》科幻动感大片，并将其拍摄场景与大仙女山景区的空间布局一一对应落地。黔江围绕"宁愿苦干，不愿苦熬"的战贫精神，组织创作《濯水谣》《后坝谣》《金盖谣》等文旅融合影视作品，并将其拍摄场景与大濯水景区、十三寨景区、金山盖旅游度假区的空间布局一一对应落地。石柱大力挖掘秦良玉巾帼英雄文化、巴巫根脉文化，组织创作拍摄《土家女帅》《白虎阿哥》等文旅融合影视作品，并将其拍摄场景与"万寿山土司城景区""毕兹卡 36 寨度假区"的空间布局一一对应落地。酉阳围绕"全域桃花源，全时康养地"定位，组织创作《酉水洞天》《高山盖上那朵云》等文旅影视作品，并将其拍摄场景与大桃花源景区、菖蒲盖度假区的空间布局一一对应落地。秀山围绕"武陵明珠，梦里边城""初恋圣地，蜜月天堂"

品牌指向，组织创作《边边场》《花灯寨》等文旅影视作品，并将其拍摄场景与打造洪安边城 5A 级景区、川河盖旅游度假区的空间布局一一对应落地。彭水围绕培育文旅第一支柱产业战略定位，组织创作《九黎诀》《娇阿依》等文化旅影视作品，并将其拍摄场景与打造蚩尤九黎城 5A 级景区、摩围山旅游度假区的空间布局一一对应落地。

培塑并构建高能、长效的"文旅 IP 体系"，落地演化为兼具自然生态美景和浓郁民族风情的文旅融合新场景，以开创"说头、看头、耍头、买头、想头、赚头、回头"兼具的良性发展新局面，真正实现文旅融合高质量发展。

（三）强化营销创新和人才支撑，促进精致化发展

充分发挥武陵山文旅发展联盟平台作用，加强统筹协调，创新营销策略，强化人才支撑，促进整个"示范区"精致化发展。

1. 强化营销创新

针对过去多口径、散点式、碎片化营销状况，统一制定旅游品牌战略，统一定制旅游形象标识，统一创制旅游宣传语词和推广手段，统筹举办旅游营销活动和聚客节会，统筹构建线上线下全媒体立体宣传推广体系。借鉴李子柒、丁真等"网红"发掘和包装模式，定制研发"电子萌青秀"，培塑"示范区"品牌推广人。系统性策划推出"渝东南八王赛"（歌、舞、吹、打、绣、创、餐、宿），组织开展"武陵山十二闹"（每月举办一个"闹热"活动），实施年历化营销和精准化推广，增强引客留客能力，消减淡旺季落差，提高旅游消费水平。

2. 强化人才支撑

针对"示范区"文旅人才紧缺问题，建立市级专业机构常态化对口支援基层人才建设制度，采取"大手牵小手""老师带徒弟"等方式，帮助渝东南各区县培训紧缺适用文旅人才；通过安排基层人员上挂锻炼、专技培训等方式，提升现有工作队伍的综合素质，培养文旅互融、能文能旅、敢于开拓的实战队伍，培养锻造敢打硬仗、能打胜仗的文旅融合发展一线铁军。出

台"示范区"高端文化旅游人才引进政策,在编制、岗位、职级、薪资、晋升、配偶就业、子女入学等方面给予更多的照顾,真正做到引得进、留得下、能发挥作用。选聘文化旅游专家学者、专家型退休官员、大型文化旅游集团退位高管,组建"土洋结合"的专家智库,强化"运筹当下""决胜未来"的智力保障。

B.32
"双碳"目标下重庆新型能源体系发展形势分析及展望

卢 飞[*]

摘　要： 生态环境保护和经济发展是辩证统一、相辅相成的，建设生态文明、推动绿色低碳循环发展，可以实现更高质量、更有效率、更加公平、更可持续、更为安全的发展。中国积极推进绿色低碳发展，承诺力争在 2030 年前实现碳达峰、2060 年前实现碳中和，如期实现碳达峰、碳中和目标是以习近平同志为核心的党中央作出的重大战略决策。重庆市能源结构还有待改善，能源产业绿色低碳化转型还有待加强，需要加快构建更加清洁、低碳、可持续的新型能源体系，以能源的高质量发展为中国式现代化提供强大支撑。

关键词： "双碳"目标　新型能源体系　能源保障能力　重庆

习近平总书记指出："生态环境保护和经济发展是辩证统一、相辅相成的，建设生态文明、推动绿色低碳循环发展，不仅可以满足人民日益增长的优美生态环境需要，而且可以推动实现更高质量、更有效率、更加公平、更可持续、更为安全的发展，走出一条生产发展、生活富裕、生态良好的文明发展道路。"目前中国在经济飞速增长的同时，面临碳排放总量大（2020 年排放近 100 亿吨，约占全球的 28%）[①]、碳减排时间短、经济转型升级挑战

---

* 卢飞，重庆社会科学院城市与区域经济研究所研究员，主要研究方向为城市经济学、区域经济学、公共政策。

① BP 数据。

多、能源系统转型难度大等问题。2021 年 10 月，国务院印发《2030 年前碳达峰行动方案》，提出到 2025 年，单位国内生产总值能源消耗比 2020 年下降 13.5%，单位国内生产总值二氧化碳排放比 2020 年下降 18%，为实现碳达峰奠定坚实基础。如期实现碳达峰、碳中和目标是以习近平同志为核心的党中央作出的重大战略决策。中央财经委员会第九次会议强调，要坚定不移贯彻新发展理念，坚持系统观念，处理好发展和减排、整体和局部、短期和中长期的关系，以经济社会发展全面绿色转型为引领、以能源绿色低碳发展为关键，加快形成节约资源和保护环境的产业结构、生产方式、生活方式、空间格局，坚定不移走生态优先、绿色低碳的高质量发展道路。习近平在全国生态环境保护大会上强调，要积极稳妥推进碳达峰碳中和，坚持全国统筹、节约优先、双轮驱动、内外畅通、防范风险的原则，落实好碳达峰碳中和"1+N"政策体系，构建清洁低碳安全高效的能源体系，加快构建新型电力系统，提升国家油气安全保障能力。要守牢美丽中国建设安全底线，贯彻总体国家安全观，积极有效应对各种风险挑战，切实维护生态安全、核与辐射安全等，保障我们赖以生存发展的自然环境和条件不受威胁和破坏。重庆市能源结构还有待改善，全市与碳达峰碳中和密切相关的重点碳排放领域高能耗企业 400 多家，能源产业绿色低碳化转型责任重大，构建更加多元、清洁、低碳、可持续的新型能源体系成为能源体系战略性、整体性转型的当务之急。

一 重庆能源体系发展现状及成效

伴随着重庆经济快速发展，全市能源消费总量也逐年增加。2021 年重庆能源消费总量达到 8046 万吨标准煤，消费结构中煤炭消费量 3983 万吨标准煤，占比 50%，排在首位；其次是天然气消费量 1756 万吨标准煤，占比 22%；油料消费量 1406 万吨标准煤，占比 17%；一次电力及其他能源消费量 899 万吨标准煤，占比 11%（见表 1）。2021 年能源消费弹性系数为 0.54，平均每万元本市 GDP 能源消费量为 0.342 吨标准煤。

表1　2018~2021年重庆能源消费总量

单位：万吨标准煤

年份	能源消费总量	煤炭	天然气	油料	一次电力及其他能源
2018	7452	4050	1323	1347	730
2019	7687	4062	1376	1433	814
2020	7621	3930	1397	1404	866
2021	8046	3983	1756	1406	899

资料来源：《重庆统计年鉴2022》。

（一）能源安全保障水平逐年提升

2022年，全市天然气产量141.45亿立方米，比上年增长1.4%；发电量1042.17亿千瓦时，增长3.2%；发电装机容量为2819.01万千瓦，上升4.2%；电煤购进2599.34万吨，增长9.2%。智能化、绿色化转型初见成效，"煤改电""煤改气"等工程持续推进。2022年，全市万元地区生产总值能耗比上年下降2.7%，单位工业增加值能耗下降0.8%。2022年，全市创建绿色工厂78家、绿色园区5个；"碳惠通"生态产品价值实现平台持续创新，平台企业端已注册企业66家，自愿减排项目备案9个。能源结构持续优化，"疆电入渝"等工程陆续实施，新能源比例显著增加。工业领域以科技创新驱动产业变革，减污降碳协同增效，促进产业升级，实现工业经济低碳循环发展。2022年，全市新能源汽车产业、生物产业、新材料产业、高端装备制造产业增加值分别比上年增长1.4倍、7.5%、12.3%和6.5%。规模以上工业占新产业增加值和高技术制造业增加值占规模以上工业增加值的比重分别为31.1%、19.0%。

（二）能源保障能力持续提升

积极实施"本地清洁能源开发建设+外地能源扩大调入"双轮驱动能源保障策略，构建起多元化的能源保障体系和内外畅通的能源供给基础体系，有力支撑了全市经济社会发展能源需求供给。继续推进"产能置换+保障供给+

常态储煤+物流投资"战略合作，扩大陕西、山西、甘肃、内蒙古、贵州等地外煤入渝，电煤多元化供应渠道基本形成。全市形成"两横三纵"500 千伏电网主网架结构，以 500 千伏站点为支撑的 220 千伏"网格""环形"分层分区供电格局。天然气供应能力继续提升，涪陵、南川页岩气稳产增能，梁平、彭水等区块页岩气商业化开发稳步推进，天然气管线系统不断完善。

（三）能源低碳转型成效显著

"十三五"期间，全市煤炭、煤电去产能任务超额完成，能源消费总量和强度"双控"成绩突出，能源消费总量为 8875 万吨标准煤，单位 GDP 能耗累计下降 19.4%，单位 GDP 二氧化碳排放量累计下降 23%。能源消费结构加快优化，2022 年重庆市火力发电量 751.6 亿千瓦时，同比增长 10.7%，占全市发电量的 78.64%；水力发电量 171.8 亿千瓦时，同比下降 26.8%，占全市发电量的 17.98%；风力发电量 28.1 亿千瓦时，同比增长 22.2%，占全市发电量的 2.94%；太阳能发电量 4.21 亿千瓦时，同比增长 0.8%，占全市发电量的 0.44%。

（四）能源惠民利民成果丰硕

"十三五"期间累计新建和改造 110 千伏、10 千伏等变电容量 1672.49 兆伏安，线路长度累计 29738.93 公里。居民人均生活用电量达 689 千瓦时/年，农网供电可靠率达 99.84%。城镇居民天然气普及率达 98.5%，人均用气量达 331.3 米^3/年。建成"一环十射"高速公路快充网络，中心城区充电服务平均半径达到 1 公里，公共"车桩比"达 3.5：1，处于西部领先水平。

（五）能源体制改革稳步推进

成功组建全国首个省级股份制电力交易中心，12 个园区配电网建设项目纳入国家增量配电业务试点，其中两江新区、长寿经开区、重庆中梁山等 3 个园区配电网项目建成投运。创新组建专业化管网运营公司和全国首个混合所有制储气库运营公司，促进天然气管网、储气库等基础设施独立运营并

407

向第三方公平开放。国家级能源交易平台重庆石油天然气交易中心落户并开展常态化交易，发布川渝天然气现货价格、区域 LNG 厂站价格。

二　重庆能源体系发展存在的突出问题

（一）电力能源供需矛盾亟待解决

据《重庆统计年鉴 2022》，2021 年重庆电力消费量达到 1340 亿千瓦时，而本地电力供给生产量仅为 991 亿千瓦时，约有 1/3 的电力缺口依靠外省调入。"十四五"期间内电新增供给规划不多，主要是重庆电厂迁建和綦江蟠龙抽水蓄能电站共计 252 万千瓦，外电新增供给规划主要有川电入渝（水电）和疆电入渝（光电和风电）共计 1900 万千瓦。国网预测 2025 年全市最大用电负荷将达到 3450 万千瓦，全社会用电消费量将达 1690 亿千瓦时，外来电力、电量占比将超过 40%，电力对外依赖度大幅提高。《重庆市"十四五"电力发展规划（征求意见稿）》显示，预计 2025 年重庆电力缺口约 1100 万千瓦，到 2035 年缺口将进一步增加到 2500 万千瓦左右。电力能源供需矛盾日益突出，未来电力稳定及冗余供给亟须保障。

2022 年 7～8 月，重庆迎来高温干旱灾害性天气，面临历史同期最高的极端高温、历史同期最少的降水量、历史同期最高的电力负荷三"最"叠加的局面，电力供需形势极度紧张。据《中国煤炭报》报道，2021 年夏季用煤发电高峰期，重庆煤炭紧缺不但拉动周边省份煤炭供应紧张、价格上涨，而且使重庆由全国煤炭价格"洼地"变成全国煤炭价格"高地"，外省进入重庆的煤炭价格平均上涨 70%～80%，为经济发展和民生保供带来极大压力。因为电力供应不足，重庆对两江新区、高新区、渝北区、璧山区等采取限电政策。据报道，重庆市天实精工科技有限公司受限电影响，为了保住 3000 余万元的产值任务，损失估算 200 多万元，主要是柴油发电机组的租赁费用和柴油费。短期的拉闸限电行为，导致经济运行成本增加、工业产值下降。近年极端天气频繁出现，稳经济保增长亟须电力能源稳定保障。

（二）全球碳中和治理机制重塑风险亟待防范

格拉斯会议后，欧美推动世界气候变化向泛气候化的政治化发展，将碳中和作为工业革命以来最为重要的全球经济金融制度和规则重塑的革命，力图重构全球碳中和下的治理机制。欧美等发达经济体设立各种碳壁垒，对贸易产品的碳排放设限，试图通过新门槛阻碍发展中国家的外贸和经济发展。如产品碳标签、供应链碳数据等国际贸易新规则。因此，"双碳"减排实际上是一场各国关于科技发展先手棋、未来产业竞争力、国际规则和标准演变的博弈，重庆必须及早谋划积极应对。

与使用化石能源产生的电力相比，使用绿色电力可以减少二氧化碳等温室气体排放，每 1 兆瓦绿色电力可减少二氧化碳排放 838 千克。企业通过电力市场购买和使用绿色能源电力的绿色用电凭证，是企业在国内碳排放核查的重要依据，也是出口产品在国际碳足迹认证的重要环节。因此，布局绿电与科技的进步、产业的兴衰、产业链的调整息息相关，以绿电为代表的新能源革命将引领全球碳中和治理机制下的新工业革命。重庆越早布局绿电，企业越早控制产品生命周期的碳排放，就越有实力应对碳中和治理机制调整的威胁。

（三）国际贸易"绿犀牛"亟待应对

欧美等发达经济体设立的绿色贸易壁垒正在形成一道新的屏障。比如：欧盟电池新规，要求所有进入欧盟的电池，包括在欧盟本土生产的电池都必须遵守碳足迹、再生原材料、供应链管理要求；欧盟的碳边境调节机制（CBAM）要求进口（出口）高碳产品时缴纳（返还）相应的税费或碳配额；美国的《清洁竞争法案》（CCA），征收的对象是 14 个能源密集型产品，包括化肥、氢气、乙二酸、水泥、钢铁、铝、玻璃、纸浆、纸张和乙醇等；类似的绿色贸易壁垒，还包括法国 2011 年就开始实施的国家光伏组件碳足迹新规，韩国 2020 年开始实施的对光伏产品设立碳足迹相关认证要求。这些绿色贸易壁垒覆盖农产品、纺织品、日化用品、电子产品、钢铁水泥、玻璃金属等在进出口贸易产品中比重很大的碳密集产品及能源设备等，成为打压中国产品竞争力的"绿犀牛"。企业购买和使用绿色能源电力的绿色用电凭证，是出口产品在国际碳足迹认证的重要环节，将大大减轻碳配额碳标签供应链碳中和压力，产品将更具有竞争力和品牌溢价能力。重庆必须提早布局绿电，积极应对国际贸易风险。

（四）"双碳"减排目标亟待实现

党中央"碳达峰、碳中和"重大决策部署的 31 项重点任务中，与能源行业直接相关的就占 5 项，要求到 2060 年清洁低碳安全高效的能源体系全面建立，非化石能源消费比重达到 80% 以上。目前我国碳排放结构中，电力与热力部门是占比最高的部门（超过 50%），是"双碳"减排重点对象。为实现碳达峰目标，2030 年前全国绿色电力消纳比例需提高到 40%。但据国网重庆市电力公司数据，2021 年重庆电力供给结构中，火电发电量占比高达 72.38%；风光电厂并网容量仅有 226 万千瓦，且由于光照条件不足，重庆光伏年平均利用小时数仅有 778 小时，远低于全国 1204 小时的平均水平；水电方面，总体呈现可开发量小、已开发程度高、调节性能差等特点。重庆绿电自给率非常低，与"双碳"减排目标还有较大差距，能源结构转型迫在眉睫。

2021 年全国碳排放权交易市场开市交易第一个履约周期就纳入发电行业重点排放单位 2162 家，年覆盖 CO_2 排放量约 45 亿吨，是全球覆盖排放量规模最大的碳市场。[①] 2022 年各试点碳市场的交易均价全部上涨，价格涨幅均不低于 15%。其中，深圳碳市场碳价涨幅最高，达到 286%，北京、广东、福建碳市场碳价涨幅均超过 50%。[②] 国家及地方下发控排企业的碳排放额度指标逐年收紧，碳配额价格逐年上涨，将给超额碳排放企业带来越来越高的经济成本、社会成本。而重庆电力供给结构中，2021 年重庆火电发电量占比高达 72.38%，面临碳配额逐步下降和碳交易成本上涨的压力极大。

---

① 中华人民共和国生态环境部。
② 2022 中国碳市场年报。

重庆碳减排时间短、经济转型升级挑战多、能源系统转型难度大，将面临碳配额逐年下降和碳交易成本大幅上涨的双重压力。

（五）零碳新工业体系亟待构建

中国工业体系建立在高强度的碳排放之上，全国工业园区贡献了30%的经济，但工业能源消费占全国能源消费总量的66%，工业碳排占中国总碳排放量的68%。[①] 以高技术装备制造业、信息传输和互联网服务业为代表的新兴产业成为用电增量主力军，5G基站、数据中心、新能源汽车、轨交装备制造、半导体制造、光伏组件制造等新兴产业，对能源的消耗强度亦不逊于传统高耗能行业。根据信达证券《2020—2025电力电量分析与展望》，2025年通信基站能耗达6047.3亿千瓦时，数据中心能耗为6435.2亿千瓦时，新能源汽车电量需求达到1316.4亿千瓦时，集成电路产业及计算机、通信和其他电子设备制造能耗为3028.45亿千瓦时。综合来看，到2025年，以数字新基建、高端制造、信息技术服务为代表的新兴产业用电量将达到2.10万亿千瓦时，是未来我国用电量增长的主力。重庆包含智能网联汽车产业集群、高端电子、东数西算重庆数据中心集群等内容的零碳新工业体系建设，离不开绿电的强力支撑。

三 新型能源体系发展战略安排及重庆新型能源体系发展展望

（一）新型能源体系发展战略安排

1.国际能源发展战略

国际能源署发布的《2021年世界能源展望》提出，2050年可再生能源

---

① 陈吕军：《做好碳达峰碳中和工作 工业园区必须做出贡献》，《中国环境报》2021年3月10日。

比重将由 2020 年的 12% 提高到 67%，核能比重由 5% 提高到 11%，煤油气合计由 79% 降至 23%，全球终端能源电气化率由 20% 上升至 49%，氢能从 0% 上升至 6%。2021 年美国发布《美国长期战略：2050 年实现净零温室气体排放路径》，提出到 2035 年率先实现电力系统碳中和。2021 年欧盟提出了"能源系统融合"目标，明确未来新型低碳能源系统的特征是循环高效、高电气化率和燃料低碳化。日本在《2050 年碳中和绿色增长战略》中明确提出，到 2050 年电气化率较目前水平提高 1 倍以上，并以可再生能源及核电为主要电源推动实现电力系统碳中和。从国际机构的判断和主要经济体面向碳中和的战略部署看，全球能源体系将朝着以可再生能源为主、多种能源并存、终端电气化率大幅提升、氢能广泛应用等方向转型。

2. 我国能源发展战略

我国目前以化石能源为基础的能源系统尚无法摆脱对国际油气资源的高度依赖，以煤为主的高碳特征也难以满足碳达峰碳中和要求。建设新型能源系统，既要高水平满足各种能源服务需求，又要助力我国摆脱"贫油少气"的资源禀赋劣势，提升能源保供能力，还要确保如期实现碳达峰碳中和目标。长远来看，这是我国建设社会主义现代化强国的必由之路。同时，从目前的能源系统逐步转变为新型能源系统，其动态演进过程必然面临内外部挑战，需要建立与新型能源系统运行相匹配的新机制和相关政策。2022 年初，国家发展改革委、国家能源局发布《"十四五"现代能源体系规划》，提出能源保障更加安全有力、能源低碳转型成效显著、能源系统效率大幅提高、创新发展能力显著增强、普遍服务水平持续提升五大目标。党的二十大报告面向我国长远发展需要，作出加快规划建设新型能源体系的战略部署。2022 年底，中央经济工作会议再次强调加快规划建设新型能源体系。

3. 重庆能源发展战略

《重庆市国民经济和社会发展第十四个五年规划和二〇三五年远景目标纲要》明确重庆"十四五"期间年均地区生产总值（GDP）增长率目标为 6%。《重庆市"十四五"节能减排综合工作实施方案》明确重庆"十四五"期间单位地区生产总值能耗降低基本目标为 14%（即逐年下降 2.97%）。根据市第六次党代会报告制定的战略目标，到2026年重庆GDP要迈上4万亿元台阶。基于此目标和2021年实际情况进行预测，到2026年重庆能源消费总量将达到11433.36万吨标准煤，GDP能耗降至0.286吨标准煤/万元。若2026年重庆地区生产总值突破4万亿元大关，2022~2026年，年均增长率要保持在7.48%以上。

（二）重庆新型能源体系发展展望

一是大力发展绿色能源。抓住西电东送机遇、大力布局绿电跨省入渝。重庆"十四五"期间绿电新增供给规划不多，主要是重庆电厂迁建和綦江蟠龙抽水蓄能电站共计252万千瓦，外电新增供给规划主要有川电入渝（水电）和疆电入渝（光电和风电）共计1900万千瓦。重庆应抓住西电东送机遇、大力布局绿电跨省入渝，提早谋划陇电入渝、青电入渝、蒙电入渝等项目，加快推动哈密至重庆特高压输电通道建设，提高重庆电网与西北电网、西藏电网互通水平和互济能力，充分挖掘"十四五"川电入渝、疆电入渝通道的输送潜力和富余容量，力争"绿色通道"绿电比例不低于50%。加大政府外购绿电交易力度，常态化组织跨省绿电购买，探索将国家送电计划、地方政府送电协议转化为政府授权的中长期合同。探索牵头组建西部电力交易中心联营体，建设西部区域电力市场及完善的协同运行机制，开展西部跨省跨区电力中长期交易和调频、备用等辅助服务交易，优化区域电力资源配置。建立多元市场主体参与跨省交易机制，鼓励支持发电企业与售电公司、用户等开展直接交易，挖掘电源侧和用户侧市场潜力，精准对接客户需求，解决"电网等项目""项目等电网""电网等规划"等难题。

二是加快推动市内绿电建设。近年随着光伏发电技术和产业化规模化的不断进步，光伏电站投资成本下降，度电成本下降，电站使用周期更长、全生命周期的发电总量增加。2021年底，全国光伏的年均利用小时数为1163小时，光伏电站建设成本平均为3.0元/瓦，度电成本为0.3343元/度，光伏度电成本逐步逼近或倒挂燃煤发电成本。用地成本方面，2022年中西部省份光伏电站土地租赁费用为每年每亩 200～300 元，远远低于山东、江苏及河北部分地区每年每亩 700～800 元，浙江等地每年每亩 2500 元的价格。[①]重庆应抓住光伏发电成本下降机遇，以及本地土地成本优势，大力发展分布式、互补式、复合型以及荒漠等未开发用地集中式光伏发电。首先是分布式光伏与建筑设施结合，发电无须新增供地。其次是发展复合型或互补式发电如"农光互补""林光互补""牧光互补""渔光互补"光伏项目，出台支持光伏复合项目建设的税收优惠政策，明确光伏复合项目中光伏阵列的耕地占用税、土地使用税减免等。最后是因地制宜，利用荒漠化等土地资源发展集中式光伏项目。

三是活跃跨省能源交易。优化绿色能源供应布局，引导并加强在内蒙古、新疆、甘肃、青海等地风电、光伏发电企业的建设布局与合作，鼓励国有企业与其他所有制企业以资本为纽带，强强联合、优势互补，从源头掌握绿电发电权。建立跨省能源发展利益共享机制，针对绿色能源富集但产业发展滞后的省份迫切需求，探索现行行政体制机制固有模式改革，从政府层面创新建立跨省份"产业共建、能源共用、利益共享"的发展模式，建立利益联结机制和补偿机制，形成区域间产业及能源优势互补，强化重庆增长极和动力源作用并引领西部省份经济结构优化调整和发展方式转变。

四是加快绿色技术体系和制造体系发展。加快调整优化产业结构，推动实现高质量发展。重庆六大高耗能行业能源消费量占规模以上工业能源消费量的 84.45%，[②] 并有逐年上升的趋势，要遏制"两高"项目发展，为经济社会高质量发展腾出用能空间和碳排放空间。立足重庆市情和资源禀赋，抓住重庆建设国家重要先进制造业中心的重大时机，抓住碳达峰、碳中和的重大历史机遇，培育壮大具有国际竞争力的先进制造业集群，大力发展节能低碳产业。继续做大做强电子信息产业、智能网联新能源汽车产业，加快高端装备制造业集群发展，在生物医药、先进材料、风电、光伏、特高压输变电

---

① 《2023 年光伏大拐点！》，新浪网，2023 年 1 月 12 日。
② 《做好碳达峰碳中和工作 服务重庆高质量发展》，七一客户端，2022 年 8 月 12 日。

成套装备、储能设备等领域进一步巩固和发挥重庆传统制造业优势，探索和突破氢燃料电池、储氢材料、碳捕集、碳中和技术和装置等新兴前沿领域，以节能低碳产业引领重庆产业绿色高质量升级。推动产业结构高端化、能源消费低碳化、资源利用循环化、生产过程清洁化、产品供给绿色化，以绿色低碳技术体系和绿色制造体系支撑工业体系和能源体系结构优化。

五是尽力控制煤炭消费增长，争取"十五五"期间煤炭消费逐步减少，严控煤电装机规模，加快现役煤电机组节能升级和灵活性改造。加快推进页岩气、煤层气、致密油气资源的规模化开发。坚持集中式与分布式并举开发风能太阳能，因地制宜开发水能，积极安全有序发展核能，合理利用生物质能。

参考文献

习近平：《努力建设人与自然和谐共生的现代化》，《求是》2022 年第 11 期。

重庆市人民政府办公厅：《重庆市能源发展"十四五"规划（2021—2025 年）》，2022 年 6 月。

重庆市统计局：《2022 年重庆高质量发展报告·绿色发展篇》，2022 年 7 月。

重庆市综合经济研究院：《重庆 2023 年经济展望》，2022 年 12 月。

刘嗣方主编《重庆蓝皮书：重庆经济社会发展报告（2023）》，社会科学文献出版社，2023。

旭锦信安新能源：《新时代下，重庆新能源发展前景》，2023 年 4 月。

《中国重庆市能源行业现状调研及发展趋势分析报告（2023—2029 年）》，中国产业调研网，2023 年 1 月。

成渝地区双城经济圈
建设篇

B.33
唱好"双城记" 共建"经济圈"
推动成渝地区双城经济圈建设走深走实

重庆市综合经济研究院*

摘 要： 2023 年以来，在党中央、国务院坚强领导下，川渝两省市以高度的政治自觉和行动自觉切实担负起战略使命，推动成渝地区双城经济圈建设进入加速实施的新阶段。2023 年前三季度，重庆、四川地区生产总值分别为 22243 亿元、43387 亿元，分别同比增长 5.6%、6.5%，分别高出全国增速 0.4 个、1.3 个百分点。下一步，要牢牢把握双城经济圈建设是西部地区推进中国式现代化的重大战略，努力打造区域协调发展"第四极"，打造有实力、有特色的双城经济圈。

关键词： 成渝地区双城经济圈 区域协同发展 第四极

---

* 执笔人：曹亮、李林、贾静涛、王志军、邱婧、郑秋霞。

推动成渝地区双城经济圈建设是西部地区推进中国式现代化的重大战略，是党中央交办给成渝地区的"国之大者"，充分体现了党中央在新形势下经略西部腹地、拓展回旋空间、完善区域发展布局、促进共同富裕的战略部署。2023年1月，习近平总书记对重庆工作作出重要批示，强调要推动成渝地区双城经济圈建设走深走实。7月，总书记在四川考察时，对双城经济圈建设作出新部署新要求。总书记有号令、中央有部署，川渝见行动。两地主动服务和落实国家重大战略，不断增强双城经济圈建设紧迫感、责任感、使命感，深化战略认识、强化战略谋划，坚定不移推动高质量发展、创造高品质生活、创新高效能治理，推动成渝地区双城经济圈建设走深走实，带动川渝两省市全域经济社会向好发展。2023年前三季度，重庆、四川地区生产总值分别为22243亿元、43387亿元，分别同比增长5.6%、6.5%，分别高出全国增速0.4个、1.3个百分点。

一 提高政治站位，系统谋划全市"一号工程"

2023年春节后，全市召开成渝地区双城经济圈工作推进大会，明确把双城经济圈建设放在中国式现代化的宏大场景中来谋划推进，作为市委"一号工程"和全市工作总抓手总牵引，出台双城经济圈建设五年行动方案，部署实施"十项行动"，滚动迭代418项重大项目、重大政策、重大改革、重大平台"四张清单"年度事项，不断健全完善双城经济圈建设"四梁八柱"。

（一）争当西部地区高质量发展排头兵

将渝西地区作为推动重庆西扩、加快成渝相向发展的重要突破口，谋划实施渝西地区368项重大项目事项，出台推动渝西先进制造业发展和新能源汽车产业发展五年行动计划，努力打造双城经济圈建设先行区、现代化城市群协同发展样板区、现代化新重庆建设新的增长极。加快建设国家重要先进制造业中心，召开全市制造业高质量发展大会，谋划打造"33618"现代制造业集群体系，前三季度规上工业增加值增长 5.7%，较上半年提高 2.2 个百分点。加快建设国际消费中心城市，2023 年前三季度全市社零总额 1.12 万亿元，同比增长 7.4%，比上半年提高 1.2 个百分点，增速远高于 GDP 增速，对经济发展发挥了较强支撑作用。

（二）打造具有全国影响力的科技创新基地

高标准筹办举办首届"一带一路"科技交流大会，启动建设"一带一路"科技创新合作区。西部（重庆）科学城金凤实验室正式揭牌投用、华大时空组学中心和渝粤病理科学研究中心落地，智能网联汽车创新中心投入运行，中国科学院重庆科学中心完成一期场地建设。第二批在渝 5 个国家重点实验室完成重组工作，新增能源领域全国重点实验室、新建市级重点实验室 38 个。实施高新技术企业和科技型企业"双倍增"行动计划，2023 年前三季度新增科技型企业 1.2 万家，累计超 5.4 万家。

（三）勇当内陆省份改革开放探路先锋

将数字重庆建设作为"一把手"工程，加快建设"1361"整体构架。谋划构建"416"科技创新战略布局，加快推动战略科技力量提质强能。体系化推进新一轮国资国企改革，推进开发区（园区）优化整合改革，探索亩均论英雄改革，推进财税精细化管理改革。加快西部陆海新通道建设，2023 年前三季度，重庆经西部陆海新通道三种主要运输组织方式与中欧班列联运超 1.8 万标箱、与长江经济带联运超 5 万标箱。高水准推动中新战略性互联互通项目，打造中新重庆枢纽港产业园、生命科技城等系列实体化项目。

（四）加快建设高品质生活示范区

召开美丽重庆建设大会，全面筑牢长江上游重要生态屏障，加快建设美丽中国先行区，打造人与自然和谐共生现代化的市域范例。建立健全就业失业统计监测预警体系，2023 年前三季度城镇新增就业 59.6 万人、完成全年目标的99.3%。4个国家区域医疗中心全部开工，2023年前三季度完成投资12.19亿元，已超额完成年度目标。加快推动基础教育公平优质、高等教育突破跃升、数字教育迭代升级等教育领域"六大行动"，加快建设全国职业教育高质量发展引领区，2个案例入选全国首批职业教育产教融合典型案例。

二 增强协同联动，推动重点领域取得实效

川渝两省市紧扣目标定位，强化战略协同，同心协力、相向而行，共同推动一批重大项目、政策、平台落实落地。2023年8月，成渝地区双城经济圈跨区域协作18条经验做法首次得到国家层面系统总结推广。

（一）共构双城经济圈发展新格局

一是成渝双核联动联建进展顺利。成渝双核全面落实"1+5"合作协议，第一批合作项目事项清单完成22项。成渝高速公路扩容工程前期工作基本完成，重庆果园港与成都经开区共建"无水港"加快推进，双核枢纽机场卡车航班常态化开行。协同开展全国首批灵活就业人员住房公积金试点，两地103家银行业金融机构减免个人借记卡异地取转款手续费、125项"成渝通办"服务事项等便民举措纷纷落地。2023年前三季度，重庆主城都市区、成都市分别实现地区生产总值17112亿元、16114亿元，同比增长5.5%、6.7%。二是都市圈同城化发展加快推进。重庆都市圈建设全面提速，推动创新建立广安全面融入重庆都市圈工作机制，在重庆四川合作机制框架下，增设"广安融入重庆都市圈工作组"。成都都市圈编制实施成长期三年行动计划、产业建圈强链攻坚行动计划等专项方案。成德、成眉、成资3条市域铁路加快实施，都市圈日开行动车增至136对、日均客流量超4.1万人次。成德绵国家科技成果转移转化示范区通过科技部验收，成德、成眉协同创新中心挂牌运行，成德高端能源装备产业集群集聚企业近3000家、产值超2300亿元。三是毗邻地区协同发展不断深化。两省市分别制定出台

419

《重庆市先进制造业发展"渝西跨越计划"（2023—2027年）》《关于支持川中丘陵地区四市打造产业发展新高地加快成渝地区中部崛起的意见》，扎实推动成渝中部地区高质量发展。万达开、川南渝西等10个毗邻地区合作共建功能平台建设总体方案全部获批印发，年度重点任务加快实施。

（二）共织现代基础设施网

一是一体化综合交通网络加快构建。成渝中线、渝西、渝万、成达万等高铁提速推进，渝湘高铁重庆至黔江段、渝昆高铁形象进度过半，综合交通枢纽重庆东站正式挂牌。世界级机场群加快推进，重庆江北国际机场T3B航站楼及第四跑道工程加快建设，重庆新机场选址正式获得民航局批复，天府机场国际口岸投入使用。永川至泸州、大足至内江、潼南至南充（重庆段）等高速公路建成通车，建成及在建川渝省际高速公路通道21条。协同打造长江上游航运中心，乌江白马、涪江双江等航电枢纽加速推进，川渝共建万州新田港二期工程加快推进。二是能源供给保障能力持续提升。川渝1000千伏特高压交流工程甘孜—天府南—成都东、天府南—铜梁段项目加快实施，双槐电厂二期加快建设，外电入川渝项目加快推进。全球最大水光互补电站雅砻江柯拉光伏电站投产发电，昌波、牙根一级大型水电站获国家核准建设。加强迎峰度夏川渝电力互济保供常态化合作，2023年前三季度开展川渝电力互济34次、最大电力160万千瓦。川气东送二线天然气管道工程正式开工，铜锣峡、黄草峡、老翁场、牟家坪等储气库建设接续推进。三是重大水利基础设施加快建设。渝南、川渝东北一体化水资源配置工程、长征渠引水、引大济岷、毗河供水二期前期论证工作加快推进，藻渡、向阳、跳蹬等大中型水库以及向家坝灌区一期、三坝水库开工建设，渝西水资源配置工程、亭子口灌区一期加快建设。

（三）共育现代产业体系

一是制造业加快转型升级。两省市与工信部签订制造业高质量协同发展战略合作协议，成渝地区电子信息制造业集群建设等6个事项纳入部省

（市）合作协议 2023 年度重点工作任务清单。重庆召开推动制造业高质量发展大会，明确着力打造"33618"现代制造业集群体系。四川召开省委全会作出深入推进新型工业化加快建设现代化产业体系的决定。共同遴选自贡沿滩高新技术产业园区、长寿经济技术开发区等 15 个园区为第二批双城经济圈产业合作示范园区。成功举办 2023 年世界动力电池大会、世界清洁能源装备大会，创新开展"川渝制造"知识产权联合执法。二是服务业不断恢复提振。充分发挥成渝地区双城经济圈发展基金作用，首批子基金签约总规模超过 60 亿元。加快推动成渝金融市场一体化，协同构建企业上市、发债服务体系。加快完善多式联运国际物流服务网络，重庆巴南、四川绵阳入选 2023 年国家骨干冷链物流基地建设名单，沙坪坝、成都、自贡国家骨干冷链物流基地加快建设。全国首个跨区域社会组织——成渝银行业保险业消费者权益保护中心（重庆），首家川渝共建地方法人金融机构"双城（重庆）信用增进股份有限公司"完成注册登记。共同出台《重庆四川跨省域消费民事公益诉讼工作规范》，协同处理消费投诉。三是数字经济蓬勃发展。国家级成渝网络安全产业园区启动全面建设，国家数字经济创新发展试验区建设进入评估验收阶段，5G 网络实现城镇和重点场景实现全覆盖。联合发布数字赋能先进制造城市机会清单，设立成渝数字经济企业公共服务平台。重庆标识解析国家顶级节点已服务西部 10 个省区市，成都托管与灾备节点国家顶级节点正式启动运营，工业互联网标识解析顶级节点接入二级节点 45 个，注册量超过 250 亿个，累计解析量超 205 亿次，接入企业节点 2.2 万余家，节点标识注册量、解析量增速均居全国第一。四是农业持续提质增效。两省市累计新建成高标准农田 386.6 万亩，8 个县（市、区）成功入选国家农业现代化示范区创建名单，新增国家优势特色产业集群 3 个。持续推进大足—安岳、荣昌—隆昌、梁平—开江 3 个农业合作示范园区建设，在大足、潼南、资阳等试点推进美丽巴蜀宜居乡村示范带先行区建设。

（四）共建具有全国影响力的科技创新中心

一是创新空间格局持续优化。联合编制成渝综合性科学中心建设方案，成渝（兴隆湖）综合性科学中心正式揭牌。首批4个天府实验室和金凤实验室启动实体化运行，两省市19个全国重点实验室完成优化重组，新增3个全国重点实验室。超瞬态实验装置、自然人群资源库重庆中心、跨尺度矢量光场、准环对称仿星器等重大科技基础设施启动建设，全球规模最大的综合孔径射电望远镜"千眼天珠"正式建成，国家川藏铁路技术创新中心建成投运，高海拔宇宙线观测站顺利通过国家验收。特色生物资源研究与利用等6个川渝共建重点实验室加快建设。二是协同创新能力持续提升。争取科技部批准新建国家科技创新基地10个，支持实施国家各类研发项目3000余项、经费37亿元。联合实施成渝科技创新合作计划，实施核心技术攻关项目147项，资金超过1亿元。发布首款具有自主知识产权的国产通用型科学计算软件，研发国内首台光电混合计算原型验证机、全球首款光磁一体化手术导航医疗器械，取得抗肿瘤靶向化学新药等重大成果。三是创新生态进一步优化。重庆实施高新技术企业和科技型企业"双倍增"行动计划，四川深入实施企业创新主体培育"三大行动"，两省市引育高新技术企业超1.1万家，两省市国家高新技术企业突破2.1万家、国家科技型企业超过2.5万家。加快建设国家科技成果转移转化示范区，川渝技术合同成交额突破2200亿元。开放共享大型仪器设备1.3万余台（套），总价值超过120亿元。"重庆英才服务卡""天府英才卡"6项服务内容对等互认。

（五）共营富有巴蜀特色的国际消费目的地

一是高品质消费空间营造有力。举办"成渝双城消费节"暨2023"爱尚重庆·迎新消费季"等消费促进活动，共同发布21个富有巴蜀特色的国际消费目的地消费新场景。举办"2023成渝双城消费节"，共发布25个重庆消费新场景、40个四川消费新场景和10条经典主题旅游线路。精心筹办中国（四川）国际熊猫消费节等特色品牌活动，联合举办第二届成渝地区双城经济圈消费与发展论坛。二是巴蜀文化旅游走廊加快建设。联合申报国家文化和旅游创新改革试验区，启动编制川渝石窟寺国家遗址公园总体规划。加快长征国家文化公园、长江国家文化公园建设。联合参加2023香港国际授权展，共同推广"安逸四川·大美重庆"文创产品。推出"百万职工游巴蜀"系列营销活动，带动出游超 90 万人次。三是多元融合的消费业态加快培育。重庆 16 个夜间经济示范创建集聚区加快培育，成都 100 个夜间经济示范点位加快打造。以洪崖洞、太古里、长江索道、宽窄巷子等"打卡点"为代表的"网红经济"蓬勃发展。举办第三届川渝老字号博览会、全国糖酒会、中国（西部）健康食品博览会等消费促进活动。

（六）共筑长江上游生态屏障

一是生态共建共保扎实推进。联合编制完成成渝地区双城经济圈"六江"生态廊道建设规划。深化跨界河流联防联控联治，联合打造川渝河长制合作 3.0 版。协同落实长江"十年禁渔"，持续加强川渝交界水域的巡护监管和上下游、左右岸的协作联动。2023 年，累计完成"两岸青山·千里林带"建设 133.8 万亩。二是环境污染协同治理成效明显。2023 年前三季度，重庆、四川空气质量优良天数比例分别为 89.7%、85.3%。重庆 74 个国考断面水质优良比例为 100%，四川 127 个国考断面水质优良比例为 97.6%，长江干流水质稳定达到Ⅱ类，水环境质量持续保持全国第一方阵。联合举办"无废城市川渝共建"六五环境日宣传活动，危险废物跨省转移"白名单"覆盖范围扩大至 8 个类别 51 家企业，已办理跨省转移 15.45 万吨、同比增长 468%。三是生产生活绿色转型取得突破。举办首届西部国际碳中和技术成果博览会暨企业家高峰论坛，发布绿色低碳新技术、新产品 50 余项。正式成立川渝"双碳"产业计量创新联盟，重庆、四川碳排放权交易累计成交 4586.9 万吨、3703 万吨，交易金额 10.1 亿元、13 亿元。重庆、成都、泸州等 7 个地区获评全国绿色出行创建考核评价达标城市。

（七）共造内陆改革开放高地

一是开放能级不断提升。共同开行中欧班列（成渝）实现运营标识、基础运价、车辆调拨"三统一"，已稳定运行线路 50 余条，2023 年前三季度中欧班列（成渝）开行超 3819 列，增长 8.7%，运输线路覆盖欧亚近 40

个国家超 100 个节点城市，运输货值、重箱率等主要运营指标继续保持全国前列，成渝入围首批国家综合货运枢纽补链强链城市（群）。推动重庆江北国际机场与成都双流、天府机场在航线布局、航班编排、口岸通关等资源方面开放共享，引进川航物流货运基地公司。成渝两地在飞国际及地区航线总数达 70 条，其中国际及地区客运航线 40 条，国际货运航线 30 条。印发实施川渝自贸试验区协同开放示范区深化改革创新行动方案。成功举办智博会、西洽会等国际大型会展，5 届西洽会连续 3 届设立双城经济圈展区。实现全国范围内首个电子口岸业务跨关区通办，成渝两地已设置受理点 38 个，报关、收汇相关业务办理时间均压缩 2/3 以上。驻渝、驻蓉外国领事机构分别达 13 家、23 家，川渝开放合作的"朋友圈"越来越大。二是改革力度不断加大。重庆、成都分别形成要素市场化配置综合改革试点实施方案及授权事项清单并上报国务院。启动建设重庆市绿色金融创新改革试验区、成都市普惠金融服务乡村振兴改革试验区。成渝金融法院正式开展收案、审理工作。联合推进成渝外债管理便利化试点、本外币合一银行结算账户体系试点，支持成渝两地企业共同参与一次性外债登记试点总额 215 亿美元。深化土地制度改革，在川渝高竹新区试行建设用地指标、收储和出让统一管理机制，已获批土地指标 3065 亩。全国首张川渝字号国家级跨区域企业营业执照"川渝遂潼投资发展有限公司"成功获批。共同发布首批 7 项川渝"一件事一次办"事项、34 项川渝"免证办"事项、9 项川渝跨区域数字化场景，311 项"川渝通办"政务服务事项办件量突破 1500 万件次。

（八）共推城乡融合发展

一是国家城乡融合发展试验区加快建设。重庆西部片区建立进城落户农民依法自愿有偿退出农村权益等制度，探索将乡村发展需要的特殊人才吸纳为集体经济组织成员的机制。成都西部片区国家城乡融合发展试验区探索引进首批"新村民"入乡助农，借助"农贷通"平台累计发放贷款 4.7 万笔、556.7 亿元。二是城乡要素资源双向自由流动不断加快。重庆持续深化农村"三变"改革，试点村扩大至 3913 个，成功创建中国乡村旅游模范村 41

个、全国乡村旅游重点镇 6 个。四川实施"万企帮万村""万企兴万村"行动，12629 家企业（商协会）结对帮扶 9024 个村，累计投资到位资金 793.7 亿元、消费帮扶 27.7 亿元。三是农村产权流转交易市场加快发展。重庆建立四级流转交易体系，累计组织农村实物产权流转交易 130 万亩、42.7 亿元，在全国率先探索生态类地票交易，已累计交易 325 亩、0.65 亿元。四川推动林权、水权、地权入场流转交易，成都农交所累计成交各类农村产权超 3 万宗，面积超 430 万亩、交易规模 1722 亿元，位居全国同类交易机构前列。

（九）共促公共服务共建共享

一是人力社保合作深度推进。共同确定就业、社保、人才等领域 32 项区域标准化协同试点事项。互办养老、失业保险关系无障碍转移接续累计达 9.9 万人次，完成养老、工伤保险待遇资格"就地认"累计超 18.7 万人次。共建川渝人社数据交换平台，累计批量交换社保数据 1.4 亿条。联合打造社保卡通办服务网点 3290 个，社保卡持卡人数突破 1.27 亿人。联合发布《成渝地区双城经济圈急需紧缺人才目录》，建成"巴蜀工匠"协同培养融合区 2 个、累计培育数字技能人才 8.5 万人。二是医疗养老协作成效显著。重庆医科大学附属儿童医院宜宾医院等 4 家医院成功获批成为第五批国家区域医疗中心。推进川渝 291 家二级及以上公立医院 112 项检查检验结果互认，1726 家医疗机构实现川渝电子健康卡"扫码就医"，累计跨省市用卡 62 万余次。协同推动川渝异地就医住院免备案试点，累计直接结算跨省就医购药 930 万人次、医保支付 73.8 亿元。协同举办第 5 届中国成都国际养老服务业博览会、中国（四川）老龄事业暨养老服务业博览会。三是教育文体协作持续深化。34 个高校学科新增进入世界高水平学科行列，相互对等增加普通高校招生名额超 1000 个。提档升级"川渝阅读一卡通"，129 家图书馆凭社保卡实现通借通还，累计整合图书资源 738 万册。成功举办第九届中国—俄罗斯青少年（夏季）运动会、第 31 届世界大学生夏季运动会、第二届巴蜀合唱节等文体活动。四是应急联动合作日益深化。加快编制成渝地区

2小时应急救援圈专项规划，国家西南区域应急救援中心加快建设。在全国率先建立跨区域献血机制，开展2023年重庆—四川卫生应急队伍联合演练。深化国防动员和人民防空领域合作，率先在全国实施人防设备销售放开的企业达22家。

三 加强系统谋划，不断提升成渝地区综合实力

2024年是成渝地区双城经济圈建设的第四年，也是川渝加快共建中国经济增长"第四极"的重要一年。下一步要按照两省市党委、政府统一安排，突出重点、聚焦要点、把握节点、紧盯热点的原则，抓好各领域重点工作，不断提升成渝地区的经济辐射力、发展带动力和能级提升力。

（一）优化完善国土空间布局

推动重庆成都双核引领相向发展，推动重庆中心城区与成都市携手推出一批重大项目、重大改革和重大决策，集成双核产业引领、科技创新、门户枢纽、综合服务等核心功能，增强"双核"发展能级和综合竞争力。推动周边城市积极承接"双核"产业转移和功能外溢，共建一批现代化郊区新城。依托成渝高铁、渝遂铁路等交通廊道，联动内江、资阳等地一体化发展，促进重庆都市圈与成都都市圈高效衔接。强化与广安全方位深度合作，以川渝高竹新区、合广长协同发展区为重点，促进广安与重庆主城都市区同城化。

（二）共织现代基础设施网络

加快推进成渝地区双城经济圈与京津冀、长三角、粤港澳大湾区以及北部湾（东盟）、西藏（南亚）、新疆（欧洲、中亚）等国际综合运输大通道建设。加快成渝中线、渝昆、渝西、渝万、成达万和渝湘高铁重庆至黔江段等6条高铁建设。加快川藏铁路雅安至林芝段建设，争取启动成渝铁路成都至隆昌段改造。加快黔江至吉首高铁、重庆至自贡至雅安铁路前期工作。加快南充至潼南、内江至大足、铜梁至安岳、江津至泸州北线、渝武高速扩

能、渝赤叙、遂渝扩容（北碚至铜梁段）等省际高速公路建设。建成江北机场T3B航站楼及第四跑道，加快重庆新机场前期工作。加快畅通重庆"一干两支"以及四川岷江等航道主骨架，实施岷江龙溪口至宜宾段航道整治工程。加快嘉陵江利泽、乌江白马、渠江风洞子、岷江龙溪口、岷江东风岩等航电枢纽建设。加快实施川渝特高压交流、"疆电入渝"特高压直流输电工程、川渝千亿立方米天然气基地等重大能源工程，建设百亿级西南地区储气调峰基地、中航油西南战略储运基地。

（三）协同建设现代产业体系

围绕汽车、集成电路、新型显示等细分领域，编制成渝重点产业链全景图。争取中央企业集成电路、新型显示、工业母机、大型成套装备、大宗材料等产业领域重大项目优先在成渝地区布局，争创国家第四轮先进制造业集群。高质量承接东部沿海地区产业转移，携手打造国家战略大后方核心支撑。培育高水平汽车产业研发生产制造基地，共同推进燃料电池汽车示范应用，携手争创国家氢燃料电池示范城市群。加强疫苗等创新药细分领域合作，促进生物医药产业资源优势互补、产业协同发展。推进共建西部金融中心，推动两地金融服务类机构互设分支机构或区域总部。共同争取中国"一带一路"进出口商品博览会在成渝两地举办。深入推进成渝地区工业互联网一体化发展示范区建设，加快"5G+"等新一代信息技术在制造业中的应用。深入推进西南地区"国家粮仓"、国家优质商品猪战略保障基地（中国畜牧科技城）、中国西南种业高地、全球泡（榨）菜出口基地、中国柠檬"金三角"、中国西部预制菜之都、中国脆李核心优势特色产区、国家级三峡柑橘交易中心等品牌建设。

（四）共建具有全国影响力的科技创新中心

联合争取一批全国实验室、国家技术创新中心等重大创新平台落地。以天府实验室、金凤实验室为支撑，加快建设中国科学院重庆科学中心、成都科学中心。加快建设重大科学装置，重庆金凤片区重点加快建设超瞬态实验装置、中国自然人群生物资源库等重大科技基础设施，推动建设重庆实验室。四川兴隆湖片区重点加快建设电磁驱动聚变、跨尺度矢量光场时空调控、多态耦合轨道交通动模试验平台、天府宇宙线研究中心等重大科技基础设施。健全川渝两地产学研单位联合申报和承担国家科技计划项目组织实施机制，联合开展产学研协同攻关。深入实施关键领域核心技术攻关计划。制定《成渝中线科创大走廊建设方案》《川渝毗邻地区融合创新发展带三年行动计划》。加快共建万达开技术创新中心，在毗邻地区合作共建博士后科研平台。高水平办好"一带一路"科技交流大会，塑造国家级科技交流品牌。

（五）打造富有巴蜀特色的国际消费目的地

全力推进重庆、成都国际消费中心城市建设，加快培育渝中、江北、锦江等国际消费重要承载地和万州、永川、绵阳、德阳等区域消费中心城市。推动解放碑—朝天门、春熙路—太古里等商圈提档升级，支持重庆观音桥、成都交子公园打造高能级新型消费商圈，推动成立"国际商圈联盟"。联合申报中国"一带一路"进出口商品博览会，建设"一带一路"进出口商品集散中心。大力发展"四首"经济、品牌经济，开设全球性、全国性和区域性品牌首店、旗舰店、连锁店，集聚全球优质消费供给。做优做强渝货精品、精品川货，加强老字号传承振兴，提升品牌国际知名度和影响力。支持发展蕴含巴蜀文化、展现工匠精神、承载城市记忆的小店经济，打造"小而美"网红品牌。充分挖掘古蜀文明、巴渝文化、三峡文化和三国文化等世界级文化资源，扩大长江三峡、九寨沟、稻城亚丁、武隆喀斯特、都江堰—青城山、大足石刻、自贡彩灯、铜梁龙舞等国际文化旅游品牌影响力。健全消费领域信用监管体系，提升外地消费者在川渝"畅享"消费、"乐享"消费、"惠享"消费的服务水平。

（六）共筑长江上游生态屏障

联合开展建设项目生态环境事中事后监管。加快川渝两地地方标准统一，联合制定生态环境标准编制技术规范。深化司法协作，加强交界水域禁捕联合执法监管,协同防范和严厉打击非法捕捞、非法销售违法犯罪行为。落实好长江"十年禁渔",实施长江上游流域重点水域全面禁捕。探索建立成渝地区生物样本库联盟。持续深化"林长制",提质建设"两岸青山·千里林带"。深化跨界水体协同保护,深入推进"联合河长制",常态化开展联合巡河,推进跨界河流一体化治理。深化"无废城市"共建,拓展跨省转移"白名单"简化审批的危险废物种类和覆盖企业。推动生态环境监测网衔接融合,建设生态环境保护协同综合展示平台。加强生态环保联动督察,联合开展生态环境执法检查、应急演练和隐患排查整治。持续实施碳达峰碳中和联合行动,联动打造绿色技术创新中心和绿色工程研究中心。争取参与全国碳市场联建,协同向生态环境部争取在国家核证自愿减排量(CCER)交易机构布局。优化运行重庆"碳惠通"生态产品价值实现平台和成都"碳惠天府"绿色公益平台,深入开展两江新区、天府新区国家气候投融资试点。

(七)联手打造内陆改革开放高地

积极对接西部陆海新通道建设省部际联席会议,在优化通道建设和运营模式、创新协调联动机制、强化综合服务等方面争取更多政策支持。共同办好西部陆海新通道省际协商合作联席会议,强化沿线省(区、市)重大事项、重大政策协同联动。联合打造国家多式联运示范工程,重点推进重庆内陆国际物流分拨中心、成都"一带一路"国际多式联运综合试验区建设,深化中欧班列(成渝)德国杜伊斯堡海外仓运营共享,推进共建中欧班列(成渝)波兰马拉运控中心。稳定开行至北部湾港、湛江港、洋浦港等铁海联运图定班列和中老、中越等国际联运班列,加密成渝地区与西部陆海新通道沿线及周边城市直达班列、班车、班轮。协同打造"一带一路"进出口商品集散中心,加快重庆两江新区和成都青白江进口贸易促进创新示范区建设。推进永川—蒲江中德产业合作示范园区等建设。加大招商引资力度,鼓励支持境外世界500强和行业龙头企业、"隐形冠军"企业总部落户成渝地区。

（八）共同推动城乡融合发展

完善农村资产抵押权能，积极引导城市资本入乡发展。推动乡村建设和乡村治理融合试点，推动打造巴蜀美丽庭院示范片。深化国家数字乡村试点，着力打造"数智乡村"。推动养老服务共建共享，探索推进养老服务政策衔接、标准共享、监管协同、资质互通互认。扩大川渝社保卡应用目录规模，实现一卡多用、川渝通用。积极创建农业产业强镇、全国"一村一品"示范村镇，建设一批美丽宜居示范乡镇、农民工返乡创业园和孵化基地。构建多元化乡村经济，因地制宜发展都市农业和现代山地特色高效农业，发展农产品精深加工、农村电商和乡村旅游。培育新型农业经营主体，推动龙头企业、农民合作社、家庭农场、专业大户组建农业产业化联合体。研究实施"强镇带村"工程，增强小城镇连接城乡、服务乡村功能。全面深化国家城乡融合发展试验区重庆西部片区、成都西部片区改革探索。共同推动毗邻地区条件较好、意愿较强的合作平台探索试点跨区域城乡融合发展。联合打造富有巴蜀韵味的特色小镇集群，推动特色小镇政策标准统一、改革联动、成果共享。

（九）强化公共服务共建共享

积极推动重庆主城都市区和成都市政务服务事项"成渝通办"。推动成渝两地城乡居民基本养老保险关系转移资金定期结算。加快打造川渝"高质量就业先行区"试点，联合实施川渝"就业服务联动计划""公共求职招聘互通计划"等重点项目。推动灵活就业人员参加住房公积金试点融合互通。支持永川和泸州、遂宁和潼南、内江和荣昌在推进城乡义务教育一体化中发挥示范引领作用。以川渝高竹新区为载体，助力广安建成成渝地区双城经济圈教育协同发展试验区。共同争取国家职业病医学中心、国家妇产区域医疗中心，持续推进国家儿童区域（西南）医疗中心建设。积极推动两地二级及以上公立综合医院实现医学检验检查结果互认。探索医保缴存年限互认和长期护理保险评估互认，探索联合开展药品集采。扩大异地就医服务覆盖面，实现两地符合条件的定点医疗机构全覆盖。培育"成渝地·巴蜀情"文化活动品牌，持续推进"川渝阅读一卡通"工程，协同推进两地协同建设云上博物馆。探索建设成渝文化馆联盟，推动两市公共文化馆所融合发展。协同做好后大运时期赛事筹划和场馆利用，推动体育赛事（活动）、体育产业等方面协同发展。

参考文献

《重庆市建设成渝地区双城经济圈工作推进大会举行》，《重庆日报》2023 年 1 月 28 日。

《重庆四川党政联席会议第七次会议举行成果发布会》，《重庆日报》2023 年 6 月 26 日。

《重庆成都双核联动联建会议第二次会议召开》，《重庆日报》2023 年 9 月 27 日。

《双城经济圈 18 条经验做法为何得到国家推广？市发展改革委副主任米本家权威解读》，《重庆日报》2023 年 9 月 25 日。

B.34
成渝地区双城经济圈生态环境共建
共保共治形势分析与预测

重庆市生态保护技术服务中心课题组*

摘　要：　加强成渝地区生态环境保护，事关推动成渝地区双城经济圈建设国家重大战略落地见效，事关筑牢长江上游生态屏障，事关国家生态安全。2020年以来，川渝两地不断加强生态环境管理协同、措施协同、政策协同、能力协同，有力推动成渝地区双城经济圈生态环境保护成势见效。受地理环境、产业结构、经济基础等多重因素影响，成渝地区生态环境保护在生态保护修复、跨界污染治理、减污降碳等方面仍然存在不足。建议从迭代升级川渝生态环境保护协作机制、加快构建统一的区域生态环境治理体系、深化生态环境领域科技合作、强化区域生态环境监督考核、鼓励引导公众和社会力量参与等五个方面进一步加强成渝地区生态环境保护，推动实现生态环境保护能级大幅跃升，加快构建人与自然和谐共生的美丽中国先行区。

关键词：　成渝地区双城经济圈　生态环境保护协作　美丽中国先行区

加强生态环境保护是习近平总书记在研究推动成渝地区双城经济圈建设问题时亲自部署的重大举措之一。成渝地区地处长江上游，推动成渝地区双城经济圈生态环境共建共保共治，对维护国家生态安全至关重要。2020年

---

* 课题组成员：何光宝、任秋燕、吴彦欣、石将来、马露、张紫微。主要执笔人：何光宝，重庆市生态保护技术服务中心综合科科长，高级工程师、博士研究生在读，主要研究方向为环境经济与公共政策；任秋燕，重庆市生态保护技术服务中心，工程师、硕士，主要研究方向为环境管理与政策。

10月，党中央、国务院印发《成渝地区双城经济圈建设规划纲要》，将"共筑长江上游生态屏障"作为九大战略任务之一，从推动生态共建共保、加强污染跨界协同治理、探索绿色转型发展新路径等三个方面作出重要部署。2022年2月，生态环境部联合国家发展改革委、重庆市人民政府、四川省人民政府印发《成渝地区双城经济圈生态环境保护规划》。三年多来，川渝两地牢固树立"一盘棋"思想和一体化发展理念，强化"上游意识"，共担"上游责任"，将筑牢长江上游生态屏障作为事关长远和全局的重大政治任务系统推进，累计签订落实生态环境保护合作协议110余项，积极构建长江上游生态保护大格局，着力推动成渝地区生态环境高水平保护和经济社会高质量发展。特别是2023年以来，重庆市坚持把双城经济圈建设作为市委"一号工程"和全市工作总抓手总牵引，部署实施推进生态优先绿色发展行动等十项行动，深化川渝生态环境保护协作，有力推动成渝地区生态环境保护能级大幅跃升。

一 2023年成渝地区双城经济圈生态环境共建共保共治的总体态势

川渝两省市成立由近60个省级、市级部门单位组成的生态环境专项工作组，一体贯彻落实党中央、国务院，生态环境部以及两省市党委、政府的系列部署要求，巩固畅通决策层、协调层、执行层三级运行机制，分年度制定生态共建环境共保工作要点，统筹推进成渝地区双城经济圈生态环境保护各项工作，推动绿色本底更加坚实，长江上游生态屏障更加牢固，区域生态环境质量持续改善。开展生态环境协同立法司法协作、开展跨界河流联防联控联治、共建危险废物跨省转移"白名单"机制等3条经验获全国推广。

（一）加快探索绿色低碳协同转型

一是推动产业结构绿色转型。加快建设成渝"电走廊""氢走廊""智行走廊"，推动川渝省际高速公路服务区充电桩建设，在川渝两地逐步开通氢燃料电池汽车示范线并配套建设加氢站。推进清洁生产审核，开展清洁生产审核创新试点，长寿经开区清洁生产审核创新试点项目入选国家第二批清洁生产审核创新试点项目。深化重庆广阳岛长江经济带绿色发展示范，建成广阳岛国际会议中心、长江生态文明干部学院和大河文明馆、长江书院，推进长江生态环境联合研究生院和广阳岛野外科学观测站建设。二是促进能源结构绿色优化。创建清洁能源高质量发展示范区，建立能源开发税收征管服务协同机制，协同规范税费政策执行口径。推进天然气（页岩气）千亿立方米级产能基地建设，加大页岩气、天然气勘探开发支持力度，我国首口采用全国产化工艺技术和工具材料的重建井筒重复压裂气井——焦页 5-1HF 井在重庆涪陵页岩气田圆满完成各项施工任务。全面建设川渝 1000 千伏特高压交流工程，提速川渝电网一体化进程。持续推进金沙江、雅砻江、大渡河水电基地建设，加快推进水利工程水资源再利用发展抽水蓄能。三是协同推动碳达峰碳中和。开展碳达峰碳中和联合行动，建立健全碳达峰碳中和领域政策体系，制定减污降碳协同增效实施方案，出台工业、城乡建设等领域碳达峰实施方案。举办首届西部碳中和技术成果博览会暨企业家高峰论坛。推进重庆国家级绿色金融改革创新试验区建设，制定《重庆市建设绿色金融改革创新试验区实施细则》《重庆市金融服务绿色低碳示范工程实施方案》，发布林业碳汇、排污权、绿色汽车供应链等三项绿色金融标准。协同推进两江新区、天府新区全国首批国家气候投融资试点，探索建立试点联动机制，协同打造气候投融资示范先行区。建好用活"碳惠通""碳惠天府"生态产品价值实现平台，2023 年 1~9 月，全市碳排放权交易成交 587.35 万吨 1.75 亿元，全市排污权累计成交 13 次 735 万余元；"碳惠通"平台核证自愿减排量累计成交 35.63 万吨 1407.45 万元，累计注册人数约 150 万人。推进碳达峰、碳中和绿色税制建设，发挥绿色税制调节激励作用。四是践行绿色低碳生活方式。倡导低碳消费方式，落实政府绿色采购要求。开展绿色出行创建行动，全面完成轨道全国"一卡通"改造，重庆获评绿色出行创建考核评价达标城市。鼓励使用节能汽车和新能源车辆，推动营运车辆新能源化。推进生态文明示范创建，重庆命名第四批"绿水青山就是金山银山"

实践创新基地和第十一批生态文明建设示范乡镇（街道）。协同推进美丽中国建设地方实践，开展美丽中国重庆实践研究，召开美丽重庆建设大会，有力实施美丽四川建设。构建绿色建筑标准及认证体系，推动城镇新建建筑全面执行绿色建筑标准。

（二）深入实施生态系统协同保护

一是共建绿色生态屏障。坚持把修复长江生态环境摆在压倒性位置，深入推进江河水系绿色生态廊道建设，编制完成《成渝地区双城经济圈"六江"生态廊道建设规划（2022—2035年）》。协同实施林长制，签订《成渝地区双城经济圈林业和草原行政执法合作协议》，推进毗邻地区森林城市群建设，2023年1~9月，建成"两岸青山·千里林带"38.32万亩。加强林地用途管制，推进华蓥山、明月山、大巴山等山脉生态修复。推进国家森林城市、国家生态园林城市创建，加强毗邻地区森林火灾和松材线虫病等林业有害生物联防联控，北碚等四区荣获"国家森林城市"称号。开展"2023清风行动"打击野生动植物非法贸易联合行动，严厉打击破坏野生动植物资源违法犯罪行为。制定"两江四岸"整体提升规划方案，持续"做靓""两江四岸"主轴，建成开放十大公共空间，推进嘉陵江生态长廊建设。二是加强重要生态空间保护。落实《四川省、重庆市长江经济带发展负面清单实施细则（试行，2022年版）》，严格建设项目生态环境准入。严守生态保护红线，加强毗邻地区自然保护地和生态保护红线监管，制定"绿盾2022"自然保护地强化监督工作实施方案和国家级自然保护区生态环境问题整改销号工作实施细则。开展川渝高竹新区生态环境分区管控协调性研究，形成成渝地区双城经济圈生态环境分区管控协调办法。落实区域环境准入协商机制，加强跨界重大规划、重大建设项目环评审批会商。开展领导干部自然资源资产离任（任中）审计、党政领导干部生态环境损害责任追究。三是开展区域生态系统修复治理。推进嘉陵江、沱江等重点区域水土流失治理，加强三峡库区消落带综合治理，高质量实施三峡库区腹心地带山水林田湖草沙一体化保护和修复工程项目。制定2022年长江经济带生态环境警示片披露问题整改工作方案，常态化抓好长江经济带生态环境警示片披露问题整改。加强受损河湖水体保护修复和实地保护修复，推进荣昌区、永川区等水系连通及水美乡村试点建设项目。实施湿地用途管制，开展违规侵占国家湿地公园问题排查整治专项行动。推进明月山、华蓥山、川南地区、綦江—万盛等区域历史遗留矿山生态修复。四是强化生物多样性保护。协同落实长江"十年禁渔"政策，开展长江重庆水域突出违法犯罪打击整治"平安长江"专项行动，联合开展渔业增殖放流与巡江活动。开展长寿区、江津区生物多样性（本底）调查，重庆在华蓥山、武陵山、金佛山、阴条岭布设首批生物多样性综合观测站。联合发布川渝生态环境损害司法鉴定蓝皮书暨十大典型案例，启动嘉陵江流域船舶污染治理公益诉讼联合专项监督行动，川渝鄂等六省市基层法院联合发布"长江大保护"司法案例。

（三）持续推进跨界水体协同保护

一是深化跨界水污染联防联治。建立完善水质预警预测联动机制，实施梁滩河、濑溪河等重点河湖生态修复及综合治理，持续协同推进琼江、铜钵河等跨界流域水生态环境保护重点项目建设，实施大清流河、南溪河流域水生态环境保护联防联治，编制《长江嘉陵江一级支流—涪江流域川渝水环境联合治理方案》，签订"牢固树立上游意识 守护好一江清水"川滇黔渝联盟框架协议。持续开展入河排污口整治和监督管理工作。完成2022年长江流域川渝横向生态保护补偿核算。2023年1~9月，长江干流川渝段总体水质为优，成渝地区双城经济圈规划范围内重庆53个国考断面水质优良比例为100%，7个渝入川跨界河流国考断面水质达标率为100%。二是持续推进黑臭水体污染整治。深入打好城市黑臭水体治理攻坚战，重庆开展市级城市黑臭水体整治环境保护行动，四川持续推进县级及以上城市建成区黑臭水体排查机制。协同推进两地农村人居环境整治，加快推进农村生活污水治理，持续开展农村生活污水治理"千村示范工程"建设，统筹开展农村黑臭水体整治，重庆印发农村黑臭水体现场核查手册和验收管理办法。三是深化联合河长制协作。常态化开展跨界河流联合巡河，跨界河流各级河长巡河

300 余次。持续开展污水"三排"、河道"四乱"问题排查整治，发现并整改问题 20 余个。深入实施流域船舶污染治理，推进水域"清漂"联动，重庆编制《三峡重庆库区清漂能力提升实施方案》。全面推进幸福河湖建设，重庆发布第 5 号市级总河长令，加快实施"清水绿岸"治理提升工程，开展幸福河湖建设"百千行动"，重庆荣峰河在第二届寻找"最美家乡河"活动中被评为"最美家乡河"。深化"河长+警长"机制，推广"智慧河长系统"。举办"同饮一江水 共护母亲河"十万名川渝"河小青"长江上游地区生态保护行动。

（四）持续深化区域大气污染联防联控

一是深化大气污染联防联控。深化落实大气联防联控机制，共同打好大气污染防治攻坚战，制定实施《川渝大气污染防治联动工作方案（2023—2025 年）》。强化毗邻地区重污染天气应对，开展 $PM_{2.5}$ 和臭氧协同控制，2023 年 1~9 月，3 次启动颗粒物污染应对预警，8 次启动臭氧污染应对预警，全力争取优良天。协调推动两地工业污染治理，深入开展毗邻地区大气污染联防联控专项行动，常态化推动两地 120 家水泥熟料生产企业开展协同错峰生产，协同推进重点行业挥发性有机物（VOCs）综合整治，加快推进钢铁、水泥、玻璃行业超低排放改造、燃气锅炉低氮燃烧改造。印发实施《第 31 届世界大学生夏季运动会期间空气质量保障工作方案》，合力做好成都大运会期间空气质量保障工作。2023 年 1~9 月，成渝地区双城经济圈规划范围内重庆空气质量优良天数为 247 天，无重污染天。二是强化移动源联合治理。加强机动车环保达标监管，全面实施国六排放标准、非道路移动柴油机械第四阶段排放标准。强化在用车监管，加大路检路查、入户抽查力度，2023 年 1~9 月，重庆完成路检机动车 15.9 万辆次（抽检柴油货车 12.9 万辆次），持续淘汰老旧车辆，加快新能源和清洁能源汽车、船舶推广应用，淘汰老旧车 8.8 万辆，推广应用新能源汽车 13.3 万辆。签订《川渝两地移动源大气污染联合防治合作协议》，联合开展川渝机动车排放检验机构督导帮扶行动。强化城市建成区非指定区域露天焚烧及烧烤监管,加强扬尘污染源治理,开展建筑工地及道路扬尘污染专项整治。

(五)持续开展土壤污染和固危废协同治理

一是加强土壤污染源协同监管。以永川和泸州为重点,协同开展跨界地区土壤环境背景值调查,在万州、达州等地开展重点监管单位土壤污染隐患排查和自行监测。严格受污染耕地安全利用,开展永川、南川等重庆4个区县和彭州、什邡、筠连等四川7个市县耕地土壤污染成因排查。强化建设用地准入管理,严格关闭搬迁企业地块土壤污染管控。加强农业面源污染治理监督指导,强化农业面源污染调查和监测评估,重庆编制现代农业园开展面源污染监测与防治试验示范、农业面源污染防治综合评估指南。实施农用地土壤镉等重金属污染源头防治行动。推进典型污染地块土壤和地下水风险管控及修复治理试点。开展农用地安全利用示范,探索建立农用地安全利用技术库和农作物种植推荐清单。二是协同推进"无废城市"建设。统一"无废细胞"标准,推动川渝两地相关县(市、区)制定"无废城市"建设实施方案。探索开展"无废集团"试点和危险废物跨省"点对点"利用豁免管理试点。联合征集成渝地区双城经济圈"无废城市"共建主题宣传标语和 Logo。深化扩展危险废物跨省转移"白名单"覆盖范围,纳入"白名单"的危险废物类别达到59小类,2023年1~9月重庆直接审批数量达12.47万吨。联合与生态环境部固管中心签署《关于建立川渝新污染物环境风险联防联控机制协议》,建立全国首个新污染物环境风险省际联防联控机制。着力破解固体废物跨省域处置难题,四川泸州、重庆荣昌垃圾焚烧及飞灰处置成为川渝固废处置设施资源共享正面典型案例。持续开展锰污染问题整改,督促指导秀山县强化渣场尾矿库环境和安全隐患排查整治。依法严厉打击危险废物(医疗废物)非法跨界转移、倾倒等违法犯罪行为,重庆建成合川区、潼南区等5个医疗废物集中处置设施。开展商品过度包装治理,完善再生资源回收体系建设。三是提高固体废物分类利用水平。以重庆中心城区和成都都市圈为引领,逐步扩大生活垃圾分类覆盖范围。加快农村生活垃圾治理，建立健全农村生活垃圾收运处置体系，川渝毗邻区域农村生活垃圾收运处置体系已覆盖100%的行政村和自然村组。推动城镇污水处理厂污泥多元化利用处置，建成大足经开区园林科研院污泥处理中心。建立秸秆燃烧网格化监管机制。开展农膜、肥料、农药等农业投入品包装废弃物回收处置。重庆出台废旧物资循环利用体系建设实施方案，全面提升全社会资源利用效率，积极开展绿色园区、绿色工厂创建。

（六）持续提升城市声环境质量

一是强化声环境功能区管理。开展声环境功能区评估与调整，重庆完成39个功能区国家声环境质量自动监测站（点）布设技术论证。二是严格噪声源头管理。合理安排大型交通基础设施、工业集中区等与噪声敏感建筑物集中区域之间的布局。制定修改相关规划、建设对环境有影响的项目时，依法开展环评，积极采取噪声污染防治对策措施。三是加强交通道路噪声监管。严格实施禁鸣、限行、限速等措施，加强城市轨道交通声屏障等设施维护。紧盯安静小区、噪声监测点、学校、医院等重点区域周边路段，开展生态文明建设类突出交通违法专项整治行动。四是加强社会生活噪声监管。开展安静居住小区创建与复查。围绕广场舞等社会生活噪声开展重点专项整治。持续推进"严查噪声污染影响中高考环境"专项行动，营造安静良好的学习生活考试环境。

（七）积极推动环境管理协同联动

一是深化生态环境保护督察联动。深化落实《川渝生态环境保护督察协调联动合作协议》，健全协调联动机制，实现两地突出生态环境问题情况互享互通。联合印发《大清流河流域水环境问题整改督察联动工作方案》，召开川渝生态环境保护督察联动座谈会议，协同解决跨地区、跨流域生态环境问题，切实改善跨界河流水环境质量。二是加强立法司法保护协作。协同推动《重庆市固体废物污染环境防治条例》《四川省土壤污染防治条例》等地方性法规及规章制修订。强化环境资源案件审判协作，联合发布川渝检察机关公益诉讼检察协作案例。实施毗邻地区重点水域岸线河库警长、河道警长联合巡查，依法严厉打击跨区域破坏生态环境违法犯罪行为。三是深入开展联合执法。制定2023年川渝生态环境联合执法和跨省突发环境事件联防联控工作要点和川渝跨界流域水环境联合执法工作方案，协同开展执法稽查。印发川渝毗邻地区突发环境事件隐患联合排查整治工作方案，联合开展环境应急演练和隐患排查整治。深化放射源安全监管跨区域合作，合作开展辐射事故综合应急演习，首次实现川渝辐射事故应急处置全方位联动。协同开展企业环境信用评价，促进信用信息共享、评价结果互认、失信联合惩戒。联合举办川渝蓉环境执法大讲堂。强化"双核联动"，重庆、成都两市生态环境部门签订《执法合作协议》，印发2023年生态环境保护综合行政执法合作实施方案，拓展生态环境保护合作领域。四是协同环境标准逐步统一。加强行业污染物排放标准制修订沟通协调，联合发布《成渝地区双城经济圈生态环境标准编制规范》，共同编制玻璃、陶瓷工业大气污染物排放标准以及页岩气开采业水污染物排放标准，同步推进水产养殖尾水污染物排放标准制定，促进标准衔接统一。五是协同提升生态环境治理能力。整合优化区域生态环境质量监测点位布设，推进成渝地区生态环境智慧感知一体化监测网络体系建设。统筹跨界断面水质监测，实现监测数据全面及时共享。常态化开展西南区域空气质量预测预报会商，2023年1~9月开展空气质量会商18次、联合发布专报18期。整合成渝地区优势科研力量，加快建设成渝地区双城经济圈绿色技术创新中心和绿色工程研究中心，联合开展成渝城市群复杂地形碳监测研究与应用。依托川渝大数据共享平台，强化两地各级生态环境数据资源互联互通，基本实现省市级数据资源互联互通。建成企业环境信息依法披露系统并上线试运行。重庆与生态环境部信息中心签订战略合作协议，推动垂管系统数据回流。

二 当前成渝地区双城经济圈生态环境共建共保共治面临的困难

经过川渝两地三年多的共同努力，成渝地区双城经济圈生态环境共建共保共治成势见效，推动长江上游生态屏障不断筑牢、成色不断提升，但仍存在一些问题和短板。

（一）生态保护修复任务艰巨繁重

成渝地区生态系统脆弱，生态功能退化趋势尚未得到遏制，地震、泥石流等自然灾害时有发生，水土流失、石漠化等问题仍较突出，区域生态系统多样性、稳定性、持续性还需进一步提升。同时，随着成渝地区双城经济圈建设推进，交通、能源、水利基础设施的规模化建设也给区域生态保护、生物多样性保护等带来较大压力。

（二）跨界污染联防联治仍需加力

川渝地脉相连、水系相通，跨界河流众多，其中流域面积 50 平方公里以上的跨界河流多达 81 条，总长达 1 万多公里，跨界、共界、往复流动情况复杂，污水处理设施及配套管网等基础设施还存在短板，流域协同治理任务仍然较重，亟须在资金、技术、政策等方面加大保障力度。受产业和能源结构、地形地貌及气象条件等影响，川渝毗邻地区易发生持续性、区域性中轻度大气污染，区域大气环境质量持续改善难度较大。

（三）减污降碳面临较大挑战

"十四五"时期是推进成渝地区双城经济圈建设的关键时期，成渝地区工业化、城镇化进程将不断加快，然而目前火电、钢铁、水泥、化工、建材等传统资源型工业和重化工业占比依然较高，传统产业转型升级任务艰巨，运输结构"偏公"、能源结构"偏煤"、产业结构"偏重"的格局仍未改变，推进减污降碳协同增效压力较大，内生动力不足，实现"双碳"目标面临诸多挑战。

（四）生态环境地方标准统一亟待提速

推动川渝两省市生态环境地方标准统一是实现成渝地区双城经济圈生态

环境共建共保共治的重要一环。重庆市现有生态环境地方标准23项，四川省有11项，标准修订要经过预研、立项、起草、征求意见、审查、报批、备案等一系列程序，用时较长，川渝两地生态环境标准统一工作进展总体偏慢。

三　深入推进成渝地区双城经济圈生态环境共建共保共治的对策建议

全国生态环境保护大会系统部署了全面推进美丽中国建设的战略任务和重大举措，吹响了全面推进美丽中国建设的"冲锋号"。川渝两地要进一步提高政治站位，加强生态环境管理协同、措施协同、政策协同、能力协同，项目化、清单化、责任化抓好成渝地区双城经济圈生态环境保护规划落地实施，深化生态环境领域务实合作，对标对表美丽中国建设新要求，迭代升级合作机制和工作机制，推动川渝生态环境保护协作取得更多具有辨识度、感知度的标志性成果，为跨区域生态环境治理和美丽中国建设贡献更多"川渝智慧"。

（一）迭代升级川渝生态环境保护协作机制

坚持生态优先、绿色发展，共抓大保护、不搞大开发，共同争取国家层面建立成渝地区双城经济圈生态环境保护领导机制，加强对成渝地区生态环境保护工作的宏观指导。对标对表美丽中国建设的新要求，推动成渝地区双城经济圈建设特别是推动成渝中部高质量发展的新形势，进一步建立健全两地不同层级的生态环境保护协作机制，与时俱进推进合作机制和工作机制迭代升级。突出成都、重庆两个"极核"的辐射带动作用，深化生态环境保护全方位合作，示范带动川渝两地生态环境保护协作走深走实。充分发挥区县特别是川渝毗邻区县的"桥头堡"作用，支持引导川渝毗邻地区创新探索生态环境保护区域协作新模式和新路径。

（二）加快构建统一的区域生态环境治理体系

抓紧抓实《成渝地区双城经济圈生态环境保护规划》和实施方案，推动重点任务和重大工程落地见效。开展川渝两地生态环境保护法规制度标准规范比较研究，着眼于成渝地区整体利益，破除行政区划阻隔，探索建立跨行政区的统一的区域生态环境保护法规体系、制度体系、标准体系，推动两地在生态环境领域逐步实现区域内统一规划、统一立法、统一标准、统一监测、统一执法。统一规划和建设区域生态环境基础设施，共建共享区域生态环境监测网络、信息资源共享平台、预警预报会商平台和科研平台。推动健全跨界流域横向生态保护补偿机制。

（三）深化生态环境领域科技合作

整合川渝两地生态环境科技力量，充分发挥川渝高校和科研院所的智囊作用，深化交流合作，加强协同作战，提升生态环境科技综合支撑能力。组建川渝生态环境联合实验室，紧盯川渝两地区域性、流域性、持久性环境问题开展联合攻关，加强区域环保产学研协同创新和环保关键核心技术攻关。推进生态环境科技体制改革，激发科技创新活力，切实发挥科技创新在深入打好污染防治攻坚战、美丽中国和生态文明建设中的支撑与引领作用，加快推进区域生态环境治理体系与治理能力现代化。探索建立生态环境科技智囊团和帮扶机制。

（四）强化区域生态环境监督考核

建立落实区域生态环境责任体系，按照"党政同责、一岗双责""政府主导、部门协同、社会参与、公众监督""管发展必须管环保、管行业必须管环保、管生产必须管环保"的原则，协作落实党委、政府、部门、公民、企事业单位和其他生产经营者的生态环境保护责任。全面总结跨界河流生态环境保护联动督察试点经验，加强复制推广，探索建立联合生态环境保护督察机构。

（五）鼓励引导公众和社会力量参与

坚持以人民为中心的思想，坚持良好生态环境是最普惠的民生福祉，解决人民群众反映强烈的突出环境问题，切实增强人民群众的生态环境获得感和幸福感。注重倾听人民群众的呼声，深入了解人民群众的需求，重大政策文件和规划编制广泛征求公众意见，充分吸纳人民群众的合理需求和意见建议。加强生态环境保护宣传，讲好"双城故事"和"美丽中国故事"，鼓励引导公众和社会力量有序参与成渝地区双城经济圈生态环境保护，促进形成全民参与、共建共享双城经济圈的良好格局，加快构建人与自然和谐共生的美丽中国先行区。

参考文献

《习近平：高举中国特色社会主义伟大旗帜　为全面建设社会主义现代化国家而团结奋斗——在中国共产党第二十次全国代表性大会上的报告》，2022年10月16日。

《成渝地区双城经济圈建设规划纲要》，2020年10月16日。

《成渝地区双城经济圈生态环境保护规划》（环综合〔2022〕12号），2022年2月14日。

《重庆市推动成渝地区双城经济圈建设行动方案（2023—2027年）》（渝府发〔2023〕8号），2023年3月23日。

《成渝地区双城经济圈生态共建环境共保2023年工作要点》，2023年5月30日。

B.35
成渝地区经济区与行政区适度
分离改革形势分析与预测

张永恒*

摘　要：　探索经济区与行政区适度分离改革是推动经济一体化发展的必然选择、培育形成现代产业集群的重要途径，是唱好川渝"双城记"的重要突破口。成渝地区积极探索经济区与行政区适度分离改革，在统一规划管理体制、统一建设用地管理机制、经济管理与行政区范围适度分离、行政区财政协同投入机制、合作园区企业自由选择注册地、重点领域资源整合和高效运营、相关行业提供跨行政区服务、互利共赢税收分享机制、税收征管一体化等方面取得积极效果，但仍面临部分领域深度合作不够、要素价格统一难、行政执法标准不同、基本公共服务标准不同等问题，建议从功能平台建设、土地政策联动、财税政策协同、资源整合运营、要素自由流通、市场主体发展等方面深化改革。

关键词：　经济区　行政区　适度分离　内陆改革开放高地

2021年，党中央、国务院印发《成渝地区双城经济圈建设规划纲要》（以下简称《规划纲要》），专节部署了探索建立统一编制、联合报批、共同实施的规划管理体制等5个方面10项任务。《规划纲要》在第九章"联手打造内陆改革开放高地"专节对探索经济区与行政区适度分离改革进行

---

* 张永恒，重庆社会科学院研究员、市中特中心秘书处副处长，主要研究方向为马克思主义理论及成渝地区双城经济圈建设等。

具体部署，明确了任务和要求。全市上下认真落实党中央、国务院决策部署和市委工作要求，牢固树立"一盘棋"思维和一体化理念，创新思路加快推进改革探索，加强改革协同联动，以重庆都市圈、毗邻地区合作平台、市域内重点区域重点平台为改革推进的"小切口"，促进一体化发展水平提升的"大场景"，推动改革不断走深走实。

一 成渝地区经济区与行政区适度分离改革现状

（一）探索统一规划管理体制

以《规划纲要》为总遵循，两省市联合印发 12 个规划，聚焦重点领域、关键环节出台 55 个具体规划，"1+7+13+N"规划管理体制基本形成。探索规划同图、计划同步、发展同频，广安市纳入重庆都市圈发展一体推进建设，毗邻地区万达开川渝统筹发展示范区、明月山绿色发展示范带、川南渝西融合发展试验区、川渝高竹新区、遂潼川渝毗邻地区一体化发展先行区、泸永江融合发展示范区、内江荣昌现代农业高新技术产业示范区、城宣万革命老区振兴发展示范区、合广长协同发展示范区、资大文旅融合发展示范区等 10 个合作共建平台全部批复设立。川渝高竹新区统一规划编制，全面摸清自然和人文资源本底，全域测算人口规模和用地规模，跨省域一体编制五年发展规划（2021~2025 年）和 2035 年远景目标纲要、国土空间总体规划，以及控制性详细规划和产业、综合交通、水系、生态基础设施等专项规划。

（二）探索统一建设用地管理机制

建立重大项目用地管理机制，协同制定跨区域重大项目用地计划，共同争取渝邻快速通道等一批项目列入国家重大项目清单，由自然资源部统一确认配置计划指标。联合印发《推进川渝高竹新区试行建设用地指标、收储和出让统一管理工作意见》，连续两年单列下达 1000 亩新增建设用地计划指标，推动探索编制统一的国土空间规划、推进建设用地指标和耕地占补平衡统一管理、编制统一的土地征收成片开发方案、推动土地储备和整治计划统一实施、制定统一的土地供应计划等土地管理"五统一"。

（三）探索经济管理与行政区范围适度分离

招商引资方面，联合制定成渝地区双城经济圈跨区域产业协同招商十条措施，共同发布"双城双百"产业机会清单，2021年6月17日，在上海成功举行第一届成渝地区双城经济圈全球投资推介会，100家企业参会，重庆市与参会企业碰撞沟通形成了一批招商储备项目。2023年4月26日，在深圳成功举办第二届成渝地区双城经济圈全球投资推介会（中国·深圳），130余家中外知名企业、10家重点行业协会（商会）参会，有效提升成渝地区双城经济圈全球知名度和影响力。遂潼一体化发展示范区组建共同招商工作专班，相互在遂宁市经济合作局与潼南区招商投资促进局公众号上开通"投资潼南""投资遂宁"板块，借鉴招商政策、了解产业信息、互推项目信息，联合赴外开展招商考察活动。明月山绿色发展示范带联合发布《明月山绿色发展机会清单》。川渝高竹新区建立跨省统一的招商引资体系，共同举办川渝高竹新区投资推介暨项目集中签约活动、川渝高竹新区上海全球投资推介恳谈会。在项目审批方面，健全重大共建项目一体谋划、一体实施、一体保障、一体见效的工作实施机制。建立合作共建项目储备库，通过市级投资项目在线服务监管平台，已与四川省实现合作共建项目信息数据互联互通。启动编制《川渝高竹新区投资项目核准目录》。推动川渝高竹新区行政审批事项无差别受理、同标准办理，建立适宜新区现阶段发展的行政审批、项目管理等统一标准，形成经济管理行政事权清单。在市场监管方面，联合出台《深化川渝市场监管综合执法协作工作方案》，川渝市场监管系统相互移送案件线索，开展联合执法。在全国率先出台区域市场一体化建设行动方案，建立"市场准入异地同标"便利化准入机制，推进成渝两地新经济包容审慎监管创新试点。实现两地企业信用信息互认共享。构建营业执照"异地互发"服务平台，打造登记注册全流程线上办理和线下异地办理相融合的一体化服务体系，推行川渝营业执照异地互办互发，实现"一日办结""立等可取"。

（四）探索跨行政区财政协同投入机制

川渝两省市共同出资设立成渝地区双城经济圈发展基金，协同建立川渝长江流域横向生态保护补偿机制。2020年，《四川省人民政府 重庆市人民政府长江流域川渝横向生态保护补偿协议》采取"共同出资、按效分配"模式，建立了川渝长江流域横向生态保护补偿机制。

（五）探索合作园区企业自由选择注册地

印发《成渝地区双城经济圈合作园区内市场主体自由选择注册地工作方案》，合作园区内市场主体可通过"川渝通办"专区按照指引快速完成营业执照异地申请，并选择川渝两地任一注册窗口领取营业执照。将"高竹"字样进行域名保护，仅限于川渝高竹新区内市场主体使用，实现营业执照异地互办互发、市场准入异地同标，支持市场主体跨区域投资创业。

（六）探索重点领域资源整合和高效运营

在机场建设方面，加快成渝空港型国家物流枢纽申报建设和联动发展，推动两地机场集团交叉持股，推动成都双流、天府和重庆江北国际机场在航线布局、航班编排、口岸通关等资源方面开放共享。在港口方面，组建长江上游港口联盟，川渝两省市共同出资建设万州新田港二期工程，重庆川渝三峡港口物流有限公司由川渝合作六方共同出资组建，开通广安—重庆、南充—重庆集装箱班轮航线，稳定开行泸州港、宜宾港至重庆港"水水中转"。在中欧班列方面，共同运营中欧班列（成渝）品牌，建立统一价格联盟及订舱接单机制。在西部陆海新通道方面，联合共建国际贸易"单一窗口"。使国际贸易和运输相关各方在单一登记点递交满足全部进口、出口和转口相关监管规定的标准资料和单证的一项措施。

（七）探索相关行业提供跨行政区服务

在政务服务方面，先后联合推出三批"川渝通办"政务服务事项清单。在能源行业，签订《共同推进成渝地区双城经济圈能源一体化高质量发展合作协议》，协同推进川渝1000千伏特高压交流工程、川渝天然气千亿立方米产能基地等项目建设，联合印发川渝电网一体化建设方案，川渝一体化电力调峰辅助服务市场启动运营。在电信行业，搭建川渝业务服务平台，取消川渝间座机通话长途费，开通川渝两省市亲情号码互设、手机异地补卡等跨省通信服务。在川渝全境内推出跨省亲情号互设、跨省缴费、跨省停机/复机、跨省修改密码、跨省补卡、跨省销户、跨省投诉处理等跨省通信服务。在医疗行业，选择生育服务证登记、义诊活动备案高频事项开展川渝通办医疗行业"川渝通办"高频事项清单。建立常态化工作机制，统一权力清单、统一办事指南、统一工作规程、统一宣传资料。推动实施跨省异地就医直接结算，开展川渝两省市公立医院检验检查结果互认。

（八）探索互利共赢税收分享机制

签订《成渝地区双城经济圈建设跨区域合作项目财税利益分享框架协议》，对跨区域合作项目产生的增值税、企业所得税等税收及其附加收入明确双方自行协商。重庆市渝北区、永川区、潼南区、开州区4个区县与四川省毗邻市县开展了成渝地区双城经济圈体制创新建立税收分享机制相关工作。万州、达州、开州联合出台《关于建立健全万达开川渝统筹发展示范区跨区域合作项目财税利益分享机制的指导意见》，对总部经济、企业兼并重组、项目合作共建等7类跨区域经济合作形式的财税利益具体分配办法予以明确。

（九）探索税收征管一体化

联合印发第一批统一川渝税收征管服务事项、统一川渝首批征管基础制度，制定川渝两地通用的"最多跑一次"服务清单。制发《川渝地区税务行政处罚裁量权实施办法》及《川渝地区税务行政处罚裁量执行标准》，统一了税务登记、纳税申报、账簿凭证管理、发票管理、税款征收、税务检查、纳税担保等60余项税收违法违章行为处罚标准。实现川渝行政处罚裁量一个标准、行政处罚"一把尺子"，两省市智能裁量税务行政处罚案件累计超15万件。川渝高竹新区设立全国首个跨省税费征管服务中心，按照六个"一体化"推进税费征管改革。

二 成渝地区经济区与行政区适度分离改革存在的主要问题

（一）部分领域深度合作不够

受两省市发展阶段、产业结构等因素影响，产业发展、招商引资、科技资源共享等方面合作深度不够。尤其是在产业方面，川渝两地的产业同质化明显，川渝两省市出口产品相似度高达95%，是国内毗邻省份出口同质化最高的区域。比如，汽车行业，四川省成都市背靠8000多万人的内部大市场，具有明显的市场优势，作为生产加工中心或销售服务中心向整个西南地区辐射。但重庆作为全国汽车重要生产基地，对成都市场与服务的依存度较低，成渝两地难以有机整合凸显整体优势。

（二）要素价格统一难

川渝两地在政策法规设立及实施细则方面存在的差异较多，形成生产要素跨域流动"梗阻"。比如，生产汽车零配件的企业，重庆市渝北空港工业园区水电气综合成本高出28%。税收留存方面，增值税重庆渝北区留存部分17.5%，四川省邻水县留存32.5%，相差近1倍；企业所得税重庆市渝北区留存16%，四川省邻水县留存26%，相差10个百分点。比如，遂宁工业用电均价约0.56元/度，潼南为0.66元/度，受现行电力管理体制限制，跨省域供电短期内难以突破。

（三）行政执法标准不同

川渝两地在地方标准、产业规划等方面各有侧重，部分行业市场经营许可、资质互认、行政处罚裁量基准存在差异。如成渝地区至港区公路费率不对等，目前重庆与泸州宜宾等港口相比，相同距离内的集装箱公路运输费用偏高约 700 元，到泸州或宜宾港内的拖车过路费由省内免 60%、港口免40%，到重庆港口暂无过路费减免。

（四）基本公共服务标准不同

两地部分基本公共服务政策存在标准差异，影响跨区域提供便捷高效的公共服务。如成渝两地养老服务机构的政策补贴标准不一致，重庆建设补贴、运营补贴分别按照 5000~10000 元/张、每年 500~4800 元/张的标准，成都建设补贴、运营补贴分别按照 10000~12000 元/张、每月 150 元/张的标准。川渝门诊慢特病的病种、药品诊疗目录以及医保报销政策仍存在较大差异，川渝高竹新区推动税收征管一体化，仍有 68 项差异项需要协调统筹。

三　深化推动成渝地区经济区与行政区适度分离改革的对策建议

（一）深化推动功能平台建设

推动在现有 10 个合作共建功能平台分类深化改革试点，推动遂宁与潼南、资阳与大足等地探索统筹规划、成本共担、利益共享的建设模式，川南渝西融合发展试验区探索市场主体联动机制等，推动广安全面融入重庆都市圈。深化重点开发开放平台改革，大力推进渝西、山区库区等重点区域改革探索。理顺重点开发开放平台与属地政府在开发建设与社会事务管理上的职责边界，在经济管理权限与行政区适度分离、财税利益分配、经济统计分算等方面深化市域内跨行政区的改革探索。

（二）深化推动土地政策联动

加大探索落实力度。统筹推进重庆农村土地交易所与成都农村产权交易所开展跨区域合作，探索川渝两地交易签证互认机制。持续探索建设用地指标、收储和出让统一管理，完成川渝高竹新区国土空间规划、土地征收成片开发方案编制，制定实施年度土地储备和整治计划、土地供应计划。可在川渝高竹新区等川渝毗邻地区开展跨区域交易试点探索。

（三）深化财税政策协同

加大财政协同投入。加快成渝地区双城经济圈发展基金投资步伐，助推产业高质量发展。合理确定共建重大基础设施、重大公共服务等项目资本金比例及分摊比例。持续推动合作地共同出资成立平台公司，采用市场化运作模式，提升园区建设运营水平，共同推动园区开发建设模式、简政放权、产业政策、创新创业等改革创新。完善利益联结机制。按照存量不变、增量合理分成的总体原则，采取一事一议、平等协商的方式确定跨区域合作项目财税利益分配比例。以川渝两地机场集团交叉持股为突破，进一步拓展资源整合和高效运营的领域，力争取得实质进展。深化税费征管一体化。推广川渝高竹新区税费征管一体化改革经验，动态完善川渝税收征管服务事项清单。深化川渝市场主体活跃度指标体系应用，探索在高竹新区、遂潼、万达开等地区联合成立"川渝税费争议调解室"。

（四）深化资源整合运营

全面落实成渝地区双城经济圈跨区域产业协同招商十条措施，加快推进合作产业园区建设，建立川渝产业合作示范园区整体考核机制，提升产业协作水平。探索招商引资项目异地流转和企业迁移利益共享机制，在重点领域推进产业联盟，引导联盟会员企业协同推进集采集销、协作配套。拓展西部陆海新通道跨区域综合运营平台，统筹优化中欧班列（成渝）去回程线路和运力。加强成渝跨境公路运输联盟建设，积极推进成渝航空口岸通关互认，提升成渝航空货运通关、中转便利化水平。持续扩大川渝一体化电力调峰辅助服务市场交易规模，促进清洁能源消纳。

（五）深化推动要素自由流通

探索促进川渝金融市场一体化，支持金融机构和类金融机构加强跨区域金融合作。加快推动两地在融资担保行业加强交流合作。持续引导重庆市地方资产管理公司依法合规跨区域开展不良资产收购处置业务。推动双城（重庆）信用增进公司挂牌运营。深化人才共引共育机制，拓展川渝"英才卡"互认共享，建立引才服务站。联合发布成渝地区双城经济圈急需紧缺人才目录。分级分类推动职称和外国高端人才工作许可等互认，实现成渝地区技能等级认定结果互认。实现全类别跨省通办户口迁移"一站式"办理，推进居住证信息互通共享及核查应用。实现住房公积金服务事项全要件、全流程标准化"川渝通办"。制定川渝数据基础制度规则，促进大数据法规标准体系互联互通、协同建设。协同研究数据交易市场规则，出台川渝政务数据共享责任清单，推进川渝数据共享交换。深化生态环境保护统筹，针对纳入跨省转移"白名单"简化审批的危险废物，联合开展生态环境执法检查、应急演练和隐患排查整治，共建环境应急物资储备基地。推动重庆"碳惠通"项目自愿减排量和成都"碳惠天府"机制碳减排量交易合作，探索建立川渝碳中和联合服务平台。协同开展企业环境信用评价指标研究。

（六）深化推动市场主体发展

健全市场制度规则，在毗邻地区开展公平竞争审查交叉互评试点，针对新型、疑难、典型案件，互通裁量标准，实现评估结果互认。健全跨区域守信激励和失信惩戒机制。深化企业自由流通，深化川渝"市场准入异地同标"机制，探索川渝开放合作区互通共融的"云注册"登记模式，打造营商"云地图"，推行市场主体"云迁移"。推进公共服务政策协同，深化政务服务"川渝通办"，推动高频领域电子证照跨区域互认共享，推进"渝快码"与成都市政务服务码互联互通。实现二级及以上公立综合医院检查检验结果互认。持续加大"交通联合"公交卡推广力度，扩大川渝省际高速公路通道达条数。共同强化市场监管，建立川渝重大案件联合挂牌督办机制，发布川渝市场监管常见违法行为行政处罚参考基准。制定川渝公共信用信息共享目录，实现行政许可、行政处罚、信用"红黑名单"等公共信用信息实时全量共享。推动重庆、成都区域股权交易市场业务合作，推动"长江绿融通"绿色金融大数据综合服务系统迭代更新。

参考文献

《习近平谈治国理政》（第四卷），外文出版社，2022。

蔡之兵、张可云：《经济区与行政区适度分离改革：实践逻辑、典型模式与取向选择》，《改革》2021年第11期。

唐国刚：《经济区和行政区适度分离改革路径思考》，《四川日报》2020年5月25日。

盛毅、杜雪锋：《论经济区和行政区适度分离的管理模式》，《开放导报》2020年第5期。

B.36
川渝公共服务共建共享形势分析与预测

黄进 李泽西 周礼辉*

摘 要： 川渝公共服务共建共享在生态保护、公共安全、便民服务、文体交流、教育合作以及医疗养老六个方面取得初步成效。基于现阶段的川渝公共服务共建共享的优势、劣势、机遇和挑战，川渝公共服务共建共享将转向公共服务的高度信息化、充分均衡化和跨域合作形态多元化。对此，建议从协同资源配置、共建人才高地、促进社会参与、推进智能决策四个方面着手优化公共服务。

关键词： 川渝 公共服务 共建共享

川渝公共服务共建共享被视为推动成渝地区双城经济圈健康发展的关键一环。2021年10月20日，中共中央、国务院印发《成渝地区双城经济圈建设规划纲要》（以下简称《规划纲要》）。《规划纲要》明确指出，要更好满足人民群众美好生活需要，扩大民生保障覆盖面，提升公共服务质量和水平，不断增强人民群众获得感、幸福感、安全感。党的二十大将成渝地区双城经济圈建设正式列为国家区域发展重大战略，这一决策不仅凸显了成渝地区在国家发展中的战略地位，还为四川与重庆联动提供了新的发展机遇。在区域一体化的趋势下，公共服务共建共享已然是各级党委政府与社会各界关注的热点议题。公共服务共建共享与区域资源高效利用、公民福利均等分配、社会稳定与可持续发展等方面紧密相关。本报告旨在通过分析与探讨四

---

* 黄进，四川省社会科学院社会发展与公共政策研究中心研究员；李泽西，四川省社会科学院社会学研究所；周礼辉，四川省社会科学院社会学研究所。

川与重庆两地在公共服务共建共享方面的现状与未来形势,为相关政策制定与实践提供建议。

一 川渝公共服务共建共享的初步成效

自 2021 年 10 月《规划纲要》发布以来,川渝公共服务共建共享由点及面,在生态保护、公共安全、便民服务、文体交流、教育合作以及医疗养老六个方面获得一定效果。

(一)生态保护:环境监测与政策对接

川渝山水相连,生态环境是川渝公共服务共建共享的自然基础。在川渝公共服务共建共享过程中,生态保护尤为重要,良好的生态环境可以不断推进川渝公共服务共建共享可持续发展。当前阶段,川渝两地在生态保护方面,特别是针对水资源管理和应对气候变化问题,建立了以环境监测与政策对接形式为主的良性合作关系。在环境监测方面,川渝两地共同搭建覆盖川渝全境的环境监测网络,监测对象包括河流水质、空气质量等多个方面。环境监测网络数据实时共享,提供了最新、最准确、最科学的环境信息。在政策对接方面,川渝共同印发了《巴蜀文化旅游走廊建设规划》,实施碳达峰碳中和联合行动,协同开展水生态环境保护立法。川渝两地联合对生态环境进行研究并共享生态环境相关数据和研究成果,在应对当地自然环境变化方面制定了一系列合作措施。例如,在水资源管理方面,两地共同推进了多个水保持和森林保护项目,联合编制长江、嘉陵江、乌江、岷江、沱江、涪江"六江"生态廊道建设规划,川渝国考断面水质优良比例超过 96%。其目的在于保护和恢复当地的水资源和森林资源,为地方生态安全和可持续发展提供长期支持。在上述项目的实施下,川渝地区生态共建共保成效显著,污染跨界协同治理有序推进,优良的生态环境为川渝公共服务共建共享创造了有利的外部条件。

（二）公共安全：预警系统与紧急救援

公共安全是成渝地区双城经济圈建设的重要保障，也是公共服务的重要内容。一方面，公共安全问题具有强劲的破坏性，增加了公共服务共建共享的不可控风险。另一方面，公共安全问题会对川渝两地的政治、经济和社会稳定构成重大挑战。为确保公共安全，川渝地区从预警系统和紧急救援两个维度着手，建立和完善灾害应对策略。在预警系统方面，两地共同建立了一套灾害预警信息系统，该系统通过实时监测和分析各类环境、气象数据，在自然灾害发生前发布预警，为后续的灾害应对和避险方案准备提供了宝贵时间，最大限度地降低灾害对人民生命和财产的损害。在紧急救援方面，川渝建造代表性救援基地或中心，如川渝长江流域水上应急救援基地、川藏铁路隧道救援基地、航空应急救援及保障基地、矿山救援基地、紧急医学救援中心等。川渝两地还建立了联合救援机制，推进川渝毗邻地区110、120协作服务机制，构建2小时应急救援圈。当安全事故发生时，两地启动川渝应急物资协同联动保障机制，迅速进行信息交换和资源调配，实现救援力量和物资的高效部署，提高了两地应急响应的速度和协同性。不仅如此，川渝联合开展灾害事故综合应急演练，互派专业人员参与四川地震、重庆山火等抗灾抢险活动。川渝两地加强公共安全的制度化协同和实战化协同，建立预警系统和紧急救援机制为川渝公共服务共建共享提供了可靠保障。

（三）便民服务：政务互联与交通便捷

在共建共享理念的指引下，政务服务和交通互联是公共服务的基本内容，也是成渝地区双城经济圈建设的基础保障，对川渝两地资源链接、共建共享具有重要意义。在"川渝通办"上，川渝人社部门率先在全国推动签署部省市三方战略合作协议，采用"1+1+N"合作模式，38项"川渝通办"项目已互办业务19.7万余件，社保卡应用领域持续拓宽。2022年1~11月，川渝累计办理城镇企业职工基本养老保险关系转移接续2.33万人次、待遇领取资格互认6.34万人次；实现住房公积金缴存、提取、贷款等信息实时共享，累计办理住房公积金异地转移接续 2.6 万人次，发放异地贷款 20.3 亿元；川渝两地人才中心全力推动流动人员人事档案"跨省通办"，提供人事档案互转服务 2.5 万人次。在公共交通上，川渝推进跨省城际客运公交化和重庆成都公交地铁"一卡通"，推进高铁公交化和月票制，部分地区已经实现了公共交通的高度互联与互通。成渝高速铁路与多条快速通道的完成，使川渝两地之间的通行时间从原本需要耗费数个小时缩短到 1 个小时左右。日前，成渝高铁日开行列车 80~120 对，跨省城际公交累计服务超过 127 万人次。高速道路的建成极大限度地提高了川渝各行业人员与资源的流动性，减少了两地往来的时间与经济成本，极大地方便了川渝两地人民的往来和服务共享。

（四）文体交流：品牌活动与共赢模式

川渝有共同的历史文化基础，文化与体育交流既是公共服务共建共享的内容，也是促进川渝区域融合发展的重要渠道。首先，川渝文旅部门共同打造"成渝地·巴蜀情"区域文化活动品牌，双方轮流举办巴蜀合唱节、成渝地区文化和旅游公共服务及产品采购大会等公共文化活动；成立巴蜀文化馆、图书馆行业联盟，34 家公共图书馆实现图书资源共享和通借通还。2021 年以来，川渝两地文旅合作持续走深走实，签订各类协议 11 份，开展文旅活动 118 个，推动重点项目 42 个，巴蜀文化旅游走廊建设按下"加速键"。川渝的文旅相融切实推动了当地文化与旅游业的融合发展。其次，川渝两地专注川渝历史和文化遗产的保护与推广。两地联合开展对多个重要历史和文化遗产的保护，确保两地珍贵的文化遗产得到妥善保护和传承。与此同时，凭借推广活动，更多人了解并欣赏到川渝地区深厚的历史文化。最后，川渝共建田径项目国家队，联合举办成渝双城铁人三项公开赛、"巴山蜀水·运动川渝"体育旅游休闲消费季，携手创建国家体育旅游示范区、全国户外运动首选目的地。在川渝文体方面品牌活动的共赢模式助力下，对内增强了两地居民的文化认同感和亲近感，对外展示了川渝地区丰富多彩的文化特色和旅游资源。总的来说，在深化文体交流和旅游合作过程中，川渝地区成功利用各自的文化、历史和体育优势，推动了产业发展，优化了经济结构，为共建共享奠定了稳固的文体基础。

（五）教育合作：标杆项目与教育均衡

近来，川渝在教育合作方面取得了显著成效。2021 年 11 月，两省市教育部门联合发布《成渝地区双城经济圈教育协同发展行动计划》，积极开展两地学校师生互换项目等特色项目，旨在加强两地教育成果交流与交换、提升两地教育水平、促进教育资源合理配置、优化教育分配体系。具体来说，川渝教育合作主要表现在三个方面：一是师资双向互动。川渝诸多高等院校积极探索和践行师资交流与交换项目，每年有大量优秀教师在两地之间往返进行短期或长期的教学性与研究性工作，对两地高层次教育人才储备有正向意义。例如，重庆市渝中区与成都市锦江区教育部门签署"共同打造基础教育高地"合作协议，开展优质教育资源共建共享、"百名"名优教师协同培养、教学改革与质量提升等合作项目，共同发挥名校的辐射带动作用。二是共建高校和研究中心。川渝两地高等教育机构不断深入合作，共建了多个跨地区高校联盟与研究中心，如川渝两地成立职教集团 6 个、教育联盟 4 个，组建多类型技工教育联盟和技师学院集团 5 个，推进 22 所高校 65 个优势特色学科结对共建"双一流"学科。其中一部分研究中心在某一特定领域赢得了国内高水平学术组织乃至国际高水平学术组织的认可与赞誉，于无形中树立了川渝地区教育水平良好的国内与国际形象。三是远程教育与资源共享。在公共服务共建共享相关政策的扶持下，川渝两地逐渐建成全面的远程教育和资源共享网络，覆盖川渝流动人口。2021 年 1~10 月，重庆市已妥善安排 46.8 万流动人口随迁子女接受义务教育，占全市义务教育阶段学生人数的 14.8%。远程教育网络的建成有效缩小了四川与重庆、城市与农村之间的教育差距，这一举措为贫困边远地区的学子降低了教育成本、提供了优质教育资源。

（六）医疗养老：健康护航与服务改善

老龄化是川渝两地共同面临的重大问题，因此医疗与养老服务在川渝地区的公共服务共建共享体系□占据了重要位置，它关乎川渝居民的健康。受到信息化、数据化发展趋势的影响，现代医疗与养老服务已经在工具、手段、形式等方面超越了传统的医疗与养老服务。借助信息化与数据化工具，川渝两地以建设医疗一体式阵地为目标，以远程医疗服务技术为手段，实现了川渝两地医疗与养老资源的共建共享。2020 年 4 月，两地卫生健康委就建立起"1123"工作机制，激发川渝公共卫生一体化的发展活力。四川已有 177 个县（市、区）共计 5565 家定点医疗机构、1.99 万家零售药店可以为重庆市的参保人员提供普通门诊和药店购药费用跨省直接结算服务。2022年，川渝两省市已在全国率先开展城镇企业职工基本养老保险关系转移资金定期结算，进一步压缩办理时限 30%以上。其后，在远程医疗服务上，两地医院利用先进的远程医疗设备和系统进行远程诊断和手术指导。如今，两地联合组建眼科、神经外科、疼痛科等 80 余个专科联盟，建立 205 个远程医疗协作网，38 家三级公立医院互认 16 项临床检验、41 项医学影像检查项目结果，1.2 万家定点医疗机构住院（门诊）费用、2.9 万家定点药房实现跨省直接结算，服务群众超 251 万人次。此外，川渝两地共同建设医疗人才交流项目，联合印发《川渝地区卫生专业技术人才"双百"培养项目工作方案》，培育首批成渝双百卫生人才 40 名。该项目通过各类交流措施或不定期轮岗，促进两地医疗人才快速成长，壮大川渝医疗人才队伍。综上，川渝医疗联盟在川渝两地公共卫生服务体系中发挥了关键作用，显著提高了川渝两地医疗服务的整体质量，缓解了单一地区医疗资源紧张的状况。

二　川渝公共服务共建共享的形势分析

针对川渝公共服务共建共享的现状，本文使用 SWOT 方法进行分析，以全面和准确地把握川渝公共服务共建共享所处的情景和态势（见表 1）。

表 1　川渝公共服务共建共享的 SWOT 分析

	优势（S）	劣势（W）
内生性因素	①川渝一家亲的历史基础 ②资源力量集聚 ③属地政策推动	①公共服务资源分布不均 ②产业资源同质化 ③市场与行政隐性壁垒仍然存在 ④公众参与性不足
	机遇（O）	挑战（T）
外源性因素	①国家政策支持 ②数字技术赋能 ③国际合作	①自然环境约束 ②全球与国内的不稳定因素 ③人才的流失和缺失

（一）优势

川渝公共服务共建共享方面有"川渝一家亲的历史基础""资源力量集聚""属地政策推动"三个主要优势。在历史基础上，从古至今，川渝两地便有类似"亲如一家"的紧密关系。数千年的文化交融促使两地共同塑造了独具魅力的巴蜀文化。尽管当前川渝归属于不同的行政区域，但两地人民在语言文化、生活习惯、交往方式等方面共性明显。在资源力量集聚上，川渝作为西部地区两个重要的经济和文化中心，汇聚了来自国内外的人力和物力资源。两地的集聚效应为教育、技术、医疗等领域的公共服务共建共享打下了坚实的基础。在属地政策推动上，为了从深度与广度满足川渝地区公共服务共建共享的现实需求，四川和重庆两地政府共同或分别出台了一系列相关政策。这些政策涉及川渝地区的医疗、教育、交通、治安等多个方面，指明了川渝在上述方向的合作意向和具体规划。如今，川渝两地在政府层面的合作已然具备全方位、多层次的特点，川渝地区已成功建立了多个跨省、跨市的公共服务平台和机制。总之，在川渝公共服务共建共享上，政府力量是确保公共服务高质量发展的关键因素。面对未来的不确定性，两地政府发挥各自优势，不断优化和完善政策措施，将共同推动川渝公共服务共建共享实现更大突破。

（二）劣势

目前，川渝地区在公共服务共建共享方面成效斐然，但与长三角、大湾区、京津冀等沿海地区的经济圈相比，其发展水平仍显滞后，在社会福利方面的共建共享领域仍存在不少拓展空间。同时，公共服务在川渝地区内部城乡差异明显。整体上，川渝公共服务共建共享存在四个方面的劣势。一是公共服务资源分布不均。川渝地区公共服务资源人均拥有量低于沿海地区，呈现向发展水平较高城市集中的趋势，例如重庆主城区和成都市。特别是不同地区的经济发展水平、公共服务标准和社会政策差异进一步加剧了这种不均衡现象。二是产业资源同质化。川渝两地的产业资源相似性高、产业定位趋同、同质化竞争问题突出、各自缺乏清晰的比较优势，这导致以产业发展为基础和导向的服务供给呈现同质化趋势。三是隐性壁垒遏制公共服务有序共建共享，具体表现在市场壁垒和行政壁垒两个方面。在市场壁垒方面，虽然显性的市场壁垒正在减少，但公共服务一体化实践成果、互联互通、市场准入标准的隐形壁垒仍然存在；在行政壁垒方面，当前的政策框架在一定程度上促进了四川和重庆在公共服务方面的合作，但地方保护主义的行政壁垒仍然存在，这制约了资源共享的广度和深度。四是公众参与性不足。虽然川渝政府正在努力提高社会组织与公众在公共服务共建共享中的参与度，但绝大多数决策仍由政府主导。这种模式限制了社会组织和公众参与公共服务共建共享的潜力和实际效果。

（三）机遇

川渝公共服务共建共享当前面临多个发展机遇，主要体现在国家政策支持、数字技术赋能和国际合作三个层面。在国家政策支持层面，从"三线"建设时期开始，川渝地区便被纳入国家的重点发展板块。历年来，国家层面的多项规划和政策不断强化这一地位。例如，"十一五"规划明确列出成渝地区作为国家重点发展区域之一。2011年和2016年，国务院先后批复通过了《成渝经济区区域规划》和《成渝城市群发展规划》。2020年，习近平总书记在中央财经第六次会议上对推动成渝地区双城经济圈建设作出了战略部署。2022年，习近平总书记在党的二十大报告中指出，"促进区域协调发展""推动成渝地区双城经济圈建设"。2023年，四川省人民政府、重庆市人民政府为响应国家政策，联合印发《推动川南渝西地区融合发展总体方案》《川渝自贸试验区协同开放示范区深化改革创新行动方案（2023—2025年）》。这一系列政策均凸显了川渝地区在国家区域发展和战略布局中的核心位置。在数字技术赋能层面，川渝公共服务共建共享受惠于大数据、云计算等现代技术的迅速发展。信息技术的广泛应用为公共服务共建共享的数据分析、提前预测和个性化服务提供了强大的技术性支持。在国际合作层面，随着全球化和区域化的不断深化，位于"一带一路"和长江经济带交汇处的川渝地区未来将拥有更广阔的国际合作空间。全球化和区域化不仅有助于川渝地区引进国内外先进的科学技术和管理理念，还将有力驱动川渝地区公共服务结构转型升级。总之，国家政策的持续支持、数字技术的快速发展和国际合作的不断扩展为川渝地区公共服务共建共享提供了坚实支撑，并赋予其广阔发展前景。

（四）挑战

虽然四川与重庆在公共服务共建共享方面的统筹发展对西南片区具有深远的战略意义，但与东部地区比较仍有一定差距。当下，川渝地区在公共服务共建共享的过程中主要面临三大挑战：自然环境约束、全球与国内的不稳定因素以及人才的流失和缺失。首先，自然环境约束成为一个不可规避的障碍。四川与重庆快速的经济增长伴随着一系列环境问题的产生，如空气污染和水资源短缺。这些环境问题降低了居民的生活质量、破坏了川渝公共服务共建共享的实际成果，对川渝两地公共服务体系的长期可持续发展构成了实质性威胁。其次，全球与国内的不稳定因素给川渝地区公共服务共建共享带来不确定性风险。处于全球化和复杂的国内经济环境中，不稳定因素（如贸易摩擦和金融危机）可能会对公共服务共建共享的经济来源产生难以避免的负面影响，更有可能减少政府和民间对川渝公共服务的投资。最后，川渝地区人才的流失和缺失是一个严峻的问题。人才是促进川渝公共服务共建共享的重要主体。与东部经济发达区域比较，川渝经济发展相对滞后，区位优势不明显，为吸引和留住人才提供的优惠条件和政策十分有限，导致医疗卫生、教育科研等公共服务领域人才流失比较严重。

三　川渝公共服务共建共享的未来预测

区域发展是未来社会发展格局的重点议题。结合川渝公共服务共建共享的优势和劣势、机遇与挑战，运用 PEST 分析方法为川渝公共服务共建共享的未来预测提供合理依据（见表2）。

表2　川渝公共服务共建共享的 PEST 分析

维度	政治 （Political）	经济 （Economic）	社会 （Social）	技术 （Technological）
特性	政治稳定性 治理有效性	经济增长 资本集聚	社会文化变迁 人口结构调整	数字化 智能化

从政治维度看，政治稳定性和治理有效性是川渝共建共享公共服务持续发展的重要基础。现在，川渝两地在政策层面有高度的合作倾向，但未来仍有可能出现政策变动或政策转型等风险。从经济维度看，川渝是西部地区的经济中心，其经济状态可直接影响当地公共服务的质量水平与可持续性。特别是在面临经济增速放缓的当前，如何恰当且高效地分配有限的公共资源，确保各项公共服务的正常运行，是一个亟待解决的问题。从社会维度看，社会文化变迁与人口结构调整会对公共服务共建共享的未来发展方向产生深远影响。比如，受人口老龄化程度加深的影响，川渝地区健康和养老服务的需求预计将大幅增加。为应对社会文化与人口结构变化造成的后果，公共服务系统应当具备足够的灵活性和可调整性，以满足不断变化的社会需求。从技术维度看，近年出现的新兴技术（如 5G 通信、人工智能）将为公共服务共

建共享提供更系统、更科学、更高效的建设方案。与此同时，新兴技术存在数据安全和隐私保护不可控的风险隐患。综上所述，本文认为川渝公共服务共建共享将有以下三个转向。

（一）公共服务的高度信息化

高度信息化是现代社会的基本属性。具有重塑组织结构和流程能力的信息技术是一项实用工具，更是深刻引发社会变革的媒介。未来，在大数据与人工智能等先进技术的应用下，不同行业的服务准确性与效率不断提高。对于川渝公共服务共建共享而言，两地均拥有庞大的数据基础与相应的政策扶持，这为信息技术驱动公共服务共建共享转型构建了稳健的根基，为满足公共服务的可及性提供了先进的技术条件。然而，数据窃取与隐私暴露的风险也是不容忽视的。在技术驱动与服务转型的过程中，依然可能面临数据整合和数据规范化的困境，数据融合、数据安全成为公共服务建设的重要内容。随着川渝两地信息化合作的深入，公共服务的高度信息化必将得到加速推进。

（二）公共服务的充分均衡化

鉴于川渝地区广阔的地理空间特征，实现公共服务在短时间内均衡分布毋庸置疑是一项艰巨任务，川渝公共服务在各个地区间的发展存在不平衡的现象。从川渝公共服务共建共享的长远性和全局性分析，进一步推进公共服务覆盖的全域性、发展的均衡化是确保社会公平、社会稳定和可持续发展的重要基础。因此，均衡化是川渝公共服务共建共享未来解决问题的焦点。采取有效措施确保偏远地区和弱势群体在川渝公共服务共建共享进程中获得同等质量的公共服务，是川渝两地在公共服务发展方面的首要社会责任，更是推进整个区域持续性、健康式发展的必要条件，最终实现每一个人都可以享受公平、优质的公共服务。

（三）跨域合作的形态多元化

川渝公共服务共建共享是区域发展的重大任务，也是有机合作的先导领域。面对全球和地区挑战的复杂性和促进川渝地区公共服务共建共享的要求，川渝地区未来将不可回避地要深化跨地区和跨界合作。在全球化与区域化的双重趋势影响下，区域间的竞争与合作关系日益复杂化，其中行政力量成为公共服务竞争与合作最重要的推手。在川渝地区公共服务共建共享中，两地政府和相关部门成为最主要的合作伙伴，但完全依赖行政力量推动形成的共建共享格局并不完善，而且行政成本高昂。因此，需要在政府合作的基础上和指导下，发展非官方的、公共服务机构的直接合作、跨域合作，借助市场机制、社会机制、文化机制，满足川渝群众跨区域、跨领域的公共服务需求。

四　川渝公共服务共建共享的实现路径

（一）协同资源配置

发展不均衡、发展同质化是川渝公共服务共建共享当前面临的两大问题。针对两大问题，建议采取多元和弹性的策略推动公共服务的资源分配和政策激励。首先，按照不同地区和部门的实际效能和现实需求进行动态的资源分配与调控，打破地方保护的隐性壁垒，深刻考虑川渝偏远地区对公共资源的急缺性和急需性，提升资源与需求的适配度，从而提升资源的高效使用率和公平性。另外，四川重庆可以联合举办全球性、全国性和区域性赛事，吸引国内外企业和科研机构，促进区域资源流动。其次，强化对不同地区和部门的资源使用情况与使用趋势的监管，建立全面而有效的资源监管体系，保证资源在各个地区和部门之间得到均匀和合理的分配与使用。对此，川渝地区应定期发布公共服务资源使用的统计报告，通过数据分析实时发现并修正资源分配和使用中存在的问题。最后，透彻地理解不同地区和部门在资源分配和应用中可能出现的策略和行为，策划更有效的激励和监管机制来应对可能发生的窘境。提倡以"先"带"后"，加强公共服务发展出色地区与公共服务发展不良地区的政策对接。在具备弹性和针对性的资源分配举措、强力监管体系的帮助下，川渝公共服务共建共享实现区域内公共资源的高效、公平和可持续运用。

（二）共建人才高地

人才是推进区域发展与增强国家竞争力不可缺少的因素，也是推进川渝公共服务共建共享可持续发展的重要条件。川渝地区应进一步加强合作，紧密围绕本地人才培养与外地人才引进，建立一套长期有效、全面持续的公共服务人才培养与管理体系。在本地人才培养上，川渝应完善教育与职业培训体系，加强基础教育和职业技能培训。基于川渝公共服务共建共享人才缺失的现状，专门开设培养公共服务紧缺人才的免费或低成本的线上线下结合课程，满足不同行业的人才需求。在外地人才引进上，与东部地区相比，川渝人才政策吸引力较低，许多时候难以真正留住人才。川渝政府应构建有竞争力的薪酬福利制度和职业发展通道，吸引医疗卫生、教育科研、政务管理、信息化建设等不同类型的人才。比如，人才交流范围不应局限于一些主城区或发展水平较好的地区，人才分类不应局限于高水平科研人才，将更多地区、更多方向的人才纳入川渝公共服务共建共享中。总的来看，无论是本地人才培养还是外地人才引进，川渝政府都应主动与公共服务机构建立合作关系，与当地医疗、教育或其他公共服务机构共同制定和实施人才培训和发展计划，定期发布人才需求和培训报告，确保人才培训和公共服务需求保持一致性，有效提升公共服务的软实力。

（三）促进社会参与

社会参与是川渝公共服务共建共享发展的力量来源。在吸纳个体和社会团体对现有社会问题和应对政策的不同意见后，更具有合理性的公共意见和决策才得以形成。因而，调动社会不同主体力量参与公共服务建设是必要的。当前川渝公共服务共建共享的社会参与性较低，改善现状可从以下几个方面考虑：一是确立开放与透明的决策机制。通过公开公共服务政策制定的全过程，吸引和鼓励更多公民和社会组织积极参与其中，保证政策制定的开放性和透明性。川渝政府可以通过政府官方网站或社交媒体渠道公布公共服务相关政策制定的进度和详情，定期举行新闻发布会、座谈会或开展民意调查，向公众报告最新进展和征集公众意见，使公众意识到自己是公共服务建设的"主人翁"。二是构建多元化的参与平台。运用线上平台交流成本低、交流范围大的优势，创建官方的在线调查网站、公众号或应用，便于不同群体表达意见和建议。或通过发放在线问卷的方式，提高在公共服务方面与民众的互动性，调动民众对公共服务建设的积极性。三是加强与社会组织的联动。川渝两地拥有数量庞大和种类齐全的社会组织，但在公共服务共建共享方面社会组织的力量未被完全调动。因而，川渝政府应在环保、教育、社区、养老等方面与不同社会组织进行深度合作，充分焕发社会组织的社会活力和利用社会组织的社会资源和社会影响力，共同推进公共服务的改进和优化。

（四）推进智能决策

在全球与国内不稳定因素剧烈化、川渝公共服务共建共享持续深化的背景下，决策的科学性和精准性是必须的。川渝地区虽然在数据积累和处理方面有一定经验，但面临的主要挑战是如何将大规模的数据资源转化为有效的政策依据和决策支持。可从三方面筹划：一是针对公共服务，构建一个集中式、跨部门的数据平台，用于整合、管理和分析各个地区和部门的公共服务数据。通过该平台，实现不同地区和部门之间的数据共享和无缝对接，提升数据运行效率和价值。二是在国际合作的机遇下，川渝政府向高水平发展地区引入先进的数据分析工具与数据管理理念，定期对收集到的数据进行深入分析和挖掘。如利用机器学习和人工智能技术进行数据分析，协助工作人员识别公共服务中的危机和机会，为决策提供科学依据。三是加强数据技术人员的业务培训和技能提升。川渝地区在高校合作方面有一定优势与经验。因此，川渝政府可以通过与高校和研究机构合作，定制技术人员学习和交流计划，定期组织数据技术人员参与公共服务相关知识的培训和进修。以此加强数据技术人员对公共服务的理解，进一步把握和领悟公共服务的未来走向。

参考文献

袁朱：《川渝城市群发展趋势研究》，《经济研究参考》2014 年第 26 期。

李外禾：《构建川渝公共服务一体化发展的政府合作机制》，《重庆行政（公共论坛）》2017 年第 2 期。

曾鹏、张凡：《中国十大城市群公共服务供给效率的比较》，《统计与决策》2017 年第 3 期。

董文杰、吕伟豪：《成渝地区双城经济圈基本公共服务共建共享财政保障机制探析》，《财政科学》2021 年第 7 期。

陆远权、张基斌、尹克寒等：《川渝区域一体化进程中产业转移与人才流动的互动机制研究》，《科技进步与对策》2012 年第 9 期。

符刚：《建立跨省人才共享机制 助力成渝地区双城经济圈建设》，《四川政协报》2023 年 9 月 26 日。

马燕坤、王喆：《成渝地区双城经济圈科学高效治理：现实透视与体制机制创新》，《经济体制改革》2021 年第 4 期。

B.37
成渝地区双城经济圈新型基础设施
建设成效及展望

陈耿宣　蓝定香　张　捷*

摘　要：　新型基础设施包括信息基础设施、融合基础设施、创新基础设施三大类别。四川省和重庆市积极部署新基建，陆续出台相关政策，并将其写入成渝地区双城经济圈的建设规划中，在5G、数据中心、智慧交通等领域取得显著成效，但也面临着网络安全风险、资金压力、关键技术"卡脖子"的困境，亟须推动网络安全体系建设、激发市场投资活力、提升科学技术水平，寻求突围之道。

关键词：　新基建　成渝地区双城经济圈　信息基础设施　5G应用

党的二十大报告提出"优化基础设施布局、结构、功能和系统集成，构建现代化基础设施体系"。"新型基础设施"的概念是在2018年12月的中央经济工作会议上首次提出的。新型基础设施建设在推动我国产业转型升级、构建现代化产业体系、助力经济高质量发展方面发挥着不可或缺的作用。2022年，住房和城乡建设部联合国家发展改革委印发《"十四五"全国城市基础设施建设规划》，提出"要提升经济社会数字化转型支撑能力，鼓励中小城市结合发展需求和产业特点，构建高速、可靠、安全、弹性的'网络+平台+应用'服务体系，强化产业发展和社会治理数字化转型支撑能

---

* 陈耿宣，四川省社会科学院经济研究所副研究员；蓝定香，四川省社会科学院产业经济研究所所长、研究员；张捷，四川省社会科学院经济研究所。

力";2023 年,中共中央、国务院印发《数字中国建设整体布局规划》,提出"夯实数字基础设施和数据资源体系两大基础,既要打通数字基础设施大动脉,又要加强传统基础设施数字化、智能化改造",至此逐步形成了我国促进新基建的顶层设计。

一 成渝地区双城经济圈新型基础设施建设的举措与成效

(一)川渝联合推出新基建主要措施

党中央、国务院高度重视新基建,各地方政府积极出台支持性政策,加速新型基础设施落地。川渝两地积极行动,深入贯彻落实新基建相关决策部署,陆续出台相关政策,并将其写入成渝地区双城经济圈的建设规划中。同时,成渝地区双城经济圈作为国家数字经济创新发展试验区,需要系统完善、安全可靠的高水平新型基础设施体系作为支撑,从而赋能数字经济。而经济圈的建设也为新基建不断丰富其应用场景提供了肥沃的生长土壤和广阔的发展空间。表 1 梳理了四川省和重庆市推进新基建的主要政策。

表 1 四川省和重庆市新型基础设施建设主要政策

年份	部门	政策及内容
2020	重庆市人民政府	《重庆市新型基础设施重大项目建设行动方案(2020—2022 年)》按照"成熟一批、开工一批、储备一批"原则,重点推进七大板块、21 个专项、375 个项目,总投资 3983 亿元
	四川省人民政府办公厅	《四川省加快推进新型基础设施建设行动方案(2020—2022 年)》规划主要任务:加快建设先进泛在的信息基础设施,布局完善前瞻引领的创新基础设施

年份	部门	政策及内容
2021	四川省人民政府	《四川省"十四五"新型基础设施建设规划》提出"推动区域统筹发展,发挥成都主干作用,引领带动全省新型基础设施提档升级"
	中共中央、国务院	《成渝地区双城经济圈建设规划纲要》将"实现5G网络城镇和重点场景全覆盖,提高新型基础设施水平,增强能源保障能力"纳入规划
	重庆市人民政府办公厅	《重庆市新型城市基础设施建设试点工作方案》提出"以新城建对接新型基础设施建设,引领城市转型升级"
2022	国家发展改革委、中央网信办、工业和信息化部、国家能源局四部门	《国家发展改革委等部门关于同意成渝地区启动建设全国一体化算力网络国家枢纽节点的复函》同意成渝地区启动建设全国一体化算力网络国家枢纽节点
	重庆市人民政府	《重庆市城市基础设施建设"十四五"规划(2021—2025年)》提出"对接'新基建'发展'新城建',助推城市智慧化转型发展"
2023	重庆市人民政府	《重庆市推动成渝地区双城经济圈建设行动方案(2023—2027年)》将加快全国一体化算力网络成渝国家枢纽节点建设,布局完善新一代信息基础设施,有序推进传统基础设施智慧化升级,5G网络实现城镇和重点场景全覆盖,重点算力设施算力突破1000P作为重点任务

资料来源:根据公开资料整理。

(二)信息基础设施建设稳步推进

信息基础设施基于新一代信息技术演化生成,以5G、数据中心、人工智能等为代表,是新基建的重要组成部分,也是我国建设网络强国、数字中国、智慧社会的关键支撑。目前,四川省和重庆市的信息基础设施建设已初具规模。

1."东数西算"全面启动

目前,我国数字经济产业主要集中在东部地区,随着新基建项目加快布局和发展,全社会产生的数据量呈指数级增长,对信息技术基础运算能力要求不断提高,出现专用算力不足、部分地区通用算力过剩、能耗成本过高的局面。① 为加快建设全国一体化大数据中心算力枢纽体系，促进数据要素流通应用，国家发展改革委、中央网信办、工业和信息化部、国家能源局四部门于 2021 年 5 月联合印发了《全国一体化大数据中心协同创新体系算力枢纽实施方案》。方案中明确提出布局全国算力网络国家枢纽节点，启动实施"东数西算"工程，构建国家算力网络体系，提升跨区域算力调度水平。"东数西算"工程通过构建新型算力网络体系，布局在京津冀、长三角、粤港澳大湾区、成渝，以及蒙贵甘宁地区建设全国算力网络国家枢纽节点，让西部的算力资源充分支撑东部数据的运算，更好地为数字化发展赋能。2022 年初，国家发展改革委等四部门联合批复同意成渝地区启动建设全国一体化算力网络国家枢纽节点，"东数西算"工程正式全面启动。

成渝枢纽作为"东数西算"独树一帜的战略支点，承担了"东数"和"西算"的双重任务，而数据中心作为存数、算数的载体，发挥着关键作用。天府数据中心集群和重庆数据中心集群是成渝国家枢纽节点建设的重中之重。截至 2022 年 4 月，重庆数据中心集群已具备 9 万个标准机架、45 万台服务器的支撑能力。其中，两江新区水土新城建成超大型、大型数据中心 9 个，具备 8 万个标准机架、39 万台服务器的支撑能力，超过重庆全市总量的 80%。②《重庆市信息通信行业发展规划（2021—2025 年）》中预计，到 2025 年全市将建设 30 个工业互联网标识解析二级节点，全行业在建在用数据中心机架数达到 29.6 万个。截至 2023 年 2 月，四川省天府数据中心集群已建在建机架约 15 万个，其中的成都超算中心算力排名全球前十，已建成投用。③《全国一体化算力网络成渝国家枢纽节点（四川）实施方案》中预计，到 2025 年全省数据中心规模达 50 万个机架，上架率达到 60%。"东数西算"调整配置区域资源，但也受网络长距离传输造成的时延，以及相关

---

① 《ChatGPT 爆火 将加速算力基础设施建设》，https：//baijiahao. baidu. com/s？id ＝ 1761880656977207830&wfr＝spider&for＝pc，2023 年 3 月 31 日。

② 《全国一体化算力网络成渝国家枢纽节点（重庆）开建》，http：//czj. cq. gov. cn/zwgk_268/czdt/cjsd/202204/P020220428424389909921. pdf，2022 年 4 月 28 日。

③ 《打造西部领跑、全国领先的数字驱动发展高地》，https：//baijiahao. baidu. com/s？id ＝ 1758525961807732186&wfr＝spider&for＝pc，2023 年 2 月 22 日。

配套设施等因素的影响，仍需要加强网络感知算力智能化的编排调度，① 新型基础设施承载力亟须提升。

2. 5G 应用提挡加速

5G 作为新基建的"排头兵"，是促进经济社会数字化、网络化、智能化转型的重要引擎，将形成新一代信息基础设施的核心能力。根据中国信息通信研究院测算的数据，2022 年我国经济总产出中有约 1.45 万亿元由 5G 直接带动，有约 3.49 万亿元由 5G 间接带动，有约 1.27 万亿元的经济增加值由 5G 间接带动。5G 发展硕果累累，激发出强大的经济活力。② 截至 2023 年 5 月底，我国已建成 5G 基站 284.4 万个，移动物联网终端用户超 20.5 亿，5G 迎来规模化发展关键期。③

四川省和重庆市精诚团结、通力协作，大力推进 5G 网络建设，5G 应用遍地开花。重庆信息通信业聚焦打造西部领先的新型数字基础设施标杆，5G 网络建设是一大亮点。截至 2022 年末，重庆每万人拥有 5G 基站数达 19.04 个，高于全国 16.39 个的平均值，位居西部第一。2023 年 5 月，全市每万人拥有 5G 基站数已超过 22 个，继续保持西部领先优势。④《重庆市信息通信行业发展规划（2021—2025 年）》预计 2025 年全市将建成 5G 基站 15 万个，5G 用户普及率提升至 60% 以上。8 月落幕的成都大运会作为全球首个 5G 加持的智慧大运会，进一步丰富了 5G 应用场景，运用"5G+多视角""5G+VR""5G+比特转播"等技术实现"科技观赛"体验升级。《四川省"十四五"新型基础设施建设规划》中预计 2025 年全省 5G 基站数量达 25 万个，5G 网络用户普及率达 60%，其中成都预计建成 5G 基站 9 万个。

① 《国家发展改革委高技术司负责同志就实施"东数西算"工程答记者问》，https：//www. ndrc. gov. cn/xwdt/ztzl/dsxs/zjjd1/202202/t20220221_1316093. html，2022 年 2 月 21 日。
② 中国信息通信研究院：《中国 5G 发展和经济社会影响白皮书（2022 年）》，http：//www. caict. ac. cn/kxyj/qwfb/bps/202301/t20230107_413792. htm，2023 年 1 月 7 日。
③ 《我国已建成 5G 基站 284.4 万个 移动物联网终端用户超 20.5 亿》，https：//www. gov. cn/yaowen/liebiao/202307/content_6890845. htm，2023 年 7 月 10 日。
④ 《重庆每万人拥有 5G 基站数西部第一 固定宽带网络逐步实现向千兆跃升》，https：//www. cq. gov. cn/ywdt/jrcq/202305/t20230518_11974410. html，2023 年 5 月 18 日。

（三）融合基础设施逐步完善

融合基础设施是信息基础设施在现实应用场景中新的发展与演化。5G、物联网、云计算等现代技术与实体经济及城市治理场景融合，为数字生态发展提供效率更高的智能硬件和网络基础设施。"十四五"时期是新一代信息基础设施和融合基础设施大发展时期，两者相互融合、相互促进，能够有效降低新型基础设施建设和运营成本，提高资源利用效率。

1. 充电基础设施布局步伐加快

2015年国务院办公厅印发《关于加快电动汽车充电基础设施建设的指导意见》，相关部门积极响应，各地方政府陆续出台系列政策，完善充电基础设施体系，激发新能源汽车市场不断释放活力。2023年上半年，全国新注册登记新能源汽车约312.8万辆，同比增长41.6%，保有量达1620万辆，占汽车总量的4.9%，[①] 累计建成充电桩超过660万个，同比增加69.8%。我国已建成世界上辐射面积最大、服务车辆最全的充电基础设施体系，[②] 但也存在地区间分布不均、充电标准不统一、盈利模式尚不明显等问题。为适应新能源汽车产业发展的新形势，抓住新机遇，开启新征程，进一步构建高质量充电基础设施体系，国务院办公厅于2023年6月印发《关于进一步构建高质量充电基础设施体系的指导意见》。意见规划了我国充电基础设施领域到2030年的发展目标：基本建成覆盖广泛、规模适度、结构合理、功能完善的高质量充电基础设施体系，为新能源汽车产业的发展提供最强有力的后盾。

根据《重庆市中心城区充换电基础设施专项规划（2023—2025）》公布的数据，截至2022年底，全市电动汽车保有量约26万辆，其中中心城区电动汽车保有量约17.1万辆，出租网约换电车型8000辆。中心城区建成充

[①] 《2023年上半年全国机动车达4.26亿辆 驾驶人达5.13亿人 新能源汽车保有量达1620万辆》，https：//app. mps. gov. cn/gdnps/pc/content. jsp？id=9106397，2023年7月8日。

[②] 《破解"找桩难"，我国加力布局新能源汽车充电基础设施》，https：//www. gov. cn/zhengce/202307/content_6891764. htm，2023年7月13日。

电桩 9 万个（见图 1），快充站 955 座，出租车、网约车换电站 46 座。规划中预计，到 2025 年中心城区电动汽车保有量达 63 万辆，充电桩需求 41.3 万个，快充站需求 2580 座，出租车、网约车换电站需求 130 座。

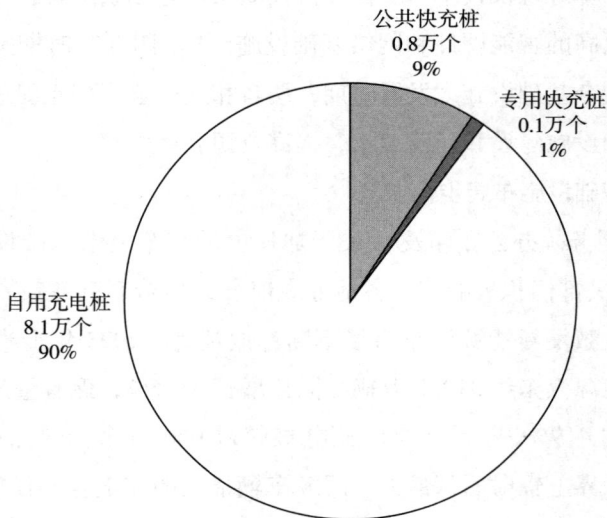

公共快充桩
0.8万个
9%

专用快充桩
0.1万个
1%

自用充电桩
8.1万个
90%

图 1 2022 年重庆市中心城区充电桩数量

资料来源：《重庆市中心城区充换电基础设施专项规划（2023—2025）》。

四川省不断加大新能源汽车政策支持力度，充电基础设施建设步伐不断加快（见图 2）。2023 年上半年，"四川造"新能源汽车 4.9 万辆，同比增长 75%，充电桩同比增长 80%。[①]《四川省推进电动汽车充电基础设施建设工作方案》中规划，2025 年全省建成充电设施 20 万个，基本实现电动汽车充电站"县县全覆盖"、电动汽车充电桩"乡乡全覆盖"。

2. 科技与交通深入融合

智慧交通建设是融合基础设施应用的典型场景。城市交通与 5G、人工

[①]《四川省统计局新闻发言人就 2023 年上半年四川经济形势答记者问》，http://tjj. sc. gov. cn/scstjj/c105918/2023/7/20/d6bbf048c39146dcb7848775162d2c62. shtml，2023 年 7 月 20 日。

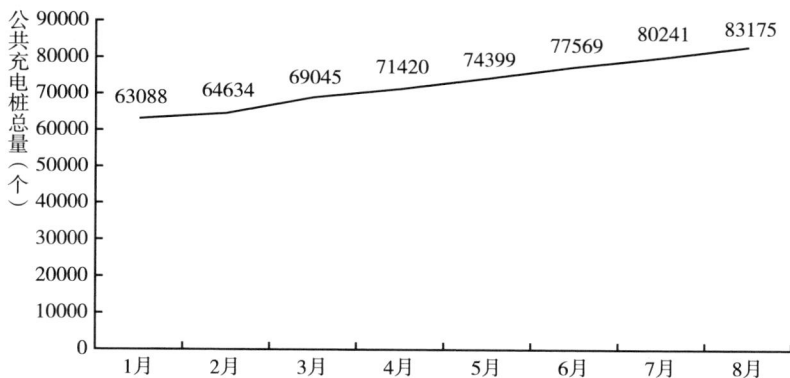

图 2　2023 年 1~8 月四川省公共充电桩数量

资料来源：中国充电联盟相关成果。

智能、大数据等技术深度融合，推进智能交通，是提升成渝地区双城经济圈互联互通水平、促进交通一体化的重要抓手。重庆市交通局、四川省交通运输厅共同发布的川渝两地智慧高速建设标准于 2022 年开始实施，是全国首个智慧高速地方标准。截至 2023 年 7 月，重庆境内已完成 G5013 科学城智慧收费站改造，正在全力进行渝蓉（重庆段）智慧高速建设方案设计，预计年内完成智慧高速方案确定，力争在 2025 年全面建设西南第一条跨省的智慧高速公路。《重庆市自动驾驶和车联网创新应用行动计划（2022—2025年）》预计到 2025 年建设车路协同示范道路 319 公里，部署路侧设备 470套，着力构建多维、丰富的车联网示范应用场景。截至 2023 年 7 月，四川省内多条高速公路通过试点示范提前布局车路协同技术。成都蓉城二绕高速建成省内首条基于车路协同的科技创新试验路段；峨眉至汉源高速部署了业内唯一一连续长隧道场景的实时安全管控应用；成宜高速作为国内第一条全线覆盖车路协同的智慧高速公路，全线 157 公里已完成智慧升级，交通事故数量同比下降 60%。① 《四川省"十四五"新型基础设施建设规划》预计到

---

① 《国家新一代人工智能"智慧交通"项目落地四川》，https：//www.sc.gov.cn/10462/
　　10464/10797/2023/2/26/50b55b1a7f274e86abae605b3673cb7a.shtml，2023 年 2 月 26 日。

2025 年建设车路协同示范道路 340 公里，其中成都是中流砥柱，预计新增 300 公里。智能设备赋能交通基础设施，将有助于推动成渝地区双城经济圈交通建设跑出"加速度"。

（四）创新基础设施携手共建

创新基础设施作为科技创新的载体，为科学研究、技术开发、产品研制提供了广阔的平台和有力的支撑，是强化基础研究能力、提升原始创新能力的动力源泉。着力培育国家科创基地，加快科创平台产业化，有助于推进创新链与产业链"双链融合"，是新型基础设施持续演进的重要引擎。《成渝地区双城经济圈建设规划纲要》（以下简称《纲要》）中提出，支持成渝地区以"一城多园"模式加快建设西部科学城，打造享誉全国的科创中心。2023 年 4 月，科技部等发布《关于进一步支持西部科学城加快建设的意见》（以下简称《意见》），贯彻落实《纲要》精神，明确以西部（成都）科学城、重庆两江协同创新区、西部（重庆）科学城、中国（绵阳）科技城为先行启动区，带动成渝地区双城经济圈通力合作、全面发展，形成协同创新网络。

2023 年上半年，西部（重庆）科学城已先后引进北京大学重庆大数据研究院、智能网联汽车创新中心等重大科创平台 33 个，获批全国首批国家应用数学中心，新增 7 个国家级科创平台；建成市级以上孵化器众创空间 20 个，孵化培育科创企业近 2000 家。科学城软件和信息服务业营收增长超过 30%，智能网联新能源汽车及核心器件产业产值增长超过 22%，核心区地区生产总值同比增长 6.6%，位列重庆市第一。[①] 截至 2023 年 7 月，西部（成都）科学城先后引聚了中科系、中核系等 26 家国家级科研机构，布局建设国家川藏铁路技术创新中心、国家精准医学产业创新中心等 94 个国家

---

① 《科学之城 ｜ 西部崛起科学城——西部（重庆）科学城的"科创高地"构筑逻辑》，https://mp.weixin.qq.com/s?__biz=MzIwMjM5NDExOQ==&mid=2247794796&idx=1&sn=6e642011caac19b083420ba547453e7e&chksm=96d15f04a1a6d61200218a49ff553e4e168fc01286154268b7c0662003eee2701a0d0014a15&scene=27，2023 年 7 月 26 日。

级创新平台，同时积极联合知名高校共同打造科研任务与国家战略紧密结合的新型研发机构，布局了清华大学、上海交通大学等 66 个校院地协同创新项目，引育高新技术企业 5000 余家、科创板上市企业 11 家，现已培育形成电子信息、生物医药、数字经济 3 个千亿级产业集群。[①] 截至 2023 年 6 月，川渝两地共建 6 个重点实验室，涉及特色生物资源、特色食品、诊治创新等领域。[②]《意见》预计，到 2025 年西部科学城将建成若干国际领先的重大创新平台和研究基地，实现万人高价值发明专利达到 80 件以上，全社会研发经费投入占地区 GDP 比重超过 5%，国家高新技术企业达 7000 家以上，高技术产业营收年均增速 8%，技术合同成交额年均增速 5% 以上。

二 成渝地区双城经济圈新型基础设施建设面临的挑战

（一）区域间发展不平衡

近年来，成渝地区双城经济圈新型基础设施建设稳步推进，取得了一定的成效，但与东部经济发达地区相比还存在一定的差距。2022 年 9 月，清华大学互联网产业研究院发布《中国新基建竞争力指数报告（2022）》，报告中公布了主要地区新型基础设施竞争力指数结果（见图 3）。四川省和重庆市新型基础设施竞争力指数排名分别位于全国第 8 和第 10，处于西部领先位置。其中，四川省创新基础设施得分 81. 77 分，融合基础设施得分 83. 61 分，均是西部第一，全国排名分别是第 7 位和第 10 位。重庆市信息

---

① 《积极塑造"先发优势"，成为推动产业高质量发展的强劲引擎》，https：//mp. weixin. qq. com/s？＿＿biz ＝ MzU4MDQzOTM0Mw ＝ ＝ &mid ＝ 2247565054&idx ＝ 2&sn ＝ 6267e7b12ed59823a1cfda9b7ff7d155&chksm＝1fb421781786791010d7ba62c1afd540f50b0a9d4d7 136feb83afa53ca45c37d3024820584a5&scene＝27，2023 年 8 月 18 日。

② 《重庆市科学技术局 关于市政协六届一次会议第 0174 号提案的复函》，https：//www. cq. gov. cn/zwgk/zfxxgkml/jytabl/szxwytabl/202308/t20230824＿12268102. html，2023 年 8 月 24 日。

基础设施得分 84.97 分，位列西部之首、全国第 6。而位于东部地区的北京、广东、江苏、浙江、上海、山东囊括了全国新型基础设施竞争力指数前六位，与这些地区相比，四川省和重庆市仍有一定的差距。

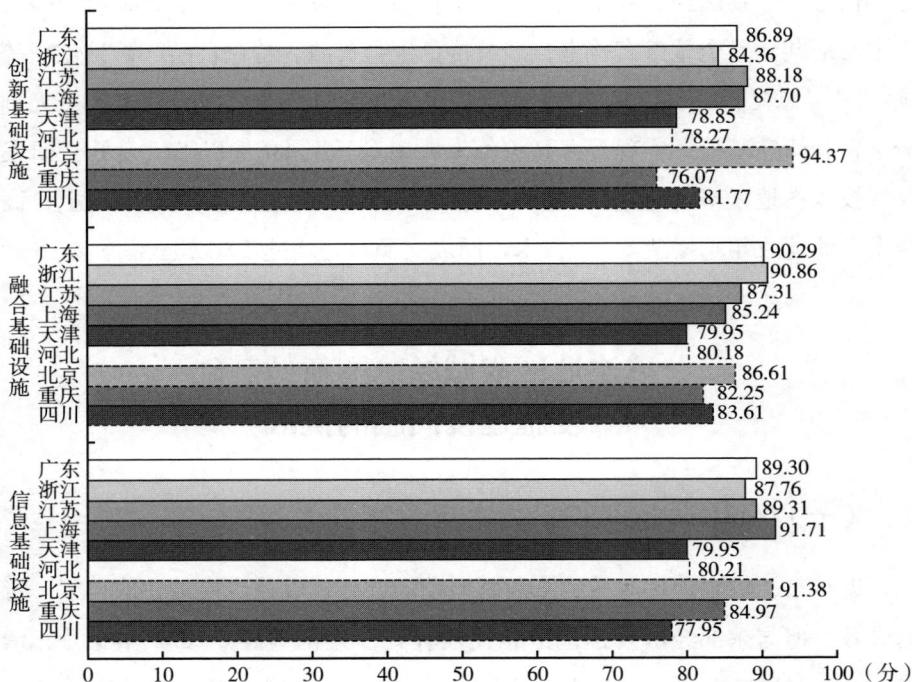

图 3　我国部分地区新型基础设施竞争力指数

资料来源：清华大学互联网产业研究院，《中国新基建竞争力指数报告（2022）》，2022年 9 月。

（二）网络安全屏障需要筑牢

数据是新基建的关键核心。数据的流动传播高度依赖网络空间，与实体经济深度融合，在万物互联的数字时代，牵一发而动全身。当前网络安全环境复杂多变，关键信息基础设施建设面临的安全风险更加凸显，安全意识、保障能力有待提升。目前，由入侵监测、防火墙和病毒查杀等组成的主流网络安全系统本质是被动防护，其底层逻辑是根据已发生过的特征库内容进行比对查杀，无法应对不断更新迭代的新型漏洞与攻击方法，且可能被攻击者利用，成为网络攻击的平台。随着信息技术持续发展，网络信息安全方面的专业人才紧缺，截至 2022 年，我国网络空间安全人才缺口超过 140 万人[①]，预计到 2027 年缺口将扩大到 327 万人，有高达 92% 的企业认为自己缺乏网络安全实战人才[②]。

（三）投资效益亟待提升

新基建投融资相对于传统基础设施更具市场化特点，但其盈利模式存在极大不确定性风险。新基建的前沿技术开发周期长、试错成本高，且技术的模仿创新与市场跟进成本低，导致金融机构与企业投融资积极性不高。同时，新基建的资金需求大、建设点位多、覆盖面积大，政府若忽略区域经济发展水平与产业基础条件盲目开启新基建项目，极易造成财政能力与项目投融资要求不匹配，导致地方财政收支矛盾进一步激化，严重制约地区经济发展。成渝地区双城经济圈与沿海经济发达地区相比，在经济发展水平、产业体系、科技实力等方面尚存在一定的差距，财政负担风险相对较大。2021年，重庆市新型基础设施投资占全部基础设施投资比重突破 5%，投资总额接近 200 亿元。[③]

（四）科研水平相对较低

新基建对先进技术的依赖非常强烈，而我国在关键核心技术领域尚有空白，自主研发能力较为薄弱，面临关键技术"卡脖子"的困境。如人工智能领域的实践需要建立在国外开源的核心算法基础之上，工业互联网领域涉及工业软件、工业控制系统和工业网络的很多技术都需要直接向国外购买。

---

① 《记者观察：网络安全人才供不应求 今年市场端有可喜变化》，https：//baijiahao. baidu. com/s？id＝1741316341406815280&wfr＝spider&for＝pc，2022 年 8 月 16 日。

② 《〈网络安全人才实战能力白皮书〉发布 为行业"刚需"人才培养破题》，https：// baijiahao. baidu. com/s？id＝1743233383801625833&wfr＝spider&for＝pc，2022 年 9 月 6 日。

③ 《十八大以来重庆固定资产投资发展成就报告》，https：//tjj. cq. gov. cn/zwgk_233/fdzdgknr/ tjxx/sjjd_55469/202209/t20220920_11127029. html，2022 年 9 月 20 日。

在国际环境日趋复杂的当下，关键核心技术的缺失潜藏风险，卖方断供可能导致整个设施、整条产业链瘫痪。

三 成渝地区双城经济圈新型基础设施建设对策建议

（一）推动网络安全体系建设

一是围绕《成渝地区双城经济圈网络安全产业高质量协同发展行动计划（2023—2025年）》，加快培育重大创新载体，大力推进打造互通安全保障体系、搭建互信安全服务体系、构筑互认基础测评体系，协同开展关键核心技术攻关、孵化载体平台建设、创新成果转化应用、科技创新企业培育。二是提升新基建网络安全防护水平。建立第三方的应用服务安全检测环境和全生命周期的安全风险评估平台，建设工业互联网平台安全监测预警系统，围绕工控安全、车联网、移动App等开展漏洞政策信息共享、风险提示等工作，及时对风险信息进行通报与应急处置。三是鼓励设备供应商、运营商、工业互联网平台、网络安全企业、第三方检测机构和用户等相关主体多方合作、情报共享，定期组织应急培训和演练，形成运转高效的应急协调联动机制，共同维护网络安全，铸牢新基建网络安全屏障。四是严格贯彻落实《网络安全法》，在现行网络安全法律法规与新基建发展模式间寻求制度融合的路径及方法，探寻保障新基建数据安全的法治化实现方案。

（二）激发市场投资活力

一是激励社会资源投入新型基础设施建设，加大对新型基础设施，尤其是关键核心技术科研项目的财政支持力度，以此降低市场风险，调动企业参与新基建投资项目的积极性。鼓励不动产投资信托基金（REITs）等融资模式，积极创新其他融资模式，广泛调动社会资本，为扩大新基建投资提供更多资金来源。二是将新基建中与经济发展趋势一致的内容纳入政府考核指标，川渝联合开展新型基础设施建设投资招商行动，结合地方政府规划和财政计划，建立地方政府精准考核机制，调动地方政府开展新基建项目的积极性。三是引入多元化的投融资主体，着力消除投资新基建在体制机制方面的障碍。同等对待各类投资主体，鼓励民营企业、风险投资者和机构投资者积极投资新基建。深化"放管服"改革，简政放权、放管结合、优化服务，不断优化项目投资流程，合理确定投资资格，适当放宽或取消限制投资者投资的前置条件。

（三）提升科学技术水平

一是成渝地区双城经济圈各地加强与华为、阿里巴巴等头部企业的深度合作，结合科技巨头在 5G 基站建设、云计算、数据中心等方面的优势，推动数字基础设施建设，拓展和深化其在川渝两省市的产业布局。二是挖掘军工资源，促进军民融合产业发展。将成渝地区双城经济圈内的军工企业在信息安全、电子对抗、智能应用等方面的技术优势与新基建结合，推动军民科技创新、资源开放共享。三是加大关键核心技术和基础研究的投入，加大研发人力资本的投入。政府相关部门可以联合高新科技企业以及电子科技大学、四川大学、重庆大学等高校科研机构，支持企业与高校、科研院所等共建研发机构和联合实验室，加强新基建相关的国家重点实验室建设，联合攻克新基建中"卡脖子"的技术难关。

参考文献

任泽平、连一席、陈栎熙：《5G 时代：新基建 中美决战新一代信息技术》，《发展研究》2020 年第 8 期。

姜伟、陈云菲：《财政政策、新基建与经济高质量发展》，《统计与决策》2023 年第 2 期。

陈兵、程前：《新基建下加快数据绿色发展的必要及法治实现》，《兰州学刊》2021 年第 6 期。

董志强、黄旭：《人工智能发展背景下公共政策的增长和不平等效应——一个动态一般均衡模型》，《学术研究》2021 年第 2 期。

包倩宇：《特大型城市新兴风险规制的行政法研究》，西南政法大学博士学位论文，2023。

四川省人民政府：《四川省"十四五"新型基础设施建设规划》，2021 年 9 月 10 日。

重庆市人民政府：《重庆市新型基础设施重大项目建设行动方案（2020—2022 年）》，2020 年 6 月 18 日。

权威报告·连续出版·独家资源

皮书数据库
ANNUAL REPORT(YEARBOOK) DATABASE

分析解读当下中国发展变迁的高端智库平台

所获荣誉

- 2022年，入选技术赋能"新闻+"推荐案例
- 2020年，入选全国新闻出版深度融合发展创新案例
- 2019年，入选国家新闻出版署数字出版精品遴选推荐计划
- 2016年，入选"十三五"国家重点电子出版物出版规划骨干工程
- 2013年，荣获"中国出版政府奖·网络出版物奖"提名奖

皮书数据库　　　"社科数托邦"
　　　　　　　　微信公众号

成为用户

　　登录网址www.pishu.com.cn访问皮书数据库网站或下载皮书数据库APP，通过手机号码验证或邮箱验证即可成为皮书数据库用户。

用户福利

- 已注册用户购书后可免费获赠100元皮书数据库充值卡。刮开充值卡涂层获取充值密码，登录并进入"会员中心"—"在线充值"—"充值卡充值"，充值成功即可购买和查看数据库内容。
- 用户福利最终解释权归社会科学文献出版社所有。

数据库服务热线：010-59367265
数据库服务QQ：2475522410
数据库服务邮箱：database@ssap.cn
图书销售热线：010-59367070/7028
图书服务QQ：1265056568
图书服务邮箱：duzhe@ssap.cn

社会科学文献出版社 皮书系列
SOCIAL SCIENCES ACADEMIC PRESS (CHINA)
卡号：625299616953
密码：

S 基本子库
UB DATABASE

中国社会发展数据库（下设 12 个专题子库）

紧扣人口、政治、外交、法律、教育、医疗卫生、资源环境等 12 个社会发展领域的前沿和热点，全面整合专业著作、智库报告、学术资讯、调研数据等类型资源，帮助用户追踪中国社会发展动态、研究社会发展战略与政策、了解社会热点问题、分析社会发展趋势。

中国经济发展数据库（下设 12 专题子库）

内容涵盖宏观经济、产业经济、工业经济、农业经济、财政金融、房地产经济、城市经济、商业贸易等 12 个重点经济领域，为把握经济运行态势、洞察经济发展规律、研判经济发展趋势、进行经济调控决策提供参考和依据。

中国行业发展数据库（下设 17 个专题子库）

以中国国民经济行业分类为依据，覆盖金融业、旅游业、交通运输业、能源矿产业、制造业等 100 多个行业，跟踪分析国民经济相关行业市场运行状况和政策导向，汇集行业发展前沿资讯，为投资、从业及各种经济决策提供理论支撑和实践指导。

中国区域发展数据库（下设 4 个专题子库）

对中国特定区域内的经济、社会、文化等领域现状与发展情况进行深度分析和预测，涉及省级行政区、城市群、城市、农村等不同维度，研究层级至县及县以下行政区，为学者研究地方经济社会宏观态势、经验模式、发展案例提供支撑，为地方政府决策提供参考。

中国文化传媒数据库（下设 18 个专题子库）

内容覆盖文化产业、新闻传播、电影娱乐、文学艺术、群众文化、图书情报等 18 个重点研究领域，聚焦文化传媒领域发展前沿、热点话题、行业实践，服务用户的教学科研、文化投资、企业规划等需要。

世界经济与国际关系数据库（下设 6 个专题子库）

整合世界经济、国际政治、世界文化与科技、全球性问题、国际组织与国际法、区域研究 6 大领域研究成果，对世界经济形势、国际形势进行连续性深度分析，对年度热点问题进行专题解读，为研判全球发展趋势提供事实和数据支持。

法律声明

"皮书系列"（含蓝皮书、绿皮书、黄皮书）之品牌由社会科学文献出版社最早使用并持续至今，现已被中国图书行业所熟知。"皮书系列"的相关商标已在国家商标管理部门商标局注册，包括但不限于LOGO（）、皮书、Pishu、经济蓝皮书、社会蓝皮书等。"皮书系列"图书的注册商标专用权及封面设计、版式设计的著作权均为社会科学文献出版社所有。未经社会科学文献出版社书面授权许可，任何使用与"皮书系列"图书注册商标、封面设计、版式设计相同或者近似的文字、图形或其组合的行为均系侵权行为。

经作者授权，本书的专有出版权及信息网络传播权等为社会科学文献出版社享有。未经社会科学文献出版社书面授权许可，任何就本书内容的复制、发行或以数字形式进行网络传播的行为均系侵权行为。

社会科学文献出版社将通过法律途径追究上述侵权行为的法律责任，维护自身合法权益。

欢迎社会各界人士对侵犯社会科学文献出版社上述权利的侵权行为进行举报。电话：010-59367121，电子邮箱：fawubu@ssap.cn。

社会科学文献出版社

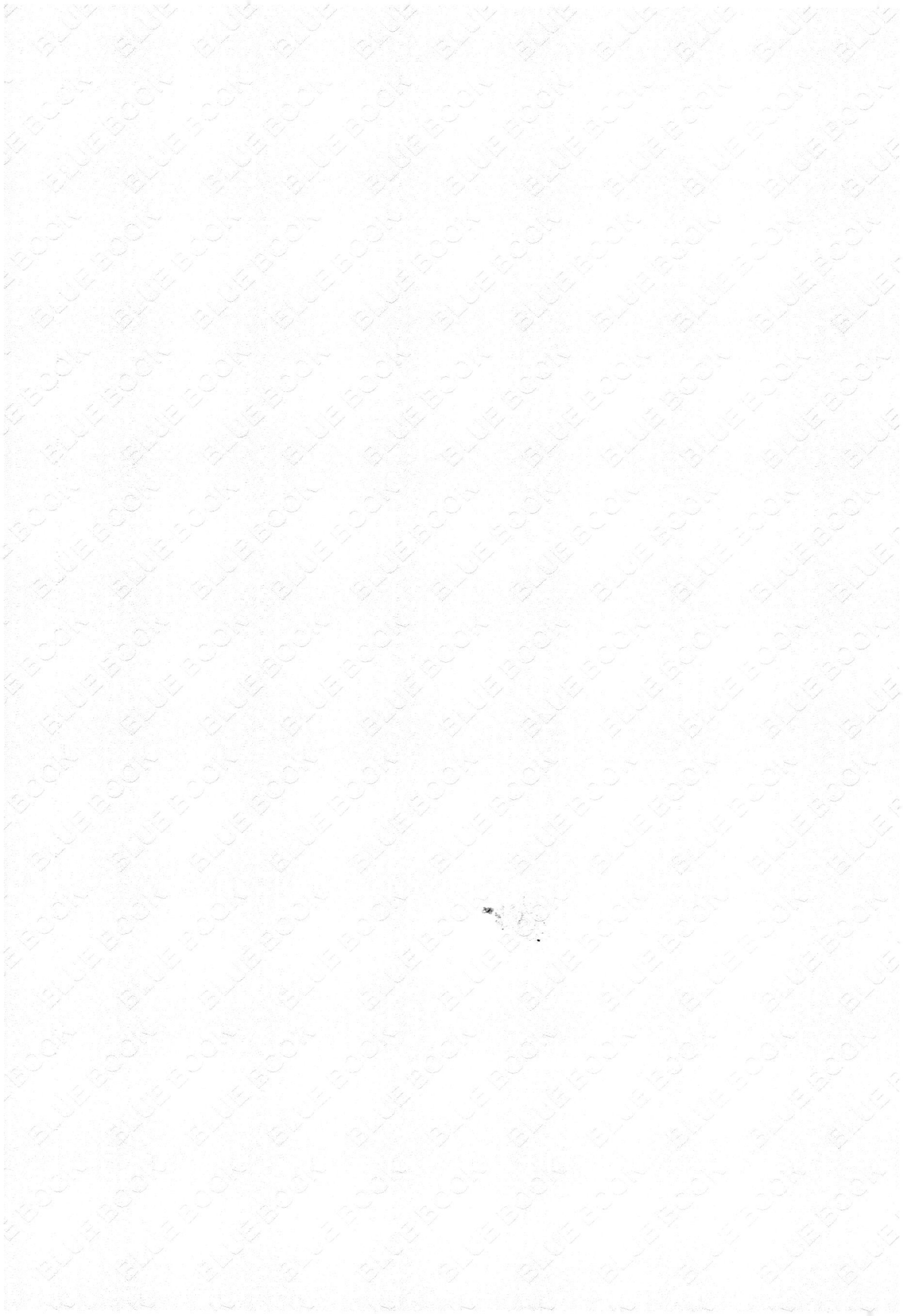